本项目为

国家社会科学基金 2019 年度一般项目（项目编号：19BKG018）

国家重点文物保护专项补助经费资助项目

江苏地域文明探源工程汉魏六朝时期研究课题阶段性成果

南京博物院 2015~2017 重点项目

编 委 会

主　　任：龚　良
副 主 任：李民昌　林留根
委　　员：（以姓氏笔画为序）
　　　　　马永强　马根伟　李民昌　李则斌　李虎仁
　　　　　林留根　耿建军　原　丰　龚　良　程　卫
主　　编：马永强
副 主 编：程　卫　马根伟　徐　勇　张宏伟

考古发掘、资料整理人员

项目总负责：林留根
项目指导：李民昌　李虎仁　李则斌
发掘领队：马永强
考古发掘：张雪菲　程　卫　张宏伟　王庆光　周恒明
　　　　　花纯强　田长有　刘乃良　潘明月　吕真理
　　　　　刘传明　翟呈周　雷东科
文物修复：周恒明　刘乃良　潘明月　吕真理　刘传明
文物摄影：潘明月　吕真理
整理绘图：张雪菲　潘明月　吕真理　刘传明

煎药庙西晋墓地

南京博物院

邳州市博物馆 编著

文物出版社

北京 · 2023

图书在版编目（CIP）数据

煎药庙西晋墓地 / 南京博物院，邳州市博物馆编著
. —北京：文物出版社，2023.6
ISBN 978-7-5010-6502-8

Ⅰ.①煎⋯ Ⅱ.①南⋯②邳⋯ Ⅲ.①墓葬（考古）—
发掘报告—邳州—西晋时代 Ⅳ.① K878.85

中国版本图书馆 CIP 数据核字（2019）第 297857 号

煎药庙西晋墓地

编　　著：南京博物院　邳州市博物馆

责任编辑：谷艳雪
封面设计：程星涛
责任印制：张　丽

出版发行：文物出版社
社　　址：北京市东城区东直门内北小街 2 号楼
邮　　编：100007
网　　址：http://www.wenwu.com
经　　销：新华书店
印　　刷：河北鹏润印刷有限公司
开　　本：889mm×1194mm　1/16
印　　张：34　插页：2
版　　次：2023 年 6 月第 1 版
印　　次：2023 年 6 月第 1 次印刷
书　　号：ISBN 978-7-5010-6502-8
定　　价：540.00 元

The Western Jin Dynasty Cemetery of Jianyaomiao

（With an English Abstract）

by

Nanjing Museum & Pizhou Museum

Cultural Relics Press

Beijing · 2023

目　录

插图目录

彩版目录

序

　　邳州历史悠久，文化遗产丰厚。境内新石器时代遗址众多，其中有被称为"中原古文化遗址的一颗明珠"的大墩子遗址，还有新中国最早发掘、也是江苏唯一出土彩陶的刘林遗址。历史时期夏禹分九州，邳属徐州之域，禹封车正官奚仲为侯，自山东迁此建邳国。秦统一，于邳置县，史称下邳县。西晋时重置下邳国，辖七县。东晋时改置为下邳郡。唐高祖时置邳州。此后邳、下邳之名在史籍中经常被记为兵家必争之地。民国初创，始称邳县。1992年撤县设市，为今天的邳州市。邳州的地下遗存十分丰富，古遗址、古墓葬更是遍布全境，其中包括梁王城、鹅鸭城遗址，九女墩春秋墓群，寨山摩崖石刻等各级文物保护单位近百处，是中国古代文明探源、黄淮地区古代社会文明化进程探索的重要区域。

　　煎药庙西晋墓地位于邳州市新河镇，于2016年农田水利改造工程施工中发现。2016~2017年，南京博物院联合徐州博物馆、邳州市博物馆对其进行了抢救性考古发掘，是江苏境内少有的保存完好的西晋墓地。墓地发现以来，获得了历史、文物考古学界及社会公众的高度关注。以"邳州新河煎药庙西晋墓地"为名的考古发掘项目，入围2016年中国十大考古新发现初评项目。

　　煎药庙墓地共发现墓葬9座，墓葬规模较大、分布规律、排列有序。由于墓地之上原为村庄，发掘前仍有村民居住，故墓地未受盗扰，保存完好，实属难得。墓地单体墓葬规模大，出土了耳杯、金铛等一批重要的随葬品，体现了墓主人较高的身份与等级。该墓地是除洛阳王陵外，继山东临沂洗砚池晋墓之后西晋考古的又一重要发现。

　　煎药庙西晋墓地中，墓葬形制均为砖结构，后室采用东汉的券顶形式，前室则是新出现的四隅券进顶，具有一些东汉晚期的墓葬特征，是两汉向南北朝丧葬制度转变的过渡阶段。邳州地处长江以北，黄河以南，在地域文化上属于南北交汇。故煎药庙墓地随葬品也极具特色，不仅出土大量南方青瓷器，还有北方的釉陶器、陶器。南方青瓷与北方釉陶器的共出，反映了西晋时期国内南北贸易的发达及文化交流的频繁。同时，该墓地还出土了一批少见的珍贵随葬品，如玻璃碗、鹦鹉螺杯及贝类耳杯等，具有明显的异域风格，是西晋时期对外贸易、文化交流反映，对丝绸之路的研究具有重要意义。鹦鹉螺，原产于印度洋，主要是通过海路输入，与海上丝绸之路有着密切关系；玻璃碗则是产于波斯（今伊朗），从海上或通过河西走廊经陆路都可通达。

　　煎药庙M8墓中发现了"下邳国县建忠里谋显伯仲伯孝伯"刻铭，可证实这是一处下邳国墓地。西晋时期，下邳国治所位于今邳州睢宁交界处的下邳故城。邳州以"邳"命名，下邳故城是其重要的历史文化根基。该墓地的发掘对系统研究西晋时期的政治、经济、文化、生活方式、社会习俗、丧葬制度等方面具有重要的历史价值和科学价值，对邳州地域文明研究具有重要的现实意义。

对煎药庙西晋墓地来说，考古发掘是第一步。下一步要充分依靠当地政府，做好墓地的保护利用工作。既要保护墓葬本体，也要保护墓地和墓地的环境；既要保护好历史留给我们的文化遗产，也要展示好、创新利用好这批下邳国的珍贵文物，让它为社会发展和社会公众服务。要制定完善、全面、合理的保护利用规划，按照《国家文物事业发展"十三五"规划》中指出的"创新文物合理利用模式。推动文物保护利用与新型城镇化和新农村建设相结合，与扶贫攻坚和经济发展相结合，与美丽中国建设相结合，延续历史文脉，建设人文城市，打造特色小镇和美丽乡村"。要明确保护利用的根本目的和手段方式，让这处珍贵的墓地在今天仍然能够发挥重要作用，增强当地民众的自豪感，利于当地经济的发展，坚定我们的文化自信。

江苏的考古工作要始终坚持探索地域文明、证经补史，保护文化遗产、传承城乡记忆，服务社会公众、惠及民生的一贯宗旨，持续发掘好、整理好、书写好、弘扬好江苏的优秀文化遗产，使人民群众能够更深入地了解文物，讲好文物背后的江苏故事。要给公众提供生动有趣的科学解读、开放考古工地的相关体验，提供通过遗迹遗物开展有温度可触及的文化服务。要用考古成果促进地方经济社会协调发展、改善城乡人居环境、丰富人们文化生活，使广大人民群众享受到考古发掘和文化遗产保护的成果，满足人民群众对美好生活的向往。

龚　良

2019 年 5 月 20 日

第一章　概　况

第一节　地理位置与自然环境

一、地理位置

　　煎药庙西晋墓地位于邳州市新河镇陈滩村煎药庙（图一），在当地村镇还耕工程取土时发现。地理坐标：北纬 34.20782°、东经 118.02313°，海拔 23 米。

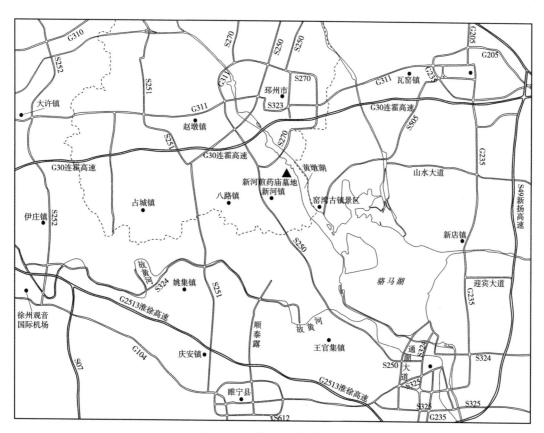

图一　煎药庙墓地位置图

　　邳州市位于江苏省北部，隶属于江苏省徐州市，古称邳国、下邳、东徐州。位于苏鲁交界，东接新沂市、连云港，西连徐州市铜山区、贾汪区，南接睢宁县，北邻山东省兰陵县。地理坐标：北纬 34°07′~34°40′48″，东经 117°35′50″~118°10′40″。东西 52 千米，南北 61 千米。区位优越，交通便捷。连霍高速（G30）穿城而过，京沪、京福、宁徐高速三面环绕，境内国道、省道及村村公路四通八达；城区坐落在京杭运河与欧亚大陆桥陇海铁路的黄金交汇点上，东邻港口城市连云港，南通江淮；徐州观音机场、连云港白塔埠机场和山东临沂机场均近在咫尺。加之，郑徐高铁早已建成通车，连徐高铁已经开工建设，邳州交通将迎来陆、水、航空运输的立体交运网络。

新河镇位于江苏省徐州邳州市东南部，距市区 15 千米。西与八路镇相接，北与运河镇毗邻，东临大运河，南临宿迁市、睢宁县。境内 270 省道（台儿庄—新河）东西横穿而过、250 省道纵贯南北。新河镇辖 19 个行政村，煎药庙为新河下辖陈滩村的一个自然村，位于新河镇东北，南有 250 省道、北有 270 省道，东临京杭大运河。（图二）

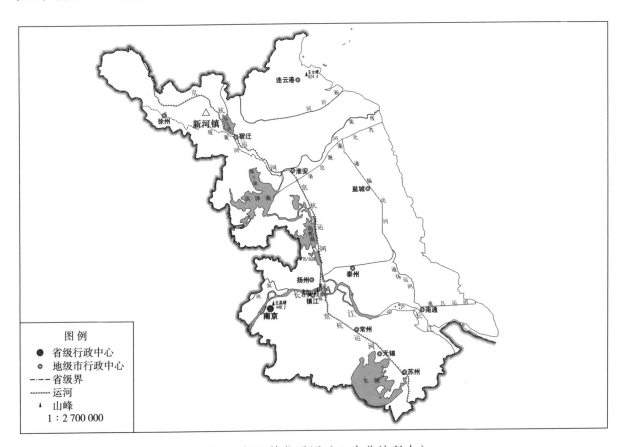

图二　新河镇位置图（△为墓地所在）

二、自然环境

邳州地势西北高、东南低。西北部和西南部山峦起伏，腹地河流如织。根据地势高低，全境地貌分为平原洼地、坡地、山地和水域四种类型。其中平原洼地为邳州地形主体，面积 2088 平方千米，占面积 51.7% 的市境界于黄淮之间。

邳州地处北纬 34 度附近，属暖温带半湿润季风气候，四季分明，季风显著，光照和雨量充足，历年以来年平均气温 14.0℃，年平均降水量 867.8 毫米，年平均日照时数 2318.6 小时。丰富的气候资源有利于工农业生产。境内水系属淮河流域沂、沭、泗水系，按流向归属分为中运河、沂河、邳洪河三大水系。共有干支河流 42 条，承担着行洪、排水、航运等功能。

煎药庙地处邳州东南黄墩湖滞洪区，东临京杭大运河，属湖塘洼地，地势低平，西北部略高，海拔约 23.30 米，东南部略低，两者相差 4 米左右，全镇平均海拔 21 米，地下水位较高。

第二节 历史沿革

一、历史背景

邳州历史悠久，境内新石器时代遗址众多，其中就有被称为"中原古文化遗址的一颗明珠"的大墩子遗址，还有新中国最早发掘的、也是江苏唯一出土彩陶的刘林遗址。

大墩子遗址，根据地层堆积分上、下两个文化层，下文化层为北辛文化早期的遗存。上文化层分为早、晚两期，分别与大汶口文化中、晚期相当。上层早、晚期的墓中都随葬有少量的彩陶，彩陶大部分是白、红、黑三色彩，单彩极少，上层晚期的彩陶色带的层次增多。大墩子遗址的 ^{14}C 测年为距今 6445 ± 200 年。通过发掘弄清了大墩子遗址是江北典型古文化遗址，它使仰韶文化与大汶口、龙山文化得以衔接，使苏北同鲁南文化体系进一步明确，全面反映了远古各时期社会状况和发展脉络，不仅是长江流域和黄河流域之间文化关系的依据，对分析苏北和鲁南的黄帝族文化与东夷族文化关系更起到户枢作用。

刘林遗址为新石器时代大汶口文化的早期遗址，是中华人民共和国最早发掘的遗址之一，也是江苏唯一出土彩陶的遗址，出土了大量彩陶，以及石、骨、角、牙、陶器等。说明距今约 6200 年至 5500 年左右的刘林文化遗址创造了绚丽夺目的彩陶文化，拉开了黄淮大地文明演进的序幕；出土的大量精美刘林文化彩陶，为中国文明起源做出了突出的贡献。通过发掘也说明了当时人类已进入了父系氏族社会，生产力有了一定程度的发展，出现了社会分工，逐步产生了产品交换和财产私有。这些资料对研究黄淮地区古代社会文明化进程具有重要意义。

历史时期，邳州地区的古遗址、古墓葬更是数以百计，其中就有梁王城遗址以及鹅鸭城、九女墩、寨山摩崖石刻等国家级或省级、市级文物保护单位近百处。

梁王城遗址位于邳州市北部，是新石器至宋元时期的遗址，面积达 100 多万平方米，是春秋战国时期苏北地区最大的城址。经过两次考古发掘，表明该处遗址文化层堆积较厚，内涵极为丰富，地层堆积从早到晚依次为大汶口文化层、龙山文化层、商周文化层、春秋战国文化层、北朝—隋文化层以及宋元文化层等，历史延续约 5000 年。其中大汶口文化晚期的房址、作坊、窑址以及墓葬的发现为研究当时的聚落形态、生产力水平提供了重要资料；西周墓地的揭露为黄淮地区、中原地区的文化交流沟通以及徐国史的研究找到了新的突破口；春秋战国时期宫殿基址的发现，证明梁王城城址很有可能是春秋战国时期当地的繁华闹市区域或政治经济中心——古徐国国都。梁王城遗址与周围同时期的鹅鸭城遗址、九女墩墓地共同架构起了黄淮地区春秋战国时期的历史框架，对研究史前聚落和黄淮地区古代社会文明化进程有着极其重要的意义。

九女墩春秋墓葬的发现、发掘，出土了一批春秋时期重要的刻铭铜器；蘑菇顶墓葬的发掘，发现了一种特殊的墓葬形制，体现出了古徐国独特的文化面貌与文化内涵，为古徐国的研究提供了参考。

自古以来，邳州文明就在华夏大地绽放异彩。西晋时期，邳州地区隶属于下邳国，距今邳州市西南 30 千米处即为下邳国的治所遗存——下邳故城遗址。煎药庙西晋墓地地处邳州市与下邳故城中间地带，为一处西晋时期下邳国高级贵族家族墓地。该墓地的发掘，完整地展现了西晋时期墓葬的形制与结构，出土了大量精美的随葬品，为研究古邳州——西晋时期下邳国的历史、政治、文化、经济，以及西晋时期的葬制、葬俗提供了翔实的实物资料。

二、历史沿革

邳州古文明可追溯至公元前 4500 年左右的大墩子文化，还有以彩陶为代表的刘林文化。

夏：禹分九州，邳属徐州之域；禹封车正官奚仲于薛（山东薛城），后迁于邳，以邳为都，遂为邳国。

商：奚仲裔孙仲虺辅商汤灭夏桀，汤遂封左相仲虺于邳，建邳国，至河亶甲时亡。

周：邳属徐国。成王时期，徐人奄人反周，成王命伯禽征讨，次年灭徐奄，迁奄君于蒲姑（今睢宁县北），逐徐人于海隅。穆王时期徐子诞重建徐国。公元前 512 年吴灭徐，邳地属吴。公元前 473 年越灭吴，邳地属越；次年越让淮北地予楚，邳地属楚。公元前 468 年魏取楚淮北地，邳地属魏，魏将邳薛合并改名徐州。公元前 300 年齐取魏，徐州、邳地属齐。

秦：公元前 221 年秦统一六国，于邳置县，史称下邳县，属东海郡（因郡治在郯，故又曰郯郡），部分地区属泗水郡、薛郡。秦末一度置为东阳郡，项梁渡淮，县境尽入楚地。

西汉：汉高祖五年（前 202 年），封韩信为楚王，治下邳。次年废除韩信王号，封刘交为楚元王，治彭城。分下邳为武原（今邳州泗口北）、良城（今邳州陈楼以北）、下邳三县隶属楚。汉高祖七年（前 200 年）封卫不害为武原侯，治武原；汉景帝后元二年（前 142 年）卫不害入狱，武原仍属楚。下邳、良城改属东海郡。汉武帝元狩六年（前 117 年）置临淮郡，下邳、良城属临淮。武帝元封五年（前 106 年）置十三刺史部，武原、良城、下邳三县归徐州（治所在薛）刺史部。汉昭帝始元五年（前 82 年）封刘文德为良城侯，传五代侯爵取消，良城划为县，仍归徐州刺史部。王莽始建国元年（9 年）改下邳为润俭，良城为承翰，武原为乐亭，三县属徐州（治所在下邳）。

东汉：光武帝建武五年（29 年），光武帝攻克彭城、下邳，吴汉拔郯城，遂置徐州刺史部于郯，领下邳郡。旋改下邳郡为临淮郡，下邳、良城归临淮，武原属彭城。汉明帝永平十五年（72 年），取消临淮郡，置下邳国，治下邳，领十七县：下邳、良城、徐县（今泗洪半城镇）、僮县（今睢宁西北）、睢陵（今睢宁东北）、下相（今宿迁）、淮阴（今淮安市淮阴区）、淮陵（今淮阴北）、淮浦（今淮阴东南）、盱眙（今盱眙西北）、高山（今淮阴西）、潘旗（今宿迁北）、取虑（今睢宁北）、东城（今盱眙东）、曲阳（今宿迁西）、司吾（今新沂市）、夏丘（今沛县东）。武原仍属彭城国。汉献帝初平四年（193 年）陶谦任徐州牧，治下邳（今睢宁县古邳镇）。下邳人阙宣聚数千人与陶谦共举兵反，曹操杀陶谦，任刘备为徐州牧，治下邳，备命张飞守之。汉献帝建安元年（196 年），吕布袭张飞，得下邳，自称徐州刺史。次年曹操、刘备共破下邳，擒杀吕布于白门楼（今睢宁县古邳镇）下。献帝建安四年（199 年），刘备杀徐州刺史车胄，夺下邳，命关羽守之，代太守职。次年曹操攻下邳，关羽降曹，下邳入魏。

三国时期：陶谦领徐州牧，据下邳为郡治所，后相继为吕布、曹操所据，魏建国后邳为徐州治所。黄初三年（222 年），曹操子、鲁阳公曹宇进封下邳王，治下邳。黄初五年（224 年），曹宇改封单父县，下邳国除为郡。

西晋：晋武帝太康元年（280 年）置下邳国，领下邳、良城、凌（今睢宁东）、睢陵、夏丘、取虑、僮七县。

东晋：晋成帝咸和元年（326 年）济民太守刘闽杀下邳内史夏侯嘉降石勒，下邳入赵，改置下邳郡。晋穆帝升平二年（358 年），任北中郎将郗鉴都督徐、兖、青、冀、幽五州诸军事，徐兖二州刺史，领下邳，邳入东晋。

南北朝宋：宋武帝永初元年（420 年），刘裕建立宋朝，次年置下邳郡，领下邳令，南彭城太守领武原令。宋孝武帝大明四年（460 年），置下邳太守，领下邳令、良城令、僮令。

南北朝北魏：北魏孝明帝孝昌元年（525 年），置东徐州，治下邳。

南北朝梁：梁武帝中大通五年（533 年），北魏建义城主兰宝杀东徐州刺史崔庠，降梁，梁置武州，治下邳。

南北朝东魏：东魏孝静帝武定八年（550 年），复置东徐州，治下邳。领四郡、十六县。下邳郡辖：下邳、良城、僮、坊亭（今睢宁西境）、栅渊（今宿迁境）、归正（分下邳置）六县。武原郡辖：武原、开远（分良城置）、艾山（今艾山一带）三县。这年北齐文宣帝受魏禅，邳地入北齐。

南北朝陈：陈宣帝太建七年（575 年），陈将樊毅伐北齐克下邳，陈改东徐州名安州。

南北朝北周：北周宣帝大成元年（579 年），陈的徐州、淮南之地尽没于北周，周改安州为邳州，领下邳、归正二县，废除艾山、开远、武原三县。

隋：炀帝大业三年（607 年），改置下邳郡，领宿豫（今宿迁）、夏丘、徐城（今泗洪北）、淮阳（今淮阴北）、下邳、良城、郯城（今郯城县）七县。废除归正县。

唐：高祖武德四年（621 年），置邳州，领下邳、良城、郯城三县。属徐州总管府。太宗贞观元年（628 年），废除邳州，置下邳县；省郯城、良城二县，析泗州之淮阳入下邳，隶于泗州。宪宗元和四年（809 年），下邳隶于徐州。

五代：公元 907 年至 960 年，下邳县属武宁军，隶于徐州。

宋：宋太宗太平兴国七年（982 年），置淮阳军治下邳。领下邳、宿迁二县，属京东路。

金：金太宗天会七年（1129 年）置邳州刺史，领下邳、兰陵、宿迁三县，属山东西路。金宣宗贞祐三年（1215 年），邳州隶于河南路。金宣宗兴定五年（1221 年），命蒙古纲移山东行省于邳州。

元：元朝初年，并下邳、兰陵、宿迁三县入邳州。元世祖至元八年（1271 年）邳州隶于归德府。元世祖至元十二年（1275 年）复立睢宁、宿迁二县，隶邳州，属淮安府。元世祖至元十五年（1278 年）邳州领下邳、宿迁、睢宁三县，仍属淮安府。元世祖至元二十七年（1290 年），邳州随归德府属河南行中书省统辖。元顺帝至正八年（1348 年）升徐州为总管府，邳、宿（今安徽宿县）、滕（今山东滕州）、峄（今山东峄县）四州隶之。

明：明太祖洪武初年，邳州隶于凤阳府。明太祖洪武十五年（1382 年），邳州属淮安府，仍领宿迁、睢宁二县。改葛峄山为岠山。

清：清世祖顺治元年（1644 年），置江南省（今江苏、安徽东部），邳州随淮安府隶之，设江宁布政司管理民赋。清世祖顺治十八年（1661 年）江南省设左右布政司，以左布政司管理邳州民赋。康熙三年（1664 年）设江北按察司，管理邳州民赋。康熙五年（1666 年），邳州随淮安府直隶于江南省。次年，析江南省置江苏省，设江苏布政司管理邳州民赋。清康熙七年（1668 年），位于郯庐地质断裂带的鲁南莒州、郯城发生大地震，地震导致河决，邳州城沉于水，其地曰"旧城湖"。清康熙二十八年（1689 年）迁建邳州城于艾山之阳，即今邳州市邳城镇。雍正二年（1724 年），升邳州为江苏省直隶州，领宿迁、睢宁二县。雍正十一年（1733 年），升徐州为府，邳州改属徐州府，睢宁、宿迁二县属徐州府。

民国：1912 年，改州为县，始称邳县，属徐海道。1928 年，废除道，邳县直属江苏省。1938 年，江苏置十个督察区，邳县隶属于第九督察区。1940 年，中国共产党为抗日之计，析邳县之陇海铁路以北置邳县民主政府，驻铁弗寺（今铁富乡驻地），隶属于山东鲁南第三专署。陇海铁路以南，置邳南行署，隶属于八路军运西办事处。1942 年，邳南行署改为邳南县，隶属于邳、睢、铜、灵连防办事处；同年改为邳睢县，隶属于淮北第三专署。1939 年至 1945 年间，日伪以官湖（今官湖镇）为中心置伪邳县公署，隶属于伪淮海省。1943 年，原邳县之西北及宿羊山（今宿羊山镇）一带属共产党兰陵县民主政府管辖；原邳县之炮车、窑湾一带属共产党宿北县民主政府管辖；龙池一带存国民党邳县游击区。1948 年 11 月 22 日，邳县全境解放，设立邳睢县，邳睢县以邳县的陇海铁路以南地区和睢宁县西部地区及铜山县东南部地区三部分为其行政区域组建而成，邳睢县人民政府驻土山区（今邳州市土山镇），隶属皖北宿县专区。1949 年 5 月改属苏北行署区淮阴专区。

中华人民共和国：1949 年 10 月 1 日，中华人民共和国成立，中共邳县县委、县政府在邳城（今江苏邳州市邳城镇），中共邳睢县县委、县政府在土山（今江苏邳州市土山镇）。中共邳县县委、县政府隶属中共山东省台枣地委、台枣专署领导。1953 年江苏省复建之后，撤销邳睢县建制，邳睢县所辖地区归属原县建制，邳睢县并入邳县，原属邳睢县的土山镇、运河镇等地析归邳县；原属邳睢县的古邳镇、双沟镇析归睢宁县。1954 年 10 月邳县人民政府驻地由邳城（今邳州市邳城镇）迁至运河镇（今邳州市运河镇）。邳县隶属徐州专员公署。1983 年 3 月，实行市管县体制，徐州专区撤销，邳县隶属徐州市。1992 年 7 月 7 日国务院与民政部批准撤销邳县，设立省直辖县级邳州市，江苏省委托徐州市代管至今。

第三节　煎药庙的传说

煎药庙，史书无载，仅存传说。

原煎药庙村庄西南角丁字路口有一长方形石碑（彩版一：1、2），现仍存。碑阳刻"煎庙"，背阴刻：传说清乾隆皇帝下江南，乘船经过村东运河时，适逢皇姑病，不能同行，只得下船在此煎药治病，后建庙纪念，遂得名"煎药庙"，习称"煎庙"。

原煎药庙组伏姓人口占全组百分之八十以上，伏姓为该组大姓。查其家谱，伏姓于明代从山西迁移而来，居住至今。其大部居住于高出地表约 2.5 米的土台之上，土台周围也有少数住户，土台中间有庙三间，即为"煎药庙"，亦为"皇姑庙"，后改为"伏氏祠堂"。

自居此处，伏姓人家就立下众多门规，数百年来伏氏组人都口传心授，严格遵守。但其中有一条：凡是居于土台上之人家，不可建高房，不可深挖地基。对于此条，究其原因，未见记载，也无知之之人。或许是担心盖高房或深挖会动摇伏氏一脉的根基，又或许是认为土台下埋藏着不可说的秘密。

第四节　西晋墓地的发现与发掘

一、墓地的发现

2015 年 6 月 15 日，邳州市博物馆接群众举报，新河镇煎药庙农田整治工地发现古墓葬。时值南京博物院考古研究所正在邳州市内河湾墓地进行考古发掘，在邳州市博物馆馆长程卫的邀请下，考古队安排专业人员与程馆长一同前往现场进行勘查。

工地现场，施工依旧，聚集了大量群众围观，当地派出所有七八人维持秩序，并拉有安全警戒线。

墓葬位于一块近圆形台地之下。根据地形与当地原住户介绍，该台地原东西长约 200、南北宽约 100 米，高出地表约 2.5 米。由于还耕工程取土，残存台地中部被挖开一个大致呈簸箕状的豁口，周围都是已经平整的地面（彩版二：1）。

经过初步勘查，发现砖室墓葬两座，东西相距约 2 米。其中一座刚露出券顶墓砖，另一座券顶高度与周围地表相平，券顶东部已被挖开一个约 1 米见方的洞。从洞中可见，该墓葬拱形券顶东西向，楔形砖砌筑，券顶外覆有一层厚约 1 厘米的石灰。墓室内除破坏掉落的杂土外，仅有 2~3 厘米厚的淤泥，局部可见被覆盖的随葬器物（彩版二：2）。

根据墓葬形制、砌砖的形制与特点分析，这两座墓葬与徐州地区的东汉墓葬形制基本相同，但东汉时期砖室墓券顶外从未发现石灰覆盖的现象，说明该墓葬时代或许稍晚于东汉时期。

二、考古发掘方案的制定

鉴于所发现墓葬皆砖室墓，时代约为东汉或稍晚，且由于工程施工墓葬顶部基本暴露，建议在工程施工中现场监督，同步进行勘探。为了不影响农田复垦工程施工，在报上级文物主管部门后，对所发现墓葬进行抢救性考古发掘。

6 月 16 日，考古队进驻工地现场。由于工地施工较快，为了保证考古资料的完整性，考古队员在现场勘探的同时，于墓葬西侧残存土台清理出了一段东西向的地层剖面，并对其进行了绘图与照相记录。6 月 19 日，工程施工结束。另发现了墓葬 2 座。

2015 年 6 月 20 日下午，由南京博物院、邳州市博物馆考古人员组织民工对发现墓葬范围使用铁质围栏进行了临时围挡，并组织民工清理发掘区的杂土，同时开始对该发现墓葬区域及周围地区进行考古勘探。

经过对墓葬区域20天的勘探，了解了土台的原始范围和土台的下层堆积情况，发现砖室墓葬共9座，皆南北向，带斜坡墓道，墓道居北。墓葬分南北两排，东西排列，北排共4座、南排5座，根据其排列方式，确认该处为一处家族墓地。据勘探，发现该墓地坐落于一个春秋战国—明清时期的土台遗址之上。该墓地上部叠压较厚的晚期遗址堆积，且被大量宋—明清时期的晚期遗迹打破。同时，该墓地坐落于早期遗址之上，并打破早期遗址，早期遗址时代为春秋战国—汉代。由于墓葬顶部已经高于工程施工后地表，开口高度不清，土台上半部汉—明清时期地层堆积不存，仅存下部春秋战国地层堆积。

2015年7月15日，根据墓地情况，制定新河煎药庙墓地考古发掘计划、文物保护方案、安全保卫方案，上报南京博物院考古研究所、南京博物院、邳州市文广新局（现邳州市文广新体与旅游局），并向江苏省文物局、国家文物局上报邳州新河煎药庙墓地考古发掘申请。

鉴于发掘区域地势较低，周围多为稻田、鱼塘与河道，且临近大运河，地下水位较高，在对发掘区进行围挡的同时进行了降排水工作。由于发掘区南紧邻一条重要的乡间道路，故降排水采用在发掘区北、东、西三面开挖宽12、深6米的倒梯形围沟（图三），沟底东高西低，于东南角安装水泵通过管道将水向南排放，使其进入与运河相连的小河之中。

还耕工程结束后，形成一平面，该平面地层堆积时代已至春秋战国时期，且平面发现大量灰沟、灰坑、水井等遗存，从春秋战国—明清时期各时代遗存皆有发现。故本次发掘工作主要分两部分：发掘区平面遗迹的清理与发掘、墓葬发掘。

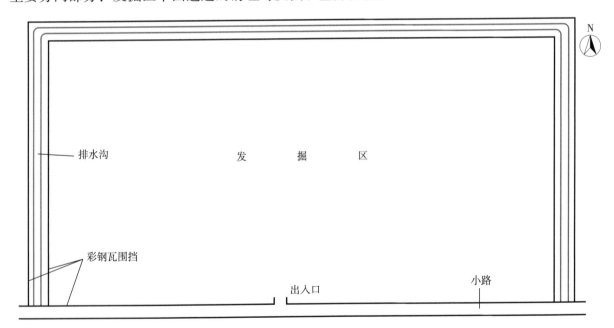

图三　发掘区排降水沟及围挡示意图

三、墓地发掘

2015年7月18日，经南京博物院批准，追加新河煎药庙墓地考古为本年度南京博物院重点工作项目，并获得了南京博物院经费支持。

从7月20日开始，考古发掘准备工作开始。由于考古工地周围拆迁，没有住户，故吊装集装箱作为队员生活、文物临时库房、存放考古器材之用。同时，由于地下水位偏高，考虑到地下水的影响因素，根据发掘方案进行考古发掘区的降排水工作，并采用彩钢瓦重新对考古发掘区域进行围挡，安装了摄像头、红外射线等监控设施。

8月15日，新河煎药庙西晋墓地的考古发掘工作正式开始，主要进行了发掘区的晚期遗迹清理与发掘、墓葬本体的发掘。由于天气的影响，到2016年春节前，墓葬仅清理、发掘3座。

2016年的发掘工作从2月15日开始，6月1日该考古发掘项目结束，9月23日，考古队撤离现场，发掘区交由邳州市博物馆负责。

2017年1月12日，由南京博物院主办，邳州市人民政府协办的"邳州新河煎药庙西晋墓地考古成果专家论证会"在邳州市政府招待所召开。来自中国社会科学研究院、洛阳市文物考古研究院、徐州博物馆、南京市博物馆等单位的10多位专家、学者出席了会议，并对该墓地进行了重要的研讨。

四、资料整理

在考古发掘工作进行的同时，新河煎药庙考古资料的整理工作就已开始，但全面的整理工作从2016年10月1日开始。

2017年6月，墓地的考古资料整理完毕，并完成《新河煎药庙西晋墓地M9发掘简报》。此后，转入墓地墓葬平面遗迹、遗物的整理，至2019年8月中旬完成。8月下旬，开始报告的编写工作。12月底完成考古报告的编写工作，并送交文物出版社，准备出版。

五、参加人员

领导小组组长：李民昌（南京博物院副院长）。

工地总负责：林留根（南京博物院考古研究所所长）。

现场指导：李则斌（南京博物院考古研究所副所长）。

项目领队：马永强。

考古发掘阶段参加人员：张雪菲、周恒明、花纯强（南京博物院），王庆光（徐州博物馆），程卫、张宏伟（邳州市博物馆），刘乃良、潘明月、吕真理、刘传明（技工）。

考古整理阶段参加人员：张雪菲、程卫、刘乃良、潘明月、吕真理、刘传明。

第二章　考古调查与勘探

2015 年 6 月 16 日，考古调查、勘探工作开始。

考古调查范围为墓葬周边 5 千米范围内，了解文物点的埋藏与分布情况。勘探工作范围为发现墓葬的区域及其周围地区，主要是了解地层堆积情况，并掌握其内涵。

经过对墓葬周边范围的调查，仅在发掘区北侧约 500 米处发现一汉代墓地。该墓地埋藏较深，距地表约 5 米，于 20 世纪五六十年代灌溉小河开挖时发现，曾毁坏汉代墓葬数十座，出土汉代陶灶、陶罐、铜镜、铜剑等。经过勘探，该区域多为厚约 5 米的黄泛淤泥层所覆盖，原地表埋藏于地下较深，这应该就是调查结果不显著的原因。

对发掘区的勘探主要是针对所发现墓葬区域的重点勘探（彩版三：1），采用 1 米 ×1 米正方向网格布孔，并对各探孔进行统一编号、GPS 定点、勘探土样土质土色分析、测量、文字记录、照片记录等（彩版三：2），再进行汇总，最后选取南北、东西各一排探孔根据土质土色、包含物进行勘探地层图绘制，形成发掘区地层图。

本次勘探探孔基点坐标：X3787222.911325、Y593594.779873、Z36.4771。共在发掘区由基点向北布探孔 141 行，向东布探孔 132 列，编号：2015D001001……2015D132141。选取其中东西向第 49 行（附表一、二）、南北向第 73 列（附表三、四）进行发掘区地层剖面图绘制（图四、五）。

据勘探地层堆积的土质土色，对第 49 行、73 列探孔地层堆积进行了统一（附表五），并说明如下：

第①层：灰褐色扰土层。主要分布于土台四周。土质较松软、含水量较低。包含砖瓦残片、青花瓷片等。

第②层：黄色淤土冲积层。主要分布于土台四周。土质较黏，纯净。

第③层：浅黄色沙土层，其间夹杂少量褐色、灰黑土。主要分布于土台中部，堆积较平。土质较松软，包含大量蚌壳、红烧土颗粒、草木灰。应为春秋战国时期文化堆积层。

第④层：黄褐色沙土层。均匀分布于该土台。土质较疏松，包含少量红烧土颗粒、草木灰、夹砂红陶残片。应为春秋战国时期文化堆积层。

第⑤层：灰褐色沙土层。均匀分布于该土台，中部堆积较平，四周呈坡状堆积。土质较疏松，包含少量动物骨骼碎片、夹砂红陶残片等。应为春秋战国时期文化堆积层。

第⑥层：黄褐色沙土层。均匀分布于该土台，堆积较平。土质较疏松，包含少量草木灰、红烧土颗粒。应为春秋战国时期文化堆积层。

　　第⑦层：灰褐色沙土层。该土台均有分布，中部堆积较薄，四周堆积较厚。土质较疏松，包含少量蚌壳。应为春秋战国时期文化堆积层。

　　第⑧层：深褐色沙土层。主要分布于土台中部。土质较疏松，包含红烧土颗粒、草木灰。应为春秋战国时期文化堆积层。

　　第⑨层：灰褐色沙土层。主要分布于土台南部。土质较疏松，包含红烧土颗粒、草木灰。应为春秋战国时期文化堆积层。

　　第⑩层：深褐色沙土层。主要分布于土台南北两侧。土质较疏松，包含红烧土颗粒。应为春秋战国时期文化堆积层。

第三章　地层堆积及遗迹、遗物

经勘探，发现该墓地处于春秋战国—明清时期的遗址内。墓地上部叠压较厚的晚期遗址堆积，且被大量晚期遗迹打破，晚期遗址时代为宋—明清时期，同时，该墓地坐落于早期遗址之上，并打破早期遗址，早期遗址时代为春秋战国—汉代。墓葬开口平面被破坏，墓葬的同期遗址已不存。

由于发掘工作开始于土地改造工程完成之后，故发掘区平面基本位于同一高度，皆处于春秋战国时期文化堆积层。根据采集地层包含物分析，该平面遗迹除墓葬外，还有水井、灰坑、灰沟、柱洞等，其时代为春秋战国—明清时期，由于遗迹开口层位不清，平面遗迹发掘以探方为单位，逐探方进行，遗迹编号亦依次顺编。

本次发掘布方基点与探孔布孔基点相同，基点坐标：X3787222.911325、Y593594.779873、Z36.4771。共在发掘区由基点向北布探方14行，向东布探方13列，方向正北，编号2015T0101~2015T1314（图六；彩版四）。

通过对发掘区平面进行清理，共发现墓葬9座、水井4眼、灰坑167个、灰沟4条、柱洞6个（图七；彩版五；附表六、七、八、九）。H168因最后确定为水井，编号J3，故为空号；H40最后确定为地层堆积，亦为空号。为了保持墓葬形制的完整性，对于墓葬打破的早期灰坑皆未给号，亦未发掘。

本次发掘共清理小圆形柱洞遗迹6个。由于开口层位不清，时代无法判断，加之其较为分散，应为多个时期房址柱洞的残留。为了保证发掘资料的完整性，将其置于本章最后单独介绍。

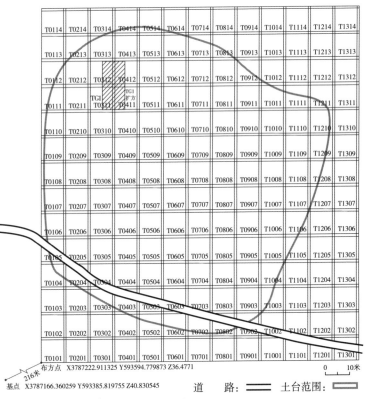

图六　布方及TG1位置图

第一节 土台地层堆积

在农田改造工程施工、墓葬发现时，墓葬所在土台大部已被破坏，仅余西南部。经过对该土台中间残存的北侧东西向断面进行清理、绘图与照相纪录，保留了该土台原始的地层堆积资料。

该剖面东西长 12.28、高 2.54 米。根据土质土色、包含物分析，该处土台上半部地层可分 7 层（图八；彩版六：1）。

第①层：表土层。厚 0~0.4 米。黄色沙土，颗粒较粗，板结严重，包含有现代垃圾、砖块、植物根茎。该层下开口灰坑 2 个。

第②层：红褐色土层。深 0.26~1.04、厚 0.1~0.76 米。分布于剖面东西两侧，呈坡状堆积。土质较致密、纯净，易板结，较纯净，无包含物。该层为近现代淤积层。该层下开口灰坑 1 个。

第③层：青灰色沙土层。深 0.21~1.15、厚 0.1~0.58 米。分布于剖面中部。土质较致密，包含有青砖块、动物骨骼、草木灰颗粒。该层应为唐宋时期文化堆积层。

第④层：灰色沙土层。深 0.82~1.28、厚 0.05~0.48 米。分布于整个剖面。土质较致密，夹杂白灰颗粒，包含白瓷片、灰陶罐残片。应为唐宋时期文化堆积层。该层下开口灰坑 5 个。

第⑤层：灰黑色沙土层。深 0.97~1.89、厚 0.16~0.84 米。分布整个剖面。土质较致密，包含红烧土颗粒、蚌壳、内壁斜线暗纹灰陶片。应为魏晋时期文化堆积层。该层下开口灰坑 1 个。

第⑥层：灰褐色沙土层。深约 1.57~2.53、厚约 0.24~0.82 米。分布整个剖面，中部堆积较厚。土质较疏松，包含有绳纹筒瓦残片、夹砂红陶残片。应为汉代文化堆积层。该层下开口灰坑 2 个。

第⑦层：浅黄色沙土层。深约 1.89~2.54、厚约 0.1~0.66 米。分布于剖面东、西两侧。土质较松软，其间夹杂少量灰黑色沙土，包含有红烧土颗粒、陶鬲足等。应为春秋战国时期文化堆积层。

以下未发掘。

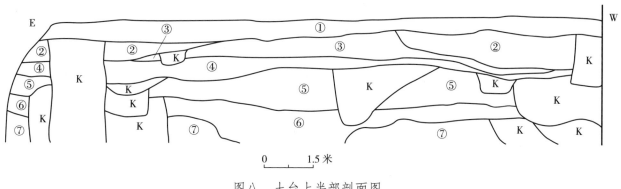

图八 土台上半部剖面图

第二节　探沟 2015PJTG1 发掘

2015PJTG1（以下简称TG1）位于发掘区西北部，为弥补土台破坏致上半部地层堆积缺失并了解土台周围区域的地层堆积而发掘。该探沟南北长19、东西宽4米，方向正北，纵跨T0311、T0312，后期向东进行了扩方，扩方部分位于T0411、T0412西半部，扩方后南北长19、东西宽9米。

一、地层堆积

据TG1地层堆积土质、土色及包含物，TG1地层堆积可分7层，以TG1北壁为例（图九；彩版六：2）。

第①层：耕土层。厚0.1~0.85米。分布于探沟北部，南部被破坏。土色灰褐色，土质疏松，包含有现代瓦片、青花瓷片、草木灰、植物根系等。应为现代耕土层。

第②层：深灰色土层。深0.4~2、厚0.1~1.2米。分布于整个探方。土质疏松，易板结，包含有炭屑、石粒、瓦片、青花瓷片、兽骨等。该层采集标本有铜簪、青花瓷碗、青花瓷盘、酱釉盏、陶纺轮、花砖、陶器盖、陶饼等共14件。应为明清时期文化堆积层。该层下开口H34、H35、H36、H37、H40、H50。

第③层：红色胶泥夹杂黄色粉沙土层。深0.3~2.6、厚0.1~2.45米。分布于整个探方，南

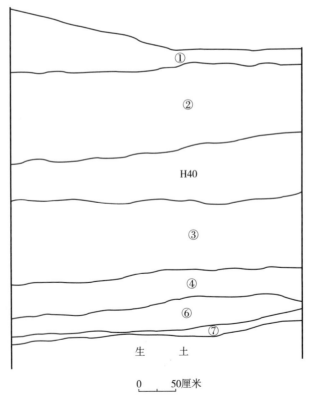

图九　TG1 北壁剖面图

高北低。土质致密、细腻，包含有红灰陶残片、瓷片。该层采集标本有青花瓷碗、青瓷碗、白瓷碗、酱釉碗、陶盆、瓦当、韩瓶等共 12 件。该层应为明清时期黄泛淤积层。

第④层：浅灰色土层，夹杂少量红褐色胶泥块。深 1.5~3.6、厚 0.1~0.75 米。分布于整个探方，南高北低，坡状堆积。土质较松，包含有陶片、青花瓷片、酱釉瓷片、筒瓦、板瓦残片等。该层采集标本有铜镞、青花瓷杯、骨簪、陶饼、封泥、陶纺轮等共 11 件。该层应为明清时期文化堆积层。该层下开口 G2、H82。

第⑤层：青灰色土层。深 2.25~3、厚 0~0.9 米。分布于探沟南部，南高北低，北部为断层。土质较疏松，包含有炭屑、草木灰及少量白瓷片。该层采集标本有陶罐、铜钱、筒瓦等共 5 件。应为唐宋时期文化堆积层。该层下开口 H83、H84、H85、H86、H87、H88。

第⑥层：灰色土层。深 3~4.15、厚 0.05~0.85 米。分布于整个探方，南高北低，缓坡形堆积。土质松软，包含有少量夹砂灰陶片、泥质灰陶片、板瓦、黄釉瓷片等。该层采集标本仅有陶鬲足 1 件。该层应为唐宋时期文化堆积层。

第⑦层：黄色粉沙土层。深 2.5~4.4、厚 0.05~0.92 米。分布于整个探方，南高北低，缓坡形堆积。土质松软，包含有绳纹筒瓦残片及少量白瓷片、黄釉瓷碗残片。该层应为唐宋时期文化堆积层。

由于地下水位较高，以下未发掘。

二、出土遗物

（一）TG1 第②层出土遗物

铜簪　1 件。TG1②：1，残断。簪首圆形帽，簪身细圆柱形。簪首饰花瓣纹。残长 4.4、截面直径 0.3 厘米（图一〇 A；彩版七：1）。

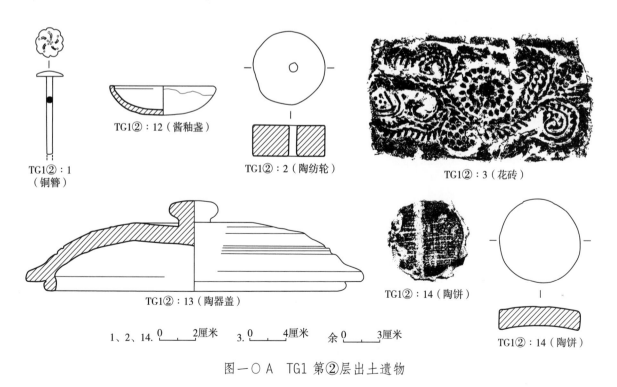

TG1②：1（铜簪）

TG1②：12（酱釉盏）

TG1②：2（陶纺轮）

TG1②：3（花砖）

TG1②：13（陶器盖）

TG1②：14（陶饼）

TG1②：14（陶饼）

1、2、14. 0___2厘米　　3. 0___4厘米　　余 0___3厘米

图一〇 A　TG1 第②层出土遗物

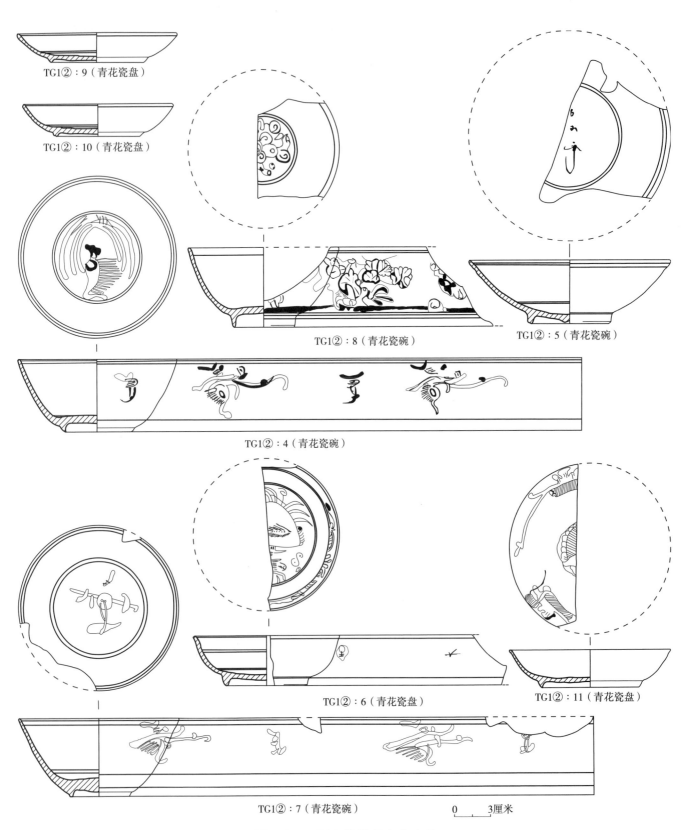

TG1②：9（青花瓷盘）

TG1②：10（青花瓷盘）

TG1②：8（青花瓷碗）

TG1②：5（青花瓷碗）

TG1②：4（青花瓷碗）

TG1②：6（青花瓷盘）

TG1②：11（青花瓷盘）

TG1②：7（青花瓷碗）

0　　　3厘米

图一〇B　TG1 第②层出土遗物

青花瓷碗　4件。TG1②：4，残，已修复。敞口，圆唇，弧腹，圈足。唇下、内沿、内底均饰两周青花弦纹，腹下饰一周青花弦纹，内底、腹部饰青花图案。器表施白釉，釉色发青，釉不及底，露白胎。口径13、足径6、高5.8厘米（图一〇B；彩版七：2）。TG1②：5，残半，已修复。敞口，圆唇，弧腹，圈足。唇下、内沿、内腹下各饰两周青花弦纹，圈足饰一周青花弦纹，内底有竖排三字款。器表施白釉，釉色发青，釉不及底，露白胎。口径16.7、足径6.9、高5.1厘米（图一〇B；彩版七：3）。TG1②：7，残，已修复。敞口，圆唇，弧腹，圈足。唇下、内沿、内底各饰两周青花弦纹，腹下饰两周青花弦纹，内底、腹部饰青花图案。器表施白釉，釉色发青，釉不及底，露青白胎。口径13.2、足径4.9、高6.2厘米（图一〇B；彩版八：1）。TG1②：8，残半，已修复。敞口，圆唇，弧腹，圈足。唇下、内沿、腹下各饰一周青花弦纹，内底、圈足各饰两周青花弦纹，内底、腹部饰青花图案，底部饰一周青花弦纹，弦纹内有"大明年造"字样。器表施白釉，釉色发青，釉不及底，露白胎。口径12.6、足径5.2、高6.3厘米（图一〇B；彩版八：2）。

青花瓷盘　4件。TG1②：6，残半，已修复。侈口，圆唇，弧腹，圈足。唇下、内沿、圈足各饰一周青花弦纹，内腹中、下部各饰两周青花弦纹，内底、内腹、外腹饰青花图案。器表施白釉，釉色发青，釉不及底，露白胎。口径12.2、足径7、高4厘米（图一〇B；彩版八：3）。TG1②：9，残半，已修复。侈口，圆唇，弧腹，圈足。唇下、内沿各饰一周青花弦纹，内底饰两周青花弦纹。器表施白釉，釉色发青，釉不及底，露白胎。口径13.1、足径7.8、高2.4厘米（图一〇B；彩版九：1）。TG1②：10，残，已修复。敞口，圆唇，弧腹，圈足。唇下、内沿、腹下各饰一周青花弦纹，内底饰两周青花弦纹。器表施白釉，釉色发青，釉不及底，露白胎。口径12.4、足径7.2、高2.6厘米（图一〇B；彩版九：2）。TG1②：11，残半，已修复。敞口，圆唇，弧腹，圈足。内底、内腹饰青花图案。器表施白釉，釉色发青，釉不及底，露白胎。口径13.6、足径8.2、高3厘米（图一〇B；彩版九：3）。

酱釉盏　1件。TG1②：12，残半，已修复。敛口，圆唇，弧腹，圜底。器表施酱褐釉，釉不及底，露黄胎。口径8.8、高2.3厘米（图一〇A；彩版九：4）。

陶器盖　1件。TG1②：13，残。泥质红陶。圆形，顶微凹，中间有圆纽，圆唇，子口。表饰弦纹、凹弦纹，内壁有轮制弦痕。直径28、通高7.2厘米（图一〇A；彩版九：8）。

陶饼　1件。TG1②：14，泥质灰陶。圆形，一面光滑，一面布纹，为瓦片打磨而成。直径4.5、厚1.1厘米（图一〇A；彩版九：6）。

陶纺轮　1件。TG1②：2，夹砂灰陶。圆形纽，中有一孔，对穿，上下两面光滑平整。直径3.9、厚1.6、孔径0.4厘米（图一〇A；彩版九：5）。

花砖　1件。TG1②：3，残。夹砂灰陶。长方形。表饰花枝纹。长24.8、宽12.8、厚3厘米（图一〇A；彩版九：7）。

（二）TG1 第③层出土遗物

青花瓷碗　1件。TG1③：2，残半，已修复。敞口，圆唇，弧腹，圈足。唇下饰一周青花弦纹，内沿、内腹下各饰两周青花弦纹，内底饰青花图案。器表施白釉，釉色发青，釉不

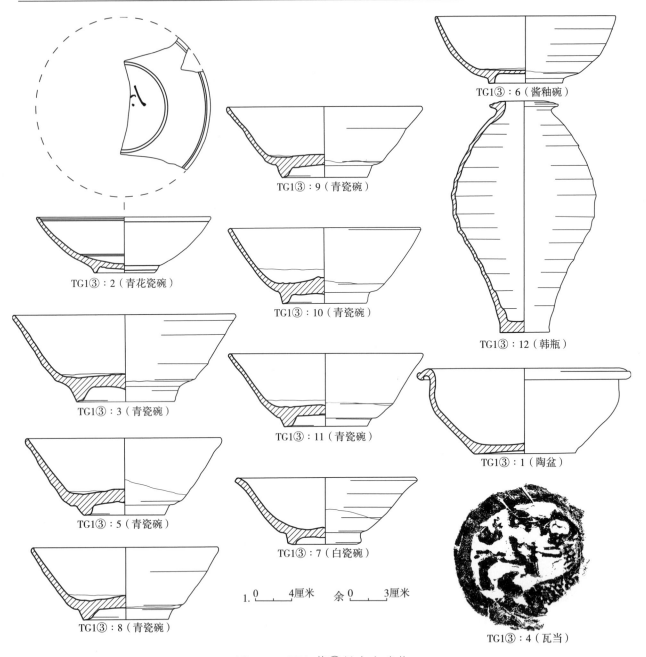

TG1③：6（酱釉碗）

TG1③：9（青瓷碗）

TG1③：2（青花瓷碗）

TG1③：10（青瓷碗）

TG1③：12（韩瓶）

TG1③：3（青瓷碗）

TG1③：11（青瓷碗）

TG1③：1（陶盆）

TG1③：5（青瓷碗）

TG1③：7（白瓷碗）

TG1③：8（青瓷碗）

1. 0 ——— 4厘米　　余 0 ——— 3厘米

TG1③：4（瓦当）

图一一　TG1 第③层出土遗物

及底，露白胎。口径 14.3、足径 5、高 4.5 厘米（图一一；彩版一〇：1）。

青瓷碗　6件。TG1 ③：3，残半，已修复。敞口，圆唇，弧腹，圈足。腹饰弦纹。器表施青釉，内外壁釉不及底，露灰胎，内底有刮痕，部分无釉。口径 18.4、足径 8、高 6.9 厘米（图一一；彩版一一：1）。TG1 ③：5，残，存小半部，已修复。侈口，圆唇，弧腹，圈足。腹有轮制弦痕。器表施青釉，内外壁釉不及底，露灰胎。口径 16.2、足径 6.8、高 6.1 厘米（图一一；彩版一一：2）。TG1 ③：8，残半，已修复。敛口，尖圆唇，斜直腹，圈足。腹有弦纹和轮制痕迹。器表施青釉，内外壁釉不及底，露灰胎。口径 15.4、足径 7、高 5.7 厘米（图一一；彩版一一：3）。TG1 ③：9，残。侈口，圆唇，弧腹，圈足。腹有弦纹和轮制痕迹。器表施青釉，内外壁釉不及底，露灰胎。口径 16、足径 7、高 5.6 厘米（图一一；彩版一一：4）。

TG1③:10，残半，已修复。敞口，圆唇，弧腹，圈足。腹有弦纹和轮制痕迹。器表施青釉，内外壁釉不及底，露灰胎。口径15.8、足径6.8、高6厘米（图一一；彩版一一：5）。

TG1③:11，残半，已修复。敞口，圆唇，弧腹，圈足。腹有弦纹和轮制痕迹。器表施青釉，内外壁釉不及底，露灰胎。口径16、足径6.8、高5.8厘米（图一一；彩版一一：6）。

白瓷碗　1件。TG1③:7，残半，已修复。侈口，圆唇，弧腹，圈足。腹有弦纹，内底有残缺纹饰图案。器表施青釉，釉色发黄，外壁釉不及底，露黄胎。口径15、足径6、高5.3厘米（图一一；彩版一〇：2）。

酱釉碗　1件。TG1③:6，壁釉残半，已修复。敞口，圆唇，弧腹，圈足。腹有弦纹。器表施酱褐釉，釉色发黄，内外壁釉不及底，露灰胎。口径14.8、足径6、高5.3厘米（图一一；彩版一〇：3）。

韩瓶　1件。TG1③:12，直口，圆唇，平沿，溜肩，弧腹，平底。腹内外有弦纹。器表施酱褐釉，釉色发紫红，外壁釉不及底，露紫红胎。口径5.5、底径4、高18.1厘米（图一一；彩版一〇：4）。

陶盆　1件。TG1③:1，残半，已修复。泥质灰陶。侈口，圆唇，卷沿外翻，弧腹，平底内凹。内腹、内底有环状暗纹。口径23.6、底径10.8、高9厘米（图一一；彩版一〇：6）。

瓦当　1件。TG1③:4，残。泥质灰陶。近圆形，表饰动物、枝叶纹。直径12.2、厚1.6厘米（图一一；彩版一〇：5）。

（三）TG1第④层出土遗物

铜镞　2件。TG1④:4，残半。两翼镞，平面弧边三角形，铤残，四边形。残长4.4、宽1.8厘米（图一二；彩版一二：1）。TG1④:5，残。三棱形，三翼收杀，刃首断面呈三角形，镞铤圆柱形。残长5.3、最大截面边长0.9厘米（图一二；彩版一二：2）。

青花瓷杯　1件。TG1④:2，残半，已修复。侈口，圆唇，弧腹，圈足。内沿、内底、圈足各饰两周青花弦纹，外沿下饰一周青花弦纹，内底、腹部饰青花图案。器表施白釉，釉色发青，釉不及底，露白胎。口径10.4、足径5、高5.2厘米（图一二；彩版一二：3）。

印纹硬陶片　1件。TG1④:11，饰席纹。残宽6.9、厚0.8厘米（图一二；彩版一二：5）。

陶饼　1件。TG1④:1，残。泥质灰陶。圆形，一面光滑，一面饰布纹，为瓦片打磨而成。直径3.7、厚1.3厘米（图一二；彩版一二：6）。

陶纺轮　4件。TG1④:6，残。泥质灰陶。圆形，一面光滑，一面饰布纹，为瓦片打磨而成，中有圆孔。直径4.4、厚1.2厘米（图一二；彩版一二：7）。TG1④:8，泥质红陶。圆形，中有一孔，对穿。直径2.5、厚0.6厘米（图一二；彩版一二：8）。TG1④:9，泥质灰陶。两面光滑，圆形，中有一孔，对穿。直径3.45、厚1.3、孔径0.5厘米（图一二；彩版一二：9）。TG1④:10，泥质红陶。圆形，中有一小凹窝，未穿透。一面光滑，残留酱黄釉，一面饰布纹。直径3.45、厚1.6厘米（图一二；彩版一二：10）。

封泥　1件。TG1④:3，残。泥质红陶。近圆形，一面上残存部分印文，据字形分析应为"下邳丞印"（图一二；彩版一二：11）。

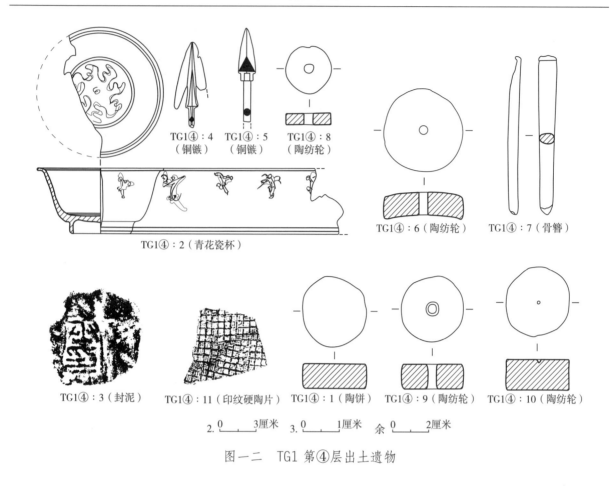

TG1④:4（铜镞）　TG1④:5（铜镞）　TG1④:8（陶纺轮）

TG1④:6（陶纺轮）　TG1④:7（骨簪）

TG1④:2（青花瓷杯）

TG1④:3（封泥）　TG1④:11（印纹硬陶片）　TG1④:1（陶饼）　TG1④:9（陶纺轮）　TG1④:10（陶纺轮）

2. 0 ___ 3厘米　3. 0 ___ 1厘米　余 0 ___ 2厘米

图一二　TG1 第④层出土遗物

骨簪　1件。TG1④:7，残。长条状，截面椭圆形，簪首有一凹槽，簪尾尖圆。长8.4、宽1、厚0.6厘米（图一二；彩版一二：4）。

（四）TG1 第⑤层出土遗物

铜钱　1件。TG1⑤:2，锈残。字不清。直径2.6厘米。

陶罐　2件。TG1⑤:1，泥质灰陶。侈口，圆唇，溜肩，肩部贴塑对称双系，弧腹，平底略内凹。肩和上腹饰菱形暗纹，腹下有暗弦纹和轮制痕。口径16.8、底径18、高25.6厘米（图一三；彩版一三：1）。TG1⑤:3，残。夹砂灰陶。侈口，圆唇，束颈，溜肩，鼓腹，平底内凹。颈部饰凹弦纹，肩部饰绳纹、暗纹，腹部饰绳纹。口径14、底径9.2、高26.6厘米（图一三；彩版一三：2）。

筒瓦　2件。TG1⑤:4，残半。泥质灰陶。表饰绳纹。残长33.9、宽17.8、高8.6、厚1.6厘米（图一三；彩版一三：3）。TG1⑤:5，残半。夹砂灰陶。表饰绳纹、弦纹。残长39、残宽17.8、残高7.4、厚1.0厘米（图一三；彩版一三：4）。

（五）TG1 第⑥层出土遗物

陶鬲　1件。TG1⑥:1，残，仅存鬲足。夹砂灰陶。袋状足。饰绳纹。残高10厘米（图一四；彩版一三：5）。

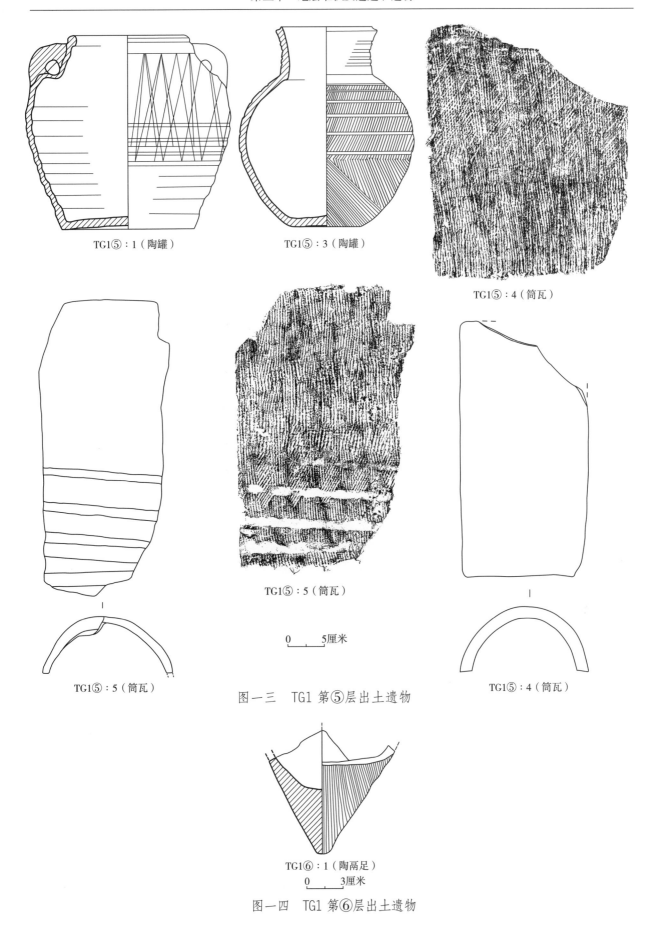

TG1⑤：1（陶罐）

TG1⑤：3（陶罐）

TG1⑤：4（筒瓦）

TG1⑤：5（筒瓦）

0　　　5厘米

TG1⑤：5（筒瓦）

TG1⑤：4（筒瓦）

图一三　TG1 第⑤层出土遗物

TG1⑥：1（陶鬲足）

0　　　3厘米

图一四　TG1 第⑥层出土遗物

三、地层对照

为了了解煎药庙发掘区的地层情况，主要进行了三个方面的工作：一是发掘前土台上半部剖面的清理与信息采集；二是对整个发掘区的勘探及勘探剖面的复原；三是发掘区西北侧 TG1 的发掘。经过这三项工作，我们对发掘区包括原土台地层堆积有了总体的认识与了解。

经过土质土色、地层包含物的分析，现将发掘区总体地层对照如下表：

土质土色	土台上半部剖面	TG1 剖面	勘探剖面	统一后地层	时代
表土	①②	①	①	①	现代
深灰色土		②		②	
红色淤土		③		③	明清时期
浅灰色土		④	②		
青灰色沙土	③	⑤			
灰色沙土	④	⑥		④	唐宋时期
黄色沙土		⑦			
灰黑色沙土	⑤			⑤	魏晋时期
灰褐色沙土	⑥			⑥	汉代
浅黄色沙土	⑦		③	⑦	
黄褐色沙土			④		
灰褐色沙土			⑤		
黄褐色沙土			⑥		
灰褐色沙土			⑦		春秋战国时期
深褐色沙土			⑧		
灰褐色沙土			⑨		
深褐色沙土			⑩		

第三节　春秋战国遗存

据发掘后情况分析，春秋战国时期遗存多处于发掘区西、南部，说明春秋战国时期该土台的中心位置略偏西。本次发掘共清理该时期水井 2 眼、灰坑 25 个（图一五；附表六、七）。

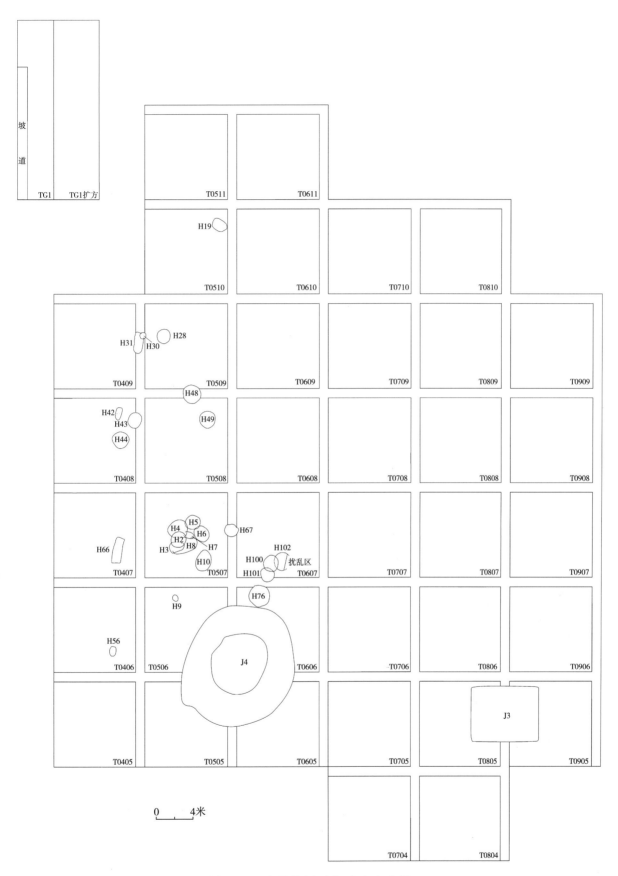

图一五 春秋战国时期遗迹分布图

一、水井

J3

位于 T0805 东北部和 T0905 西北部，即土台东侧，因农田改造工程施工，土台被破坏，西半部开口高度不清，东侧开口于厚 1.40 米的第③层黄色淤泥层下，东北角被 H188、H189 打破，西北角被 H156、H157、H158 打破，西南角被 H159 打破，打破下层春秋战国时期文化层堆积。竖穴土圹结构。平面为长方形，南北两壁西高东低。东西残长 6.9 米，南北宽 6.5 米（图一六 A；彩版一四：1）。经发掘，该井分上下两部分：上半部分为竖穴土坑，向下距发掘地表 1、2、3.2 米处依次向内收成三层平台状，且在西北、西南角开挖有半圆形漏斗状缺口。其中，平台内壁局部残存工具痕迹（彩版一四：2）。平台从上向下宽度依次为 0.5、0.5、0.2 米。上半部分填土灰褐色，土质较为疏松，夹杂红烧土、草木灰颗粒，包含板瓦、

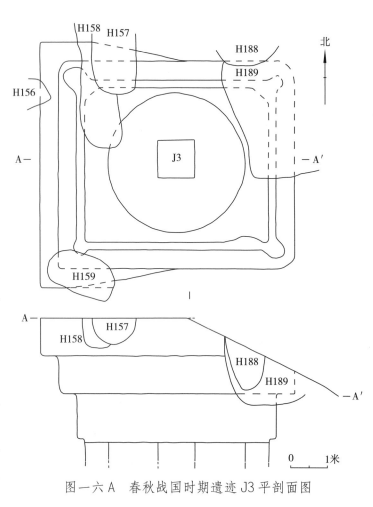

图一六 A　春秋战国时期遗迹 J3 平剖面图

筒瓦残片及少量碎石块。距发掘地表 3.3 米处有一平面，较硬，中间位置开口一圆形竖穴土坑井圹和方形井体。井圹内填灰褐色夯土，夹杂黄斑沙土，土质较硬，包含物见绳纹陶鬲腹片等。井内填土灰黑色，土质较黏，含灰量较大，无包含物。由于井深，严重渗水，未向下清理。井内圆圹直径 3.7、井边长 1 米，深度不清。

铜镞　1件。J3:9，镞体三棱形，刃面平整，铤残，圆柱形。残长 4.6、宽 1 厘米（图一六 B；彩版一五：1）。

青瓷碗　1件。J3:2，残半，已修复。侈口，圆唇，弧腹，圈足。腹有弦纹和轮制弦痕。器表施青釉，内外壁釉不及底，露灰胎。口径 16.8、足径 6.8、高 5.9 厘米（图一六 B；彩版一五：2）。

陶罐　2件。J3:1，残，已修复。夹砂灰陶。直口，口沿部有鸭嘴状流，圆唇，溜肩，弧腹，平底。口径 13.4、底径 13、高 14.4 厘米（图一六 B；彩版一五：3）。J3:7，残，大部残缺，仅存口沿。夹砂灰陶。侈口，圆唇，束颈，溜肩。肩饰绳纹、凹弦纹。残高 9.7 厘米（图一六 B）。

陶豆　3件。J3:3，盘残缺，仅存豆柄。泥质灰陶。豆柄圆柱形，中空，喇叭口圈足，圈足上饰凹弦纹。口径 15.8、足径 9.4、高 11.6 厘米（图一六 B；彩版一五：5）。J3:5，上半部

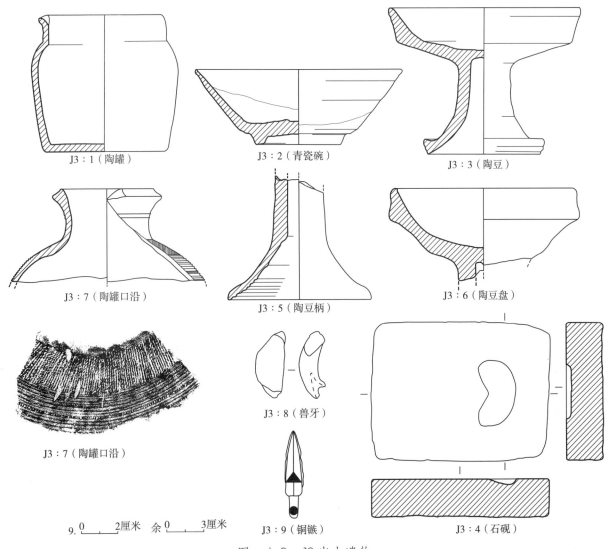

J3:1（陶罐）　　J3:2（青瓷碗）　　J3:3（陶豆）

J3:7（陶罐口沿）　　J3:5（陶豆柄）　　J3:6（陶豆盘）

J3:7（陶罐口沿）

J3:8（兽牙）

J3:9（铜镞）　　J3:4（石砚）

9. 0　　2厘米　余 0　　3厘米

图一六 B　J3 出土遗物

残缺，仅存豆柄及圈足。泥质灰陶。圆筒形柄，喇叭口状圈足。足径 11.6、残高 9.8 厘米（图
一六 B；彩版一五：6）。J3:6，残，仅存豆盘。泥质灰陶。侈口，圆唇，折弧腹，柄下端残缺。
口径 15.2、残高 7.3 厘米（图一六 B；彩版一五：7）。

石砚　1件。J3:4，长方形，一端有半月形凹槽。长 14.7、宽 11.1、厚 3 厘米（图一六 B；
彩版一五：4）。

兽牙　1件。J3:8，长 5.3、宽 2.4、厚 1.5 厘米（图一六 B）。

J4

位于 T0505、T0506、T0605、T0606 四个探方，因农田改造工程施工，土台被破坏，开
口层位不清。竖穴土圹结构。开口被 H52、H53、H54、H60、H61、H63、H64、H65、H68、
H69、H70、H71、H72、H73、H74、H75、H78、H90、H94、H96、H97、G1 打破，打破下层
春秋战国时期文化层堆积。由外圹、内圹和井体三部分组成，发掘平面可见内、外圹。外圹平
面近圆形，竖穴土坑直壁，填土黄褐色夯土，较致密，无包含物。内圹平面形状不规则，填土
灰褐色夯土，夹杂黄绿斑点土，较致密，包含少量绳纹灰陶片、红烧土颗粒和木炭颗粒，出土

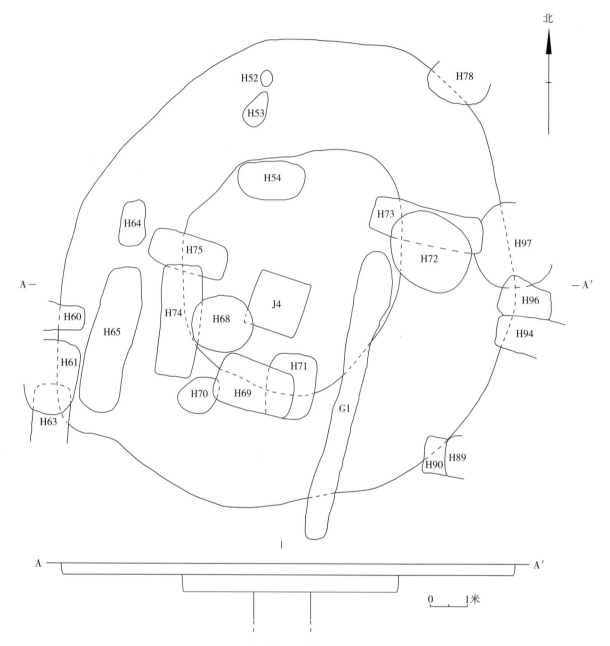

图一七 A　春秋战国时期遗迹 J4 平剖面图

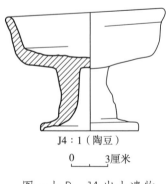

J4：1（陶豆）

0　　3厘米

图一七 B　J4 出土遗物

陶豆1件。井体开口于向下距发掘平面0.4米处，平面正方形，井内壁附着一层很薄的黑灰状物，应为木板腐朽残留。填土灰褐色沙土，较疏松，包含少量绳纹灰陶片、木炭颗粒、骨渣等。由于井很深，渗水严重，发掘深至1.5米后，未向下清理。外圹直径12.4、内圹直径5.9、井体边长1米，深度不清（图一七 A；彩版一六：1）。

　　陶豆　1件。J4：1，夹砂灰陶。侈口，圆唇，弧腹，豆柄圆柱形，中空，喇叭状圈足。口径13.2、足径8.1、高9.7厘米（图一七 B；彩版一六：2）。

二、灰坑

H2

位于 T0507 中部，打破第⑦层。平面近圆形，弧壁，平底，壁面无明显修整痕迹。填土为浅褐色沙土，土质致密。南北 1.77、东西 1.62、深 0.35 米（图一八）。出土少量夹砂灰陶、红陶和泥质灰陶片，灰陶多，可辨器形有陶鬲口沿、鬲腹片、鬲足、罐腹片、罐底、盆口沿等，纹饰有绳纹、附加堆纹、戳印纹。据开口层位及包含物分析，时代应为春秋战国时期。

H3

位于 T0507 中西部，打破第⑦层，北部被 H2 打破、南部被 D4 打破。平面近椭圆形，弧壁，底不平，壁面无明显修整痕迹。东西 1.72、南北 1.15、深 0.18 米（图一九）。填土为浅褐色沙土，土质疏松。出土少量夹砂红陶、灰陶片，灰陶多，可辨器形有陶鬲口沿、鬲腹片、甗腹片、罐口沿、罐腹片、罐底、盆口沿等。纹饰有绳纹、弦纹、附加堆纹、戳印纹、菱形纹、方格纹。采集标本有陶盆口沿、罐口沿、罐腹片、鬲足共 7 件。据开口层位、打破关系及包含物分析，时代应为春秋战国时期。

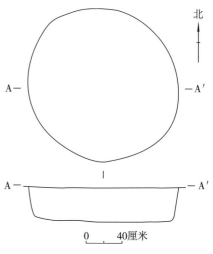

图一八　春秋战国时期遗迹 H2 平剖面图

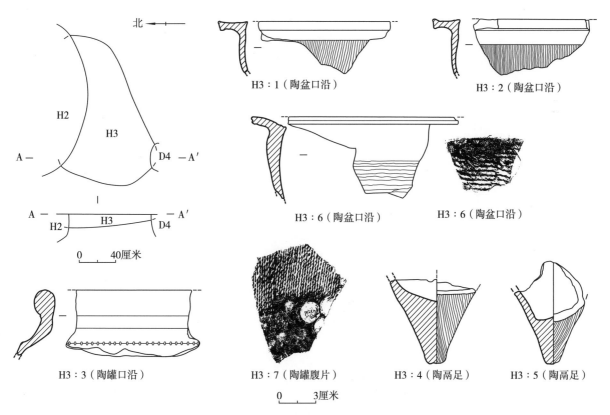

图一九　春秋战国时期遗迹 H3 平剖面图及其出土遗物

陶盆口沿　3件。H3:1，夹砂灰陶。侈口，卷沿上翻，圆唇，弧腹。腹饰绳纹。残高4.1厘米（图一九）。H3:2，夹砂红陶。侈口，圆沿上翻，圆唇，弧腹。腹饰绳纹。残高4.4厘米（图一九）。H3:6，泥质灰陶。侈口，圆唇，弧腹。腹饰篮纹。残高6.5厘米（图一九）。

陶罐　2件。H3:3，夹砂灰陶。侈口，圆唇，束颈，折肩。肩饰指甲窝纹。残高5.4厘米（图一九）。H3:7，夹砂灰陶。弧腹，表饰绳纹，下有三圆窝。残高9.2、厚0.8厘米（图一九）。

陶鬲足　2件。H3:4，夹砂灰陶。袋状锥足。表饰绳纹。残高6.8厘米（图一九）。H3:5，夹砂红陶。袋状锥足。表饰绳纹。残高8.2厘米（图一九）。

H4

位于T0507中北部，打破第⑦层，南部被H2打破。平面椭圆形，弧壁，底不平，壁面无明显修整痕迹。东西2.5、南北1.26、深0.27米（图二○）。填土为灰褐色沙土，土质致密。出土少量夹砂灰陶、夹砂红陶、泥质灰陶，灰陶多，可辨器形有陶鬲口沿、鬲腹片、罐口沿、罐腹片等，纹饰有绳纹、附加堆纹。采集标本有陶鬲口沿、鬲腹片、甑腹片共3件。据开口层位、打破关系及包含物分析，时代应为春秋战国时期。

陶鬲　2件。H4:1，泥质灰陶。侈口，圆唇，弧腹。表饰绳纹。残高5.1厘米（图二○）。H4:2，夹砂灰陶。表饰绳纹。残宽6厘米（图二○）。

陶器腹片　1件。H4:3，夹砂灰陶。侈口，直腹。腹饰凹弦纹、绳纹、附加堆纹。残高8.3厘米（图二○）。

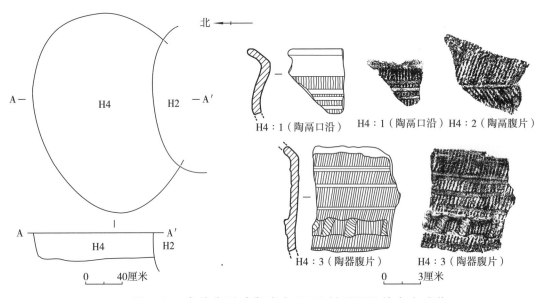

图二○　春秋战国时期遗迹H4平剖面图及其出土遗物

H5

位于T0507中北部，打破第⑦层，西南部被H4打破。平面呈圆形，斜壁，底不平，壁面无明显修整痕迹。东西1.62、南北1.5、深约0.42米（图二一）。填土为深褐色沙土，土质致密。出土少量夹砂灰陶、夹砂红陶、泥质红陶片，可辨器形有陶拍、罐口沿、罐系、罐底、鬲口沿、鬲腹片、鬲足、盆口沿、钵口沿、板瓦等，纹饰有绳纹、弦纹、菱形纹、叶脉纹，

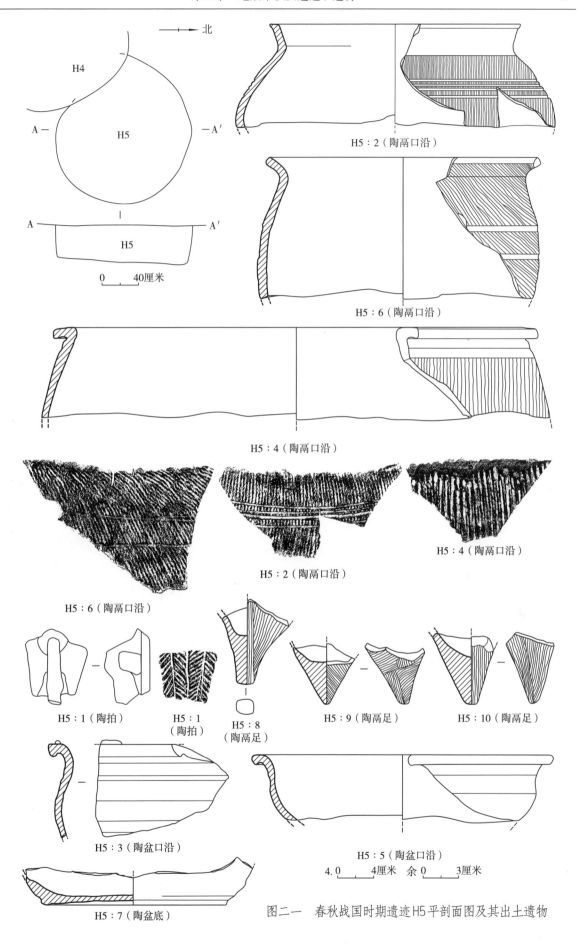

H5：2（陶鬲口沿）

H5：6（陶鬲口沿）

H5：4（陶鬲口沿）

H5：6（陶鬲口沿）

H5：2（陶鬲口沿）

H5：4（陶鬲口沿）

H5：1（陶拍）　　H5：1（陶拍）　　H5：8（陶鬲足）　　H5：9（陶鬲足）　　H5：10（陶鬲足）

H5：3（陶盆口沿）

H5：5（陶盆口沿）

4.0　　4厘米　余 0　　3厘米

H5：7（陶盆底）

图二一　春秋战国时期遗迹H5平剖面图及其出土遗物

板瓦内表饰有布纹。采集标本有陶拍、鬲口沿、鬲腹片、盆口沿共 10 件。据开口层位、打破关系及包含物分析，时代应为春秋战国时期。

陶拍　1 件。H5：1，残。夹砂灰陶。饰叶脉纹，背有桥形纽。长 6、宽 5.1、高 3.7 厘米（图二一；彩版一六：3）。

陶鬲　6 件。H5：2，残，仅存上半部。夹砂灰陶。侈口，圆唇，弧腹。腹有凹弦纹，表饰绳纹。口径 20.4、残高 8.2 厘米（图二一）。H5：4，残，仅存上半部。夹砂灰陶。侈口，方唇，弧腹。表饰粗绳纹。口径 52.8、残高 9.6 厘米（图二一）。H5：6，残，仅存上半部。夹砂灰陶。侈口，方唇，弧腹。表饰绳纹，腹有凹弦纹。口径 22.6、残高 11.2 厘米（图二一）。H5：8，夹砂灰陶。袋状锥足，足端柱形。表饰绳纹。残高 6.8 厘米（图二一）。H5：9，夹砂灰陶。袋状锥足。饰绳纹。残高 4.8 厘米（图二一）。H5：10，夹砂灰陶。袋状锥足。表饰绳纹。残高 5.7 厘米（图二一）。

陶盆　3 件。H5：3，残，仅存上半部。泥质灰陶。侈口，平沿，圆唇，卷沿外翻，弧腹。腹有弦纹凹弦纹，内壁有轮制弦痕，沿上有修补痕迹，残留铁质铆钉。残高 7.4 厘米（图二一）。H5：5，残，仅存上半部。泥质灰陶。侈口，圆唇，卷沿外翻，弧腹。表有轮制痕迹。口径 24.8、残高 5.2 厘米（图二一）。H5：7，残，仅存下半部。泥质灰陶。弧腹，底内凹。腹下有凹弦纹和轮制痕迹。底径 15.2、残高 3.8 厘米（图二一）。

H6

位于 T0507 中东部，打破第⑦层，西北部被 H5 打破。平面近圆形，弧壁，圜底，壁面无明显修整痕迹。南北 1.73、东西 1.57、深 0.12 米（图二二）。填土为褐色沙土，土质致密。出土少量夹砂红陶、夹砂灰陶、泥质灰陶片。据开口层位、打破关系及包含物分析，时代应为春秋战国时期。

H7

位于 T0507 中部，打破第⑦层，西部被 H2、H4 打破。东西 1.05、南北 0.65、深 0.14 米（图二三 A）。平面椭圆形，弧壁，近平底，壁面无明显修整痕迹。填土为浅褐色沙土，土质致密，较纯净。包含物较少，仅采集陶盆口沿标本 1 件。据开口层位及打破关系分析，时代应为春秋战国时期。

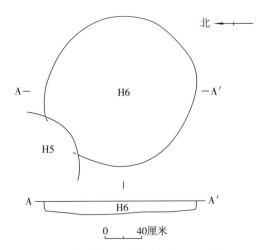

图二二　春秋战国时期遗迹 H6 平剖面图

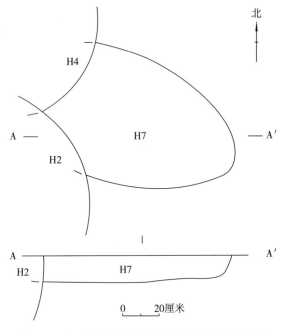

图二三 A　春秋战国时期遗迹 H7 平剖面图

陶盆口沿 1件。H7:1，泥质灰陶。侈口，圆唇，弧腹。腹有凹弦纹，内壁有暗纹。口径28.2、残高8厘米（图二三B）。

H8

位于T0507中北部，打破第⑦层，北部被H2、H3、H7打破。平面椭圆形，弧壁，斜底，壁面无明显修整痕迹。东西2.7、南北1.3、深0.28米（图二四）。填土为黄褐色沙土，土质致密。出土少量夹砂灰、红陶片，可辨器形有陶鬲口沿、鬲足、罐口沿、钵口沿及板瓦等，纹饰仅有绳纹。采集标本有板瓦及陶鬲口沿、鬲足共3件。据开口层位、打破关系及包含物分析，时代应为春秋战国时期。

板瓦 1件。H8:1，残。夹砂灰陶。背饰绳纹和弦纹。残长7、残宽9.2、厚1.2厘米（图二四）。

陶鬲口沿 1件。H8:2，泥质灰陶。侈口，圆唇，弧腹。表饰绳纹。口径19、残高8.4厘米（图二四）。

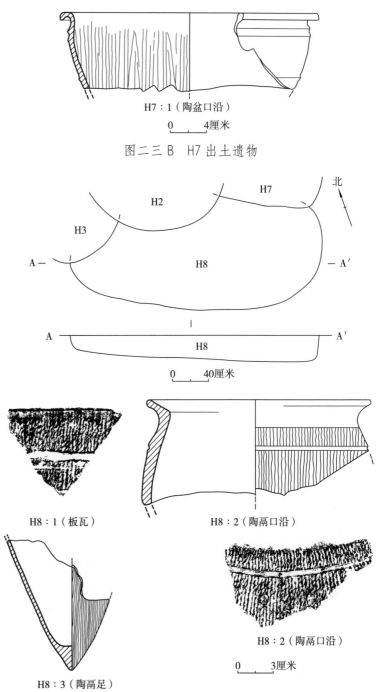

H7:1（陶盆口沿）

0　　4厘米

图二三B H7出土遗物

0　　40厘米

H8:1（板瓦）　　　H8:2（陶鬲口沿）

H8:2（陶鬲口沿）

0　　3厘米

H8:3（陶鬲足）

图二四 春秋战国时期遗迹H8平剖面图及其出土遗物

陶鬲足 1件。H8:3，夹砂红陶。袋状足。表饰绳纹。残高10.4厘米（图二四）。

H9

位于T0506西北部，打破第⑦层。平面近椭圆形，弧壁，圜底，壁面无明显修整痕迹。南北0.8、东西0.6、深0.2米（图二五）。填土为灰褐色沙土，土质疏松。出土少量夹砂灰、红陶片。据开口层位分析，时代应为春秋战国时期。

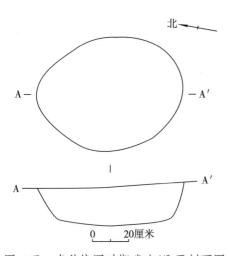

0　　20厘米

图二五 春秋战国时期遗迹H9平剖面图

H10

位于 T0507 南部，打破第⑦层。平面近椭圆形，弧壁，近平底，壁面无明显修整痕迹。南北 2.28、东西 1.6、深 0.2 米（图二六 A）。填土为褐色沙土，土质致密，夹杂大量炭屑。出土少量夹砂灰陶、泥质灰陶及夹砂红陶片，可辨器形有陶鬲口沿、鬲腹片、鬲足、盆口沿、罐腹片等，纹饰有绳纹、附加堆纹。采集标本陶鬲口沿、鬲腹片共 4 件。据开口层位及包含物分析，时代应为春秋战国时期。

陶鬲　4 件。H10：1，夹砂灰陶。存上半部，侈口，卷沿上翻，尖唇，斜腹。饰绳纹。残高 8.5 厘米（图二六 B）。H10：2，夹砂灰陶。存上半部，侈口，卷沿外翻。饰绳纹。残高 5.5 厘米（图二六 B）。H10：3，泥质灰陶。存袋状锥足。表饰绳纹。残高 6.2 厘米（图二六 B）。H10：4，夹砂灰陶。存袋状锥足。表饰绳纹。残高 8.4 厘米（图二六 B）。

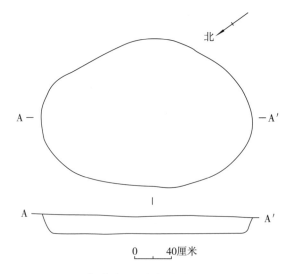

图二六 A　春秋战国时期遗迹 H10 平剖面图

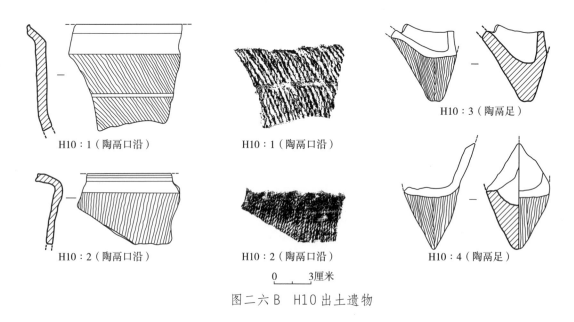

H10：1（陶鬲口沿）　　H10：1（陶鬲口沿）　　H10：3（陶鬲足）

H10：2（陶鬲口沿）　　H10：2（陶鬲口沿）　　H10：4（陶鬲足）

图二六 B　H10 出土遗物

H19

位于 T0510 东北部，打破第⑦层，西南部被 H18 打破。平面近圆形，弧壁，圜底，壁面无明显修整痕迹。南北 1.58、东西 1.5、深 0.2 米（图二七）。填土为深褐色沙土，土质较疏松。出土少量夹砂、泥质灰陶片，可辨器形有陶鬲口沿、鬲腹片、鬲足、罐口沿等，纹饰仅有绳纹。据开口层位、打破关系及包含物分析，时代应为春秋战国时期。

H28

位于 T0509 西北部，打破第⑦层。平面近圆形，弧壁，斜底，壁面无明显修整痕迹。南北 1.48、东西 1.4、深 0.28 米（图二八）。填土为灰褐色沙土，夹杂少量黄斑土，土质较致密。出

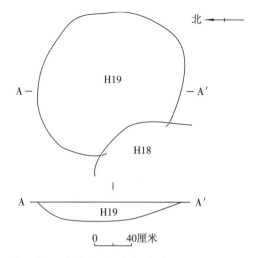

图二七　春秋战国时期遗迹 H19 平剖面图

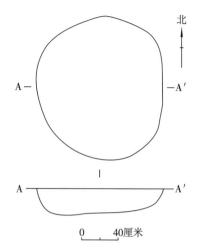

图二八　春秋战国时期遗迹 H28 平剖面图

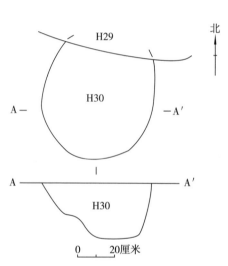

图二九　春秋战国时期遗迹 H30 平剖面图

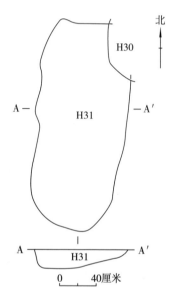

图三〇　春秋战国时期遗迹 H31 平剖面图

土少量夹砂红陶、灰陶片，灰陶多，可辨器形有陶鬲口沿、鬲足、罐口沿等，纹饰有绳纹、附加堆纹、戳印纹。据开口层位及包含物分析，时代应为春秋战国时期。

H30

位于 T0409 中东部，北部被 H29 打破，打破第⑦层。平面近圆形，弧壁，近平底，壁面无明显修整痕迹。南北 0.6、东西 0.6、深约 0.3 米（图二九）。填土为灰褐色沙土，土质较疏松。出土少量夹砂灰陶片，可辨器形有陶罐腹片，纹饰有绳纹、附加堆纹、弦纹。据开口层位及包含物分析，时代应为春秋战国时期。

H31

位于 T0409 中东部，东北部被 H30 打破，打破第⑦层。平面形状不规则，弧壁，圜底，壁面无明显修整痕迹。南北 2.2、东西 0.96、深约 0.32 米（图三〇）。填土为灰褐色沙土，土质较疏松。出土少量夹砂灰陶片，可辨器形有陶盆口沿，纹饰有绳纹、弦纹。据开口层位、打破关系及包含物分析，时代应为春秋战国时期。

H42

位于 T0408 东北部，打破第⑦层。平面椭圆形，弧壁，圜底，壁面无明显修整痕迹。南北 1.3、东西 0.66、深 0.1 米（图三一）。填土为灰褐色沙土，土质较疏松。出土少量夹砂灰陶片，可辨器形仅有陶罐腹片，纹饰有绳纹、附加堆纹，另有犬下颌骨 1 块。据开口层位及包含物分析，时代应为春秋战国时期。

H43

位于 T0408 东北部，打破第⑦层。平面近圆形，弧壁，近平底，壁面无明显修整痕迹。南北 1.66、东西 1.68、深 0.22 米（图三二）。填土为灰褐色沙土，土质较疏松。出土少量夹砂灰陶、红陶片，可辨器形有陶鬲足、罐腹片，纹饰有绳纹、附加堆纹，另有蚌壳 1 枚。据开口层位及包含物分析，时代应为春秋战国时期。

H44

位于 T0408 中东部，打破第⑦层。平面近圆形，弧壁，底不平，壁面无明显修整痕迹。南北 1.86、东西 1.75、深 0.22 米（图三三）。填土为灰褐色沙土，夹杂少量黄斑土，土质较疏松。出土少量夹砂灰陶片，可辨器形有陶鬲口沿、鬲腹片、鬲足、瓿腹片、罐底等，纹饰有绳纹、弦纹、附加堆纹、戳印纹。据开口层位及包含物分析，时代应为春秋战国时期。

H48

位于 T0508 中西部，东半部压于隔梁下，打破第⑦层。平面近圆形，弧壁，底略平，壁面无明显修整痕迹。南北 1.98、东西 1.98、深 0.2 米（图三四）。填土为浅灰褐色沙土，土质疏松。出土少量夹砂灰陶、红陶片，可辨器形有陶鬲足、盆口沿、罐腹片，纹饰仅有绳纹，另有蚌壳 2 枚。据开口层位及包含物分析，时代应为春秋战国时期。

H49

位于 T0508 东北部，打破第⑦层。平面近圆形，弧壁，平底，壁面无明显修整痕迹。南北 1.8、东西 1.6、深 0.89 米（图三五）。填土为黄褐色沙土，土质较致密。出土少量夹砂灰陶片，可辨器形有陶盆口沿、鬲足等，纹饰仅有绳纹，另有骨器 1 件。据开口层位及包含物分析，时代应为春秋战国时期。

骨器　1 件。H49：1，半月形，为骨骼关节连接处，一边光滑，有切割打磨痕迹。长 4.9、宽 3.2、厚 1.7 厘米（图三五；彩版一六：4）。

H56

位于 T0406 中南部，打破第⑦层。平面椭圆形，弧壁，近平底，壁面无明显修整痕迹。南北 1.02、东西 0.7、深 0.2 米（图三六）。填土为灰褐色沙土，土质较疏松。出土少量夹砂灰陶、红陶片，灰陶多，可辨器形有陶鬲足、罐腹片等，纹饰仅有绳纹。据开口层位及包含物分析，时代应为春秋战国时期。

H66

位于 T0407 东南部，打破第⑦层。平面近长方形，弧壁，圜底，壁面无明显修整痕迹。南北长 2.72、东西宽 1.04、深 0.56 米（图三七）。填土为深褐色沙土，土质较疏松。出土少量

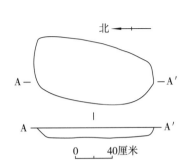

图三一　春秋战国时期遗迹 H42 平剖面图

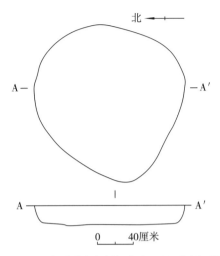

图三二　春秋战国时期遗迹 H43 平剖面图

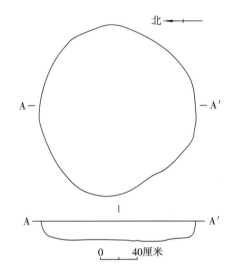

图三三　春秋战国时期遗迹 H44 平剖面图

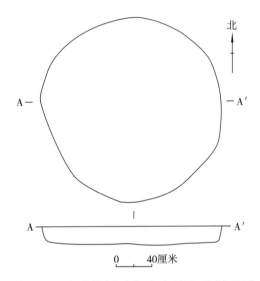

图三四　春秋战国时期遗迹 H48 平剖面图

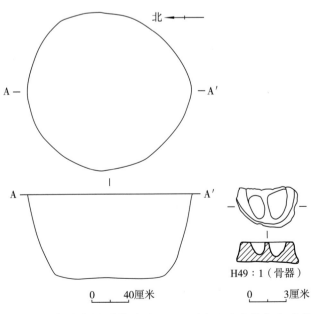

H49：1（骨器）

图三五　春秋战国时期遗迹 H49 平剖面图及其出土遗物

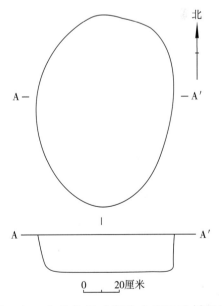

图三六　春秋战国时期遗迹 H56 平剖面图

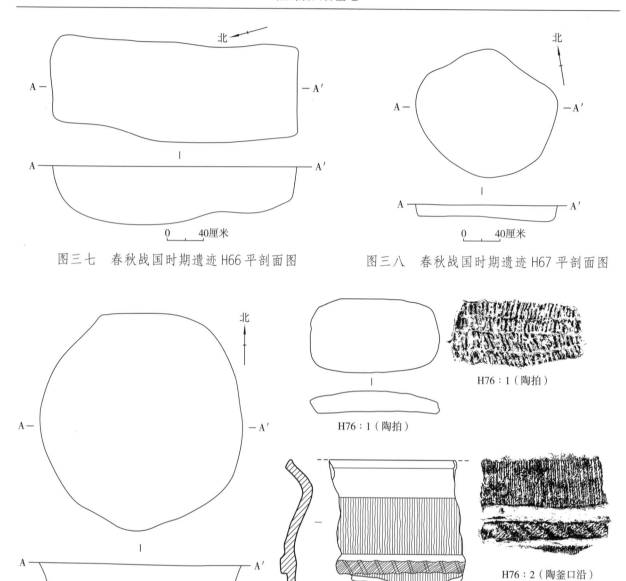

图三七　春秋战国时期遗迹 H66 平剖面图　　　　　图三八　春秋战国时期遗迹 H67 平剖面图

H76：1（陶拍）

H76：1（陶拍）

H76：2（陶釜口沿）

H76：2（陶釜口沿）

图三九　春秋战国时期遗迹 H76 平剖面图及其出土遗物

夹砂灰陶、红陶片，可辨器形有陶鬲口沿、鬲足、罐口沿、罐底等，纹饰仅有绳纹。据开口层位及包含物分析，时代应为春秋战国时期。

H67

位于 T0507 东部，打破第⑦层。平面近圆形，弧壁，斜底，壁面无明显修整痕迹。东西 1.5、南北 1.35、深 0.18 米（图三八）。填土为黄褐色沙土，土质较致密。出土少量夹砂灰陶、红陶片，可辨器形有陶鬲口沿、鬲足、罐口沿、罐底等，纹饰仅有绳纹。据开口层位及包含物分析，时代应为春秋战国时期。

H76

位于 T0606 西北部，打破第⑦层。平面近圆形，弧壁，底较平，壁面无明显修整痕迹。南北 2.3、东西 2.22、深 0.24 米（图三九）。填土为灰黄色沙土，土质较致密。出土少量夹砂灰陶、泥质灰陶、夹砂红陶、泥质红陶片，灰陶多，可辨器形有陶拍、鬲足、盆口沿、盆底、罐底、釜口沿、釜鏊等，纹饰有绳纹、弦纹、附加堆纹。采集标本有陶拍和釜口沿。据开口层位及包含物分析，时代应为春秋战国时期。

陶釜口沿　1件。H76：2，夹砂灰陶。侈口，卷沿上翻，束颈，弧腹。腹饰绳纹、附加堆纹。残高10.4厘米（图三九）。

陶拍　1件。H76：1，夹砂灰陶。圆角长方形，表饰叶脉纹。长10.5、宽5.8、厚1.6厘米（图三九；彩版一六：5）。

H100

位于T0607中南部，打破第⑦层。平面圆形，弧壁，圜底，壁面无明显修整痕迹。南北1.72、东西1.64、深0.18米（图四〇）。填土为灰褐色沙土，土质较疏松，出土少量夹砂灰陶、红陶片，灰陶多，可辨器形有陶鬲足、鬲口沿、盆口沿等，纹饰仅有绳纹。据开口层位及包含物分析，时代应为春秋战国时期。

陶鬲口沿　1件。H100：1，夹砂灰陶。侈口，卷沿外翻，束颈，弧腹。表饰绳纹。残高7.7厘米（图四〇）。

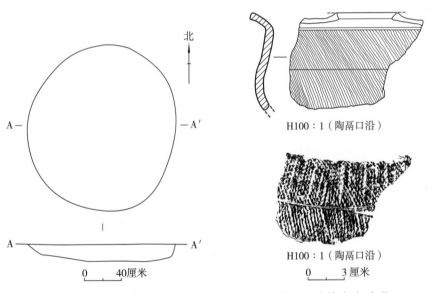

北

A— —A'

|

A————————A'

0　　40厘米

H100：1（陶鬲口沿）

H100：1（陶鬲口沿）

0　　3厘米

图四〇　春秋战国时期遗迹H100平剖面图及其出土遗物

H101

位于T0607中南部，打破第⑦层，北部被H100打破。平面呈圆形，弧壁，近平底，壁面无明显修整痕迹。东西1.6、南北1.48、深0.28米（图四一）。填土为灰褐色沙土，土质较疏松。出土少量夹砂灰陶、红陶及泥质灰陶片，灰陶多，可辨器形有陶鬲口沿、鬲足、鬲腹片等，纹饰仅有绳纹。据开口层位、打破关系及包含物分析，时代应为春秋战国时期。

陶鬲口沿　1件。H101：1，夹砂灰陶。侈口，圆唇，弧腹。腹饰凹弦纹、绳纹。残高8.2厘米（图四一）。

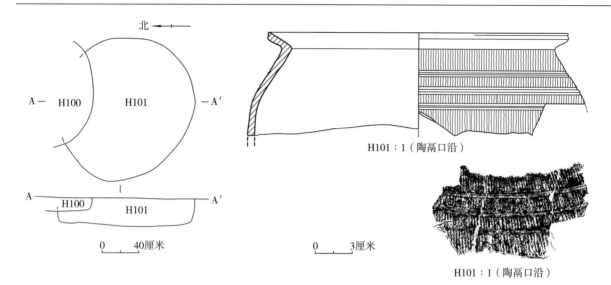

图四一　春秋战国时期遗迹H101平剖面图及其出土遗物

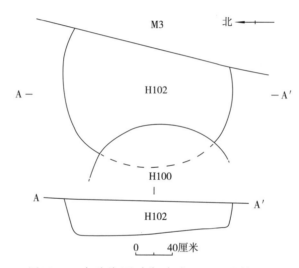

图四二　春秋战国时期遗迹H102平剖面图

H102

位于T0607中南部，打破第⑦层，西部被H100打破、东部被M3打破。平面圆形，弧壁，斜底，壁面无明显修整痕迹。直径1.9、深0.4米（图四二）。填土为黄褐色沙土，土质较致密。出土少量夹砂灰陶、红陶及泥质灰陶片，灰陶多，可辨器形有陶鬲口沿、鬲足、鬲腹片等，纹饰仅有绳纹。据开口层位、打破关系及包含物分析，时代应为春秋战国时期。

第四节　汉代遗存

据发掘后情况分析，汉代遗存多处于发掘区周围，应该是土台中部汉代地层已被挖掉、仅存春秋战国时期地层的缘故。本次发掘共清理该时期水井1眼、灰沟1条、灰坑64个（图四三；附表六～八）。

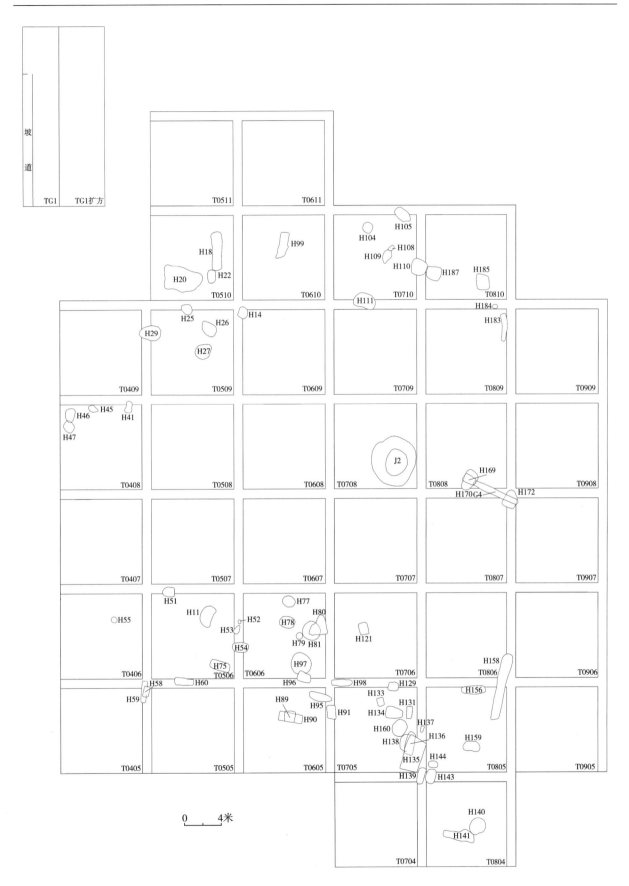

图四三 汉代遗迹分布图

一、水井

J2

位于 T0708 东南部。由于工程施工破坏，开口高度不清。该井由两部分组成，发掘平面可见外层土圹及井体内圹，局部可见井圈，未发掘。东部被 H115 打破，打破下层春秋战国时期文化层堆积。外层土圹平面近圆形，填土黄褐色夯土，土质较硬，未见包含物。内圹位于外圹中间，平面圆形，填土灰褐色沙土，土质较硬，包含物有井圈、板瓦残片。井圈为夹砂灰陶，厚 5 厘米。井外圹南北 5.20、东西 4.88 米，内圹南北 2.80、东西 2.36 米，深度不清（图四四；彩版一七：1）。

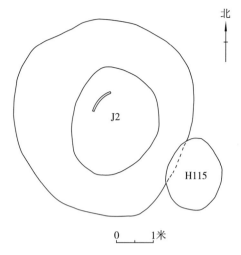

图四四　汉代遗迹 J2 平面图

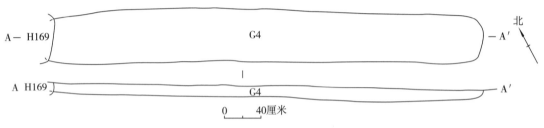

图四五　汉代遗迹 G4 平剖面图

二、灰沟

G4

位于 T0807 东北部，并延伸至 T0907 西北角与 T0808 中南部，打破第⑦层，西部被 H169 打破，方向 120°。平面呈条形，弧壁，平底，壁面无修整痕迹。东西长 5.2、南北宽 0.62、深 0.18 米（图四五；图版一七：2）。填土为灰褐色，土质较致密。包含筒瓦、板瓦等。据灰沟开口层位及包含物推测，时代为汉代。

三、灰坑

H11

位于 T0506 中东部，打破第⑦层。平面半月形，弧壁，平底，壁面无明显修整痕迹。南北 2.26、东西 1.26、深 0.35 米（图四六 A）。填土为灰褐色沙土，土质疏松。出土少量

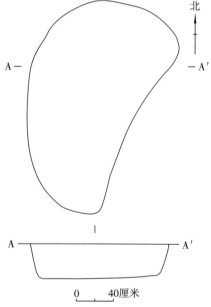

图四六 A　汉代遗迹 H11 平剖面图

夹砂、泥质灰陶及夹砂红陶片，灰陶多，可辨器形有陶鬲口沿、鬲腹片、鬲足、盆口沿、罐口沿、罐腹片、甗腹片、筒瓦、板瓦等，纹饰有戳印纹、绳纹、弦纹、附加堆纹、水波纹。采集标本有板瓦及陶甗腹片、鬲足、井圈等共 7 件。据开口层位及包含物分析，时代应为汉代。

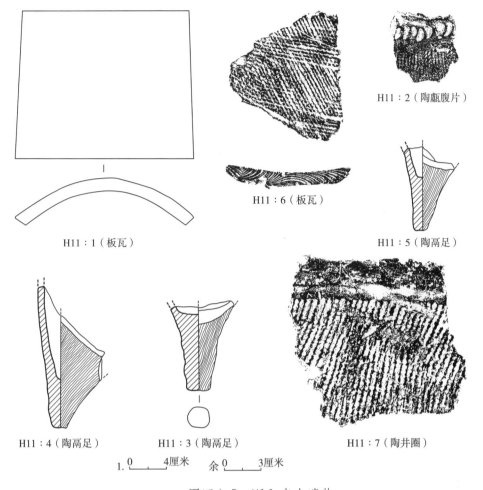

H11：2（陶甂腹片）

H11：6（板瓦）

H11：1（板瓦）

H11：5（陶鬲足）

H11：4（陶鬲足）　　　H11：3（陶鬲足）　　　H11：7（陶井圈）

1. 0　　4厘米　　余 0　　3厘米

图四六 B　H11 出土遗物

板瓦　2 件。H11：1，残半。泥质灰陶。平面长方形，截面拱形。外壁光滑，内壁饰布纹。长 15.7、宽 19.5、厚 1.4 厘米（图四六 B）。H11：6，残半。夹砂灰陶。平面长方形，截面拱形。表饰绳纹。残长 9.3、残宽 10.7、厚 1.4 厘米（图四六 B）。

陶甂腹片　1 件。H11：2，夹砂灰陶。饰暗纹、绳纹。长 6.2、宽 5.1、厚 2 厘米（图四六 B）。

陶鬲足　3 件。H11：3，夹砂灰陶。袋状柱足。表饰绳纹。残高 7.2 厘米（图四六 B）。H11：4，夹砂灰陶。袋状柱足。表饰绳纹。残高 11.3 厘米（图四六 B）。H11：5，夹砂灰陶。袋状柱足。表饰绳纹。残高 6.8 厘米（图四六 B）。

陶井圈　1 件。H11：7，残，仅存一小块。夹砂灰陶。侈口，平沿，直壁。沿饰弦纹，壁饰绳纹。残高 13.8 厘米（图四六 B）。

H14

位于 T0509 东北部和 T0609 西北部，打破第⑦层。平面不规则，弧壁，圜底，壁面无明显修整痕迹。南北长 1.36、东西宽 1、深 0.2 米（图四七）。填土为灰褐色沙土，土质较疏松。出土少量夹砂红陶、泥质红陶、夹砂灰陶、泥质灰陶

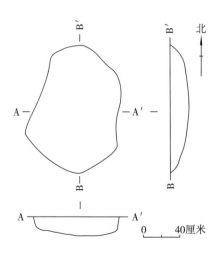

北

0　　40厘米

图四七　汉代遗迹 H14 平剖面图

片，可辨识器形有陶罐口沿、罐底、板瓦等，纹饰有绳纹、弦纹。据开口层位及包含物分析，时代应为汉代。

H18

位于 T0510 中东部，打破第⑦层。平面近长方形，四壁不规则，平底，壁面无明显修整痕迹。南北长 4.1、东西宽 1.1、深约 0.98 米（图四八 A）。填土为深褐色沙土，土质较疏松。出土少量夹砂红陶、泥质红陶、夹砂灰陶、泥质灰陶片，灰陶多，可辨器形有陶盆口沿、盆底、鬲口沿、鬲足、罐底、甗腹片、井圈、筒瓦、板瓦等，纹饰有绳纹、弦纹、布纹、附加堆纹。采集标本有陶罐底、板瓦、印纹硬陶片共 4 件。据开口层位及包含物分析，时代应为汉代。

印纹硬陶片　1 件。H18:3，表饰米字纹。残长 6.8、残宽 4.7 厘米（图四八 B）。

陶罐　2 件。H18:1，残，仅存底部。夹砂灰陶。平底内凹。外饰绳纹。厚 2 厘米（图四八 B）。H18:4，残，仅存底部。夹砂红陶。圈足，底有修补圆孔。残高 3.8 厘米（图四八 B）。

板瓦　1 件。H18:2，残，夹砂灰陶。表饰凹弦纹、绳纹，内壁饰菱形纹。残长 50.8、残宽 20、厚 1.2 厘米（图四八 B）。

H20

位于 T0510 中南部，打破第⑦层。平面形状不规则，弧壁，斜底，壁面无明显修整痕迹。东西长 4.1、南北宽 2.65、深 0.67 米（图四九）。填土为灰褐色沙土，土质较疏松。出土少量夹砂红陶、泥质红陶、夹砂灰陶、泥质灰陶片，灰陶多，可辨器形有陶鬲口沿、鬲腹片、鬲足、缸底、罐口沿、罐底、盆口沿、钵口沿、井圈、板瓦等，纹饰有绳纹、附加堆纹、弦纹，板瓦内表饰布纹。采集标本有陶盆口沿、罐口沿、鬲足共 3 件。据开口层位及包含物分析，时代应为汉代。

陶盆口沿　1 件。H20:1，夹砂灰陶。侈口，圆唇，弧腹。残高 5.5 厘米（图四九）。

陶罐口沿　1 件。H20:2，泥质灰陶。侈口，圆唇，卷沿外翻，弧腹。残高 7.2 厘米（图四九）。

陶鬲足　1 件。H20:3，夹砂灰陶。袋状锥足。表饰绳纹。残高 5 厘米（图四九）。

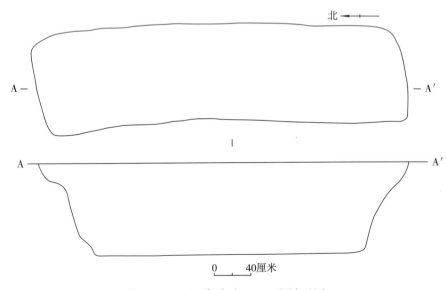

图四八 A　汉代遗迹 H18 平剖面图

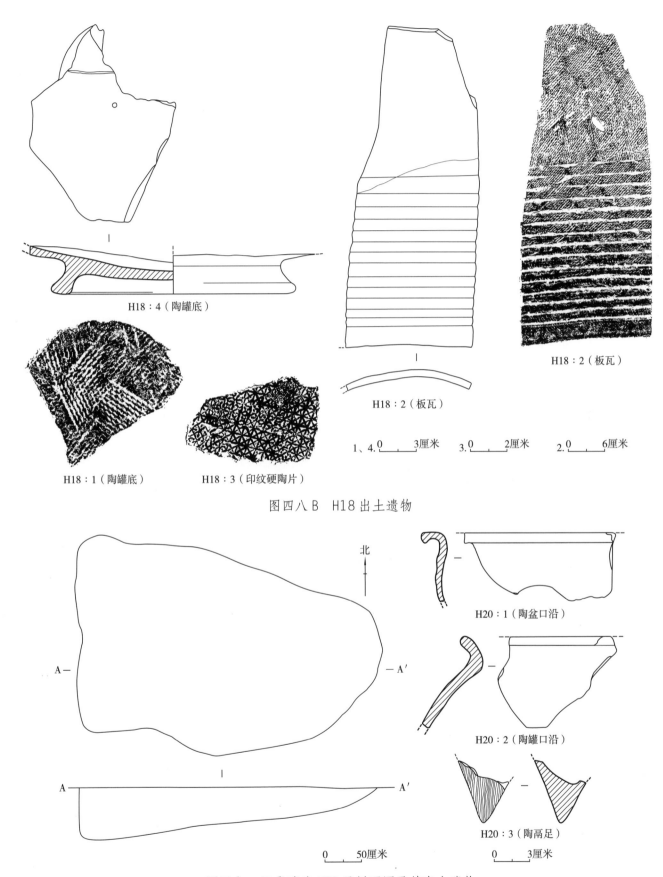

H18：4（陶罐底）

H18：2（板瓦）

H18：1（陶罐底）　　　H18：3（印纹硬陶片）　　　H18：2（板瓦）

1、4.0 ___ 3厘米　　　3.0 ___ 2厘米　　　2.0 ___ 6厘米

图四八 B　H18 出土遗物

北

H20：1（陶盆口沿）

H20：2（陶罐口沿）

H20：3（陶鬲足）

0 ___ 50厘米　　　0 ___ 3厘米

图四九　汉代遗迹 H20 平剖面图及其出土遗物

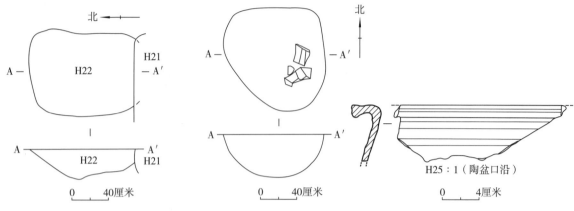

图五〇　汉代遗迹 H22 平剖面图　　　　图五一　汉代遗迹 H25 平剖面图及其出土遗物

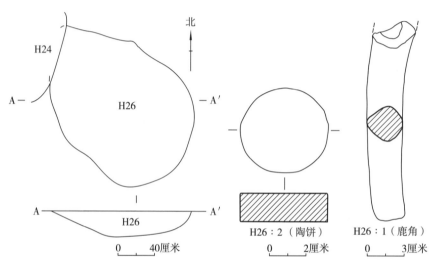

图五二　汉代遗迹 H26 平剖面图及其出土遗物

H22

位于 T0510 东南部，南部被 H21 打破，打破第⑦层。平面近长方形，弧壁，尖底，壁面无明显修整痕迹。南北长 1.14、东西宽 0.89、深 0.32 米（图五〇）。填土为深褐色沙土，土质较疏松。出土少量夹砂红陶、泥质灰陶片，灰陶多，可辨器形有陶鬲口沿、鬲腹片、罐口沿、罐底、筒瓦、板瓦等，纹饰有绳纹、弦纹。据开口层位及包含物分析，时代应为汉代。

H25

位于 T0509 中北部，打破第⑦层。平面近椭圆形，弧壁，圜底，壁面无明显修整痕迹。南北 1.1、东西 1.1、深约 0.48 米（图五一）。填土为灰褐色沙土，土质较疏松。出土少量泥质红陶、夹砂灰陶片，灰陶多，可辨器形有陶罐口沿、盆口沿、鬲足、井圈、板瓦、筒瓦等，纹饰有绳纹、弦纹、菱形纹、附加堆纹。据开口层位及包含物分析，时代应为汉代。

陶盆口沿　1 件。H25：1，夹砂灰陶。侈口，圆唇，斜腹。沿外有凹弦纹，外腹饰有凹弦纹。残高 6 厘米（图五一）。

H26

位于 T0509 东北部，打破第⑦层，西北部被 H24 打破。平面近椭圆形，弧壁，圜底，壁面无明显修整痕迹。东西 1.6、南北 1.2、深 0.26 米（图五二）。填土为灰褐色沙土，土质较疏松。

出土少量夹砂灰陶残片，可辨器形有陶罐腹片、纺轮、筒瓦、板瓦等，纹饰有绳纹、附加堆纹，另有鹿角1件。据开口层位、打破关系及包含物分析，时代应为汉代。

陶饼　1件。H26:2，夹砂灰陶。圆形，两面光滑。直径4.75、厚1.5厘米（图五二；彩版一八：1）。

鹿角　1件。H26:1，残，长条形。残长15.7、直径2.8厘米（图五二；彩版一八：2）。

H27

位于T0509中部，打破第⑦层。平面近椭圆形，弧壁，圜底，壁面无明显修整痕迹。南北1.9、东西1.5、深0.4米（图五三）。填土为褐色沙土，土质较疏松。出土少量灰陶片。据开口层位及包含物分析，时代应为汉代。

H29

位于T0509西北部，打破第⑦层。平面椭圆形，弧壁，近平底，壁面无明显修整痕迹。东西2.22、南北1.54、深0.22米（图五四）。填土为灰褐色沙土，土质较疏松。出土少量夹砂红陶、灰陶片，灰陶多，可辨器形有陶鬲口沿、鬲足、罐口沿、罐腹片、井圈、板瓦、筒瓦等，纹饰有绳纹，板瓦内表饰有菱形纹。据开口层位及包含物分析，时代应为汉代。

H41

位于T0408东北部，打破第⑦层。平面形状不规则，弧壁，圜底，壁面无明显修整痕迹。南北长1.24、东西宽0.77、深0.08米（图五五）。填土为灰褐色沙土，土质较疏松。出土少量夹砂灰陶、红陶片，灰陶多，可辨器形有陶罐底、板瓦等，纹饰仅有绳纹。据开口层位及包含物分析，时代应为汉代。

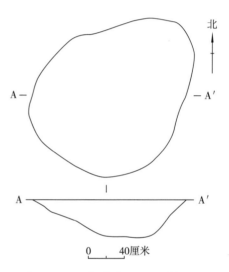

图五三　汉代遗迹H27平剖面图

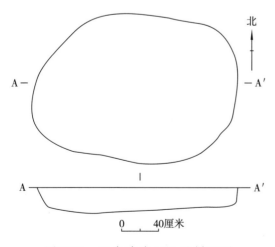

图五四　汉代遗迹H29平剖面图

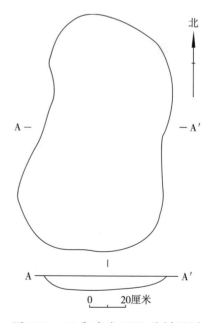

图五五　汉代遗迹H41平剖面图

H45

位于 T0408 中北部，打破第⑦层。平面形状不规则，弧壁，圜底，壁面无明显修整痕迹。东西长 1.12、南北宽 0.7、深 0.16 米（图五六）。填土为灰褐色沙土，土质较疏松。出土夹砂灰陶、红陶片，灰陶多，可辨器形有陶罐口沿、罐腹片、盆口沿、井圈、板瓦等，纹饰有绳纹、附加堆纹。据开口层位及包含物分析，时代应为汉代。

H46

位于 T0408 西北部，打破第⑦层。平面近椭圆形，弧壁，斜底，壁面无明显修整痕迹。南北 1.5、东西 1.06、深 0.22 米（图五七）。填土为灰褐色沙土，土质较疏松。出土少量夹砂灰陶、红陶及泥质灰陶片，灰陶多，可辨器形有陶盆口沿、盆底、罐系、板瓦、筒瓦等，纹饰有绳纹、弦纹。据开口层位及包含物分析，时代应为汉代。

H47

位于 T0408 西北部，打破第⑦层，北部被 H46 打破。平面近圆形，弧壁，圜底，壁面无明显修整痕迹。南北 1.3、东西 1.24、深 0.54 米（图五八）。填土为灰褐色沙土，土质较疏松。出土少量夹砂灰陶、红陶片，灰陶多，可辨器形有陶鬲口沿、罐口沿、板瓦，纹饰有绳纹、弦纹，另有鹿角 1 件。据开口层位、打破关系及包含物分析，时代应为汉代。

H51

位于 T0506 西北部，打破第⑦层，南部被 H12 打破。平面近方形，弧壁，圜底，壁面无明显修整痕迹。东西长 1.06、南北宽 0.7、深 0.38 米（图五九）。填土为灰褐色沙土，土质较疏松，出土少量夹砂、泥质灰陶片，可辨器形有陶鬲足、罐口沿、罐腹片、盆底、板瓦等，纹饰有附加堆纹。据开口层位、打破关系及包含物分析，时代应为汉代。

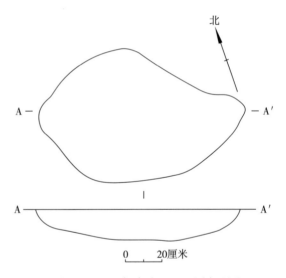

图五六　汉代遗迹 H45 平剖面图

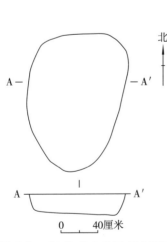

图五七　汉代遗迹 H46 平剖面图

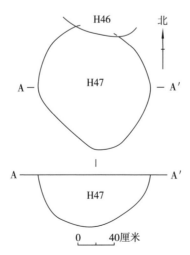

图五八　汉代遗迹 H47 平剖面图

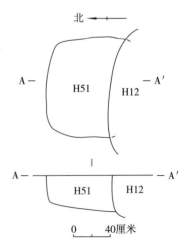

图五九　汉代遗迹 H51 平剖面图

H52

位于 T0506 中东部，打破第⑦层。平面椭圆形，弧壁，斜底，壁面无明显修整痕迹。南北 0.45、东西 0.3、深 0.11 米（图六〇）。填土为浅褐色沙土，土质较致密，较纯净。无包含物。据开口层位分析，时代最晚应为汉代。

H53

位于 T0506 中东部，打破第⑦层。平面尖圆形，弧壁，圜底，壁面无明显修整痕迹。南北 1、东西 0.58、深 0.1 米（图六一）。填土为浅褐色沙土，土质较致密，较纯净。无包含物。据开口层位分析，时代最晚应为汉代。

H54

位于 T0506 中东部，打破第⑦层。平面呈椭圆形，弧壁，圜底，壁面无明显修整痕迹。东西 1.85、南北 1.05、深 0.43 米（图六二）。填土为褐色沙土，土质较疏松。出土少量夹砂灰陶、红陶片，可辨器形有陶鬲口沿、豆盘、盆口沿、盆底、罐腹片、板瓦等，纹饰有绳纹、菱形纹、弦纹、戳印纹，另有少量蚌壳。据开口层位及包含物分析，时代应为汉代。

H55

位于 T0406 东北部，打破第⑦层。平面近圆形，弧壁，近平底，壁面无明显修整痕迹。东西 0.65、南北 0.6、深 0.17 米（图六三）。填土为灰褐色沙土，土质较疏松。出土少量灰陶片。据开口层位及包含物分析，时代应为汉代。

H58

位于 T0405 东北部，打破第⑦层。平面近长方形，弧壁，圜底，壁面无明显修整痕迹。南北长 1.12、东西宽 0.65、深 0.82 米（图六四）。填土为浅黄褐色沙土，

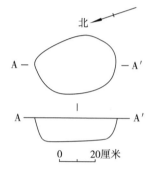

图六〇　汉代遗迹 H52 平剖面图

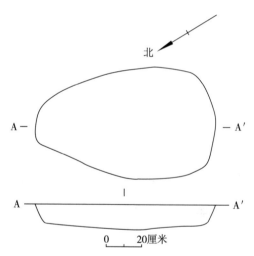

图六一　汉代遗迹 H53 平剖面图

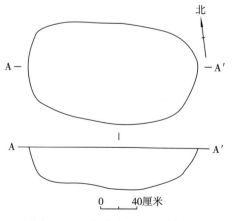

图六二　汉代遗迹 H54 平剖面图

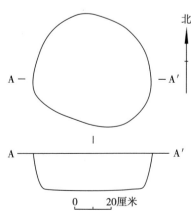

图六三　汉代遗迹 H55 平剖面图　　图六四　汉代遗迹 H58 平剖面图

土质较疏松。出土少量夹砂红陶、泥质红陶、夹砂灰陶、泥质灰陶片，灰陶多，可辨器形有陶盆口沿、盆底、罐口沿、罐底、板瓦、筒瓦等，纹饰有绳纹、弦纹。据开口层位及包含物分析，时代应为汉代。

H59

位于 T0405 东北部，打破第⑦层，北部被 H57 打破，东部被 H58 打破。平面近长方形，弧壁，圜底，壁面无明显修整痕迹。南北长 2.2、东西宽 0.6、深 0.92 米（图六五）。填土为灰褐色沙土，土质较疏松。出土少量夹砂灰陶、红陶片，可辨器形有陶盆口沿、盆底、罐底、板瓦、筒瓦等，纹饰仅有绳纹。据开口层位、打破关系及包含物分析，时代应为汉代。

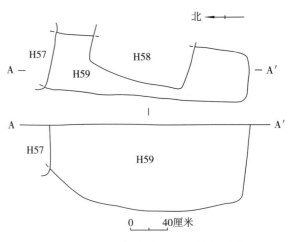

图六五　汉代遗迹 H59 平剖面图

H60

位于 T0505 北部，打破第⑦层。平面近长方形，弧壁，圜底，壁面无明显修整痕迹。东西长 2.06、南北宽 0.8、深 1.34 米（图六六）。填土为灰褐色沙土，土质较疏松。出土少量夹砂灰陶、红陶片，可辨器形有陶盆口沿、罐底、豆盘、豆柄、筒瓦、板瓦等，纹饰有绳纹、弦纹。采集标本陶纺轮 2 件。据开口层位及包含物分析，时代应为汉代。

陶纺轮　2 件。H60∶1，残。泥质红陶。圆形，中有一孔，对穿，一面光滑，一面施绿釉。直径 3.7、厚 0.8 厘米（图六六；彩版一八∶3）。H60∶2，夹砂灰陶。圆形，中有一孔，对穿，两面光滑。直径 3.7、厚 1.1 厘米（图六六；彩版一八∶4）。

H75

位于 T0506 中南部，打破第⑦层，西半部被 H74 打破。平面近长方形，弧壁，圜底，壁面无明显修整痕迹。南北长 2.06、东西宽 0.96、深 0.6 米（图六七）。填土为褐色沙土，土质较致密。

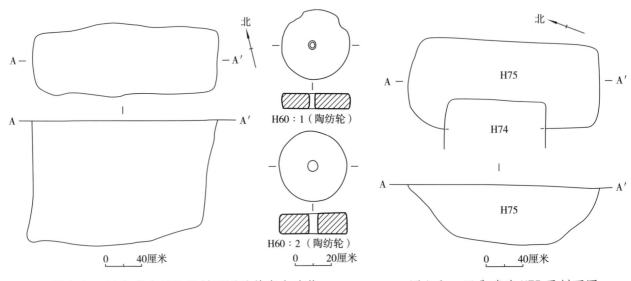

图六六　汉代遗迹 H60 平剖面图及其出土遗物　　　　　图六七　汉代遗迹 H75 平剖面图

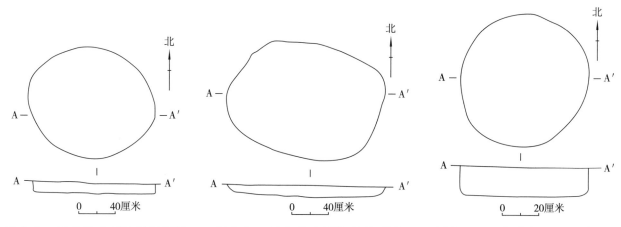

图六八　汉代遗迹 H77 平剖面图　　　图六九　汉代遗迹 H78 平剖面图　　　图七〇　汉代遗迹 H79 平剖面图

出土少量夹砂红陶、泥质红陶、夹砂灰陶、泥质灰陶片，可辨器形有陶盆口沿、罐口沿、鬲足、板瓦、筒瓦等，纹饰有绳纹、弦纹。据开口层位、打破关系及包含物分析，时代应为汉代。

H77

位于 T0606 北部，打破第⑦层。平面近椭圆形，直壁，近平底，壁面无明显修整痕迹。东西 1.42、南北 1.16、深 0.12 米（图六八）。填土为灰褐色沙土，土质较致密。出土少量夹砂灰陶片，可辨器形有陶缸腹片，纹饰有附加堆纹、绳纹。据开口层位及包含物分析，时代应为汉代。

H78

位于 T0606 中北部，打破第⑦层。平面近椭圆形，弧壁，圜底，壁面无明显修整痕迹。东西 1.72、南北 1.26、深 0.14 米（图六九）。填土为灰褐色沙土，土质较疏松。出土少量夹砂灰陶、红陶及泥质红陶片，灰陶多，可辨器形有陶罐口沿、鬲足、板瓦、筒瓦等，纹饰有绳纹、弦纹、布纹，另有马下颌骨 1 块。据开口层位及包含物分析，时代应为汉代。

H79

位于 T0606 中北部，打破第⑦层。平面圆形，直壁，平底，壁面无明显修整痕迹。直径 0.7、深 0.16 米（图七〇）。填土为灰褐色沙土，土质较致密，较纯净。无包含物。据开口层位分析，时代应为汉代。

H80

位于 T0606 中东部，打破第⑦层。平面形状不规则，直壁，圜底，壁面无明显修整痕迹。南北长 2.1、东西宽 1.96、深 0.15 米（图七一）。填土为灰色沙土，土质较疏松。出土少量夹砂灰陶、红陶及泥质红陶片，灰陶多，可辨器形有陶瓮口沿、鬲足、板瓦、筒瓦等，纹饰有绳纹、弦纹。据开口层位及包含物分析，时代应为汉代。

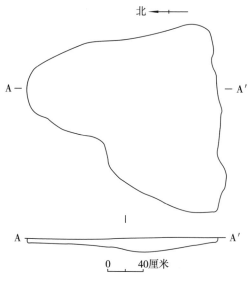

图七一　汉代遗迹 H80 平剖面图

H81

位于 T0606 中东部，打破第⑦层，东北部被 H80 打破。平面近圆形，斜壁，平底，壁面无明显修整痕迹。直径 2、深 0.5 米（图七二）。填土为灰褐色沙土，土质较致密。出土少量夹砂灰陶、红陶片，灰陶多，可辨器形有陶盆底、鬲足、井圈等，纹饰有绳纹、弦纹、附加堆纹。据开口层位、打破关系及包含物分析，时代应为汉代。

H89

位于 T0605 中部，打破第⑦层。平面近方形，弧壁，圜底，壁面无明显修整痕迹。边长 1.15、深 0.15 米（图七三）。填土为灰色沙土，土质较疏松。出土少量夹砂灰陶、红陶片，可辨器形有陶鬲足、板瓦等，纹饰有绳纹、弦纹、附加堆纹。据开口层位及包含物分析，时代应为汉代。

H90

位于 T0605 中部，打破第⑦层，中部被 H89 打破，平面近长方形，弧壁，圜底，壁面无明显修整痕迹。东西长 2.6、南北宽 0.98、深 1.05 米（图七四）。填土为黄色沙土，土质较致密。出土少量夹砂灰陶、红陶片，可辨器形有陶鬲口沿、盆口沿、筒瓦等，纹饰有绳纹、弦纹、菱形纹、附加堆纹。据开口层位、打破关系及包含物分析，时代应为汉代。

H91

位于 T0605 中东部隔梁，打破第⑦层。平面近长方形，直壁，近平底，壁面无明显修整痕迹。南北长 1.4、东西宽 1、深 0.4 米（图七五）。填土为灰色沙土，土质较疏松。出土少量夹砂灰陶、红陶片，灰陶多，可辨器形有陶鬲口沿、鬲足、盆口沿、罐底、井圈、板瓦等，纹饰有绳纹、弦纹。据开口层位及包含物分析，时代应为汉代。

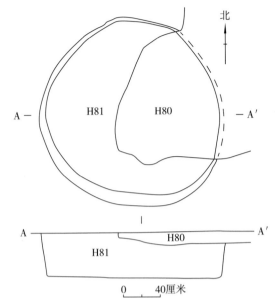

图七二　汉代遗迹 H81 平剖面图

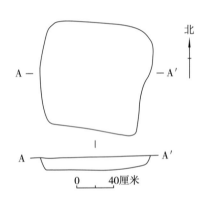

图七三　汉代遗迹 H89 平剖面图

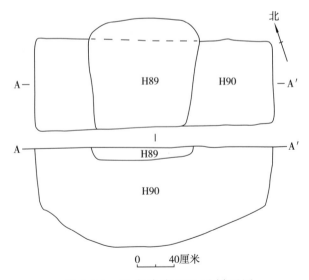

图七四　汉代遗迹 H90 平剖面图

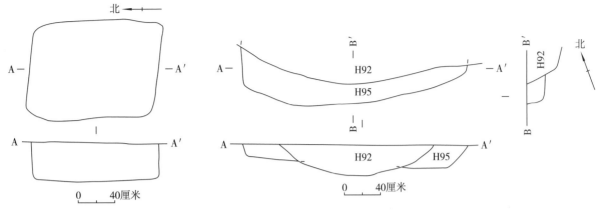

图七五　汉代遗迹 H91 平剖面图　　　　图七六　汉代遗迹 H95 平剖面图

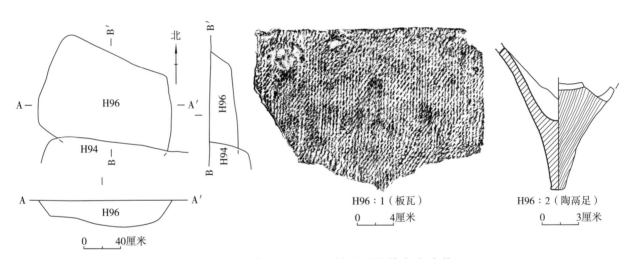

H96：1（板瓦）

H96：2（陶鬲足）

图七七　汉代遗迹 H96 平剖面图及其出土遗物

H95

位于 T0605 东北部，打破第⑦层，北部被 H92 打破。平面形状不规则，弧壁，斜底，壁面无明显修整痕迹。东西长 2.46、南北宽 0.4、深 0.24 米（图七六）。填土为灰黄色沙土，土质较疏松，出土少量夹砂灰陶、红陶片，灰陶多，可辨器形有陶鬲足、井圈、板瓦、筒瓦等，纹饰有绳纹、弦纹。据开口层位、打破关系及包含物分析，时代应为汉代。

H96

位于 T0605 北部隔梁和 T0606 南部，打破第⑦层，南部被 H94 打破。平面圆角长方形，弧壁，圜底，壁面无明显修整痕迹。东西长 1.46、南北宽 1.05、深 0.3 米（图七七）。填土为灰色沙土，土质较疏松。出土少量夹砂灰陶、红陶片，可辨器形有陶鬲足、盆口沿、罐腹片、井圈、板瓦等，纹饰有绳纹、弦纹、菱形纹、水波纹。采集标本板瓦、陶鬲足各 1 件。据开口层位、打破关系及包含物分析，时代应为汉代。

陶鬲足　1 件。H96：2，夹砂灰陶。袋状柱足。表饰绳纹。残高 11.3 厘米（图七七）。

板瓦　1 件。H96：1，残半。夹砂灰陶。长方形。表饰绳纹，内表饰菱形纹。残长 17.4、残宽 24 厘米（图七七；彩版一八：5）。

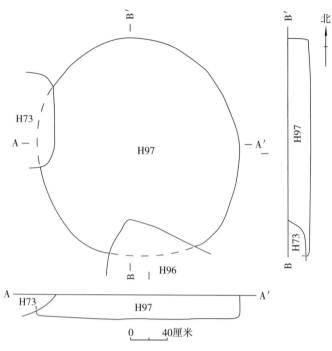

图七八　汉代遗迹 H97 平剖面图

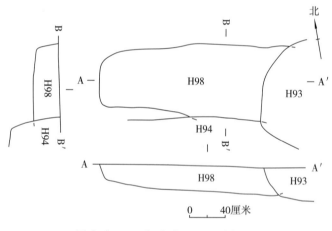

图七九　汉代遗迹 H98 平剖面图

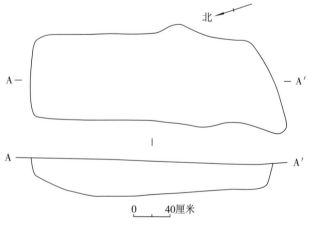

图八〇　汉代遗迹 H99 平剖面图

H97

位于 T0606 东南部，打破第⑦层，西部被 H73 打破、南部被 H96 打破。平面圆形，直壁，平底，壁面无明显修整痕迹。直径 2.28、深 0.25 米（图七八）。填土为黄褐色沙土，土质较致密。出土少量夹砂灰陶、红陶片。据开口层位、填土及包含物分析，时代应为汉代。

H98

位于 T0705 西北部，打破第⑦层，东半部被 H93 打破、南部被 H94 打破。平面圆角长方形，弧壁，圜底，壁面无明显修整痕迹。东西长 2.1、南北宽 0.8、深 0.28 米（图七九）。填土为灰色沙土，夹杂少量黄斑土，土质较疏松。出土少量夹砂灰陶、红陶片，可辨器形有陶罐底、板瓦、筒瓦等，纹饰有绳纹、弦纹、菱形纹、布纹。据开口层位、打破关系及包含物分析，时代应为汉代。

H99

位于 T0610 中部，打破第⑦层。平面呈不规则长条形，弧壁，圜底，壁面无明显修整痕迹。南北长 2.86、东西宽 0.94、深 0.4 米（图八〇）。填土为黄褐色黏土，土质较致密。出土少量夹砂灰陶、红陶片，可辨器形有陶鬲足、盆口沿、板瓦等，纹饰有绳纹、弦纹。据开口层位及包含物分析，时代应为汉代。

H104

位于 T0710 中北部，打破第⑦层。平面近圆形，弧壁，圜底，壁面无明显修整痕迹南北 1.2、东西 1.1、深 0.76 米（图八一）。填土为深褐色沙土，土质较致密，较纯净。无包含物。据开口层位分析，时代应为汉代。

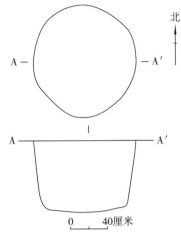

图八一　汉代遗迹 H104 平剖面图

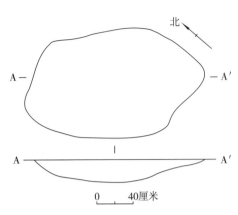

图八二　汉代遗迹 H105 平剖面图

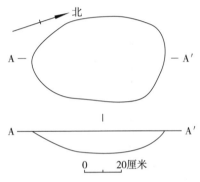

图八三　汉代遗迹 H108 平剖面图

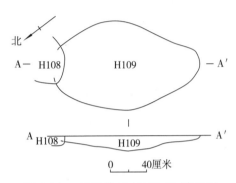

图八四　汉代遗迹 H109 平剖面图

H105

位于 T0710 东北部，打破第⑦层。平面形状不规则，弧壁，圜底，壁面无明显修整痕迹。东西长 1.9、南北宽 1.14、深 0.24 米（图八二）。填土为黄褐色黏土，土质较致密，较纯净。无包含物。据开口层位分析，时代应为汉代。

H108

位于 T0710 中东部，打破第⑦层。平面椭圆形，弧壁，圜底，壁面无明显修整痕迹。东西 0.7、南北 0.45、深 0.12 米（图八三）。填土为黄褐色沙土，土质较致密，较纯净。无包含物。据开口层位及包含物分析，时代最早应为汉代。

H109

位于 T0710 中部，打破第⑦层，东北部被 H108 打破。平面近椭圆形，弧壁，圜底，壁面无明显修整痕迹。南北 1.55、东西 0.96、深 0.16 米（图八四）。填土为灰褐色沙土，土质较致密。出土少量夹砂灰陶、红陶片，灰陶多，可辨器形有陶罐底、盆底、井圈、板瓦、筒瓦等，纹饰有绳纹、弦纹。据开口层位、打破关系及包含物分析，时代应为汉代。

H110

位于 T0710 中东部，打破第⑦层。平面近圆形，弧壁，圜底，壁面无明显修整痕迹。南北 1.68、东西 1.64、深 0.4 米（图八五）。填土为灰褐色沙土，土质较疏松。出土少量夹砂灰陶、红陶片，灰陶多，可辨器形有陶罐腹片、盆口沿、鬲口沿、井圈、筒瓦、板瓦等，纹饰有绳纹、

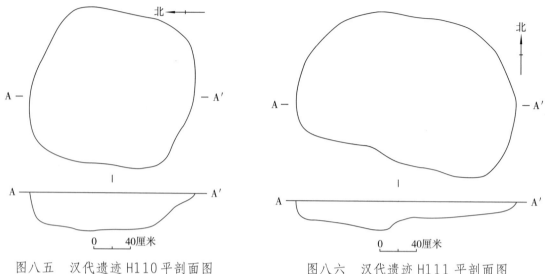

图八五　汉代遗迹 H110 平剖面图　　　　　图八六　汉代遗迹 H111 平剖面图

附加堆纹、弦纹、方格纹、菱形纹，另有蚌壳 1 件。据开口层位及包含物分析，时代应为汉代。

H111

位于 T0709 中北部，打破第⑦层。平面半圆形，弧壁，底不平，壁面无明显修整痕迹。东西 2.4、南北 1.5、深 0.3 米（图八六）。填土为灰褐色沙土，土质较疏松。出土少量夹砂灰陶、红陶及泥质红陶片，灰陶多，可辨器形有陶罐底、井圈、板瓦、筒瓦等，纹饰有绳纹、弦纹、菱形纹、布纹。据开口层位及包含物分析，时代应为汉代。

H121

位于 T0706 中西部，打破第⑦层。平面圆角长方形，弧壁，圜底，壁面无明显修整痕迹。东西长 1.3、南北宽 1.04、深 0.37 米（图八七）。填土为深褐色沙土，土质较疏松。出土少量夹砂灰陶、红陶片，灰陶多，可辨器形有陶鬲足、盆口沿、盆底、缸口沿、罐底、釜鍪等，纹饰有绳纹、弦纹、方格纹。据开口层位及包含物分析，时代应为汉代。

H129

位于 T0705 中北部，打破第⑦层。平面近圆形，弧壁，圜底，壁面无明显修整痕迹。东西 1.18、南北 0.96、深 0.25 米（图八八）。填土为灰褐色沙土，土质较疏松。出土少量夹砂灰陶、红陶片，可辨器形有陶鬲口沿、罐口沿、板瓦、筒瓦等，纹饰有绳纹、弦纹。据开口层位及包含物分析，时代应为汉代。

H133

位于 T0705 中北部，打破第⑦层，南部被 H132 打破。平面近长方形，弧壁，圜底，壁面无明显修整痕迹。南北 0.5、东西 0.75、深 0.14 米（图八九）。填土为灰褐色沙土，土质较致密。出土少量夹砂灰陶、红陶片，可辨器形有板瓦、筒瓦等，纹饰有绳纹、弦纹。据开口层位、打破关系及包含物分析，时代应为汉代。

H134

位于 T0705 东北部，打破第⑦层，西部被 H132 打破，平面近椭圆形，弧壁，圜底，壁面无明显修整痕迹。东西 1.86、南北 1.2、深 0.86 米（图九〇）。填土为灰褐色沙土，土质较疏松。

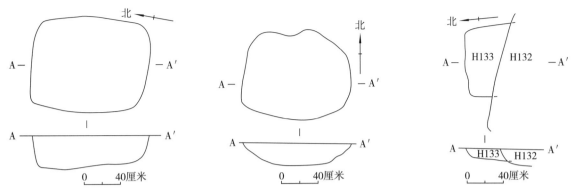

图八七 汉代遗迹 H121 平剖面图　图八八 汉代遗迹 H129 平剖面图　图八九 汉代遗迹 H133 平剖面图

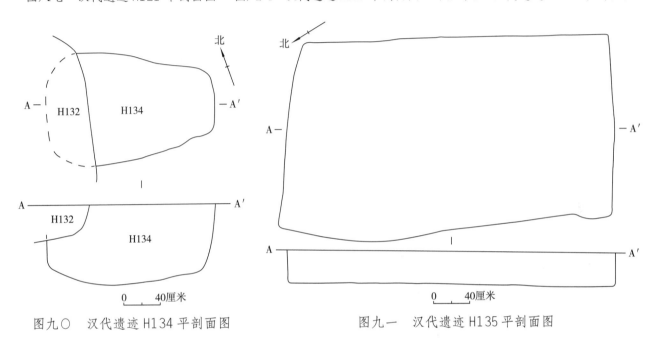

图九〇 汉代遗迹 H134 平剖面图　　　　图九一 汉代遗迹 H135 平剖面图

出土少量夹砂灰陶、红陶及泥质红陶片，可辨器形有陶盆口沿、鬲足、豆盘、井圈、板瓦、筒瓦等，纹饰有绳纹、弦纹、菱形纹。据开口层位、打破关系及包含物分析，时代应为汉代。

H135

位于 T0705 东南部，打破第⑦层。平面近长方形，直壁，斜底，壁面无明显修整痕迹。南北长 3.66、东西宽 2.14、深 0.36 米（图九一）。填土为灰褐色沙土，土质较疏松。出土少量夹砂灰陶、红陶片，灰陶多，可辨器形有陶罐口沿、罐系、罐底、盆口沿、鬲足、瓮口沿、井圈、板瓦、筒瓦等，纹饰有绳纹、弦纹、篮纹、菱形纹。据开口层位及包含物分析，时代应为汉代。

H136

位于 T0705 东南部，打破第⑦层，被 H135 打破，平面近椭圆形，弧壁，圜底，壁面无明显修整痕迹。南北 2.4、东西 1、深 0.98 米（图九二）。填土为灰褐色沙土，土质较疏松。出土少量夹砂红陶、泥质红陶、夹砂灰陶、泥质灰陶片，灰陶多，可辨器形有陶罐口沿、罐腹片、罐底、盆口沿、鬲足、井圈、板瓦、筒瓦等，纹饰有绳纹、弦纹、菱形纹、布纹。采集标本陶鬲足、板瓦各 1 件。据开口层位、打破关系及包含物分析，时代应为汉代。

陶鬲足 1 件。H136：1，夹砂灰陶。袋状锥足。表饰绳纹。残高 6 厘米（图九二）。

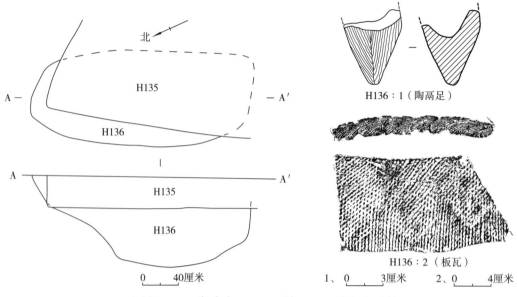

图九二　汉代遗迹 H136 平剖面图及其出土遗物

板瓦 1件。H136:2，残半。夹砂灰陶。长方形。表饰绳纹，侧端饰弦纹，内饰绳纹。残长 10.5、残宽 18 厘米（图九二）。

H137

位于 T0705 中东部隔梁，打破第⑦层，平面近椭圆形，弧壁，圜底，壁面无明显修整痕迹。南北 1.4、东西 0.64、深 0.41 米（图九三）。填土为灰褐色沙土，土质较致密。出土少量夹砂灰陶、红陶片，可辨器形有陶罐底、板瓦等，纹饰有绳纹、弦纹。据开口层位及包含物分析，时代应为汉代。

H138

位于 T0705 东南部，打破第⑦层，东部被 H136 打破。平面呈半圆形，弧壁，近平底，壁面无明显修整痕迹。南北 1.76、东西 0.65、深 0.7 米（图九四）。填土为灰褐色沙土，土质较疏松。出土少量夹砂灰陶、红陶片，可辨器形有陶罐口沿、罐腹片、罐底、板瓦等，纹饰有绳纹、弦纹。据开口层位、打破关系及包含物分析，时代应为汉代。

H139

位于 T0704 东北部和 T0705 东南部，打破第⑦层。平面圆角长方形，弧壁，圜底，壁面无明显修整痕迹。南北长 1.7、东西宽 0.82、深 0.22 米（图九五）。填土为褐色沙土，土质较致密。出土少量夹砂灰陶片，可辨器形有板瓦、筒瓦等，纹饰有绳纹、布纹。据开口层位及包含物分析，时代应为汉代。

H140

位于 T0804 中东部，打破第⑦层。平面近椭圆形，弧壁，圜底，壁面无明显修整痕迹。南北 1.84、东西 1.72、深 0.32 米（图九六）。填土为灰褐色沙土，土质较疏松。出土少量夹砂灰陶、红陶片，可辨器形有陶盆口沿、盆底、罐系、板瓦等，纹饰有绳纹、弦纹、菱形纹。据开口层位及包含物分析，时代应为汉代。

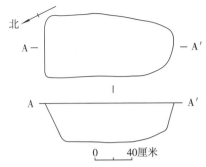

图九三 汉代遗迹 H137 平剖面图

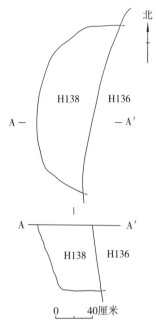

图九四 汉代遗迹 H138 平剖面图

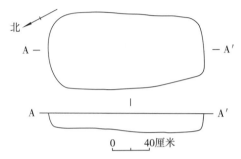

图九五 汉代遗迹 H139 平剖面图

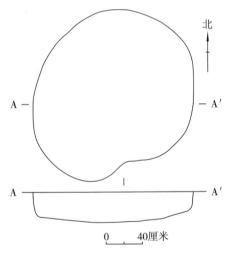

图九六 汉代遗迹 H140 平剖面图

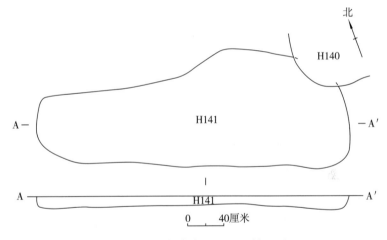

图九七 汉代遗迹 H141 平剖面图

H141

位于 T0804 中东部，打破第⑦层，东部被 H140 打破。平面刀形，弧壁，底不平，壁面无明显修整痕迹。东西长 3.44、南北宽 1.26、深 0.16 米（图九七）。填土为灰褐色沙土，土质较疏松。出土少量夹砂灰陶、红陶片，可辨器形有陶盆口沿、罐系等，纹饰仅有绳纹。据开口层位，打破关系及包含物分析，时代应为汉代。

H143

位于 T0804 西北部，打破第⑦层。平面近椭圆形，弧壁，斜底，壁面无明显修整痕迹。南北 1.58、东西 1、深 0.32 米（图三章）。填土为黄褐色沙土，土质较致密。出土少量夹砂灰陶、红陶片，可辨器形有陶罐腹片、板瓦、筒瓦等，纹饰有绳纹、弦纹、菱形纹。据开口层位及包含物分析，时代应为汉代。

H144

位于 T0805 西南部，打破第⑦层。平面椭圆形，弧壁，圜底，壁面无明显修整痕迹。东西 1.04、南北 0.74、深 0.2 米（图九九）。填土为褐色沙土，土质较致密。出土少量夹砂灰陶、红陶片，可辨器形有陶盆口沿、盆底等，纹饰仅有绳纹。据开口层位及包含物分析，时代应为汉代。

H156

位于 T0805 中北部，打破第⑦层，西北部被 H154 打破。平面近长方形，弧壁，圜底，壁面无明显修整痕迹。东西长 2.74、南北宽 0.82、深 0.26 米（图一○○）。填土为黑褐色沙土，土质较疏松。出土少量夹砂灰陶、红陶片，灰陶多，可辨器形有陶盆口沿、盆底、罐底、瓦当、板瓦等，纹饰有绳纹、弦纹、篮纹。采集瓦当 1 件。据开口层位、打破关系及包含物分析，时代应为汉代。

瓦当 1 件。H156：1，残。泥质灰陶。饰云纹。残宽 11.4 厘米（图一○○；彩版一八：6）。

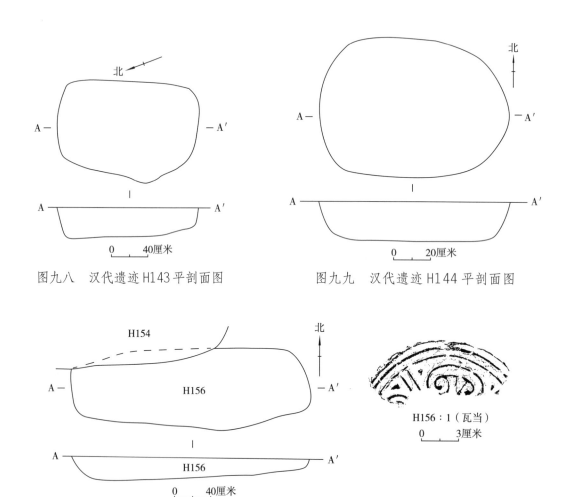

图九八　汉代遗迹 H143 平剖面图　　　　图九九　汉代遗迹 H144 平剖面图

H156：1（瓦当）

图一○○　汉代遗迹 H156 平剖面图及其出土遗物

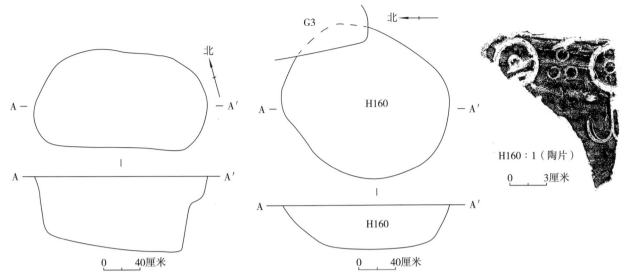

图一〇一　汉代遗迹 H159 平剖面图　　　　　图一〇二　汉代遗迹 H160 平剖面图及其出土遗物

H159

位于 T0805 中南部，打破第⑦层。平面近椭圆形，弧壁，圜底，壁面无明显修整痕迹。东西 1.9、南北 1.04、深 0.8 米（图一〇一）。填土为黄褐色黏土，土质较致密，纯净。无包含物。据开口层位分析，时代应为汉代。

H160

位于 T0705 中南部，打破第⑦层，东北部被 G3 打破。平面近圆形，弧壁，圜底，壁面无明显修整痕迹。南北 1.82、东西 1.5、深 0.48 米（图一〇二）。填土为深褐色沙土，土质较致密。出土少量夹砂灰陶、红陶片，可辨器形有陶盆口沿、豆盘、罐系、筒瓦、板瓦等，纹饰有绳纹、弦纹，内壁饰有菱形纹。采集灰陶片 1 件。据开口层位、打破关系及包含物分析，时代应为汉代。

灰陶片　1 件。H160：1，夹砂灰陶。表饰圆圈状纹。残长 11.3、残宽 11、厚 2.7 厘米（图一〇二；彩版一八：7）。

H169

位于 T0808 中南部，打破第⑦层。平面圆角梯形，弧壁，斜底，壁面无明显修整痕迹。东西长 1.47、南北宽 0.9、深 0.18 米（图一〇三）。填土为灰褐色沙土，土质较致密。出土少量夹砂灰陶、红陶片，可辨器形有陶鬲口沿、鬲足、板瓦等，纹饰仅有绳纹。据开口层位及包含物分析，时代应为汉代。

H170

位于 T0808 中南部，打破第⑦层，东南部被 G4 打破、中部被 H169 打破。平面尖圆形，弧壁，圜底，壁面

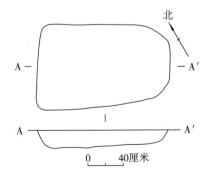

图一〇三　汉代遗迹 H169 平剖面图

无明显修整痕迹。南北 2.3、东西 1.4、深
0.1 米（图一〇四）。填土为灰褐色沙土，
土质较致密，纯净。无包含物。据开口层
位及打破关系分析，时代最晚应为汉代。

H172

位于 T0807 东北部，打破第⑦层，中
部被 G4 打破。平面椭圆形，弧壁，圜底，
壁面无明显修整痕迹。南北 1.88、东西
1.5、深 0.08 米（图一〇五）。填土为褐色
沙土，土质较致密。包含物较少，泥质灰
陶较多，可辨器形有陶纺轮、回纹砖各
1 件。据开口层位及打破关系分析，时代
最晚应为汉代。

陶纺轮　1 件。H172：1，泥质红陶。圆
形，中有一孔，对穿，两面光滑。直径 3.3、
厚 1.1 厘米（图一〇五；彩版一八：8）。

回纹砖　1 件。H172：2，残半。夹砂
红褐陶。表饰回字纹。残长 13.74、宽 12.11
厘米（图一〇五；彩版一八：9）。

H183

位于 T0809 东北部，打破第⑦层，
西北部被 H180 打破。平面长条形，弧壁，
底部起伏不平，壁面无明显修整痕迹。南
北长 2.8、东西宽 0.54、深 0.34 米（图
一〇六）。填土为浅灰褐色沙土，土质较
致密。出土少量夹砂灰陶、红陶片，可
辨器形有陶鬲口沿、鬲足、豆盘、筒瓦、
板瓦等，纹饰仅有绳纹。据开口层位、打
破关系及包含物分析，时代应为汉代。

H184

位于 T0809 东北部隔梁，打破第⑦
层。平面椭圆形，弧壁，圜底，壁面无明
显修整痕迹。东西 0.57、南北 0.41、深
0.08 米（图一〇七）。填土为灰褐色沙土，
土质较疏松，未见包含物。据开口层位分
析，时代可能为汉代。

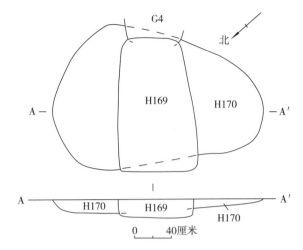

图一〇四　汉代遗迹 H170 平剖面图

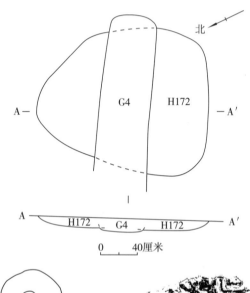

图一〇五　汉代遗迹 H172 平剖面图及其出土遗物

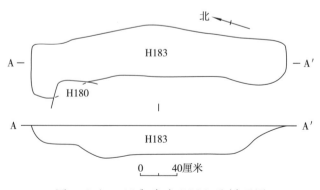

图一〇六　汉代遗迹 H183 平剖面图

H185

位于 T0810 东南部，打破第⑦层。平面近方形，弧壁，圜底，壁面无明显修整痕迹。南北长 1.6、东西宽 1.4、深 0.64 米（图一〇八）。填土为灰褐色沙土，土质较疏松。出土少量夹砂灰陶、红陶及泥质灰陶片，灰陶多，可辨器形有陶鬲足、豆柄、缸口沿、盆口沿、板瓦、筒瓦等，纹饰有绳纹、弦纹、菱形纹。据开口层位及包含物分析，时代应为汉代。

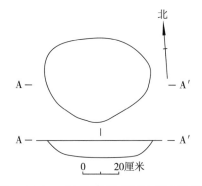

图一〇七　汉代遗迹 H184 平剖面图

H187

位于 T0810 西南部，打破第⑦层。平面圆角方形，开口北高南低，直壁，圜底，壁面无明显修整痕迹。南北长 1.6、东西宽 1.5、深 0.8 米（图一〇九）。填土为暗红色黏土，土质较致密。出土少量夹砂灰陶、红陶片，可辨器形有陶盆口沿、鬲足、罐底、板瓦等，纹饰有绳纹、弦纹。据开口层位及包含物分析，时代应为汉代。

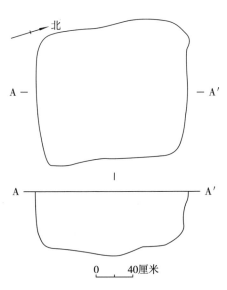

图一〇八　汉代遗迹 H185 平剖面图

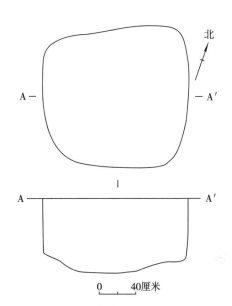

图一〇九　汉代遗迹 H187 平剖面图

第五节　西晋时期遗存

据发掘后情况分析，西晋遗存多处于发掘区周围，应该是土台中部该时期地层已被挖掉、仅存春秋战国时期地层的缘故。本次发掘共清理该时期墓葬 9 座、灰沟 1 条、灰坑 43 个（图一一〇；附表七、八），其中九座墓葬单列章节（第四章）详述。

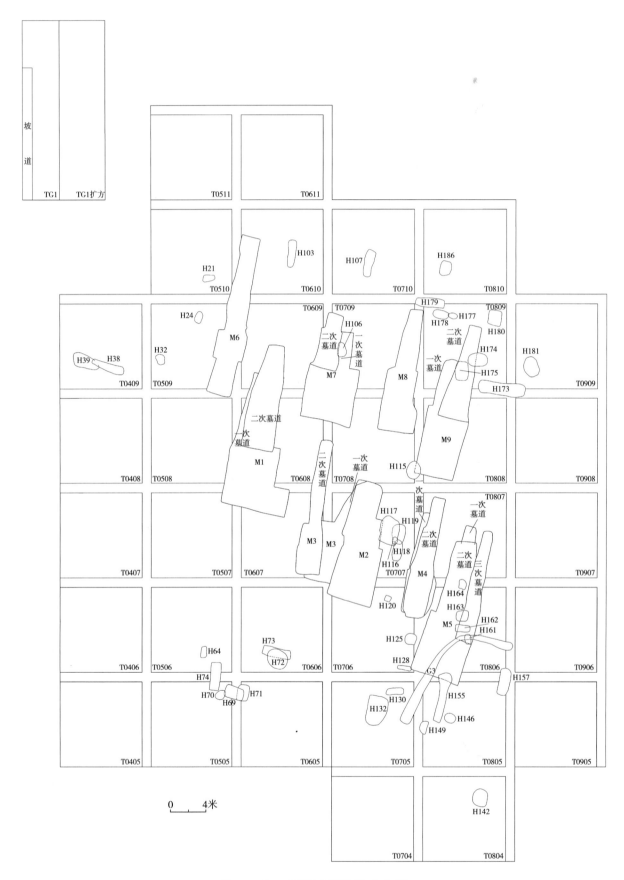

图一一〇 西晋时期遗迹分布图

一、灰沟

G3

位于 T0806 南部，并延伸至 T0805 西北角与 T0705 中东部，西南部被 H131 打破，中东部被 H153、H161 打破，东南部被 H158 打破，打破第⑦层。平面呈不规则条形，弧壁，平底，壁面无修整痕迹。长 16.7、宽 1.2 米、深 0.45 米（图一一一）。填土为黄褐色，土质较致密。包含夹砂灰陶、夹砂红陶、瓦片等，器形有陶㲻口沿、筒瓦、板瓦等，纹饰有绳纹、弦纹、菱形暗纹。据灰沟开口层位及出土遗物推测为西晋时期。

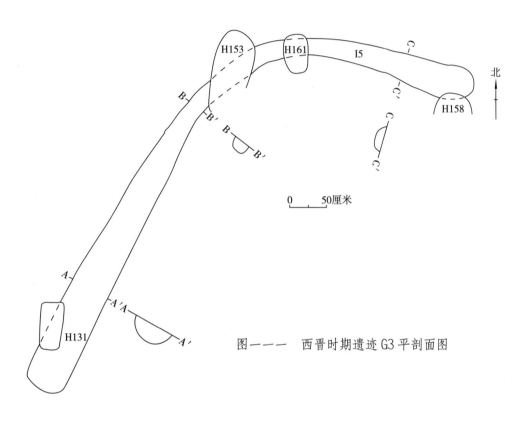

图一一一 西晋时期遗迹 G3 平剖面图

二、灰坑

H21

位于 T0510 中南部，打破第⑦层。平面近梯形，弧壁，圜底，壁面无明显修整痕迹。东西长 1.36、南北宽 0.66、深 0.2 米（图一一二）。填土为灰褐色沙土，土质较疏松。出土少量夹砂红陶、泥质红陶、夹砂灰陶、泥质灰陶片，灰陶多，可辨器形有陶豆柄、罐口沿、罐系、井圈、板瓦、筒瓦等，纹饰有绳纹、菱形纹、附加堆纹、菱形暗纹。采集标本仅有陶罐系 1件。据开口层位及包含物分析，时代应为西晋时期。

陶罐系 1件。H21：1，夹砂灰陶。麻花形桥系。残高 6.10 厘米（图一一二）。

H24

位于 T0509 中北部，打破第⑦层。平面椭圆形，弧壁，圜底，壁面无明显修整痕迹。南北 1.24、

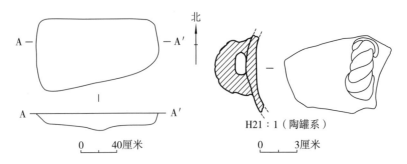

图一一二　西晋时期遗迹 H21 平剖面图及其出土遗物

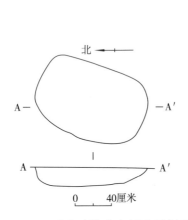

图一一三　西晋时期遗迹 H24 平剖面图

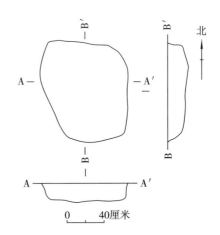

图一一四　西晋时期遗迹 H32 平剖面图

东西 0.8、深 0.21 米（图一一三）。填土为灰褐色沙土，土质较疏松。出土少量夹砂红陶、泥质红陶、夹砂灰陶、泥质灰陶片，灰陶多，可辨器形有陶鬲口沿、罐口沿、缸口沿、井圈、板瓦等，纹饰有绳纹、弦纹、菱形暗纹。据开口层位及包含物分析，时代应为西晋时期。

H32

位于 T0509 中西部，打破第⑦层。平面不规则，弧壁，底不平，壁面无明显修整痕迹。南北长 1.04、东西宽 0.92、深约 0.22 米（图一一四）。填土为灰褐色沙土，土质较疏松。出土少量夹砂灰陶、红陶片，灰陶多，可辨器形有陶盆口沿、罐口沿、罐底、井圈、板瓦、筒瓦等，纹饰有绳纹、弦纹、菱形纹、菱形暗纹。据开口层位及包含物分析，时代应为西晋时期。

H38

位于 T0409 中南部，打破第⑦层。平面近椭圆形，弧壁，圜底，壁面无明显修整痕迹。东西 3.8、南北 0.84、深 0.44 米（图一一五）。填土为灰褐色沙土，土质较疏松。出土少量夹砂灰陶、红陶及泥质灰陶片，灰陶多，可辨器形有陶碗、罐口沿、罐系、罐底、板瓦等，纹饰有绳纹、水波纹、菱形暗纹。采集标本仅有陶碗 1 件。据开口层位及包含物分析，时代应为西晋时期。

陶碗　1 件。H38：1，残半，泥质灰陶。侈口，圆唇，弧腹，圈足。腹内外有弦纹和轮制痕迹，内腹下有斜暗纹，底部一周有凹槽。口径 14.2、足径 6.8、高 5.8 厘米（图一一五；彩版一九：1）。

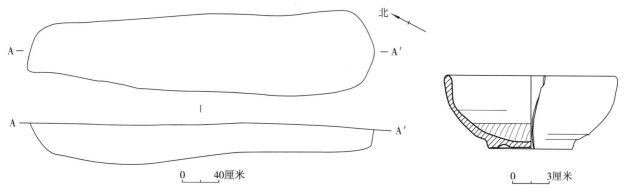

图一一五　西晋时期遗迹 H38 平剖面图及其出土遗物

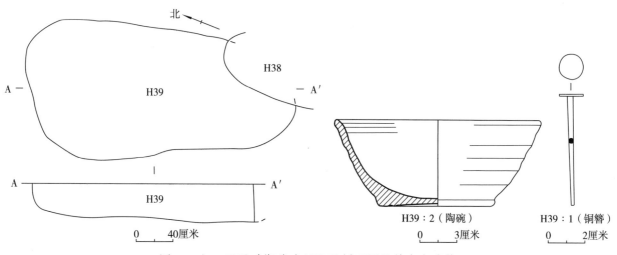

图一一六　西晋时期遗迹 H39 平剖面图及其出土遗物

H39

位于 T0409 西南部，东南部被 H38 打破，打破第⑦层。平面近椭圆形，弧壁，圜底，壁面无明显修整痕迹。东西 2.84、南北 1.46、深 0.4 米（图一一六）。填土为灰褐色沙土，土质较疏松。出土少量夹砂灰陶、红陶及泥质灰陶片，灰陶多，可辨器形有陶鬲足、罐口沿、罐系、罐腹片、罐底、盆口沿、缸口沿等，另有铜簪 1 件，纹饰有绳纹、弦纹、菱形暗纹。采集标本有铜簪、陶碗各 1 件。据开口层位及包含物分析，时代应为西晋时期。

铜簪　1 件。H39：1，残断。簪首圆形，簪身圆柱形。残长 5.8、簪首径 1.3 厘米（图一一六；彩版一九：2）。

陶碗　1 件。H39：2，残，已修复。泥质灰陶。侈口，圆唇，弧腹，圈足。腹饰凹弦纹，内沿饰弦纹，内壁饰放射状暗纹。口径 16.8、足径 9.8、高 6.8 厘米（图一一六；彩版一九：3）。

H64

位于 T0506 东南部，打破第⑦层。平面近椭圆形，弧壁，圜底，壁面无明显修整痕迹。南北 1.2、东西 0.66、深 0.36 米（图一一七）。填土为灰褐色沙土，土质较疏松。出土少量夹砂、泥质灰陶片，可辨器形有陶罐底、板瓦等，纹饰有绳纹、弦纹，内壁饰有菱形暗纹。据开口层位及包含物分析，时代应为西晋时期。

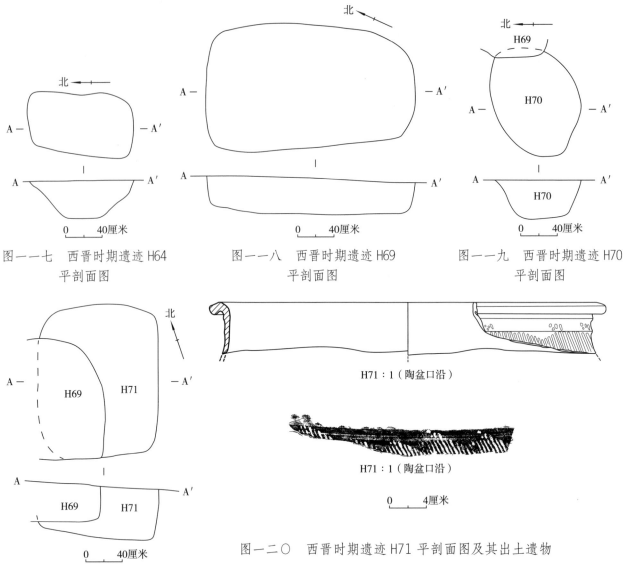

图一一七　西晋时期遗迹 H64
平剖面图

图一一八　西晋时期遗迹 H69
平剖面图

图一一九　西晋时期遗迹 H70
平剖面图

H71：1（陶盆口沿）

H71：1（陶盆口沿）

图一二○　西晋时期遗迹 H71 平剖面图及其出土遗物

H69

位于 T0505 东北部，打破第⑦层。平面近梯形，弧壁，圜底，壁面无明显修整痕迹。东西长 2.26、南北宽 1.36、深 0.39 米（图一一八）。填土为灰褐色沙土，土质较疏松。出土少量夹砂红陶、泥质红陶、夹砂灰陶、泥质灰陶片，灰陶多，可辨器形有陶鬲口沿、盆口沿、罐口沿、缸口沿、井圈等，纹饰有绳纹、菱形暗纹。据开口层位及包含物分析，时代应为西晋时期。

H70

位于 T0505 东北部，打破第⑦层，东部被 H69 打破。平面近椭圆形，弧壁，圜底，壁面无明显修整痕迹。东西 1.2、南北 0.95、深 0.46 米（图一一九）。填土为黑灰色沙土，土质较疏松。出土少量夹砂、泥质灰陶片，可辨器形有陶盆口沿、盆底等，纹饰有绳纹、弦纹，菱形暗纹。据开口层位及包含物分析，时代应为西晋时期。

H71

位于 T0605 与 T0505 隔梁交界处，打破第⑦层，西半部被 H69 打破。平面呈圆角长方形，弧壁，斜底，壁面无明显修整痕迹。南北长 1.62、东西宽 1.32、深 0.55 米（图一二○）。

填土为灰色沙土，土质较疏松。出土少量夹砂灰陶、红陶及泥质红陶片，可辨器形有陶盆口沿、盆底、罐口沿、罐系、罐底等，纹饰有绳纹、弦纹、水波纹、篮纹，内壁饰有菱形暗纹。采集标本仅有陶盆口沿1件。据开口层位、打破关系及包含物分析，时代应为西晋时期。

陶盆口沿 1件。H71:1，泥质灰陶。侈口，方唇，卷沿外翻，弧腹。口径43、残高5.4厘米（图一二〇）。

H72

位于T0606中南部，打破第⑦层。平面椭圆形，弧壁，圜底，壁面无明显修整痕迹。南北2.3、东西1.95、深0.5米（图一二一）。填土为灰色沙土，土质较疏松。出土少量夹砂灰陶、红陶片，灰陶多，可辨器形有陶盆口沿、盆底、罐口沿、缸口沿、板瓦、筒瓦等，纹饰有绳纹菱形暗纹。据开口层位及包含物分析，时代应为西晋时期。

H73

位于T0606中南部，打破第⑦层，南半部被H72打破。平面近长方形，弧壁，圜底，壁面无明显修整痕迹。东西长3.12、南北宽1.06、深0.54米（图一二二）。填土为灰色沙土，土质较疏松。出土少量夹砂红陶、泥质红陶、夹砂灰陶、泥质灰陶片，灰陶多，可辨器形有陶盆口沿、鬲足、板瓦等，纹饰有绳纹、水波纹、菱形暗纹。据开口层位、打破关系及包含物分析，时代应为西晋时期。

砖构件 1件。H73:1，残，泥质灰陶。长方形，一侧有乳丁状凸起。残长8、宽3、厚1.8厘米（图一二二）。

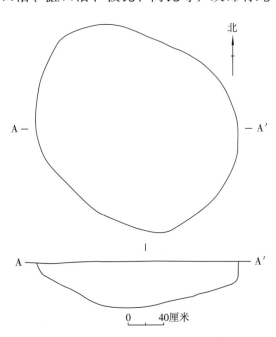

图一二一 西晋时期遗迹H72平剖面图

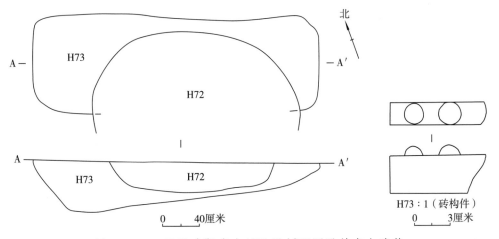

图一二二 西晋时期遗迹H73平剖面图及其出土遗物

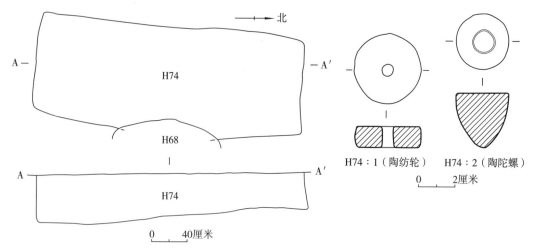

图一二三　西晋时期遗迹 H74 平剖面图及其出土遗物

H74

位于 T0505 东北部和 T0506 东南部，打破第⑦层，东半部被 H68 打破。平面近长方形，弧壁，斜底，壁面无明显修整痕迹。南北长 2.93、东西宽 1.1、深 0.5 米（图一二三）。填土为褐色沙土，土质较疏松。出土少量夹砂红陶、泥质红陶、夹砂灰陶、泥质灰陶片，可辨器形有陶盆口沿、盆底、罐口沿、罐底、筒瓦、板瓦等，纹饰有绳纹、弦纹、戳印纹、菱形暗纹，另有蚌壳 1 枚。采集标本有陶纺轮、陀螺各 1 件。据开口层位、打破关系及包含物分析，时代应为西晋时期。

陶纺轮　1 件。H74：1，泥质灰陶。圆形，中有一孔，对穿，两面光滑。直径 3.6、厚 1.1 厘米（图一二三；彩版一九：4）。

陶陀螺　1 件。H74：2，泥质灰陶。圆锥状，顶端有一周浅凹弦纹。直径 2.9、高 2.9 厘米（图一二三；彩版一九：5）。

H103

位于 T0610 中南部，打破第⑦层。平面长条形，弧壁，斜底，壁面无明显修整痕迹。南北长 2.9、东西宽 0.8、深 0.39 米（图一二四）。填土为褐色沙土，土质较致密。出土少量夹砂灰陶、红陶片，灰陶多，可辨器形有陶盆口沿、罐口沿、罐腹片、罐底、鬲足、井圈、板瓦、筒瓦等，纹饰有绳纹、弦纹、菱形暗纹。据开口层位及包含物分析，时代应为西晋时期。

H106

位于 T0709 中南部，打破第⑦层。平面近椭圆形，弧壁，圜底，壁面无明显修整痕迹。南北 1.6、东西 0.92、深 0.2 米（图一二五）。填土为褐色黏土，土质较致密。出土少量夹砂灰陶、红陶片，灰陶多，可辨器形有陶鬲足、罐口沿、盆底、井圈等，纹饰有绳纹、弦纹、菱形暗

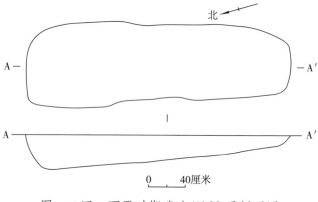

图一二四　西晋时期遗迹 H103 平剖面图

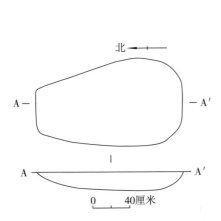

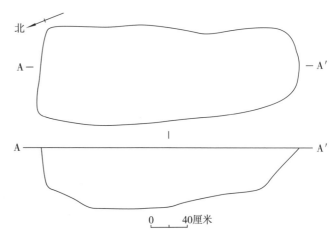

图一二五　西晋时期遗迹 H106 平剖面图　　　　图一二六　西晋时期遗迹 H107 平剖面图

纹、布纹。据开口层位及包含物分析，时代应为西晋时期。

H107

位于 T0710 中部，打破第⑦层。平面不规则长条形，弧壁，圜底，壁面无明显修整痕迹。南北长 2.87、东西宽 1、深 0.67 米（图一二六）。填土为灰褐色沙土，土质较疏松。出土少量夹砂灰陶、红陶片，灰陶多，可辨器形有陶鬲口沿、鬲足、盆口沿、筒瓦、板瓦等，纹饰有绳纹、弦纹、附加堆纹、菱形纹、菱形暗纹。据开口层位及包含物分析，时代应为西晋时期。

H115

位于 T0708 东南部，打破第⑦层。平面近圆形，弧壁，圜底，壁面无明显修整痕迹。南北 1.95、东西 1.6、深 0.4 米（图一二七）。填土为褐色沙土，土质较致密。出土少量夹砂灰陶、红陶片，灰陶多，可辨器形有陶盆口沿、罐系、罐腹片、鬲腹片、井圈等，纹饰有绳纹、弦纹、附加堆纹、菱形纹、菱形暗纹、斜线暗纹。采集标本仅有陶纺轮 1 件。据开口层位及包含物分析，时代应为西晋时期。

陶纺轮　1 件。H115∶1，残。泥质灰陶。为瓦片打磨而成。圆形，中有一孔，未穿透。一面光滑，一面布纹。直径 4.3、厚 1.6 厘米（图一二七；彩版一九∶6）。

H116

位于 T0707 东南部，打破第⑦层。平面椭圆形，弧壁，圜底，壁面无明显修整痕迹。南北 0.84、东西 0.6、深 0.18 米（图一二八）。填土为灰褐色沙土，土质较疏松。出土少量夹砂灰陶、红陶片，可辨器形有陶罐腹片、板瓦等，纹饰有绳纹、菱形暗纹、波浪暗纹。据开口层位及包含物分析，时代应为西晋时期。

H117

位于 T0707 东南部，打破第⑦层，东南部被 H116 打破。平面近长方形，弧壁，圜底，壁面无明显修整痕迹。南北长 3、东西宽 2.15、深 0.4 米（图一二九 A）。填土为灰褐色沙土，土质较疏松。出土少量夹砂灰陶、红陶片，灰陶多，可辨器形有陶鬲口沿、鬲足、盆口沿、罐口沿、罐系、罐底、板瓦、筒瓦等，纹饰有绳纹、布纹、弦纹、菱形暗纹。采集标本有陶纺

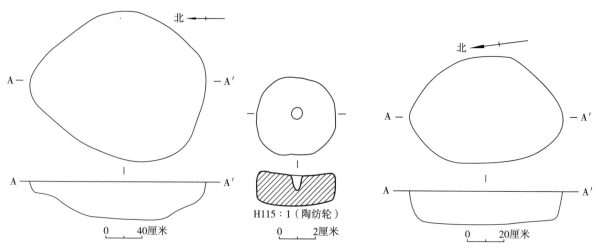

图一二七　西晋时期遗迹 H115 平剖面图及其出土遗物　　　图一二八　西晋时期遗迹 H116 平剖面图

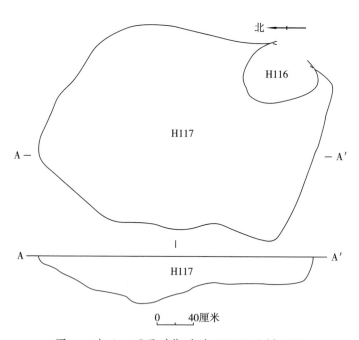

图一二九 A　西晋时期遗迹 H117 平剖面图

轮、饼、拍、罐各 1 件。据开口层位、打破关系及包含物分析，时代应为西晋时期。

陶罐　1 件。H117:4，残，已修复。泥质灰陶。侈口，圆唇，溜肩，弧腹，平底略内凹。肩部贴塑对称双系，肩、腹饰暗纹和凹弦纹，有修补痕迹，残留铁质铆钉。口径 15.2、底径 16、高 26 厘米（图一二九 B；彩版二〇:1）。

陶饼　1 件。标本 H117:2，泥质灰陶。圆形，一面光滑，一面残留布纹。直径 4、厚 1.7 厘米（图一二九 B；彩版二〇:2）。

陶纺轮　1 件。H117:1，泥质灰陶。圆形，中有一孔，未穿透，一面光滑，一面布纹，为瓦片打磨而成。直径 4.4、厚 1.5 厘米（图一二九 B；彩版二〇:4）。

陶拍　1 件。H117:3，残半。夹砂灰陶。半椭圆形，刻饰叶脉纹。残宽 10.7，残高 9 厘米（图一二九 B；彩版二〇:3）。

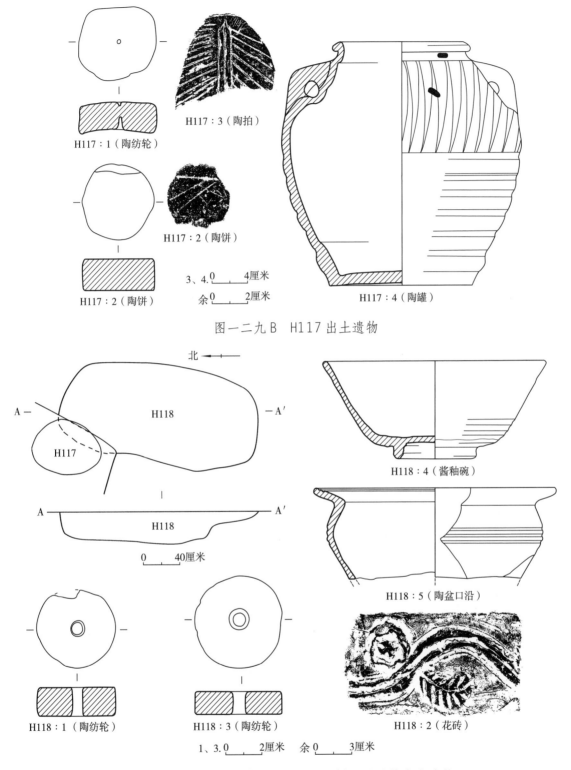

H117：1（陶纺轮）

H117：3（陶拍）

H117：2（陶饼）

H117：2（陶饼）

3、4.0 ⸺ 4厘米

余 0 ⸺ 2厘米

H117：4（陶罐）

图一二九 B　H117 出土遗物

北

H117

H118

A—　　　　—A′

A　　　　　　A′

H118

0 ⸺ 40厘米

H118：4（酱釉碗）

H118：5（陶盆口沿）

H118：1（陶纺轮）

H118：3（陶纺轮）

H118：2（花砖）

1、3.0 ⸺ 2厘米　　余 0 ⸺ 3厘米

图一三〇　西晋时期遗迹 H118 平剖面图及其出土遗物

H118

位于 T0707 东南部，打破第⑦层，西北部被 H116、H117 打破。平面椭圆形，弧壁，底不平，壁面无明显修整痕迹。南北 2.2、东西 1.02、深 0.34 米（图一三〇）。填土为灰褐色沙土，土质较疏松。出土少量夹砂灰陶、红陶片，灰陶多，可辨器形有陶罐口沿、罐腹片、罐

底、瓮口沿、盆口沿、盆底、筒瓦及酱釉碗等，纹饰有绳纹、弦纹、附加堆纹、篮纹、斜线暗纹。采集标本有陶纺轮、陶盆口沿、花砖、酱釉碗等共5件。据开口层位、打破关系及包含物分析，时代应为西晋时期。

酱釉碗　1件。H118：4，大部残缺，已修复。敞口，圆唇，弧腹，圈足。腹有弦纹，内底有一周宽槽弦纹，未施釉，残有轮制痕迹。器表施酱褐釉，内外不及底，露灰胎。口径18.4、足径6.8、高7.8厘米（图一三〇；彩版二〇：8）。

陶盆口沿　1件。H118：5，泥质灰陶。侈口，圆唇，鼓腹。内沿有两周凹弦纹，腹部有三周凹弦纹。口径20、残高7.2厘米（图一三〇）。

陶纺轮　2件。H118：1，泥质灰陶。圆形，中有一孔，对穿，一面光滑，一面布纹，为瓦片打磨而成。直径4.3、厚1.5厘米（图一三〇；彩版二〇：5）。H118：3，泥质灰陶。圆形，中有一孔，对穿，一面光滑，一面布纹，为瓦片打磨而成。直径4.8、厚1.2厘米（图一三〇；彩版二〇：6）。

花砖　1件。H118：2，残半。夹砂灰陶。平面长方形。堆塑花蔓图案。残长14.7、宽8厘米（图一三〇；彩版二〇：7）。

H119

位于T0707中东部，打破第⑦层，西部被H117打破、西南部被H116打破、南部被H118打破。平面半圆形，弧壁，圜底，壁面无明显修整痕迹。南北2.16、东西1.48、深0.72米（图一三一）。填土为灰褐色沙土，土质较疏松。出土少量夹砂灰陶、红陶片，可辨器形有陶盆口沿、罐口沿、罐系、罐底、鬲足等，纹饰有绳纹、弦纹、附加堆纹、菱形暗纹、菱形纹，另有铜构件1件。据开口层位、打破关系及包含物分析，时代应为西晋时期。

残铜件　1件。H119：1，残。弯成U形。长7.9、直径0.3厘米（图一三一；彩版二一：1）。

花砖　1件。H119：2，残半。泥质灰陶。长方形。高浮平面堆塑草叶、星形等装饰。长14.3、宽8、厚5.6厘米（图一三一；彩版二一：2）。

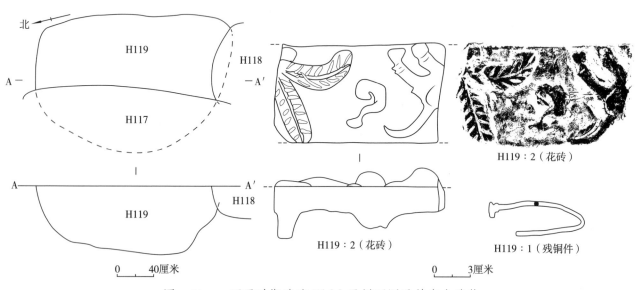

图一三一　西晋时期遗迹H119平剖面图及其出土遗物

H120

位于 T0706 东北部，打破第⑦层。平面近方形，弧壁，圜底，壁面无明显修整痕迹。东西长 0.67、南北宽 0.6、深 0.12 米（图一三二）。填土为灰褐色沙土，土质较疏松。出土少量夹砂灰陶、红陶片，可辨陶器形有陶鬲足、罐口沿、罐腹片、井圈、筒瓦、板瓦等，纹饰有绳纹、弦纹、菱形纹、斜线暗纹。据开口层位及包含物分析，时代应为西晋时期。

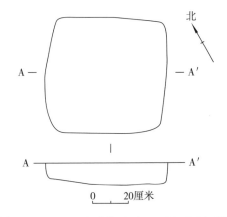

图一三二　西晋时期遗迹 H120 平剖面图

H125

位于 T0706 东南部，打破第⑦层。平面近椭圆形，弧壁，底较平，壁面无明显修整痕迹。东西 1.4、南北 0.92、深 0.1 米（图一三三）。填土为灰褐色沙土，土质较疏松。出土少量夹砂灰陶、红陶及泥质红陶片，灰陶多，可辨器形有陶盆口沿、罐底、板瓦、筒瓦等，纹饰有绳纹、弦纹、斜线暗纹。采集标本陶盆口沿 1 件。据开口层位及包含物分析，时代应为西晋时期。

陶盆口沿　1 件。H125：1，泥质灰陶。侈口，圆唇，卷沿外翻，弧腹。残高 6.1 厘米（图一三三）。

H128

位于 T0706 东南部，打破第⑦层，东北部被 H126 打破。平面长条形，直壁，斜底，壁面无明显修整痕迹。东西长 1.5、南北宽 0.36、深 0.26 米（图一三四）。填土为灰褐色沙土，土质较疏松。出土少量夹砂灰陶、红陶及泥质红陶片，灰陶多，可辨器形有陶鬲口沿、鬲足、罐口沿、罐底、盆口沿等，纹饰有绳纹、弦纹、附加堆纹、菱形暗纹，另有米格纹印纹硬陶 1 片。据开口层位、打破关系及包含物分析，时代应为西晋时期。

H130

位于 T0705 东北部，打破第⑦层。平面近椭圆形，弧壁，圜底，壁面无明显修整痕迹。东西 1.94、南北 0.7、深 0.14 米（图一三五）。填土为灰色沙土，土质较致密。出土少量夹砂灰陶、红陶片，可辨器形有陶盆口沿、盆底、鬲足、鬲腹片、板瓦等，纹饰有绳纹、弦纹、斜线暗纹。据开口层位及包含物分析，时代应为西晋时期。

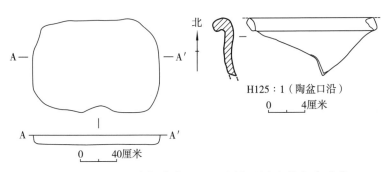

图一三三　西晋时期遗迹 H125 平剖面图及其出土遗物

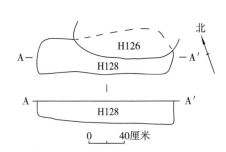

图一三四　西晋时期遗迹 H128 平剖面图

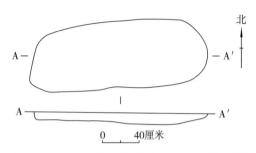

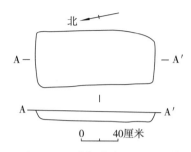

图一三五　西晋时期遗迹 H130 平剖面图　　　　图一三六　西晋时期遗迹 H131 平剖面图

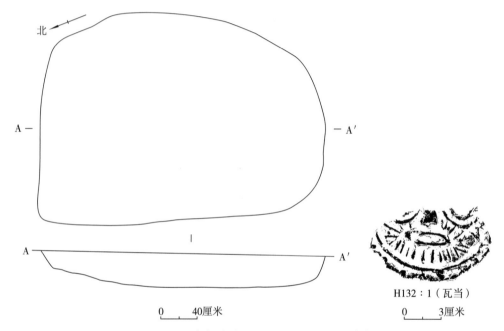

H132：1（瓦当）

图一三七　西晋时期遗迹 H132 平剖面图及其出土遗物

H131

位于 T0705 东北部，打破第⑦层。平面圆角长方形，弧壁，圜底，壁面无明显修整痕迹。南北长 1.3、东西宽 0.6、深 0.1 米（图一三六）。填土为灰褐色沙土，土质较致密。出土少量夹砂灰陶、红陶及泥质灰陶片，灰陶多，可辨器形有板瓦、陶罐腹片等，纹饰有绳纹、弦纹、菱形纹。据开口层位及包含物分析，时代应为西晋时期。

H132

位于 T0705 中北部，打破第⑦层。平面不规则圆形，弧壁，圜底，壁面无明显修整痕迹。南北 3.12、东西 2.24、深 0.38 米（图一三七）。填土为灰褐色沙土，土质较疏松。出土少量夹砂红陶、泥质红陶、夹砂灰陶、泥质灰陶片，可辨器形有陶鬲口沿、鬲足、盆口沿、盆底、罐系、罐底、瓦当等，纹饰有绳纹、弦纹、菱形暗纹、菱形纹、布纹。采集瓦当 1 件。据开口层位及包含物分析，时代应为西晋时期。

瓦当　1 件。H132：1，残半。泥质灰陶。饰兽面纹。残高 5.7、厚 2 厘米（图一三七；彩版二一：3）。

H142

位于 T0804 东北部，打破第⑦层。平面近椭圆形，弧壁，圜底，壁面无明显修整痕迹。南北 1.9、东西 1.62、深 0.4 米（图一三八）。填土为灰褐色沙土，土质较致密。出土少量夹砂灰陶、红陶及泥质灰陶片，灰陶多，可辨器形有陶鬲足、盆口沿、罐口沿、罐系、罐底、钵口沿、钵底、板瓦等，纹饰有绳纹、弦纹、篮纹、菱形暗纹。据开口层位及包含物分析，时代应为西晋时期。

H146

位于 T0805 中西部，打破第⑦层。平面近圆形，弧壁，圜底，壁面无明显修整痕迹。东西 1.2、南北 1.1、深 0.26 米（图一三九）。填土为褐色沙土，土质较致密。出土少量夹砂灰陶片，可辨器形有陶罐口沿、罐底、鬲足、筒瓦等，纹饰有绳纹、弦纹、菱形暗纹，另有方格纹印纹硬陶 1 片。据开口层位及包含物分析，时代应为西晋时期。

H149

位于 T0805 中西部，打破第⑦层。平面呈半月形，弧壁，圜底，壁面无明显修整痕迹。南北 1.4、东西 0.82、深 0.4 米（图一四〇）。填土为灰褐色沙土，土质较致密。出土少量夹砂灰陶、红陶片，可辨器形有陶盆口沿、罐底、筒瓦等，纹饰有绳纹、菱形暗纹。据开口层位及包含物分析，时代应为西晋时期。

H155

位于 T0805 中北部，打破第⑦层，东北部被 H151、H154 打破、中北部被 H147 打破、西南部被 H145、H150 打破。平面不规则，弧壁，圜底，壁面无明显修整痕迹。南北长 5.2、东西宽 0.8、深 0.25 米（图一四一）。填土为浅褐色沙土，土质较致密，较纯净。无包含物。据开口层位、打破关系分析，时代应为西晋时期。

H157

位于 T0805 东北部，打破第⑦层。平面近椭圆形，弧壁，圜底，壁面无明显修整痕迹。南北 2.86、东西 1.18、深 0.7 米（图一四二）。填土为灰褐色沙土，土质较疏松。出土少量夹

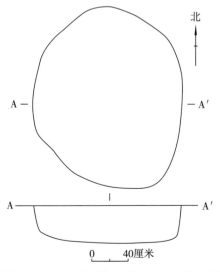

图一三八　西晋时期遗迹 H142 平剖面图

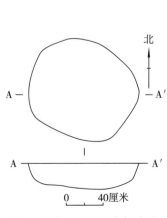

图一三九　西晋时期遗迹
H146 平剖面图

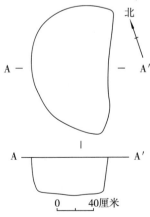

图一四〇　西晋时期遗迹
H149 平剖面图

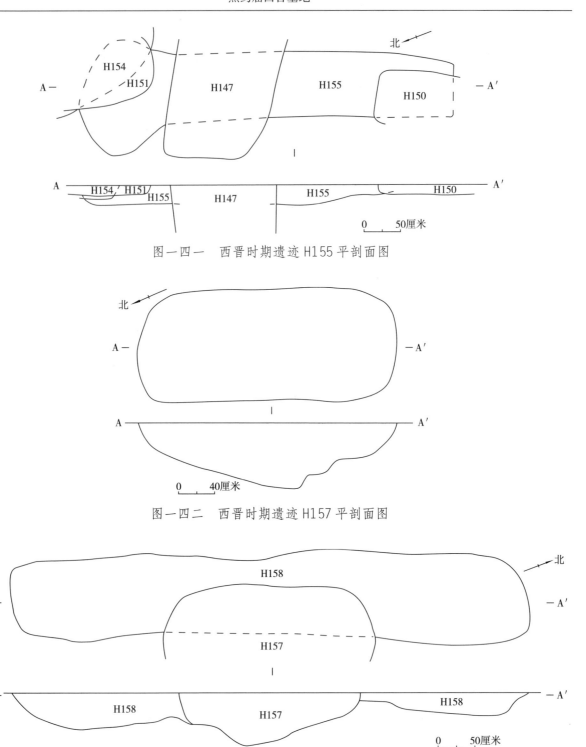

图一四一　西晋时期遗迹 H155 平剖面图

图一四二　西晋时期遗迹 H157 平剖面图

图一四三　西晋时期遗迹 H158 平剖面图

砂灰陶、红陶片，灰陶多，可辨器形有陶盆口沿、罐口沿、筒瓦等，纹饰有绳纹、篮纹、条状暗纹、布纹。据开口层位及包含物分析，时代应为西晋时期。

　　H158

　　位于 T0805 东北部和 T0806 东南部，打破第⑦层，东部被 H157 打破。平面近椭圆形，弧壁，底不平，壁面无明显修整痕迹。南北 7.2、东西 1.15、深 0.53 米（图一四三）。填土为黄褐色黏土，土质较致密。出土少量夹砂灰陶、红陶片，灰陶多，可辨器形有陶盆口沿、豆盘、罐系、筒瓦、板瓦等，纹饰仅有绳纹。据开口层位、打破关系及包含物分析，时代应为西晋时期。

H161

位于T0806中东部，打破第⑦层。平面近椭圆形，弧壁，圜底，壁面无明显修整痕迹。南北1、东西0.7、深0.25米（图一四四）。填土为褐色沙土，土质较疏松。出土少量夹砂灰陶、红陶片，可辨器形有陶罐口沿、盆口沿等，纹饰有绳纹、菱形暗纹。据开口层位及包含物分析，时代应为西晋时期。

H162

位于T0806中部，打破第⑦层。平面近方形，弧壁，圜底，壁面无明显修整痕迹。东西长1.6、南北宽0.7、深0.62米（图一四五）。填土为褐色沙土，土质较疏松。出土少量夹砂灰陶、红陶片，可辨器形有陶盆口沿、罐底、板瓦等，纹饰有绳纹、弦纹、菱形纹。据开口层位及包含物分析，时代应为西晋时期。

H163

位于T0806中部，打破第⑦层。平面近长方形，弧壁，斜底，壁面无明显修整痕迹。东西1.3、南北1.16、深0.4米（图一四六）。填土为灰褐色沙土，土质较疏松。出土少量夹砂灰陶、红陶片，可辨器形有陶盆口沿、罐底、板瓦、筒瓦等，纹饰仅有绳纹。据开口层位及包含物分析，时代应为西晋时期。

H164

位于T0806中北部隔梁，打破第⑦层。平面不规则，弧壁，圜底，壁面无明显修整痕迹。东西长1.02、南北宽0.9、深0.1米（图一四七）。填土为褐色沙土，土质较致密。出土少量夹砂灰陶片，可辨器形有陶盆底、筒瓦等，纹饰有绳纹、斜线暗纹。据开口层位及包含物分析，时代应为西晋时期。

H173

位于T0809东南部，打破第⑦层。平面圆角长方形，弧壁，圜底，壁面无明显修整痕迹。东西长5.2、南北宽1.56、深0.46米（图一四八）。填土为深褐色沙土，土质较疏松。出土少量夹砂灰陶、红陶及泥质红陶片，灰陶多，可辨器形有陶盆口沿、豆柄、盆腹

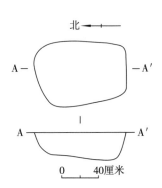

图一四四　西晋时期遗迹H161平剖面图

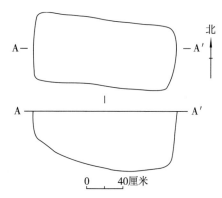

图一四五　西晋时期遗迹H162平剖面图

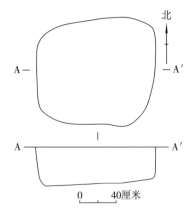

图一四六　西晋时期遗迹 H163 平剖面图

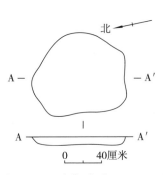

图一四七　西晋时期遗迹 H164 平剖面图

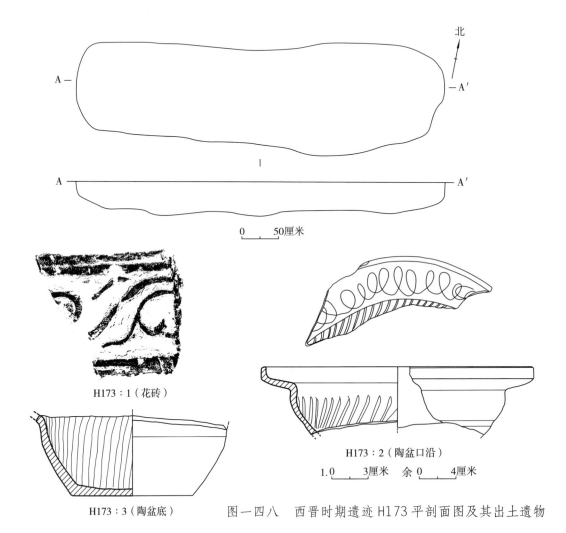

H173：1（花砖）

H173：2（陶盆口沿）

H173：3（陶盆底）

图一四八　西晋时期遗迹 H173 平剖面图及其出土遗物

片、鬲足、井圈、板瓦、筒瓦等，纹饰有绳纹、弦纹、菱形纹、戳印纹、菱形暗纹、斜线暗纹、圈形暗纹。采集陶盆口沿、盆底各 1 件。据开口层位及包含物分析，时代应为西晋时期。

花砖　1 件。H173：1，残半。夹砂灰陶。平面长方形。饰缠枝纹。残长 12.2、宽 10、厚 3.8厘米（图一四八；彩版二一：4）。

陶盆　2件。H173∶2，泥质灰陶。盘口，宽斜沿，圆唇，弧腹。沿部饰绳圈纹，内壁饰斜线暗纹。口径29.6、残高7.2厘米（图一四八）。H173∶3，残半。泥质灰陶。弧腹，平底。内腹、内底饰斜线暗纹。底径13.4、残高8.5厘米（图一四八；彩版二一∶5）。

H174

位于T0809东南部，打破第⑦层。平面椭圆形，弧壁，圜底，壁面无明显修整痕迹。东西2.1、南北1.4、深0.16米（图一四九）。填土为深褐色沙土，土质较疏松。出土少量夹砂灰陶、泥质红陶片，可辨器形有陶盆口沿、缸口沿、鬲足、豆盘、井圈、筒瓦、板瓦等，纹饰有绳纹、弦纹、菱形纹。据开口层位及包含物分析，时代应为西晋时期。

H175

位于T0809中南部，打破第⑦层。平面椭圆形，弧壁，圜底，壁面无明显修整痕迹。南北2、东西1.4、深0.56米（图一五〇）。填土为浅褐色沙土，夹杂少量黄斑土，土质较疏松。出土少量夹砂灰陶、红陶片，灰陶多，可辨器形有陶盆口沿、盆底、罐底、鬲

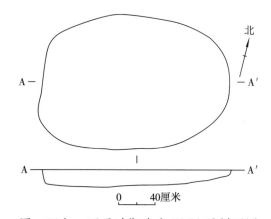

图一四九　西晋时期遗迹H174平剖面图

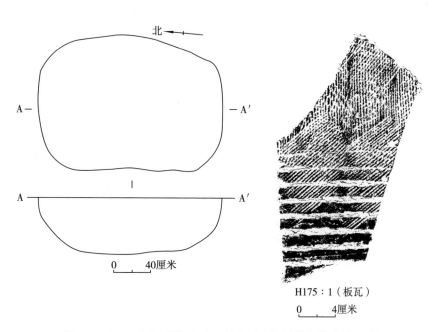

H175∶1（板瓦）

图一五〇　西晋时期遗迹H175平剖面图及其出土遗物

足、板瓦等，纹饰有绳纹、弦纹、附加堆纹。据开口层位及包含物分析，时代应为西晋时期。

板瓦　1件。H175：1，残半。夹砂灰陶。平面长方形。瓦背饰绳纹，前段瓦楞纹，内饰菱形纹。残长26、残宽15.5、厚1.8厘米（图一五〇；彩版二一：6）。

H177

位于 T0809 中北部，打破第⑦层。平面椭圆形，弧壁，圜底，壁面无明显修整痕迹。东西1、南北0.58、深0.13米（图一五一）。填土为灰褐色沙土，土质较疏松。出土少量夹砂灰陶、红陶片，可辨器形有板瓦、筒瓦等，纹饰有绳纹、弦纹、菱形暗纹，另有铜钱1枚。据开口层位及包含物分析，时代应为西晋时期。

H178

位于 T0809 西北部，打破第⑦层，东部被 H177 打破。平面椭圆形，弧壁，圜底，壁面无明显修整痕迹。东西1.7、南北0.94、深0.18米（图一五二）。填土为灰褐色沙土，土质较疏松。出土少量夹砂灰陶、红陶片，可辨器形有陶罐底、盆口沿、板瓦、筒瓦等，纹饰有绳纹、弦纹、菱形纹、戳印纹、菱形暗纹。据开口层位、打破关系及包含物分析，时代应为西晋时期。

H179

位于 T0809 西北部隔梁，打破第⑦层。平面长条形，弧壁，圜底，壁面无明显修整痕迹。东西长3.06、南北宽1.04、深0.72米（图一五三）。填土为红褐色黏土，土质较致密，纯净。无包含物。据开口层位分析，时代可能为西晋时期。

H180

位于 T0809 东北部，打破第⑦层，平面呈近方形，弧壁，底中部略鼓，壁面无明显修整痕迹。南北1.66、东西1.36、深0.16米（图一五四）。填土为灰褐色沙土，土质较疏松。出土少量夹砂灰陶、红陶片，可辨器形有陶盆口沿、盆底、鬲足、井圈、板瓦、筒瓦等，纹饰有绳纹、弦纹、附加堆纹、斜线暗纹、菱形纹，另有犬下颌骨1件。据开口层位及包含物分析，时代应为西晋时期。

H181

位于 T0909 西南部，打破第⑦层。平面近椭圆形，弧壁，圜底，壁面无明显修整痕迹。

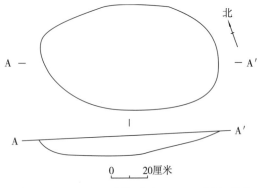

图一五一　西晋时期遗迹 H177 平剖面图

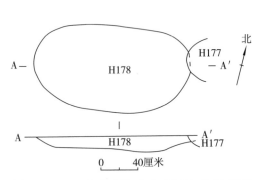

图一五二　西晋时期遗迹 H178 平剖面图

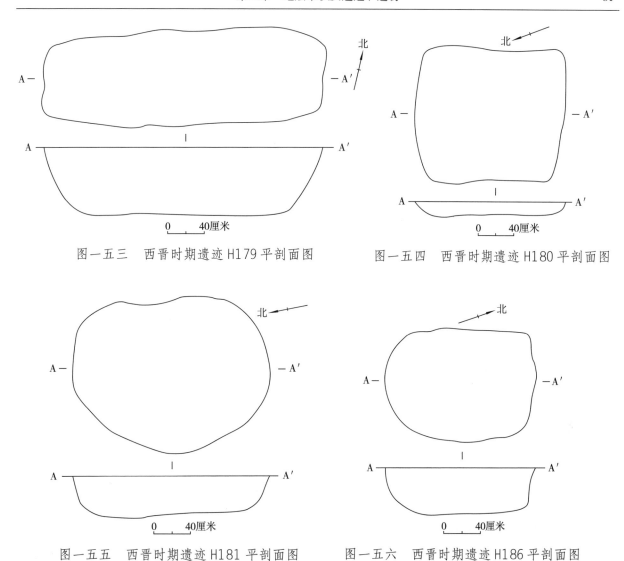

图一五三　西晋时期遗迹 H179 平剖面图　　　图一五四　西晋时期遗迹 H180 平剖面图

图一五五　西晋时期遗迹 H181 平剖面图　　　图一五六　西晋时期遗迹 H186 平剖面图

南北 2.16、东西 1.66、深 0.44 米（图一五五）。填土为红褐色黏土，土质较致密，纯净。无包含物。据开口层位分析，时代可能为西晋时期。

H186

位于 T0810 西南部，打破第⑦层。平面椭圆形，弧壁，圜底，壁面无明显修整痕迹。南北 1.68、东西 1.19、深 0.5 米（图一五六）。填土为暗红色黏土，土质较致密。出土少量夹砂灰陶、红陶及泥质灰陶片，灰陶多，可辨器形有陶豆柄、盆底、鬲足、板瓦等，纹饰有绳纹、弦纹、斜线暗纹。据开口层位及包含物分析，时代应为西晋时期。

第六节　唐宋时期遗存

据发掘后情况分析，唐宋遗存多处于发掘区周围，亦应是土台中部唐宋地层已被挖掉、仅存春秋战国时期地层的缘故。本次发掘共清理该时期水井 1 眼、灰坑 12 个（图一五七；附表六、七）。

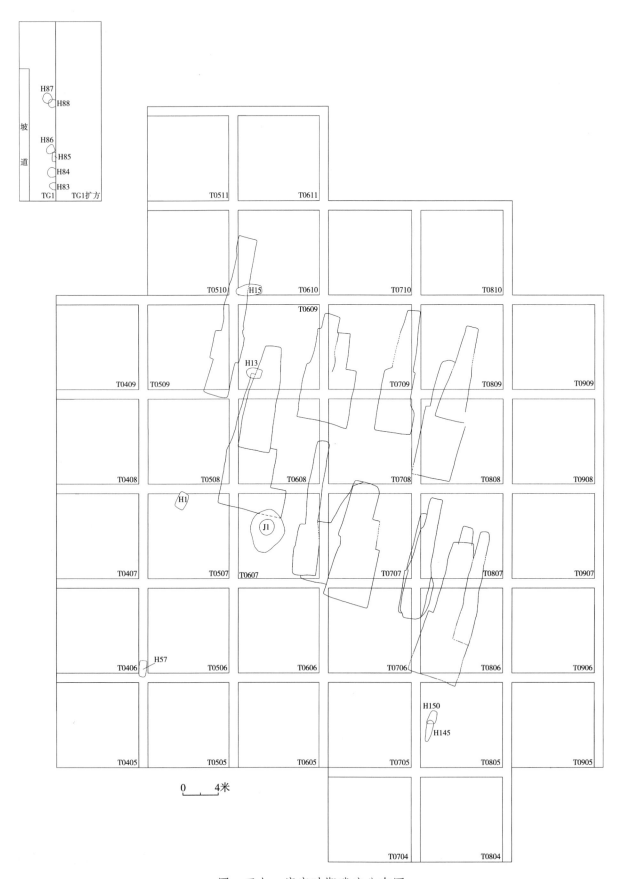

图一五七　唐宋时期遗迹分布图

一、水井

J1

位于T0607中部，因农田改造工程施工，土台被破坏，开口层位不清，暴露于发掘地表，打破第⑦层春秋战国时期文化层堆积。平面圆形，土圹砖砌结构。不规则圆形土圹，中间砖砌圆形井圈，土圹与井圈之间填筑黄褐色夯土，颗粒较粗，土质致密，纯净，无包含物。井圈上部距发掘地表0.36米砌砖不存，北半部略向下塌陷。井圈长方形青砖砌筑，距发掘地表0.36~0.57米横向错缝平铺，0.57~0.71米纵向斜铺，0.71~1.08米横向错缝平铺，1.08~1.20米纵向错缝斜铺，1.20~1.41米横向错缝平铺，1.41~1.55米纵向斜铺，1.55~1.90米横向错缝平铺，1.90~2.04米纵向斜铺，2.04~2.25米横向错缝平铺，2.25~2.39米纵向斜铺，2.39~2.60米横向错缝平铺，2.60~2.74米纵向斜铺，2.74~3.16米横向错缝平铺。发掘中，因井内大量渗水，北侧井圈塌方，仅清理至3.16米处，未继续向下清理。土圹最大直径4.64米，深度不清。井口内径1.55、外径1.7米，深度不清（图一五八A；彩版二二：1）。长方形青砖砖长28、宽14、厚7厘米。

井内填土据土质土色及包含物可分2层：第①层灰褐色沙土，距发掘地表深0.7米，土质较疏松、稍黏，包含青砖块、灰陶片、白瓷片、动物骨骼残块等，采集标本有陶盆口沿、白瓷碗共3件，为宋代废弃堆积；第②层黑褐色沙土，距发掘地表0.7米以下，土质疏松、较黏，包含灰陶片、板瓦、筒瓦、白瓷片、黄釉瓷片、青瓷碗底等，采集白瓷碗、青瓷碗、扑满、陶豆、陶盆、陶罐、瓦当等共16件，为宋代废弃堆积。

J1 第①层出土遗物

白瓷碗 1件。J1①：1，残半，已修复。敞口，圆唇，弧腹，圈足。器表施灰白釉，釉色发灰，釉不及底，露灰胎。口径13、足径4.8、高3.2厘米（图一五八B；彩版二二：2）。

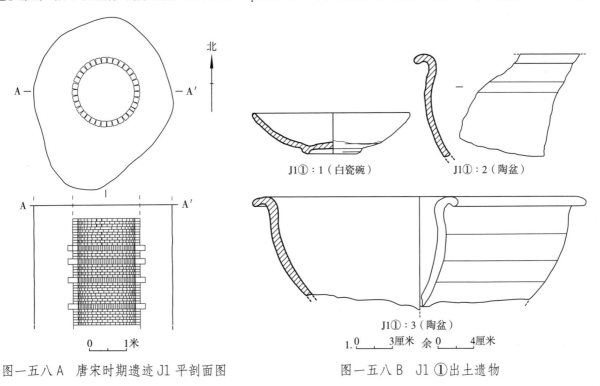

J1①：1（白瓷碗）　　　　　J1①：2（陶盆）

J1①：3（陶盆）

图一五八A　唐宋时期遗迹J1平剖面图　　　　图一五八B　J1①出土遗物

陶盆口沿　2件。J1①：2，泥质灰陶。侈口，圆唇，唇下有轮制痕迹，弧腹。内壁有弦纹状暗纹。残高10.9厘米（图一五八B）。J1①：3，夹砂灰陶。侈口，圆唇，卷沿外翻，弧腹。腹有弦纹，内壁有弦纹状暗纹。口径36.8、残高11厘米（图一五八B）。

J1 第②层出土遗物

白瓷碗　8件。J1②：1，残半，已修复。敞口，圆唇，弧腹，圈足。器表施白釉，釉色泛青、泛黄，釉不及底，露紫红胎。口径15、足径6.7、高4.2厘米（图一五八C；彩版二二：3）。J1②：2，残半，已修复。敞口，圆唇，弧腹，圈足。器表施白釉，釉色泛蓝、泛青，釉不及底，露黄胎。口径20.8、足径8、高6.3厘米（图一五八C；彩版二二：4）。J1②：3，残半，已修复。敞口，圆唇，弧腹，圈足。腹有弦纹，内底有支钉烧痕。器表施白釉，釉色发黄，釉不及底，露黄胎。口径20.8、足径8、高6.7厘米（图一五八C；彩版二二：5）。J1②：4，残半，已修复。敞口，圆唇，弧腹，圈足。腹有弦纹。器表施白釉，釉色泛黄，釉不及底，露黄胎。口径21.8、足径8、高7.2厘米（图一五八C；彩版二三：1）。J1②：5，残半，已修复。侈口，圆唇，弧腹，圈足。腹有弦纹。器表施白釉，釉色发黄，釉不及底，露黄胎。口径17.6、足径8、高5.7厘米（图一五八C；彩版二三：2）。J1②：7，残半，已修复。侈口，圆唇，弧腹，圈足。外沿下有凹弦纹。器表施白釉，釉色泛黄，釉不及底，露黄胎。口

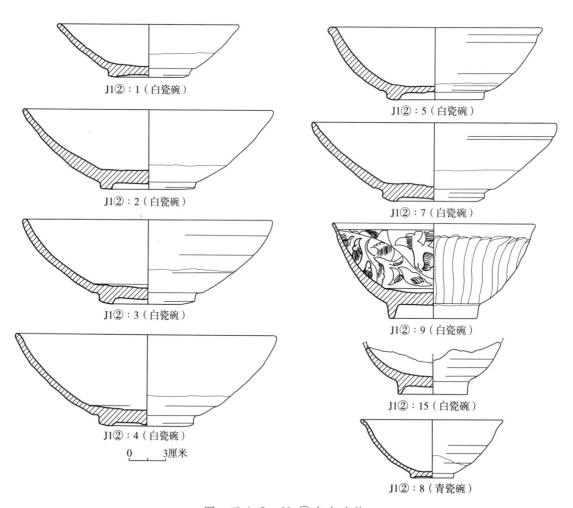

图一五八C　J1 ②出土遗物

径 20.2、足径 8.4、高 6.2 厘米（图一五八 C；彩版二三：3）。J1②:9，残半，已修复。侈口，圆唇，弧腹，圈足。内腹内底饰刻花纹饰。器表施淡白釉，釉色发青，釉不及底，露白胎。口径 16.6、足径 7.2、高 7.5 厘米（图一五八 C；彩版二三：4）。J1②:15，残，仅存下半部。弧腹，圈足。腹有弦纹。器表施淡青白釉，釉不及底，露白胎。足径 5.7、残高 4.2 厘米（图一五八 C）。

青瓷碗 1 件。J1②:8，残半，已修复。侈口，圆唇，弧腹，圈足，腹有弦纹。器表施青釉，釉不及底，露灰白胎。口径 11.6、足径 3.6、高 4.6 厘米（图一五八 C；彩版二三：5）。

夹砂陶盆 2 件。J1②:12，残半，已修复。泥质灰陶。侈口，圆唇，卷沿外翻，弧腹，平底内凹。外沿下有浅凹弦纹，内腹内底有弦纹状暗纹。口径 33.8、底径 19.2、高 10 厘米（图一五八 D；彩版二四：1）。J1②:14，残，仅存上半部。夹砂灰陶。敛口，圆唇，弧腹。腹有弦纹。残高 7.2 厘米（图一五八 D）。

陶罐口沿 1 件。J1②:13，泥质灰陶。敛口，圆唇，残留牛鼻形系。残高 6.1 厘米（图

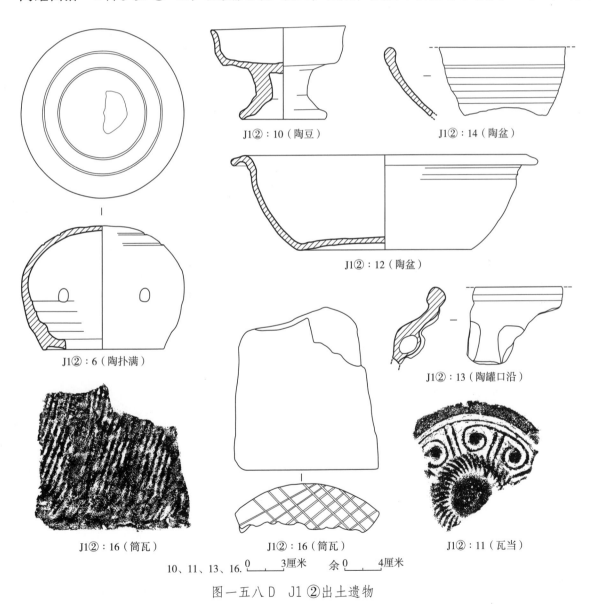

J1②:10（陶豆）　　J1②:14（陶盆）

J1②:12（陶盆）

J1②:6（陶扑满）

J1②:13（陶罐口沿）

J1②:16（筒瓦）　　J1②:16（筒瓦）　　J1②:11（瓦当）

10、11、13、16. ⊢—⊣ 3厘米　　余 ⊢—⊣ 4厘米

图一五八 D　J1 ②出土遗物

一五八D）。

陶豆　1件。J1②：10，残，仅存下半部。夹砂灰陶。弧腹，豆柄圆柱形，中空，喇叭状圈足。口径11、足径7、残高7.0厘米（图一五八D；彩版二四：2）。

陶扑满　1件。J1②：6，泥质灰陶。半球形，顶有半月形孔，腹有三圆孔，呈三角形分布，孔边缘略内凹，底残。腹最大径17.8、底径13.2、高13厘米（图一五八D；彩版二四：3）。

瓦当　1件。J1②：11，残半。夹砂红陶。饰云纹。残宽10.7、残高11.4厘米（图一五八D；彩版二四：4）。

筒瓦　1件。J1②：16，残半。夹砂灰陶。当面部较平，刻饰菱形纹，瓦背饰斜绳纹，内表饰圆饼形纹。残长12.9、残宽11.8、残高4厘米（图一五八D；彩版二四：5）。

二、灰坑

H1

位于T0507西北部，打破第⑦层。平面近长方形，弧壁，平底，壁面无明显修整痕迹。南北长1.7、东西宽1.14、深0.28米（图一五九）。填土为褐色沙土，土质致密。出土白瓷片2片、酱黄釉碗1件。据开口层位及包含物分析，时代应为唐宋时期。

酱黄釉碗　1件。H1：1，残半，已修复。侈口，圆唇，弧腹，饼形底，略内凹。器表施酱黄釉，釉不及底，露灰黄胎。口径23.4、足径9.9、高8.5厘米（图一五九；彩版二五：1）。

H13

位于T0609西南部，打破第⑦层，平面形状不规则，弧壁，圜底，壁面无明显修整痕迹。东西长1.76、南北宽1.16、深0.19米（图一六〇）。填土为灰褐色沙土，土质较疏松。出土少量夹砂红陶、泥质红陶、夹砂灰陶、泥质灰陶片，灰陶多，可辨器形有陶鬲足、罐口沿、罐腹片、罐底、板瓦等，纹饰有弦纹、绳纹、附加堆纹、菱形暗纹，另有白瓷数片。据开口层位及包含物分析，时代应为唐宋时期。

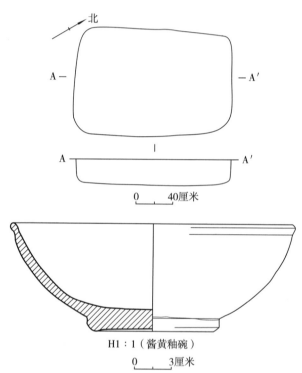

图一五九　唐宋时期遗迹H1平剖面图及其出土遗物

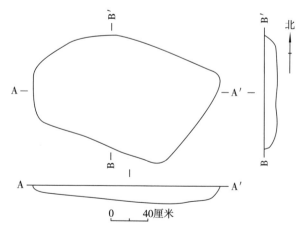

图一六〇　唐宋时期遗迹H13平剖面图

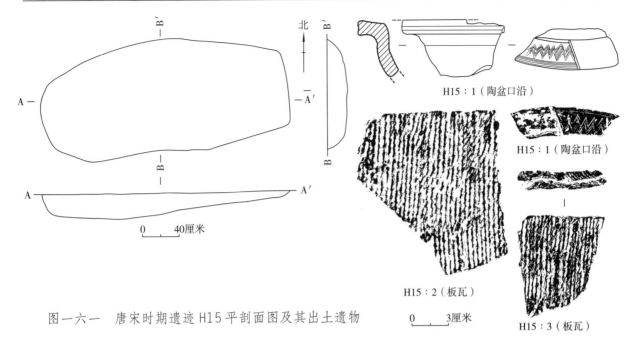

图一六一 唐宋时期遗迹 H15 平剖面图及其出土遗物

H15：1（陶盆口沿）

H15：1（陶盆口沿）

H15：2（板瓦）

H15：3（板瓦）

H15

位于 T0610 西南部，打破第⑦层。平面形状不规则，弧壁，斜底，壁面无明显修整痕迹。东西长 2.7、南北宽 1.12、深 0.26 米（图一六一）。填土为灰褐色沙土，土质较疏松。出土少量夹砂红陶、泥质红陶、夹砂灰陶、泥质灰陶片，可辨器形有陶盆口沿、鬲足、井圈、板瓦等，另有少量蚌壳、白瓷片，纹饰有绳纹、附加堆纹、水波纹、菱形纹。采集标本 3 件。据开口层位及包含物分析，时代应为唐宋时期。

陶盆口沿 1 件。H15：1，残半。泥质红陶。侈口，圆唇，折沿，弧腹。口沿上饰水波纹。残高 4.5 厘米（图一六一）。

板瓦 2 件。H15：2，残半。夹砂灰陶。表饰绳纹，瓦背饰菱形纹（图一六一）。H15：3，残半。夹砂灰陶。瓦背饰绳纹，端饰水波纹。残长 8.7 厘米（图一六一）。

H57

位于 T0406 东南部，打破第⑦层。平面近长方形，弧壁，圜底，壁面无明显修整痕迹。东西长 1.7、南北宽 0.86、深 0.6 米（图一六二）。填土为黄褐色沙土，土质较疏松。出土少量陶片、白瓷片，可辨器形有陶碗，皆素面。据开口层位及包含物分析，时代应为唐宋时期。

陶碗 1 件。H57：1，残半，已修复。夹砂灰陶。侈口，圆唇，弧腹，圈足。腹有弦纹，内壁饰放射状暗纹，底有一周浅凹弦纹。口径 16.4、足径 7.4、高 5.6 厘米（图一六二；彩版二五：2）。

H83

位于 TG1 东部，东半部叠压于 TG1 东壁下，开口第⑤层下，开口深度 1.6 米，打破第⑥

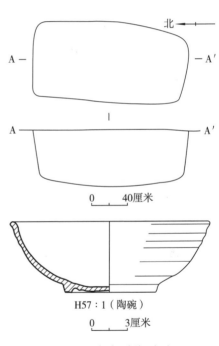

H57：1（陶碗）

图一六二 唐宋时期遗迹 H57 平剖面图及其出土遗物

层，东南部被 H82 打破。平面半椭圆形，弧壁，圜底，壁面无明显修整痕迹。东西 0.84、南北 0.7、深 0.66 米（图一六三）。填土为灰褐色沙土，土质较疏松。出土少量夹砂灰陶片，可辨器形有陶罐口沿、板瓦、筒瓦等，纹饰有绳纹、弦纹。据开口层位、打破关系及包含物分析，时代应为唐宋时期。

H84

位于 TG1 中东部，开口于第⑤层下，开口深度 1.97 米，打破第⑥层，北半部被 G2 打破。平面半圆形，弧壁，圜底，壁面无明显修整痕迹。南北 1.08、东西 0.9、深 0.36 米（图一六四）。填土为灰褐色沙土，土质较疏松。出土少量夹砂灰、红陶片。据开口层位、打破关系及包含物分析，时代应为唐宋时期。

H85

位于 TG1 中东部，东半部叠压于 TG1 东壁下，开口于第⑤层下，开口深度 1.86 米，打破第⑥层。平面呈半圆形，弧壁，圜底，壁面无明显修整痕迹。南北 1.54、东西 0.4、深 0.15 米（图一六五）。填土为灰褐色沙土，土质较疏松。出土少量夹砂灰陶片，皆素面。据开口层位及包含物分析，时代应为唐宋时期。

H86

位于 TG1 中东部，开口于第⑤层下，开口深度 1.86 米，打破第⑥层。平面形状不规则，直壁，平底，壁面无明显修整痕迹。南北 1、东西 0.96、深 0.15 米（图一六六）。填土为灰褐色沙土，土质较疏松。出土少量夹砂灰陶、红陶片，可辨器形有陶鬲口沿、腹片等，纹饰有绳纹、弦纹，另有数片白瓷片、青瓷片。据开口层位及包含物分析，时代应为唐宋时期。

H87

位于 TG1 中东部，开口于第⑤层下，开口深度 2.25 米，打破第⑥层。平面近圆形，直壁，平底，壁面无明显修整痕迹。南北 1.05、东西 1、深 0.45 米（图一六七）。填土为灰褐色沙土，土质较疏松。出土少量夹砂灰陶、红陶片和黄釉瓷片，可辨器形有陶盆口沿、鬲足、筒瓦、板瓦等，纹饰有绳纹、弦纹、菱形纹。据开口层位及包含物分析，时代应为唐宋时期。

H88

位于 TG1 东部，东半部叠压于 TG1 东壁下，开口于第⑤层下，开口深度 2.25 米，打破第⑥层，西半部被 H87 打破。平面形状不规则，直壁，平底，壁面无明显修整痕迹。南北 0.85、东西 0.7、深 0.45 米（图一六八）。填土为灰褐色沙土，土质较疏松。出土少量夹砂灰陶、红陶片，可辨器形有陶鬲足、罐底、筒瓦、板瓦等，纹饰有绳纹、弦纹。采集标本板瓦 1 件。

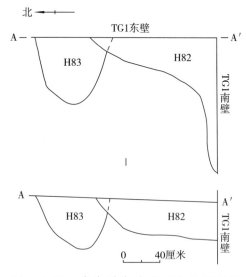

图一六三　唐宋时期遗迹 H83 平剖面图

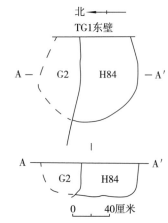

图一六四　唐宋时期遗迹 H84 平剖面图

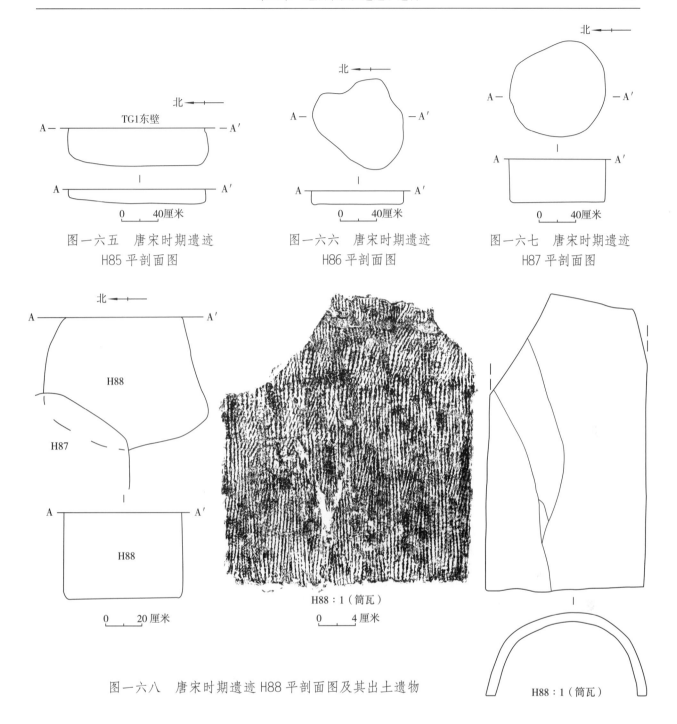

图一六五　唐宋时期遗迹　　　图一六六　唐宋时期遗迹　　　图一六七　唐宋时期遗迹
　　 H85 平剖面图 　　　　　　　　 H86 平剖面图 　　　　　　　　 H87 平剖面图

图一六八　唐宋时期遗迹 H88 平剖面图及其出土遗物

据开口层位、打破关系及包含物分析，时代应为唐宋时期。

筒瓦　1件。H88：1，残半。泥质灰陶。瓦背饰绳纹。残长31.6、宽17.8、高8.8厘米（图一六八；彩版二五：3）。

H145

位于 T0805 中西部，打破第⑦层。平面椭圆形，弧壁，圜底，壁面无明显修整痕迹。南北2.26、东西0.7、深0.26米（图一六九）。填土为灰褐色沙土，土质较疏松。出土少量夹砂灰陶、夹砂红陶片、泥质灰陶片及白瓷片、黄釉瓷片、黑釉瓷片，灰陶多，可辨器形有陶罐口沿、盆口沿、盆腹片、筒瓦、板瓦及酱釉、黄釉碗等，纹饰有绳纹、弦纹、菱形暗纹。采

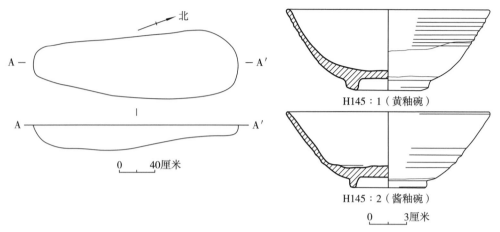

图一六九　唐宋时期遗迹 H145 平剖面图及其出土遗物

集标本有黄釉碗、酱釉碗各 1 件。据开口层位及包含物分析，时代应为唐宋时期。

黄釉碗　1 件。H145：1，残半，已修复。敞口，圆唇，弧腹，圈足。上腹饰凹弦纹。唇下施淡黄釉，腹施酱褐釉，釉不及底，露灰胎。口径 16.6、足径 6.7、高 6.4 厘米（图一六九；彩版二五：4）。

酱釉碗　1 件。H145：2，残半，已修复。敞口，圆唇，弧腹，圈足。下腹饰浅凹弦纹，内底饰一周宽槽弦纹，未施釉。器表施酱褐釉，釉色发黑，釉不及底，露灰胎。口径 16.6、足径 6.3、高 6.1 厘米（图一六九；彩版二五：5）。

H150

位于 T0805 中西部，打破第⑦层，南部被 H145 打破。平面近梯形，弧壁，圜底，壁面无明显修整痕迹。南北残长 1.4、东西宽 0.93、深 0.14 米（图一七〇）。填土为褐色沙土，土质较致密。出土少量夹砂灰陶片、白瓷片，可辨器形有陶器錾，纹饰有刻划纹。采集标本陶器錾 1 件。据开口层位、打破关系及包含物分析，时代应为唐宋时期。

陶器錾　1 件。H150：1，夹砂灰陶。长条半月形，表刻有深槽。长 14.9、宽 3.4、高 3.8 厘米（图一七〇）。

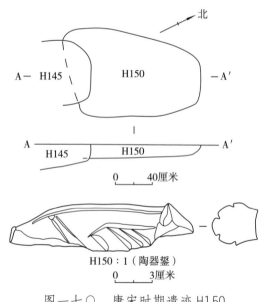

图一七〇　唐宋时期遗迹 H150
平剖面图及其出土遗物

第七节　明清时期遗存

据发掘后情况分析，明清遗存多处于发掘区周围，应该是土台中部明清地层已被挖掉、仅存春秋战国时期地层的缘故。本次发掘共清理该时期道路 1 条、灰沟 2 条、灰坑 42 个（图一七一；附表七、八）。

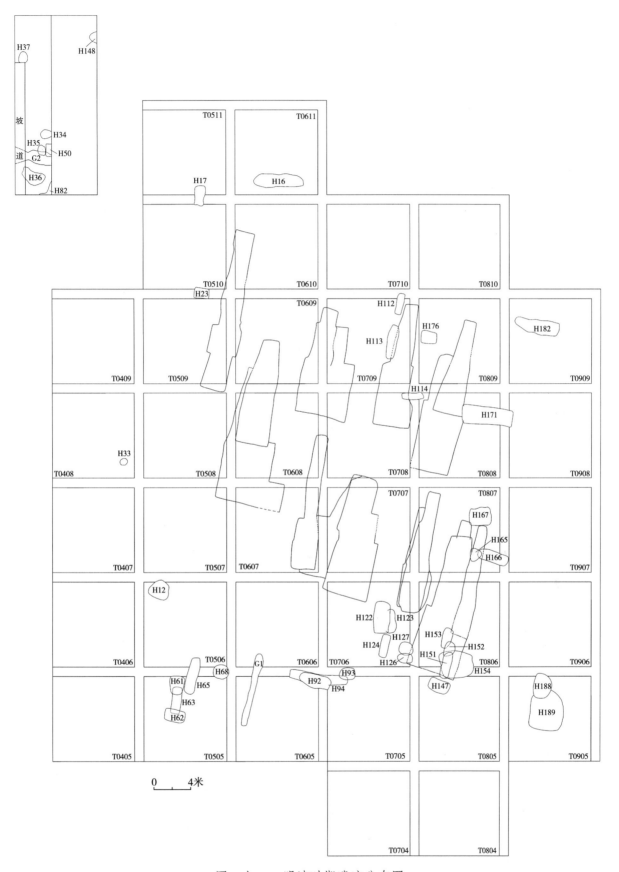

图一七一　明清时期遗迹分布图

一、灰沟

G1

位于 T0605 西北角并延伸至 T0606 西南角，打破第⑦层。平面呈不规则条形，弧壁，底部较平，壁面无修整痕迹。南北长 7.82、东西宽 1、深 0.9 米（图一七二）。填土为灰色，土质疏松，包含大量木炭颗粒及草木灰。出土大量青花瓷残片、兽骨等，完整器有陶纺轮、琉璃簪各 1 件。采集标本有陶纺轮、滴水、罐口沿及琉璃簪共 5 件。该灰沟内填土为典型的人类活动堆积，遗物主要为残碎实用器，应为废弃后人类活动废弃物逐渐填埋所致。据灰坑开口层位及出土遗物推测，时代为明清时期。

陶罐口沿 1 件。G1:4，泥质灰陶。侈口，卷沿外翻，圆唇，弧腹。外沿下一周凸棱。高 8.1 厘米（图一七二）。

陶纺轮 2 件。G1:1，泥质灰陶。圆形，中有一孔，对穿。表面光滑，为陶片打磨制成。直径 3.4、厚 0.7、孔径 0.4 厘米（图一七二；彩版二六：1）。G1:2，泥质红陶。圆形，中有一孔，对穿，未穿透。表面光滑，一面绿釉，为陶片打磨制成。直径 3.7、厚 1.6 厘米（图一七二；彩版二六：2）。

陶滴水 1 件。G1:3，残半。夹砂灰陶。头饰花卉纹，内表有刻划痕。残长 7.2、残宽 10.2、残高 5.1 厘米（图一七二；彩版二六：3）。

琉璃簪 1 件。G1:5，残半，仅存上半部。琉璃质，蓝色，半透明。簪首球形，簪身圆柱形。残长 3.3、截面径 0.5 厘米（图一七二；彩版二六：4）。

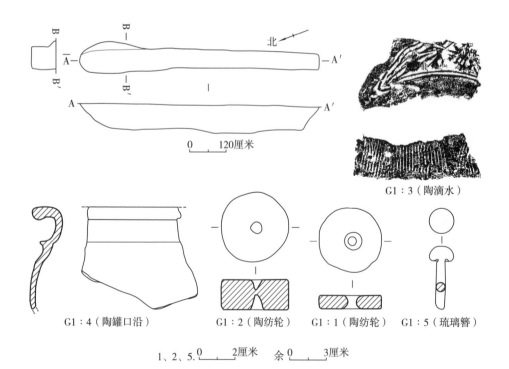

G1:3（陶滴水）

G1:4（陶罐口沿）　　G1:2（陶纺轮）　　G1:1（陶纺轮）　　G1:5（琉璃簪）

图一七二　明清时期遗迹 G1 平剖面图及其出土遗物

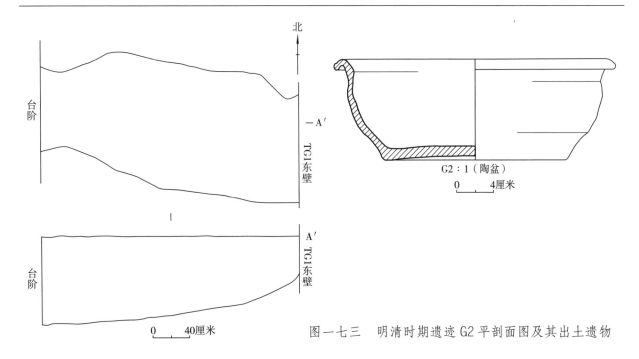

图一七三　明清时期遗迹 G2 平剖面图及其出土遗物

G2

位于 TG1 中部并延伸至东西两壁，开口于第④层下，开口深度 1.55 米，打破第⑤层。平面呈不规则条形，弧壁，底不平，壁面无修整痕迹。东西长 2.8、南北宽 1.34、深 0.92 米（图一七三）。填土为灰褐色，土质疏松。出土少量青花瓷片及夹砂灰陶、红陶片等，器形有陶盆口沿、罐底、板瓦、筒瓦等。采集陶盆 1 件。据灰沟开口层位及出土遗物推测为明清时期。

陶盆　1 件。G2∶1，残半，已修复。泥质灰陶。侈口，圆唇，卷沿外翻，弧腹，下腹内收，底内凹。腹内壁、内底有暗纹。口径 30.8、底径 19.6、高 10.7 厘米（图一七三；彩版二六∶5）。

二、灰坑

H12

位于 T0506 西北部，打破第⑦层。平面为不规则圆形，弧壁，底不平，壁面无明显修整痕迹。南北 1.96、东西 1.2、深 0.42 米（图一七四 A）。填土据土质土色可分 3 层：第①层为灰白色沙土，土质疏松，出土少量灰陶片、青花瓷片，可辨器形有青花瓷碗和陶盆口沿、滴水等，共采集标本 3 件；第②层为浅灰褐色沙土，土质疏松，出土少量灰陶片、青花瓷片，可辨器形有青花瓷碗，采集标本 2 件；第③层为灰褐色沙土，土质疏松，出土少量青瓷片及夹砂和泥质红陶、灰陶片，可辨器形有陶鬲口沿、鬲足、罐口沿、罐系、罐腹片、罐底、盆口沿、筒瓦、板瓦及青花瓷

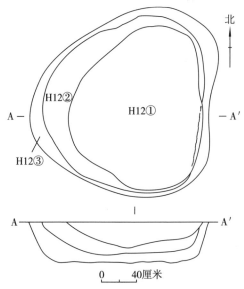

图一七四 A　明清时期遗迹 H12 平剖面图

盘、青瓷碗、韩瓶等，纹饰有绳纹、水波纹、斜线暗纹、布纹，另有铜钉1件，采集标本5件。据开口层位及包含物分析，时代应为明清时期。

H12 第①层出土包含物

青花瓷碗　1件。H12①:1，残半，已修复。侈口，圆唇，弧腹，圈足。唇下、内沿、内腹下各饰两周青花弦纹，下腹饰一周青花弦纹，内底和腹饰青花图案。器表施白釉，釉色发青，釉不及底，露白胎。口径12.8、足径5.5、高5.8厘米（图一七四B；彩版二七:1）。

陶盆口沿　1件。H12①:2，泥质灰陶。侈口，圆唇，折沿，直腹。残高5.8厘米（图一七四B）。

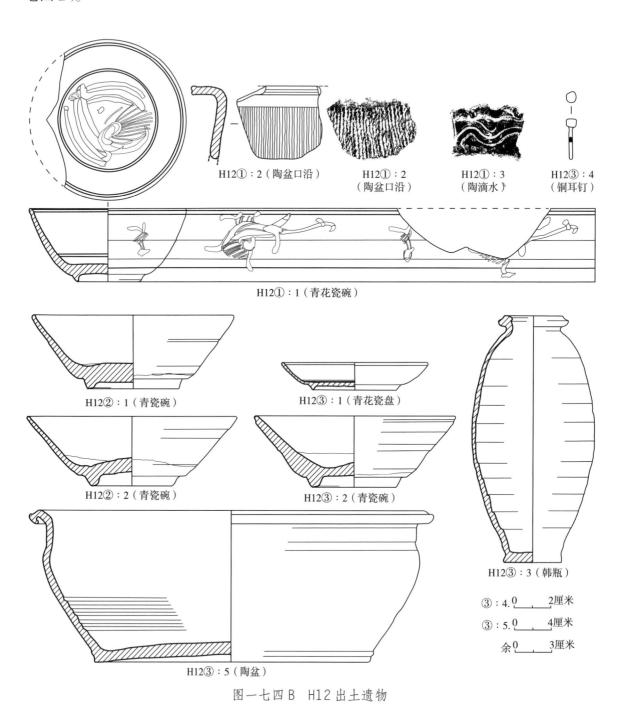

H12①:2（陶盆口沿）　　H12①:2（陶盆口沿）　　H12①:3（陶滴水）　　H12③:4（铜耳钉）

H12①:1（青花瓷碗）

H12②:1（青瓷碗）　　　　H12③:1（青花瓷盘）

H12②:2（青瓷碗）　　　　H12③:2（青瓷碗）

H12③:3（韩瓶）

③:4. 0___2厘米

③:5. 0___4厘米

余 0___3厘米

H12③:5（陶盆）

图一七四B　H12出土遗物

陶滴水　1件。H12①：3，残半。泥质灰陶。花边沿。饰水波纹。残宽5.8、残长7.4厘米（图一七四B；彩版二七：2）。

H12第②层出土包含物

青瓷碗　2件。H12②：1，残。敞口，圆唇，斜直腹，圈足，平底。腹有弦纹和轮制痕迹。器表施青釉，内外壁釉不及底，露灰胎。口径16.4、足径7.4、高5.8厘米（图一七四B；彩版二七：3）。H12②：2，残半，已修复。敞口，圆唇，弧腹，圈足，平底略内凹。腹有弦纹和轮制痕迹，内底饰一周凹弦纹。器表施青釉，内外壁釉不及底，露灰胎。口径17.2、足径6.7、高5.5厘米（图一七四B；彩版二七：4）。

H12第③层出土包含物

铜耳钉　1件。H12③：4，钉帽圆柱形，钉身尖柱形。残长2.2、最大径0.6厘米（图一七四B；彩版二八：1）。

青花瓷盘　1件。H12③：1，残半，已修复。敞口，圆唇，弧腹，圈足。唇下、内沿各饰一周青花弦纹，内底饰两周青花弦纹。器表施白釉，釉色发青，釉不及底，露白胎。口径11.8、足径6.8、高2.2厘米（图一七四B；彩版二八：2）。

青瓷碗　1件。H12③：2，残半，已修复。敞口，圆唇，斜直腹，圈足。腹有弦纹。内底凸起未施釉，器表施青釉，内外壁釉不及底，露紫红胎。口径16.4、足径6.8、高5.7厘米（图一七四B；彩版二八：4）。

韩瓶　1件。H12③：3，侈口，圆唇，卷沿外翻，溜肩，弧腹，平底。腹内外有弦纹。器表施酱褐釉，釉不及底，露紫红胎。口径4.8、底径4.8、高19.4厘米（图一七四B；彩版二八：3）。

陶盆　1件。H12③：5，残，已修复。泥质灰陶。侈口，圆唇，卷沿外翻，弧腹，底内凹。唇下有凹弦纹，内腹下有凹弦纹，内腹和内底均有暗纹。口径44、底径30、高16厘米（图一七四B；彩版二八：5）。

H16

位于T0611中南部，打破第⑦层。平面近椭圆形，弧壁，斜底，西高东低，壁面无明显修整痕迹。东西5.4、南北1.52、深0.26米（图一七五A）。填土为灰褐色沙土，土质较疏松。出

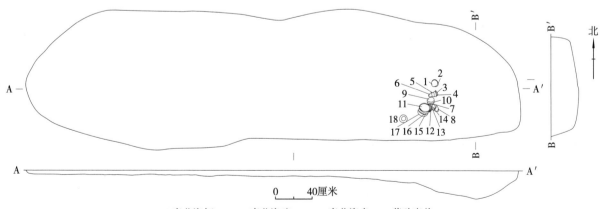

1~8.青花瓷杯　9、10.青花瓷碗　11~17.青花瓷盘　18.紫砂壶盖

图一七五A　明清时期遗迹H16平剖面图

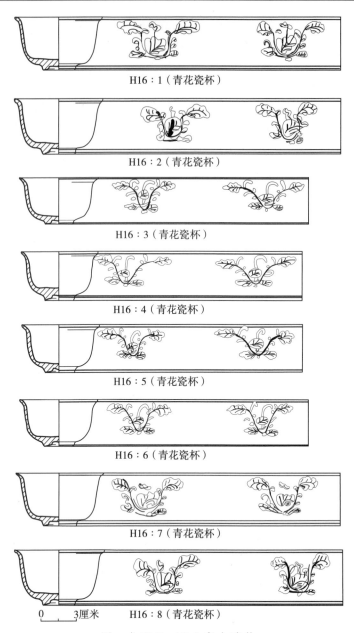

H16：1（青花瓷杯）

H16：2（青花瓷杯）

H16：3（青花瓷杯）

H16：4（青花瓷杯）

H16：5（青花瓷杯）

H16：6（青花瓷杯）

H16：7（青花瓷杯）

0　　　3厘米　　H16：8（青花瓷杯）

图一七五 B　H16 出土遗物

土少量夹砂红陶、泥质红陶、夹砂灰陶、泥质灰陶片，灰陶多，可辨器形有陶鬲足、缸口沿、罐口沿、罐底、盆口沿、井圈及青花瓷杯、碗、盘等，纹饰有绳纹、弦纹及菱形暗纹，另有紫砂壶盖 1 件。采集标本共 20 件。据开口层位及包含物分析，时代应为明清时期。

　　青花瓷杯　8 件。H16：1，侈口，尖唇，弧腹，圈足。唇下饰一周青花弦纹，圈足饰两周青花弦纹，腹饰青花图案。器表施青白釉，釉不及底，露白胎。口径 7.3、足径 2.6、高 4.2厘米（图一七五 B；彩版二九：1）。H16：2，侈口，尖唇，弧腹，圈足。唇下饰一周青花弦纹，圈足饰两周青花弦纹，腹饰青花图案。器表施青白釉，釉不及底，露白胎。口径 7.3、足径 2.7、高 4.4 厘米（图一七五 B；彩版二九：2）。H16：3，侈口，尖唇，弧腹，圈足。唇下饰一周青花弦纹，圈足饰一周青花弦纹，腹饰青花图案。器表施青白釉，釉不及底，露白胎。口径 6.6、足径 2.4、高 3.7 厘米（图一七五 B；彩版二九：3）。H16：4，侈口，尖唇，弧腹，圈足。唇下饰一周青花弦纹，圈足饰两周青花弦纹，腹饰青花图案。器表施青白釉，釉不及底，露白胎。口径6.4、足径2.4、高3.9厘米（图一七五B；彩版二九：4）。H16:5，侈口，尖唇，弧腹，圈足。唇下饰一周青花弦纹，圈足饰一周青花弦纹，腹饰青花图案，器表施青白釉，釉不及底，露白胎。口径6.5、足径2.5、高3.8厘米（图一七五B；彩版二九：5）。H16:6，侈口，尖唇，弧腹，圈足。唇下饰一周青花弦纹，圈足饰一周青花弦纹，腹饰青花图案。器表施青白釉，釉不及底，露白胎。口径6.5、足径2.4、高3.7厘米（图一七五B；彩版二九：6）。H16:7，侈口，尖唇，弧腹，圈足。唇下饰一周青花弦纹，圈足饰两周青花弦纹，腹饰青花图案。器表施青白釉，釉不及底，露白胎。口径7.3、足径2.8、高4.2厘米（图一七五B；彩版二九：7）。H16:8，侈口，尖唇，弧腹，圈足。唇下饰一周青花弦纹，圈足饰两周青花弦纹，腹饰青花图案。器表施青白釉，釉不及底，露白胎。口径7.4、足径2.7、高4.4厘米（图一七五B；彩版二九：8）。

青花瓷碗 3件。H16:9，残，已修复。侈口，尖唇，弧腹，圈足。唇下、腹下各饰一周青花弦纹，内沿、内腹下、圈足各饰两周青花弦纹，内底、腹部饰青花图案。器表施青白釉，露白胎。口径10.3、足径4.4、高5.5厘米（图一七五C；彩版三〇：1）。H16:10，侈口，尖唇，弧腹，圈足。唇下、腹下各饰一周青花弦纹，内沿、内腹下、圈足各饰两周青花弦纹，内底、腹部饰青花图案。器表施青白釉，露白胎。口径10.3、足径4.4、高5.5厘米（图一七五C；彩版三〇：2）。H16:19，残半，已修复。侈口，圆唇，弧腹，圈足。唇下、内沿、内底各饰两周青花弦纹，腹下饰一周青花弦纹，内底、腹部饰青花图案。器表施青白釉，釉不及底，露白胎。口径12.8、足径5.5、高5.5厘米（图一七五C；彩版三〇：3）。

青花瓷盘 7件。H16:11，侈口，尖唇，弧腹，圈足。唇下、内沿、圈足各饰一周青花弦纹，内腹中部、下部各饰两周青花弦纹，内底、腹内外饰青花图案。器表施青白釉，露白胎。口径13.4、足径6.6、高3.7厘米（图一七五D；彩版三一：1）。H16:12，侈口，尖唇，弧腹，圈足。唇下、内沿、圈足各饰一周青花弦纹，内腹中部、下部各饰两周青花弦纹，内底、腹内外饰青花图案。器表施青白釉，露白胎。口径13.1、足径6.8、高3.7厘米（图一七五D；彩版三一：2）。H16:13，侈口，尖唇，弧腹，圈足，足端粘沙。唇下、内沿、腹下各饰一周青花弦纹，内腹中部、下部各饰两周青花弦纹，内底、腹部饰青花图案。器表施青白釉，露灰白胎。口径13.2、足径6.4、高3.8厘米（图一七五D；彩版三一：3）。H16:14，侈口，圆唇，弧腹，圈足。唇下、圈足各饰一周青花弦纹，内沿、内腹下各饰两周青花弦纹，内底、腹部饰青花图案。器表施青白釉，釉不及底，露白胎。口径12.3、足径5.9、高3.3厘米（图一七五E；彩版三一：4）。H16:15，侈口，尖唇，弧腹，圈足。唇下、圈足各饰一周青花弦纹，内沿、内腹下各饰两周青花弦纹，内底、腹部饰青花图案。器表施青白釉，露白胎。口径12.3、足径6.3、高3.2厘米（图一七五E；彩版三二：1）。H16:16，侈口，圆唇，弧腹，圈足。唇下、内沿、圈足各饰一周青花弦纹，内腹上、下各饰两周青花弦纹，内底、腹部饰青花图案。器表施青白釉，露白胎。口径12.3、足径6.2、高3.3厘米（图一七五E；彩版三二：2）。H16:17，侈口，尖唇，弧腹，圈足。唇下、内沿、圈足各饰一周青花弦纹，内腹中部、下部各饰两周青花弦纹，内底、腹内外饰青花图案。器表施青白釉，露白胎。口径12.1、足径6.4、高3.2厘米（图一七五E；彩版三二：3）。

H16∶9（青花瓷碗）

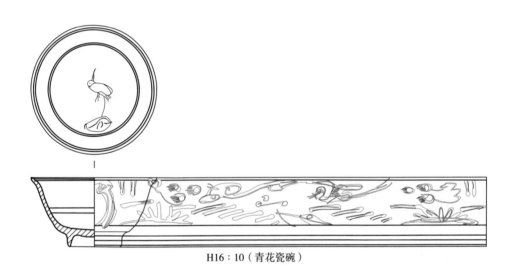

H16∶10（青花瓷碗）

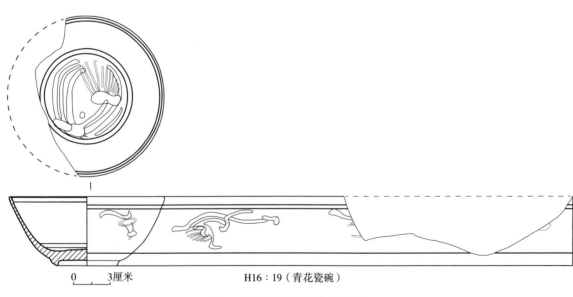

0　　3厘米　　　　　　　　　H16∶19（青花瓷碗）

图一七五 C　H16 出土遗物

H16∶11（青花瓷盘）

H16∶12（青花瓷盘）

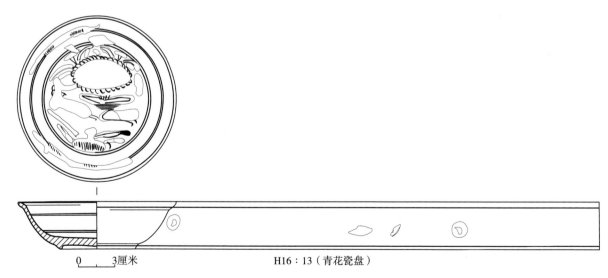

0　　　3厘米　　　　　　　　　H16∶13（青花瓷盘）

图一七五 D　H16 出土遗物

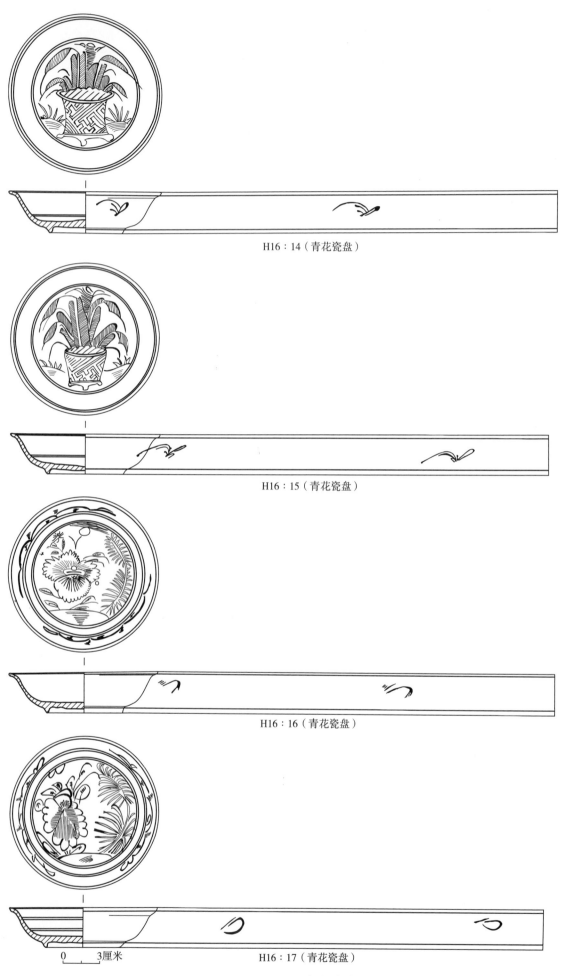

H16:14（青花瓷盘）

H16:15（青花瓷盘）

H16:16（青花瓷盘）

0　　3厘米

H16:17（青花瓷盘）

图一七五 E　H16 出土遗物

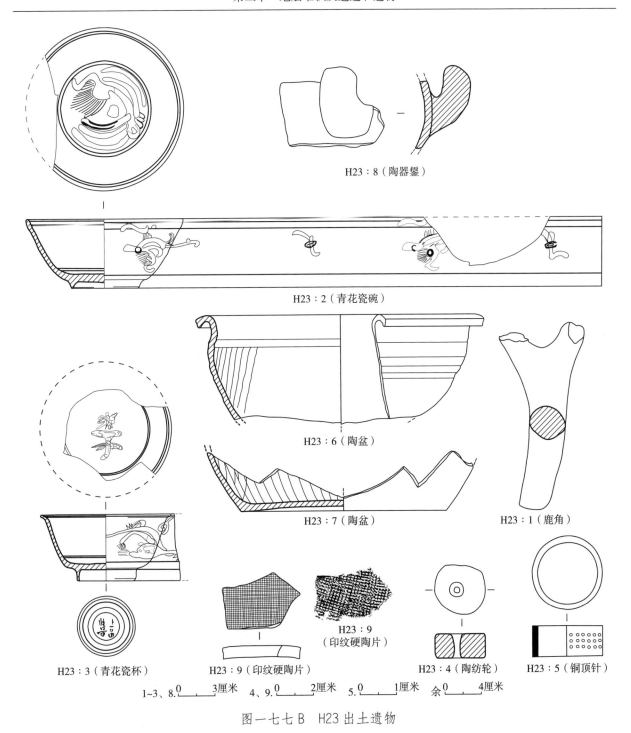

H23∶8（陶器銎）

H23∶2（青花瓷碗）

H23∶6（陶盆）

H23∶7（陶盆）

H23∶1（鹿角）

H23∶3（青花瓷杯）

H23∶9（印纹硬陶片）

H23∶9
（印纹硬陶片）

H23∶4（陶纺轮）

H23∶5（铜顶针）

1～3、8. 0　　3厘米　　4、9. 0　　2厘米　　5. 0　　1厘米　　余 0　　4厘米

图一七七 B　H23 出土遗物

泥质灰陶。弧腹，底内凹。内壁、内底有暗纹。底径 22.4、残高 6.3 厘米（图一七七 B）。

陶器銎　1件。H23∶8，夹砂灰陶。圆柱形把，上翘。宽 4.6、残高 6.6 厘米（图一七七 B）。

陶纺轮　1件。H23∶4，泥质灰陶。圆形，中有一孔，对穿。两面光滑。直径 2.8、厚 1.3 厘米（图一七七 B；彩版三四∶2）。

鹿角　1件。H23∶1，Y 形，表面光滑。长 14.8、直径 3 厘米（图一七七 B；彩版三四∶3）。

H33

位于 T0408 东南部，打破第⑦层。平面近圆形，弧壁，圜底，壁面无明显修整痕迹。南北

0.72、东西 0.73、深 0.49 米（图一七八）。填土为灰褐色沙土，土质较疏松。出土少量灰陶片、青花瓷片等。据开口层位及包含物分析，时代应为明清时期。

H34

位于 TG1 中东部，开口于②层下，开口深度 0.15 米，打破第③层。平面椭圆形，弧壁，平底，壁面无明显修整痕迹。东西 1.1、南北 0.92、深 1.1 米（图一七九）。填土为灰褐色黏土，土质较疏松。出土少量夹砂灰陶、红陶片，灰陶多，可辨器形有陶鬲口沿、罐底、板瓦、筒瓦等，纹饰有绳纹、弦纹、菱形纹、菱形暗纹，另有少量青花瓷片。据开口层位及包含物分析，时代应为明清时期。

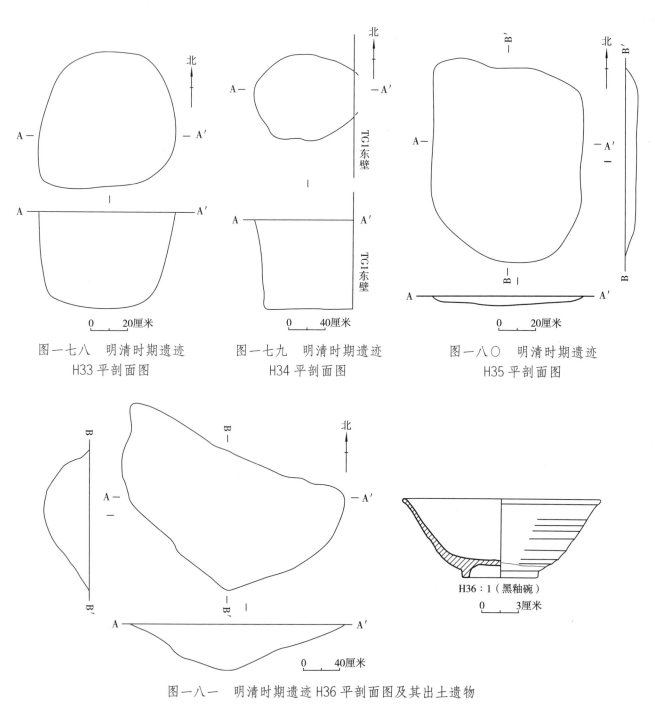

图一七八　明清时期遗迹　　　　图一七九　明清时期遗迹　　　　图一八〇　明清时期遗迹
H33 平剖面图　　　　　　　　　　H34 平剖面图　　　　　　　　　　H35 平剖面图

H36：1（黑釉碗）

图一八一　明清时期遗迹 H36 平剖面图及其出土遗物

H35

位于 TG1 中东部，开口于②层下，开口深度 0.2 米，打破第③层。平面形状不规则，弧壁，底不平，壁面无明显修整痕迹。南北长 1.02、东西宽 0.8、深 0.06 米（图一八〇）。填土为灰褐色沙土，土质较疏松。出土少量泥质陶片、青花瓷片。据开口层位及包含物分析，时代应为明清时期。

H36

位于 TG1 中东部，开口于②层下，开口深度 0.2 米，打破第③层。平面近半月形，弧壁，圜底，壁面无明显修整痕迹。东西 2.4、南北 1.49、深约 0.7 米（图一八一）。填土为灰褐色沙土，土质较疏松。出土少量夹砂灰陶、红陶片和黑釉瓷片，灰陶多，可辨器形有陶罐口沿、罐系、盆口沿及酱釉缸口沿、瓷碗等，纹饰有绳纹、弦纹。采集黑釉碗 1 件。据开口层位及包含物分析，时代应为明清时期。

黑釉碗 1 件。H36：1，残半，已修复。侈口，圆唇，弧腹，圈足。腹饰弦纹，内底有一周宽槽弦纹，未施釉。器表施酱褐釉，釉色发黑，釉不及底，露灰黄胎。口径 16、足径 6.1、高 6.2 厘米（图一八一；彩版三五：1）。

H37

位于 TG1 西北部，开口②层下，开口深度 1.3 米，打破第③层。平面形状不规则，弧壁，圜底，壁面无明显修整痕迹。南北长 1.16、东西宽 0.94、深 0.15 米（图一八二 A）。填土为灰褐色沙土，土质较疏松。出土少量陶、瓷器碎片。采集标本陶盆、青花瓷碗各 1 件。据开口层位及包含物分析，时代应为明清时期。

陶盆 1 件。H37：1，泥质灰陶。侈口，圆唇，卷沿外翻，弧腹，平底略内凹。腹有浅凹弦纹，内腹有斜线暗纹。口径 43.6、底径 27.8、高 17.3 厘米（图一八二 B；彩版三五：2）。

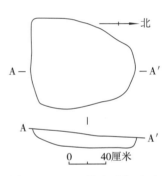

图一八二 A 明清时期遗迹 H37 平剖面图

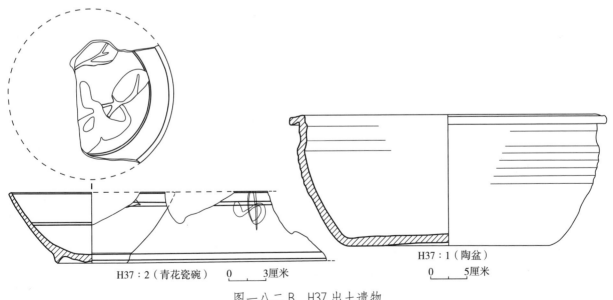

H37：2（青花瓷碗） 0 3厘米

H37：1（陶盆） 0 5厘米

图一八二 B H37 出土遗物

青花瓷碗 1件。H37:2，残。敞口，圆唇，弧腹，圈足。口沿处饰一周宽青花弦纹，唇下、内腹中部各饰两周青花弦纹，内底、内腹下、外腹上部饰青花图案。器表施青白釉，釉不及底，露红胎。口径13.6、足径6、高5.6厘米（图一八二 B）。

H50

位于 TG1 东壁下，开口于②层下，开口深度1.5米，打破第③层。平面近长方形，直壁，平底，壁面无明显修整痕迹。南北长1.3、东西宽0.58、深0.5米（图一八三）。填土为灰褐色沙土，土质较疏松。出土少量夹砂灰陶、红陶和泥质灰陶、红陶片，灰陶多，可辨器形有陶盆口沿、盆底、鬲足、板瓦、筒瓦等，纹饰有绳纹、布纹、菱形暗纹，另有少量青花瓷片。采集钱币、骨簪、陶盆口沿各1件。据开口层位及包含物分析，时代应为明清时期。

铜钱 1件。H50:1，锈残，字不清。直径2.1厘米。

陶盆口沿 1件。H50:3，泥质灰陶。侈口，圆唇，弧腹。口径34.5、残高9.4厘米（图一八三）。

骨簪 1件。H50:2，残半。扁长条形，截面椭圆形。长6.1、宽0.7、厚0.5厘米（图一八三；彩版三五:3）。

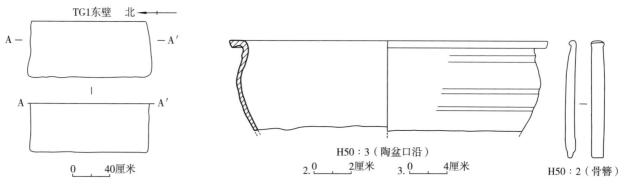

图一八三　明清时期遗迹 H50 平剖面图及其出土遗物

H61

位于 T0505 中北部，打破第⑦层。平面近梯形，弧壁，圜底，壁面无明显修整痕迹。南北长1.94、东西宽1.48、深0.46米（图一八四）。填土为灰褐色沙土，土质较疏松。出土少量砂灰陶、红陶片及青花瓷片，可辨器形有陶鬲口沿、鬲足、盆口沿、罐口沿、罐系、罐底、板瓦、筒瓦等，纹饰有绳纹、弦纹、附加堆纹、菱形暗纹。据开口层位及包含物分析，时代应为明清时期。

H62

位于 T0505 中西部，打破第⑦层。平面近长方形，弧壁，圜底，壁面无明显修整痕迹。东西长2.2、南北宽1.3、深0.56米（图一八五）。填土为灰褐色沙

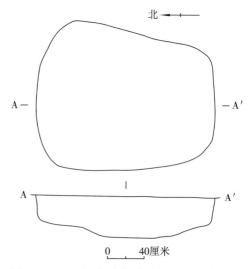

图一八四　明清时期遗迹 H61 平剖面图

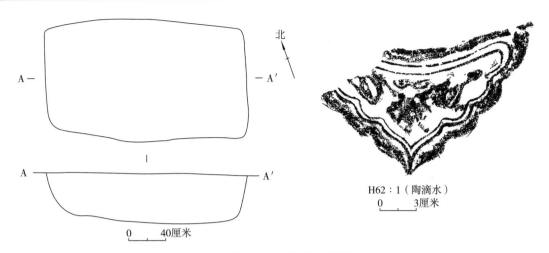

H62 : 1（陶滴水）

0　　　　3厘米

图一八五　明清时期遗迹 H62 平剖面图及其出土遗物

土，土质较疏松。出土少量夹砂灰陶、红陶片，可辨器形有陶盆口沿、罐系、筒瓦、板瓦等，纹饰有绳纹、弦纹、篮纹、附加堆纹，另有陶滴水 1 件。据开口层位及包含物分析，时代应为明清时期。

陶滴水　1 件。H62:1，残半。夹砂灰陶。桃叶形，表饰花卉纹。高 10.4、残宽 17、厚 1.2 厘米（图一八五；彩版三五:4）。

H63

位于 T0505 中西部，打破第⑦层，北部被 H61 打破、南部被 H62 打破。

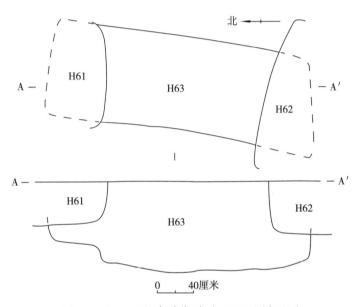

图一八六 A　明清时期遗迹 H63 平剖面图

平面近长方形，弧壁，北半部坑壁向内折收，圜底，壁面无明显修整痕迹。南北长 1.56、东西宽 0.98、深 0.96 米（图一八六 A）。填土为灰褐色沙土，土质较疏松。出土少量夹砂灰陶、红陶及泥质红陶片，灰陶多，可辨器形有陶盆口沿、盆底、罐口沿、鬲足、筒瓦、板瓦等，纹饰有篮纹、绳纹、布纹、弦纹，另有陶门枢 1 件。采集标本共 5 件。据开口层位、打破关系及包含物分析，时代应为明清时期。

陶盆口沿　1 件。H63:3，泥质灰陶。侈口，平沿，圆唇，卷沿外翻，弧腹。口径 38.8、残高 8 厘米（图一八六 B）。

陶罐口沿　1 件。H63:4，泥质灰陶。侈口，圆唇，溜肩，肩有牛鼻形系和暗纹。口径 16.7、残高 7 厘米（图一八六 B）。

陶门枢　2 件。H63:1，残半。泥质灰陶。长方形，一端有圆形柱窝，侧有绳勒痕。长 20、宽 12.6、厚 7.4 厘米（图一八六 B；彩版三五:5）。H63:5，残半。泥质灰陶。残，长方形，一端有椭圆形柱窝。残长 15.4、残宽 11.1、厚 6.4 厘米（图一八六 B；彩版三五:6）。

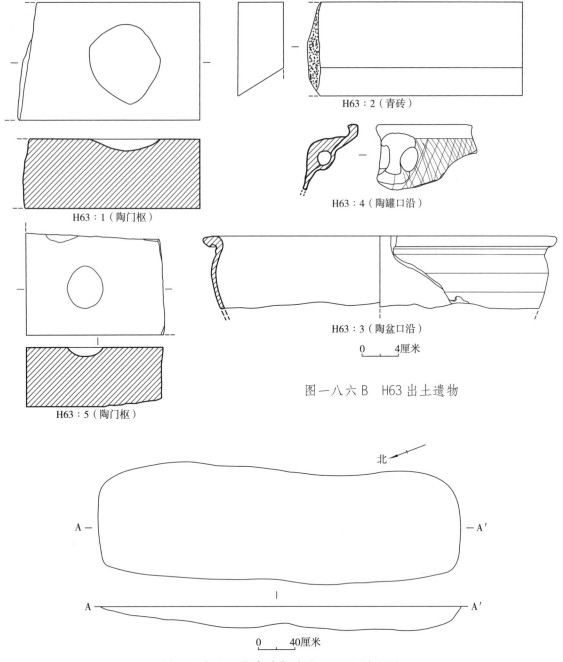

图一八六 B H63 出土遗物

图一八七 A 明清时期遗迹 H65 平剖面图

青砖 1 件。H63：2，残半。泥质灰陶。长方形，横截面梯形，侧面有多道绳勒痕。长 23.4、最宽 10、厚 5 厘米（图一八六 B）。

H65

位于 T0505 北部，打破第⑦层。平面近长方形，弧壁，圜底，壁面无明显修整痕迹。南北长 4.01、东西宽 1.16、深 0.26 米（图一八七 A）。填土为灰褐色沙土，土质较疏松。出土少量夹砂灰陶、红陶片及青花瓷片，灰陶多，可辨器形有陶盆口沿、盆底、罐口沿、罐系、罐底、鬲足、板瓦及青花瓷碗等，纹饰有绳纹、弦纹、菱形暗纹。采集标本共 7 件。据开口层位及包含物分析，时代应为明清时期。

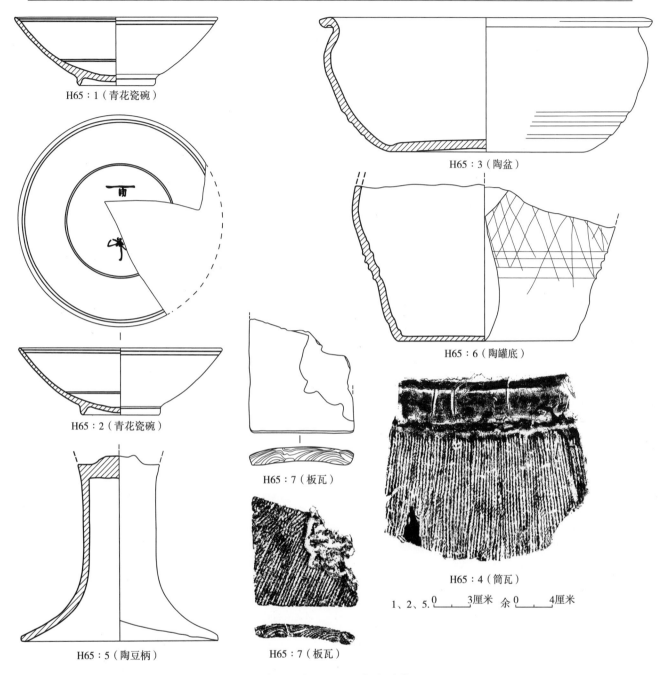

H65：1（青花瓷碗）

H65：2（青花瓷碗）

H65：5（陶豆柄）

H65：3（陶盆）

H65：6（陶罐底）

H65：7（板瓦）

H65：7（板瓦）

H65：4（筒瓦）

1、2、5. 0———3厘米　余 0———4厘米

图一八七 B　H65 出土遗物

青花瓷碗　2 件。H65：1，残半，已修复。敞口，圆唇，弧腹，圈足，平底微凸。唇下、内沿、内腹下部各饰两周青花弦纹，圈足饰一周青花弦纹，内底有"百□斋"字样。器表施青白釉，露白胎。口径 16.6、足径 6.4、高 5.4 厘米（图一八七 B；彩版三六：1）。H65：2，残半，已修复。敞口，圆唇，弧腹，圈足，凸底。唇下、内沿、内腹下部各饰两周青花弦纹，圈足饰一周青花弦纹，内底有文字图案。器表施青白釉，釉不及底，露白胎。口径 16.8、足径 6.6、高 5.3 厘米（图一八七 B；彩版三六：2）。

陶盆　1 件。H65：3，残半，已修复。泥质灰陶。侈口，圆唇，卷沿外翻，弧腹，平底略内凹。腹有凹弦纹和轮制痕迹，内底、内腹有斜线暗纹。口径 36.4、底径 21、高 14.2 厘米（图

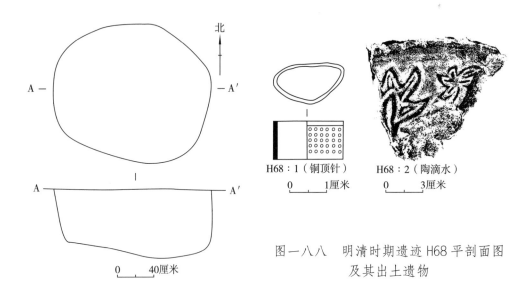

图一八八　明清时期遗迹 H68 平剖面图
及其出土遗物

一八七 B；彩版三六：3）。

陶豆柄　1 件。H65：5，泥质灰陶。圆柱形豆柄，喇叭状圈足。底径 16、残高 14.8 厘米（图一八七 B；彩版三六：4）。

陶罐底　1 件。H65：6，夹砂灰陶。弧腹，平底。腹有暗纹。残高 16.4 厘米（图一八七 B）。

筒瓦　1 件。H65：4，残半。夹砂灰陶。半圆形，平面饰绳纹。残长 19、宽 14.2、高 7.5 厘米（图一八七 B；彩版三六：5）。

板瓦　1 件。H65：7，残半。夹砂灰陶。表饰绳纹。残长 12、残宽 11.4、厚 1.6 厘米（图一八七 B）。

H68

位于 T0505 西北部，打破第⑦层。平面近圆形，弧壁，圆底，壁面无明显修整痕迹。东西 1.72、南北 1.48、深 0.66 米（图一八八）。填土为灰褐色沙土，土质较疏松。出土少量夹砂红陶、泥质红陶、夹砂灰陶、泥质灰陶片，灰陶多，可辨器形有陶盆口沿、腰沿釜、鬲足、罐口沿、板瓦、滴水等，纹饰有绳纹、弦纹、附加堆纹，另有铜顶针 1 件及少量蚌壳。采集标本共 2 件。据开口层位及包含物分析，时代应为明清时期。

铜顶针　1 件。H68：1，锈残。圆环状，表面有五周圆形小凹窝。直径 1.5、高 1、厚 0.1 厘米（图一八八）。

陶滴水　1 件。H68：2，残半。夹砂灰陶。饰花卉纹。残长 11、残宽 9.3 厘米（图一八八；彩版三七：1）。

H82

位于 TG1 东南部，大部叠压于 TG1 东、南两壁下，开口第④层下，开口深度 1.5 米，打破第⑤层。平面不规则，弧壁，圜底，壁面无明显修整痕迹。南北长 1.4、东西宽 1.4、深 0.4 米（图一八九）。

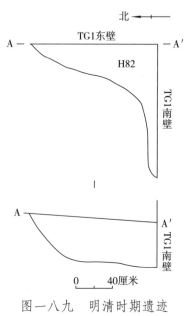

图一八九　明清时期遗迹
H82 平剖面图

填土为灰褐色沙土，土质较疏松。出土少量灰陶片，皆素面。据开口层位及包含物分析，时代应为明清时期。

H92

位于 T0605 东北部，打破第⑦层。平面近椭圆形，弧壁，圜底，壁面无明显修整痕迹。东西 3.56、南北 1.5、深 0.38 米（图一九〇）。填土为浅黄色沙土，土质较疏松。出土少量夹砂灰陶、红陶片及青花瓷片，灰陶多，可辨器形有陶盆口沿、罐口沿、井圈、板瓦、筒瓦等，纹饰有绳纹、弦纹、菱形纹、菱形暗纹。采集陶纺轮 1 件。据开口层位及包含物分析，时代应为明清时期。

陶纺轮　1 件。H92:1，泥质灰陶。圆形，一面光滑，一面饰布纹，边缘不整，为瓦片敲打制成。直径 4.8、厚 1.5 厘米（图一九〇；彩版三七：2）。

H93

位于 T0705 西北部，打破第⑦层。平面近椭圆形，弧壁，圜底，壁面无明显修整痕迹。东西 1.66、南北 1.3、深 0.38 米（图一九一）。填土为灰色沙土，夹杂少量黄斑土，土质较疏松。出土少量夹砂红陶、泥质红陶、夹砂灰陶、泥质灰陶片及青花瓷片，灰陶多，可辨器形

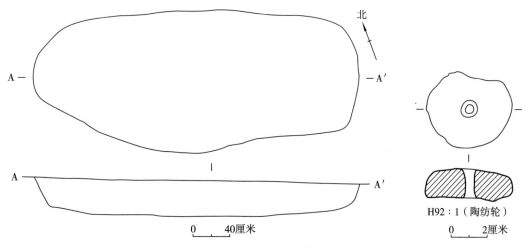

图一九〇　明清时期遗迹 H92 平剖面图及其出土遗物

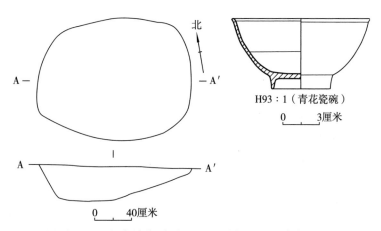

图一九一　明清时期遗迹 H93 平剖面图及其出土遗物

有陶盆口沿、盆底、罐口沿、板瓦、筒瓦及青花瓷碗等，纹饰有绳纹、弦纹、菱形纹、布纹。采集标本1件。据开口层位及包含物分析，时代应为明清时期。

青花瓷碗　1件。H93:1，残半，已修复。侈口，圆唇，弧腹，圈足。唇下、内沿、内腹部各饰一周青花弦纹。器表施青白釉，釉不及底，露白胎。口径11.4、足径5、高5.6厘米（图一九一；彩版三七:3）。

H94

位于T0605东北部，打破第⑦层，中部被H92打破、东北部被H93打破。平面呈近长方形，弧壁，圜底，壁面无明显修整痕迹。东西长6.36、南北宽1.1、深0.76米（图一九二）。填土为灰黄色沙土，土质较疏松。出土少量夹砂红陶、泥质红陶、夹砂灰陶、泥质灰陶片，灰陶多，可辨器形有陶盆口沿、盆底、罐口沿、罐系、缸口沿、瓮口沿、门枢、井圈、板瓦等，纹饰有绳纹、回纹、附加堆纹、菱形暗纹，另有鹿角、席纹印纹硬陶片1件。采集标本4件。据开口层位、打破关系及包含物分析，时代应为明清时期。

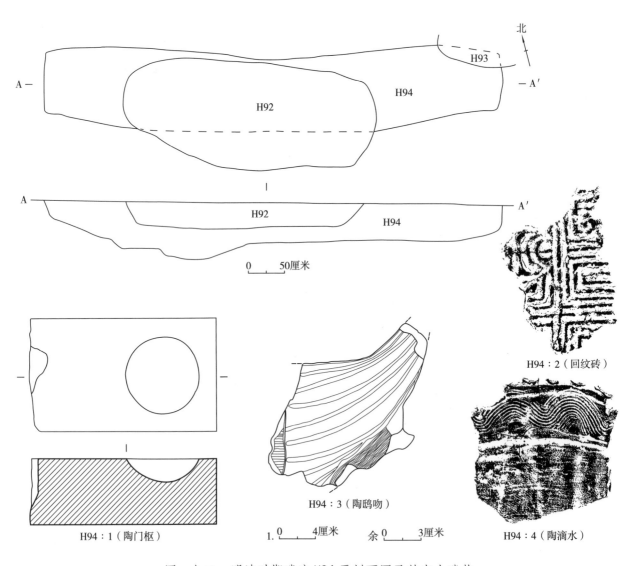

图一九二　明清时期遗迹H94平剖面图及其出土遗物

陶门枢　1件。H94：1，残。泥质灰陶。平面长方形，有圆形柱窝，两侧有绳勒痕。长20.6、宽12、厚7厘米（图一九二；彩版三七：4）。

回纹砖　1件。H94：2，夹砂灰陶。饰回字纹。残长12.4、厚3.8厘米（图一九二；彩版三七：5）。

陶鸱吻　1件。H94：3，残半。夹砂灰陶。龙形，仅存尾部，刻划尾羽。残长13、高12.8厘米（图一九二；彩版三七：6）。

陶滴水　1件。H94：4，残半。夹砂灰陶。瓦表饰布纹，檐头饰水波纹。残宽12厘米（图一九二；彩版三七：7）。

H112

位于T0709东北部，打破第⑦层。平面近椭圆形，弧壁，圜底，壁面无明显修整痕迹。南北2.28、东西0.76、深0.26米（图一九三）。填土为灰褐色沙土，土质较致密。出土少量夹砂灰陶、红陶和泥质灰陶片以及青花瓷片，灰陶多，可辨器形有陶鬲口沿、鬲足、盆口沿、盆底、板瓦及青花瓷碗等，纹饰有绳纹、菱形纹、弦纹、菱形暗纹、斜线暗纹。采集标本青花瓷碗1件。据开口层位及包含物分析，时代应为明清时期。

青花瓷碗　1件。H112：1，残半，已修复。侈口，圆唇，弧腹，圈足。唇下、腹下部各饰一周青花弦纹，内沿、内底、腹中部、圈足各饰两周青花弦纹，内底、腹部饰青花图案。器表施青白釉，露白胎。口径13、足径5.7、高6.4厘米（图一九三；彩版三八：1）。

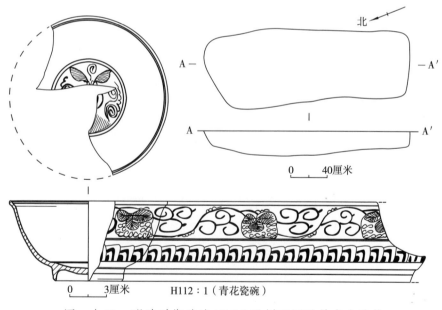

图一九三　明清时期遗迹H112平剖面图及其出土遗物

H113

位于T0709中东部，打破第⑦层。平面近椭圆形，弧壁，底不平，壁面无明显修整痕迹。南北3.6、东西1.06、深0.3米（图一九四）。填土为褐色沙土，土质较致密。出土少量夹砂灰陶、红陶和泥质红陶片以及青花瓷片，灰陶多，可辨器形有陶鬲足、盆口沿、罐口沿、缸口沿、板瓦、筒瓦及青花瓷碗等，纹饰有绳纹、弦纹、菱形纹、菱形暗纹。采集标本1件。据

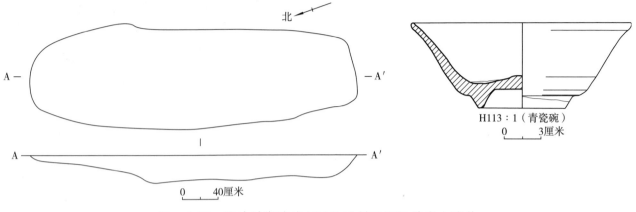

H113：1（青瓷碗）

0 　 3厘米

0 　 40厘米

图一九四　明清时期遗迹 H113 平剖面图及其出土遗物

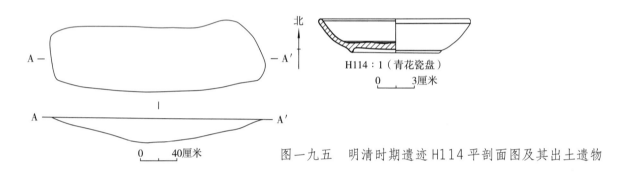

H114：1（青花瓷盘）

0 　 3厘米

0 　 40厘米

图一九五　明清时期遗迹 H114 平剖面图及其出土遗物

开口层位及包含物分析，时代应为明清时期。

青瓷碗　1件。H113：1，残半，已修复。侈口，圆唇，弧腹，圈足。腹有弦纹和轮制痕迹。器表施青釉，内外壁釉不及底，露灰胎。口径18、足径7、高6.8厘米（图一九四；彩版三八：2）。

H114

位于 T0708 东北部，打破第⑦层。平面长圆形，弧壁，圜底，壁面无明显修整痕迹。东西2.33、南北0.7、深0.23米（图一九五）。填土为黄褐色沙土，土质较致密。出土少量夹砂灰陶、红陶片及青花瓷片，可辨器形有陶鬲口沿、盆口沿、罐口沿及青花瓷碗等，纹饰有绳纹、菱形暗纹。采集标本1件。据开口层位及包含物分析，时代应为明清时期。

青花瓷盘　1件。H114：1，残半，已修复。敞口，圆唇，弧腹，圈足。唇下、内沿各饰一周青花弦纹，内底饰两周青花弦纹。器表施青白釉，釉不及底，露白胎。口径12.4、足径7.5、高2.7厘米（图一九五；彩版三八：3）。

H122

位于 T0706 中部，打破第⑦层。平面近长方形，弧壁，圜底，壁面无明显修整痕迹。南北长3.4、东西宽1.8、深2.14米（图一九六 A）。填土为灰褐色沙土，土质较疏松。出土少量夹砂灰陶、红陶片及青瓷片、青花瓷片，可辨器形有陶鬲口沿、鬲足、豆柄、盆口沿、罐口沿、罐腹片、缸口沿、支钉、筒瓦、板瓦及青瓷碗、青花瓷盘等，纹饰有绳纹、弦纹、附加堆纹、菱形暗纹、菱形纹，另有铜簪、蚌壳、鹿角各1件。采集标本7件。据开口层位及包含物分析，时代应为明清时期。

铜簪　1件。H122:3，锈残。半U形。残长6.8厘米（图一九六B；彩版三九：1）。

青花瓷盘　1件。H122:1，残半，已修复。敞口，圆唇，弧腹，圈足。内壁、内底有青花图案。器表施青白釉，釉不及底，露白胎。口径13、足径6.5、高3.1厘米（图一九六B；彩版三九：3）。

青瓷碗　3件。H122:2，残半，已修复。敞口，圆唇，弧腹，圈足。残有轮制痕迹。器表施青釉，釉不及底，露灰黄胎。口径15.2、足径6.7、高5.4厘米（图一九六B；彩版三九：4）。H122:4，残半，已修复。敛口，圆唇，弧腹，圈足。器表施青釉，内外釉不及底，露红胎。口径15.6、足径4.8、高5.2厘米（图一九六B；彩版三九：5）。H122:5，残半，已修复。敞口，圆唇，斜直腹，圈足。腹有弦纹，残留轮制痕迹。器表施青釉，釉不及底，露灰胎。口径15、足径6、高5.6厘米（图一九六B；彩版三九：6）。

陶罐口沿　1件。H122:6，侈口，圆唇，溜肩，肩有牛鼻形系和斜线暗纹。口径14.8、残高8.5厘米（图一九六B）。

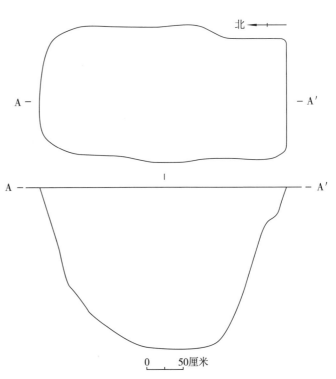

图一九六A　明清时期遗迹H122平剖面图

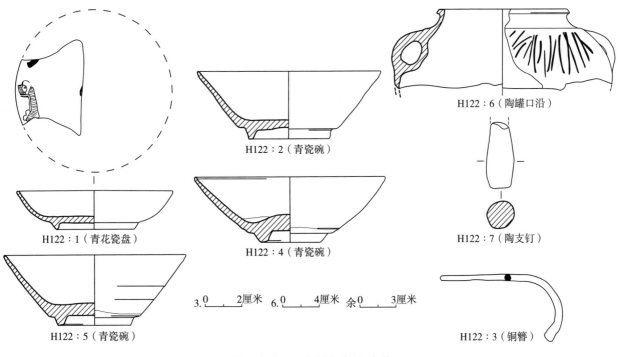

图一九六B　H122出土遗物

陶支钉　1件。H122:7，残。夹砂灰陶。圆柱形，上小下大。顶直径1.8、底直径1.6、高5.3厘米（图一九六B）。

H123

位于T0706中东部，打破第⑦层，西部被H122打破。平面近椭圆形，弧壁，圜底，壁面无明显修整痕迹。南北2.4、东西0.8、深0.52米（图一九七）。填土为灰褐色沙土，土质较疏松。出土少量夹砂灰陶、红陶及泥质红陶片，灰陶多，可辨器形有陶罐口沿、罐系、罐腹片、罐底、盆口沿、鬲足、瓮底、花砖等，

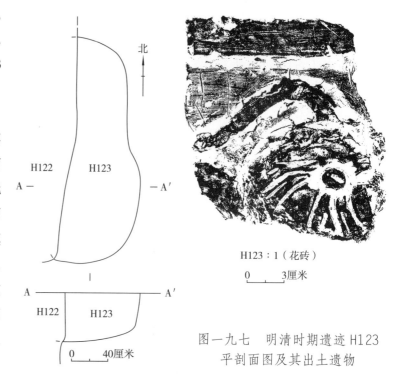

H123:1（花砖）

0 　　　3厘米

图一九七　明清时期遗迹H123
平剖面图及其出土遗物

纹饰有绳纹、弦纹、菱形暗纹，另有"崇祯通宝"2枚。采集标本3件。据开口层位、打破关系及包含物分析，时代应为明清时期。

铜钱　2件。H123:2、3，"崇祯通宝"钱文。直径2.0厘米。

花砖　1件。H123:1，残半。夹砂灰陶。表刻饰莲花纹（图一九七；彩版三九:2）。

H124

位于T0706东南部，打破第⑦层。平面近长方形，弧壁，圜底，壁面无明显修整痕迹。南北长2.4、东西宽0.7、深0.5米（图一九八）。填土为灰褐色沙土，土质较疏松。出土少量夹砂灰陶、夹砂红陶、泥质红陶片及青瓷片、青花瓷片、酱釉碗片，灰陶多，可辨器形有陶盆口沿、盆底、鬲足、纺轮、板瓦及酱釉碗、青瓷碗、青花瓷碗等，纹饰有绳纹、弦纹、布纹、篮纹。采集标本6件。据开口层位及包含物分析，时代应为明清时期。

青花瓷碗　1件。H124:4，残半，已修复。敞口，圆唇，弧腹，圈足。唇下、内沿、内底各饰两周青花弦纹，腹下饰一周青花弦纹，内底、腹部饰青花图案。器表施青白釉，露白胎。口径13.3、足径4.3、高5.6厘米（图一九八；彩版四〇:1）。

青瓷碗　1件。H124:3，残，已修复。敞口，圆唇，弧腹，圈足。腹有弦纹。器表施青釉，内外壁釉不及底，露灰胎。口径16、足径6.6、高5.5厘米（图一九八；彩版四〇:2）。

酱釉碗　2件。H124:1，残，已修复。敞口，圆唇，弧腹，圈足。腹有弦纹，内底饰一周宽弦纹，未施釉。器表施酱褐釉，釉色发黑，釉不及底，露灰黄胎。口径15.8、足径6.2、高6.4厘米（图一九八；彩版四〇:3）。H124:5，残半，已修复。敞口，圆唇，弧腹，圈足。腹下饰两周弦纹，内底有一周宽弦纹状浅槽，未施釉。器表施酱褐釉，釉不及底，露紫红胎。口径15.2、足径6.2、高6.4厘米（图一九八；彩版四〇:4）。

陶纺轮　1件。H124:2，残。夹砂灰陶。圆形，中有一孔，对穿，一面光滑，一面残留

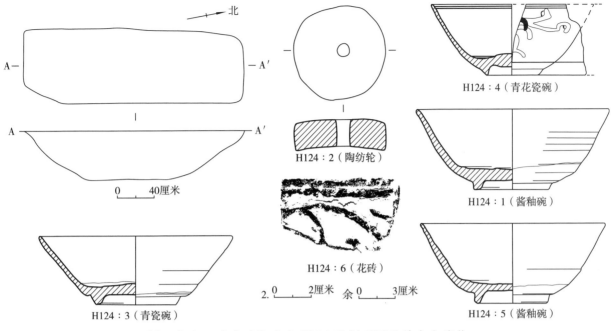

图一九八　明清时期遗迹 H124 平剖面图及其出土遗物

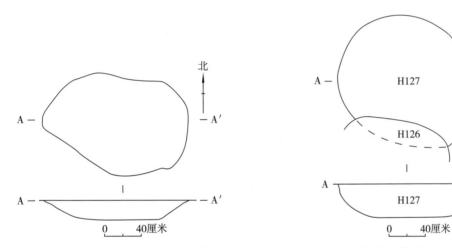

图一九九　明清时期遗迹 H126 平剖面图　　　图二〇〇A　明清时期遗迹 H127 平剖面图

布纹，为瓦片打磨而成。直径 5、厚 1.4 厘米（图一九八；彩版四〇：5）。

花砖　1 件。H124：6，残半。夹砂灰陶。表饰花枝纹。残长 10.5、残宽 7.2、厚 3.8 厘米（图一九八；彩版四〇：6）。

H126

位于 T0706 东南部，打破第⑦层。平面近椭圆形，弧壁，圜底，壁面无明显修整痕迹。东西 1.5、南北 1、深 0.2 米（图一九九）。填土为灰褐色沙土，土质较疏松。出土少量夹砂灰陶、红陶片及青花瓷片，可辨器形有陶罐口沿、井圈、板瓦、筒瓦等，纹饰有绳纹、弦纹、菱形纹。据开口层位及包含物分析，时代应为明清时期。

H127

位于 T0706 东南部，打破第⑦层，南部被 H126 打破。平面近椭圆形，弧壁，圜底，壁面无明显修整痕迹。东西 1.55、南北 1.3、深 0.36 米（图二〇〇A）。填土为褐色沙土，土质

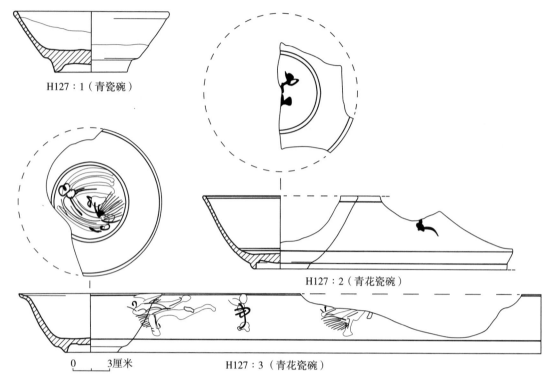

H127：1（青瓷碗）

H127：2（青花瓷碗）

0   3厘米   H127：3（青花瓷碗）

图二〇〇B H127 出土遗物

较疏松。出土少量夹砂灰陶、夹砂红陶、泥质红陶片以及青花瓷片、青瓷片，灰陶多，可辨器形有陶鬲足、罐底、瓮底、井圈及青瓷碗、青花瓷碗等，纹饰有绳纹、弦纹、菱形纹。采集标本 3 件。据开口层位、打破关系及包含物分析，时代应为明清时期。

青花瓷碗 2 件。H127：2，残半，已修复。侈口，圆唇，弧腹，圈足。唇下、内沿、内腹下各饰两周青花弦纹，腹下、圈足各饰一周青花弦纹，内底、腹部饰青花图案。器表施青白釉，露白胎。口径 12.8、足径 4.8、高 5.8 厘米（图二〇〇B；彩版四一：1）。H127：3，侈口，尖唇，弧腹，圈足，平底。唇下、内沿、腹下各饰一周宽青花弦纹，内底饰宽窄各一周青花弦纹，内底、腹部饰青花图案。器表施青白釉，釉不及底，露白胎。口径 11.8、足径 4.6、高 4.7 厘米（图二〇〇B；彩版四一：2）。

青瓷碗 1 件。H127：1，残，已修复。侈口，圆唇，直弧腹，圈足，残存轮制痕迹。器表施青釉，内外壁釉不及底，露灰胎。口径 12.8、足径 6、高 4.8 厘米（图二〇〇B；彩版四一：3）。

H147

位于 T0805 西北部，打破第⑦层。平面近长方形，弧壁，圜底，壁面无明显修整痕迹。东西长 2.25、南北宽 1.35、深 0.7 米（图二〇一）。填土为褐色沙土，土质较致密。出土少量夹砂灰陶、红陶片及青花瓷片、紫砂片，灰陶多，可辨器形有陶盆口沿、盆腹片、鬲足、罐口沿、罐底、罐系、纺轮、板瓦、筒瓦及紫砂钵、青花瓷碗等，纹饰有绳纹、弦纹、篮纹、菱形纹、斜线暗纹。采集标本 5 件。据开口层位及包含物分析，时代应为明清时期。

青花瓷碗 2 件。H147：3，残半，已修复。敞口，圆唇，弧腹，圈足。唇下、内沿、内

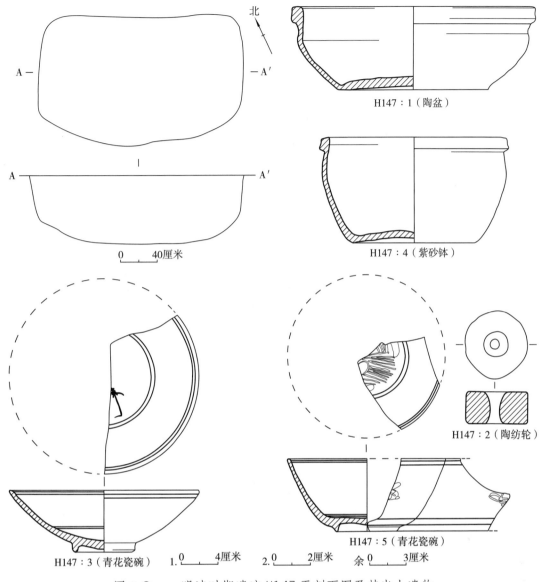

图二〇一　明清时期遗迹 H147 平剖面图及其出土遗物

腹下各饰两周青花弦纹，圈足饰一周青花弦纹，内底有青花文字图案。器表施青白釉，露白胎。口径 15.5、足径 5.1、高 4.95 厘米（图二〇一；彩版四二：1）。H147:5，残半，已修复。敞口，圆唇，弧腹，圈足。唇下、内沿、内底、腹下各饰两周青花弦纹，内底、腹部饰青花图案。器表施青白釉，露白胎。口径 13、足径 5、高 5.8 厘米（图二〇一；彩版四二：2）。

陶盆　1件。H147:1，残半，已修复。夹砂灰陶。侈口，方唇，唇部微凹，弧腹，平底略内凹。唇下有一周宽槽凹弦纹。器表有轮制痕迹。口径 26.6、底径 16.4、高 8.9 厘米（图二〇一；彩版四二：3）。

陶纺轮　1件。H147:2，泥质灰陶。圆形，中有一孔，对穿，两面光滑。直径 3.4、厚 1.7 厘米（图二〇一）。

紫砂钵　1件。H147:4，残，已修复。侈口，弧腹，底内凹。唇部、内腹、内底施酱褐釉，外腹、底部未施釉，露紫砂胎。口径 15.6、底径 10.2、高 8.4 厘米（图二〇一；彩版四二：4）。

H148

位于 TG1 扩方东北部，东半部叠压于隔梁下，打破第⑦层。平面呈半圆形，弧壁，圜底，壁面无明显修整痕迹。南北 1.24、东西 0.8、深 0.64 米（图二〇二）。填土为灰褐色沙土，土质较疏松。出土少量夹砂灰陶片，可辨器形有陶罐底、鬲足、板瓦、筒瓦等，纹饰有绳纹、弦纹。据开口层位及包含物分析，时代应为明清时期。

H151

位于 T0806 西南部，打破第⑦层。平面近椭圆形，弧壁，圜底，壁面无明显修整痕迹。南北 2.8、东西 1、深 0.25 米（图二〇三）。填土为褐色沙土，土质较致密。出土少量夹砂灰陶、红陶片及青花瓷片，灰陶多，可辨器形有陶鬲足、罐腹片、筒瓦、板瓦等，纹饰有绳纹、篮纹、菱形暗纹。据开口层位及包含物分析，时代应为明清时期。

H152

位于 T0806 中南部，打破第⑦层，南部被 H151 打破。平面椭圆形，弧壁，圜底，壁面无明显修整痕迹。南北 1.7、东西 1.08、深 0.1 米（图二〇四）。填土为褐色沙土，土质较致密。出土少量夹砂灰陶、红陶片及青花瓷片，灰陶多，可辨器形有陶罐底、鬲足、板瓦等，纹饰有绳纹、

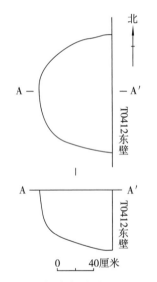

图二〇二　明清时期遗迹 H148 平剖面图

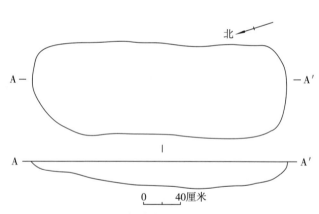

图二〇三　明清时期遗迹 H151 平剖面图

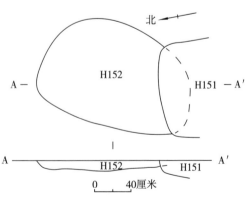

图二〇四　明清时期遗迹 H152 平剖面图

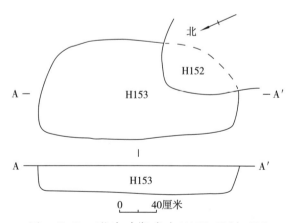

图二〇五　明清时期遗迹 H153 平剖面图

篮纹、菱形暗纹、菱形纹。据开口层位、填土、打破关系及包含物分析，时代应为明清时期。

H153

位于 T0806 中部，打破第⑦层，东南部被 H152 打破。平面椭圆形，弧壁，平底，壁面无明显修整痕迹。南北 2.16、东西 1.06、深 0.3 米（图二〇五）。填土为灰褐色沙土，土质较疏松。出土少量夹砂灰陶、红陶片及青花瓷片，灰陶多，可辨器形有陶盆底、板瓦、筒瓦等，纹饰有绳纹、弦纹、方格暗纹。据开口层位、打破关系及包含物分析，时代应为明清时期。

H154

位于 T0805 中北部和 T0806 中南部，打破第⑦层，中西部被 H151 打破、北部被 H152 打破。平面形状不规则，弧壁，圜底，壁面无明显修整痕迹。东西长 3.9、南北宽 2.86、深 0.38米（图二〇六 A）。填土为黑褐色沙土，土质较疏松。出土少量夹砂灰陶、夹砂红陶、泥质灰陶片以及青瓷片、青花瓷片，灰陶多，可辨器形有陶鬲足、盆口沿、罐口沿、罐底、缸腹片、豆盘、筒瓦及青瓷碗、青花瓷碗等，纹饰有绳纹、弦纹、菱形暗纹、菱形纹。采集标本 3 件。据开口层位、打破关系及包含物分析，时代应为明清时期。

青花瓷碗　1 件。H154∶2，残半，已修复。敞口，圆唇，弧腹，圈足。唇下、内沿、腹下内外各饰两周青花弦纹，内底、腹部饰青花图案。器表施青白釉，露白胎。口径 13.4、足径 6.2、高 4.8 厘米（图二〇六 B；彩版四二∶5）。

青瓷碗　1 件。H154∶1，残半，已修复。敞口，圆唇，弧腹，圈足，底残有轮制痕迹。器表施青釉，内外壁釉不及底，露灰胎。口径 17、足径 6.6、高 5.9 厘米（图二〇六 B；彩版四二∶6）。

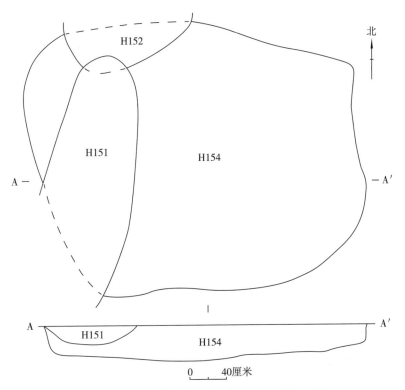

图二〇六 A　明清时期遗迹 H154 平剖面图

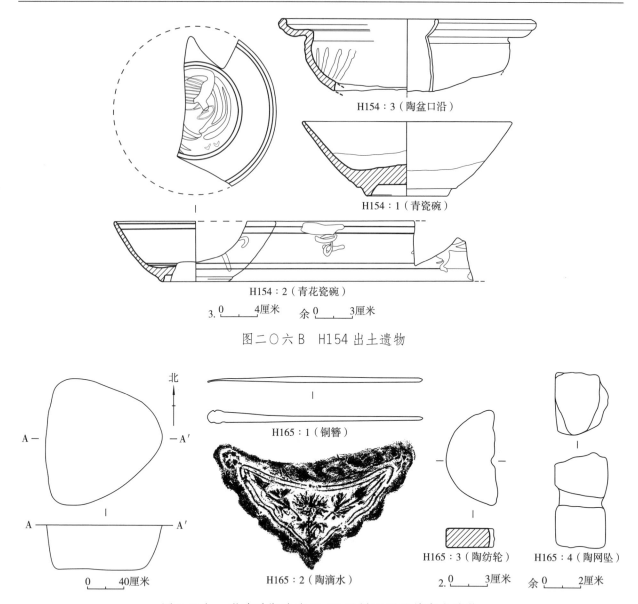

图二〇六 B　H154 出土遗物

图二〇七　明清时期遗迹 H165 平剖面图及其出土遗物

陶盆口沿　1 件。H154:3，泥质灰陶。侈口，圆唇，卷沿外翻，弧腹。内腹有暗纹。口径 28、残高 7.6 厘米（图二〇六 B；彩版四二：7）。

H165

位于 T0807 东南部，打破第⑦层。平面圆角三角形，弧壁，近平底，壁面无明显修整痕迹。东西 1.2、南北 1.3、深 0.48 米（图二〇七）。填土为灰褐色沙土，土质较疏松。出土少量夹砂灰陶、红陶及泥质灰陶片，可辨器形有陶罐口沿、罐系、罐底、盆口沿、鬲足、纺轮、网坠、滴水等，纹饰有绳纹、弦纹、篮纹、菱形暗纹，另有铜簪 1 件。采集标本 4 件。据开口层位及包含物分析，时代应为明清时期。

铜簪　1 件。H165:1，长条形，一端较扁勺状，一端尖柱形。长 11.8、最宽 0.6、厚 0.3 厘米（图二〇七；彩版四三：1）。

陶纺轮　1 件。H165:3，残半。泥质灰陶。圆形，中有一孔，对穿，两面光滑。直径 5、

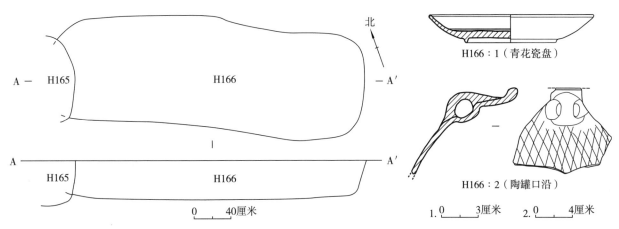

H166：1（青花瓷盘）

H166：2（陶罐口沿）

1. 0　　3厘米　　2. 0　　4厘米

图二〇八　明清时期遗迹 H166 平剖面图及其出土遗物

厚 1 厘米（图二〇七）。

陶网坠　1 件。H165：4，泥质灰陶。长方形柱状，中部有一凹槽。长 3.3、宽 2.9、高 5 厘米（图二〇七）。

陶滴水　1 件。H165：2，泥质灰陶。桃叶形，檐头饰花卉纹，后接瓦身。宽 17.5、残长 12.5 厘米（图二〇七；彩版四三：2）。

H166

位于 T0807 东南部，打破第⑦层，西部被 H165 打破，平面长圆形，弧壁，圜底，壁面无明显修整痕迹。东西 3.34、南北 1.2、深 0.42 米（图二〇八）。填土为褐色沙土，土质较疏松。出土少量夹砂灰陶、红陶片及青花瓷片，灰陶多，可辨器形有陶罐口沿、罐系、罐底、鬲足、豆盘、板瓦、筒瓦及青花瓷碗等，纹饰有绳纹、弦纹、方格暗纹。采集标本 2 件。据开口层位、打破关系及包含物分析，时代应为明清时期。

青花瓷盘　1 件。H166：1，残半，已修复。敞口，圆唇，弧腹，圈足。唇下、内沿各饰一周青花弦纹，内底饰两周青花弦纹。器表施青白釉，釉不及底，露白胎。口径 13.4、足径 7.5、高 2.2 厘米（图二〇八；彩版四三：3）。

陶罐口沿　1 件。H166：2，泥质灰陶。侈口，圆唇，溜肩，肩有牛鼻形系，鼓腹。腹饰网格状暗纹。残高 9 厘米（图二〇八）。

H167

位于 T0807 中东部，打破第⑦层。平面近长方形，弧壁，圜底，壁面无明显修整痕迹。东西长 2.52、南北宽 1.94、深 0.62 米（图二〇九 A）。填土为褐色沙土，土质较疏松。出土少量夹砂灰陶、红陶片及青花瓷片，可辨器形有陶盆口沿、豆柄、豆盘、缸口沿、

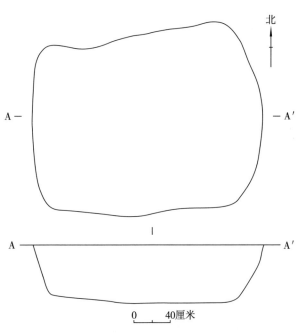

0　　40厘米

图二〇九 A　明清时期遗迹 H167 平剖面图

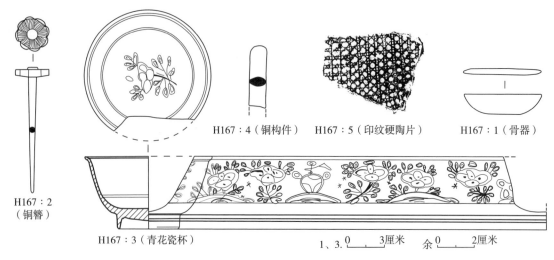

H167：4（铜构件）　　　H167：5（印纹硬陶片）　　　H167：1（骨器）

H167：2
（铜簪）

H167：3（青花瓷杯）　　　　　　　　　　1、3. 0　　3厘米　　余 0　　2厘米

图二〇九 B　H167 出土遗物

罐口沿、筒瓦、板瓦及青花瓷碗等，纹饰有绳纹、弦纹、布纹、篮纹、附加堆纹、斜方格圆圈纹、菱形暗纹。另有印纹硬陶 1 片，残骨器、铜钉、铜构件各 1 件。共采集标本 5 件。据开口层位及包含物分析，时代应为明清时期。

铜构件　1件。H167：4，残断。扁长条形，截面椭圆形。残长 3.2、宽 0.9、厚 0.5 厘米（图二〇九 B）。

铜簪　1件。H167：2，残断。簪帽圆形，饰花瓣纹，簪身圆柱形。长 6.6、簪帽直径 1.8、簪身最大径 0.4 厘米（图二〇九 B；彩版四三：4）。

青花瓷杯　1件。H167：3，残。侈口，圆唇，弧腹，圈足。内沿、内腹下各饰两周青花弦纹，唇下、腹下各饰一周青花弦纹，圈足饰三周青花弦纹，底部饰两周青花弦纹，内底、腹部饰青花图案。器表施青白釉，露白胎。口径 10.4、足径 5.2、高 5.8 厘米（图二〇九 B；彩版四三：6）。

印纹硬陶片　1件。H167：5，表饰方格、圆圈纹。残宽 4、厚 0.7 厘米（图二〇九 B）。

骨器　1件。H167：1，半月形，两端薄，中间厚。长 4.2、宽 1.1、厚 0.3 厘米（图二〇九 B；彩版四三：5）。

H171

位于 T0808 东北部，打破第⑦层。平面圆角长方形，弧壁，西半部内收，圜底，壁面无明显修整痕迹。东西长 5.72、南北宽 2、深 1.7 米（图二一〇）。填土为红褐色黏土，土质较致密。出土少量夹砂灰陶片、青花瓷片，可辨器形有陶盆口沿、盆底、板瓦、筒瓦及青花瓷碗等，纹饰有绳纹、弦纹、菱形暗纹。采集标本 2 件。据开口层位及包含物分析，时代应为明清时期。

青花瓷碗　2件。H171①：1，残半，已修复。敞口，圆唇，弧腹，圈足。唇下、内沿、内底各饰两周青花弦纹，腹下、圈足各饰一周青花弦纹，内底、腹部饰青花图案。器表施青白釉，露白胎。口径 13、足径 5.2、高 5.6 厘米（图二一〇；彩版四四：1）。H171①：2，残半，已修复。敞口，圆唇，弧腹，圈足。唇下、内沿、内底各饰两周青花弦纹，腹下饰一周青花弦纹，内底、腹部饰青花图案。器表施青灰釉，釉不及底，露白胎。口径 12.8、足径 5.8、高

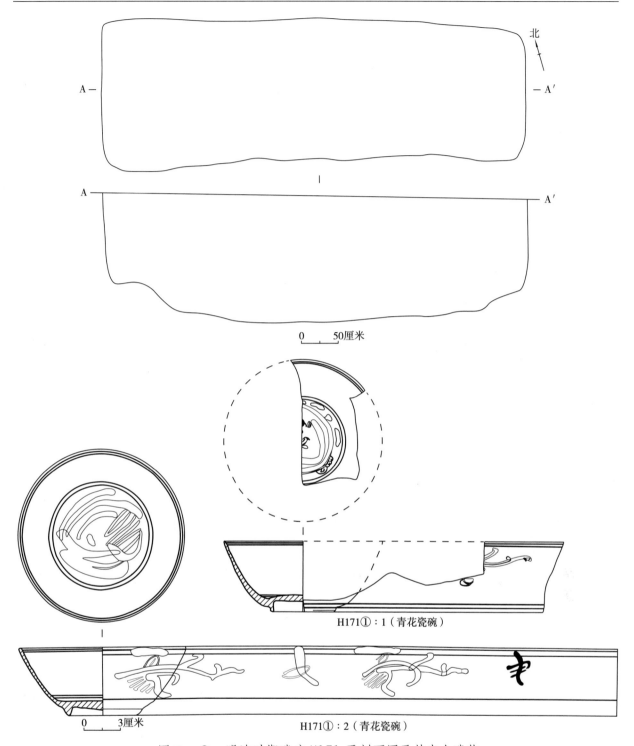

图二一〇　明清时期遗迹 H171 平剖面图及其出土遗物

5 厘米（图二一〇；彩版四四：2）。

　　H176

　　位于 T0809 中西部，打破第⑦层。平面呈近长方形，弧壁，圜底，壁面无明显修整痕迹。东西长 1.8、南北宽 1.34、深 0.95 米（图二一一）。填土为褐色沙土，土质较疏松。出土少量夹砂灰陶、红陶片，可辨器形有陶鬲足、盆口沿、缸口沿、缸底、罐口沿、豆盘、筒瓦、板瓦及鹿角等，纹饰有绳纹、弦纹、斜线暗纹、菱形暗纹，另有琉璃簪、针状铜器各1件。据开口层位及包含物分析，时代应为明清时期。

针状残铜器 1件。H176：2，残断。针状，一端残。残长5、直径0.3厘米（图二一一）。

琉璃簪 1件。H176：1，残断。长条圆柱形，两端残。残长1.6、直径0.4厘米（图二一一）。

H182

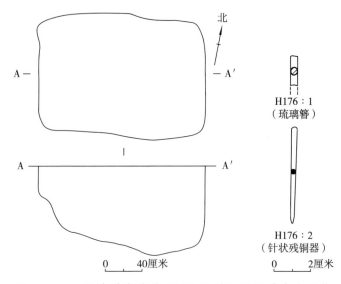

图二一一 明清时期遗迹 H176 平剖面图及其出土遗物

位于 T0909 西北部，打破第⑦层。平面不规则，弧壁，圜底，壁面无明显修整痕迹。东西长4.8、南北宽1.62、深0.7米（图二一二A）。填土据土质土色可分2层：第①层红褐色黏土层，土质较致密，出土青花瓷碗、白瓷碗各1件；第②层灰褐色沙土层，土质较疏松，出土少量夹砂灰陶片，可辨器形有陶罐底、盆底、盆口沿、板瓦等，纹饰有绳纹、弦纹。据开口层位及包含物分析，第①层时代应为明清时期，第②层时代应为汉代。

青花瓷碗 2件。H182①：1，残，已修复。敞口，圆唇，弧腹，圈足。唇下、内沿、内底各饰两周青花弦纹，腹下饰一周青花弦纹，内底、腹部饰青花图案。器表施青白釉，露白胎。口径13.3、足径5.9、高6.2厘米（图二一二B；彩版四五：1）。H182①：3，残，已修复。敞口，圆唇，弧腹，圈足。唇下、内沿、内底各饰两周青花弦纹，腹下饰一周青花弦纹，内底、腹部饰青花图案。器表施青白釉，釉不及底，露白胎。口径12.4、足径4.8、高5.6厘米（图二一二B；彩版四五：2）。

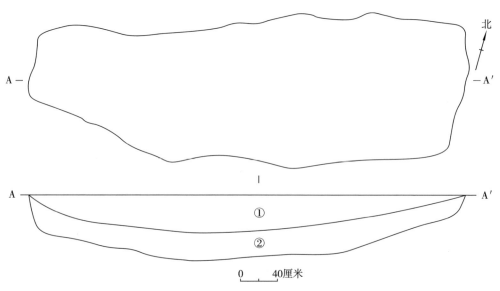

图二一二A 明清时期遗迹 H182 平剖面图

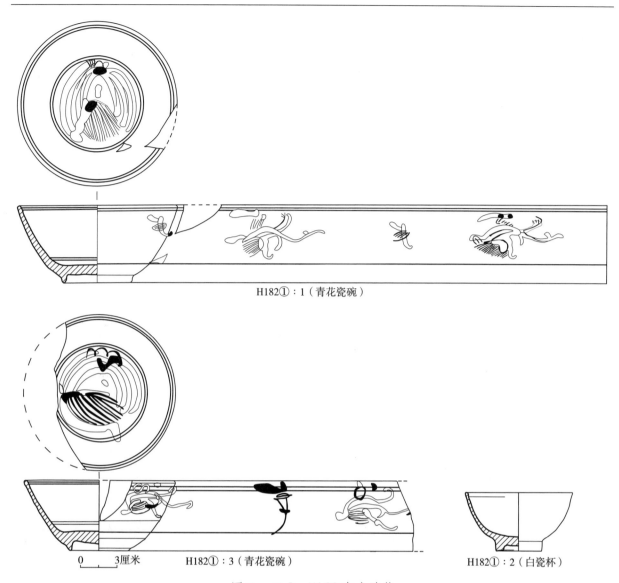

H182①：1（青花瓷碗）

H182①：3（青花瓷碗）

0 3厘米

H182①：2（白瓷杯）

图二一二 B H182 出土遗物

白瓷杯 1件。H182①：2，残，已修复。敞口，圆唇，弧腹，圈足。腹有明显轮制痕迹。器表施白釉，釉色稍发青，釉不及底，露白胎。口径 8.8、足径 3.8、高 4.7 厘米（图二一二 B；彩版四五：3）。

H188

位于 T0905 中北部，打破第⑦层。平面椭圆形，弧壁，圜底，壁面无明显修整痕迹。南北 2.53、东西 1.96、深 1.16 米（图二一三 A）。填土为灰褐色沙土，土质较疏松。出土少量夹砂红陶、泥质灰陶片及青花瓷片，可辨器形有陶罐底、盆口沿、盆底、筒瓦等，纹饰有绳纹、弦纹。据开口层位及包含物分析，时代应为明清时期。

青花瓷碗 2件。H188：6，残半，已修复。敞口，圆唇，弧腹，圈足。唇下、内沿、内腹中部各饰两周青花弦纹，圈足饰一周青花弦纹。器表施青白釉，釉不及底，露白胎。口径 15、足径 5.6、高 5 厘米（图二一三 B；彩版四六：1）。H188：7，残，已修复。敞口，圆唇，弧腹，圈足，平底微凸。唇下、内沿、内底各饰两周青花弦纹，下腹饰一周青花弦纹，内底、腹部饰青花图案。器表施青白釉，釉不及底，露白胎。口径13.4、足径5.7、高6厘米（图二一三B；彩版四六：2）。

青花瓷盘　4件。H188：1，残半，已修复。侈口，圆唇，弧腹，圈足。内沿饰一周青花弦纹，内底饰两周青花弦纹和青花图案。器表施青白釉，釉不及底，露白胎。口径9.2、足径3.8、高2.8厘米（图二一三B；彩版四七：1）。H188：2，残半，已修复。敞口，圆唇，弧腹，圈足。内腹饰青花图案。器表施青白釉，露白胎。口径14、足径8.2、高3.3厘米（图二一三B；彩版四七：2）。H188：3，残半，已修复。敞口，圆唇，弧腹，圈足。器表施青白釉。口径12.5、足径7.0、高2.5厘米（图二一三B；彩版四七：3）。H188：5，残半，

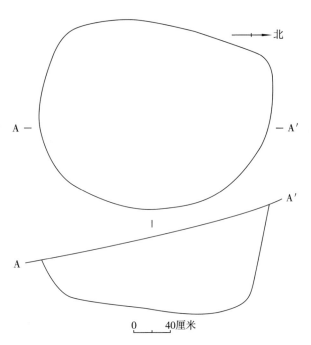

图二一三A　明清时期遗迹H188平剖面图

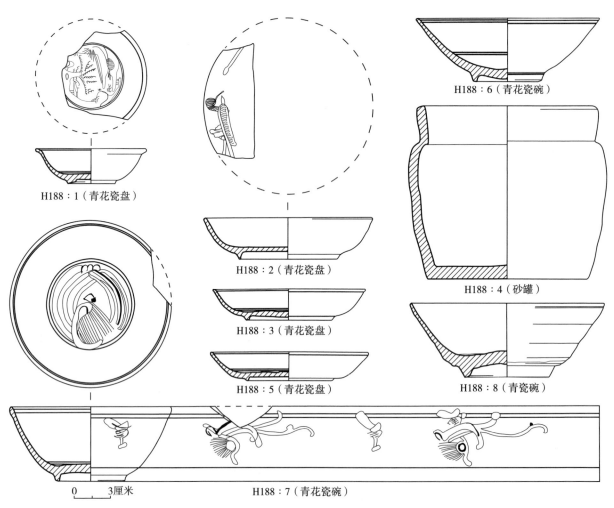

H188：1（青花瓷盘）

H188：2（青花瓷盘）

H188：3（青花瓷盘）

H188：5（青花瓷盘）

H188：6（青花瓷碗）

H188：4（砂罐）

H188：8（青瓷碗）

H188：7（青花瓷碗）

图二一三B　H188出土遗物

已修复。敞口，圆唇，弧腹，圈足。唇下、内沿、腹下各饰一周青花弦纹，内底饰两周青花弦纹。器表施青白釉，釉不及底，露白胎。口径 13、足径 7.2、高 2.3 厘米（图二一三 B；彩版四七：4）。

青瓷碗 1 件。H188：8，敞口，尖唇，弧腹，圈足。唇下有凹弦纹，腹有弦纹和轮制痕迹。器表施青釉，内外壁釉不及底，露灰胎。口径 16、足径 7、高 5.9 厘米（图二一三 B；彩版四六：3）。

砂罐 1 件。H188：4，残半，已修复。砂胎，侈口，圆唇，溜肩，弧腹，平底。口径 15、底径 13、高 13.8 厘米（图二一三 B；彩版四六：4）。

H189

位于 T0905 中部，打破第⑦层，北部被 H188 打破。平面近方形，弧壁，圜底，壁面无明显修整痕迹。南北长 4.2、东西宽 3.48、深 1.26 米（图二一四 A）。填土为灰褐色沙土，土质较疏松。出土少量夹砂红陶、泥质红陶、夹砂灰陶、泥质灰陶片，灰陶多，可辨器形有陶盆口沿、盆底、罐口沿、罐腹片、罐底、鬲足、板瓦、筒瓦等，纹饰有绳纹、弦纹、布纹、篮纹、斜线暗纹、菱形暗纹。采集标本 4 件。据开口层位、打破关系及包含物分析，时代应为明清时期。

青花瓷碗 1 件。H189：4，残半，已修复。敞口，圆唇，弧腹，圈足。唇下、内沿、腹下、圈足各饰一周青花弦纹，内底饰两周青花弦纹，内底、腹部饰青花图案。器表施青白釉，露白胎。口径 13.8、足径 5.5、高 5.9 厘米（图二一四 B；彩版四八：1）。

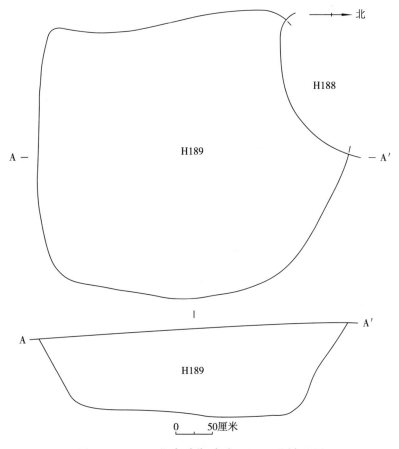

图二一四 A 明清时期遗迹 H189 平剖面图

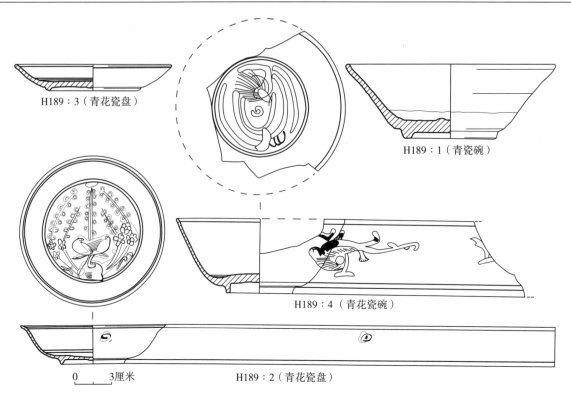

H189∶3（青花瓷盘）

H189∶1（青瓷碗）

H189∶4（青花瓷碗）

0　　3厘米

H189∶2（青花瓷盘）

图二一四 B　H189 出土遗物

青花瓷盘　2 件。H189∶2，残，已修复。侈口，尖唇，弧腹，圈足。内沿、内腹下各饰两周青花弦纹，唇下、圈足各饰一周青花弦纹，内底、腹部饰青花图案。器表施青白釉，露白胎。口径 12、足径 5.4、高 3.1 厘米（图二一四 B；彩版四八∶2）。H189∶3，残半，已修复。敞口，圆唇，弧腹，圈足。唇下、内沿各饰一周青花弦纹，内底饰两周青花弦纹。器表施青白釉，釉不及底，露白胎。口径 12.8、足径 7.8、高 2.1 厘米（图二一四 B；彩版四八∶3）。

青瓷碗　1 件。H189∶1，残半，已修复。敞口，圆唇，斜直腹，略内弧，圈足。腹有弦纹和轮制痕迹。器表施青釉，内外壁釉不及底，露灰胎。口径 17、足径 7.6、高 5.9 厘米（图二一四 B；彩版四八∶4）。

第八节　柱洞

本次发掘共清理柱洞类遗迹 6 个，分布零散，时代不清（附表九）。

D1

位于 T0408 东南部，打破第⑦层。平面呈近圆形，直壁，圜底，壁面无明显修整痕迹。直径 0.36、深 0.18 米（图二一五；彩版四九∶1、2）。填土为灰褐色沙土，土质疏松。出土夹砂红陶 1 片、夹砂灰陶 2 片。

D2

位于 T0408 东南部，打破第⑦层。平面呈近圆形，直壁，圜底，壁面无明显修整痕迹。直径约 0.21、深 0.1 米（图二一五；彩版四九∶3、4）。填土为灰褐色沙土，土质疏松，出土

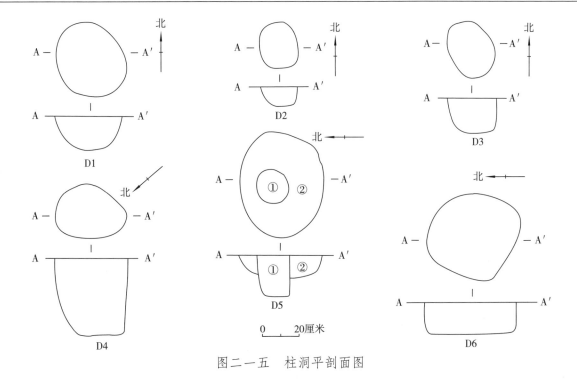

图二一五　柱洞平剖面图

夹砂红陶 1 片。

D3

位于 T0408 东南部，打破第⑦层。平面呈椭圆形，直壁，圜底，壁面无明显修整痕迹。南北 0.3、东西 0.26、深 0.18 米。（图二一五）。填土为灰褐色沙土，土质疏松，出土夹砂红、灰陶各 1 片。

D4

位于 T0507 西南部，打破第⑦层。平面呈椭圆形，弧壁，底较平，壁面无明显修整痕迹。南北 0.4、东西 0.3、深 0.39 米（图二一五）。填土为褐色细沙土，土质较疏松，纯净。

D5

位于 T0506 西南部，打破第⑦层。平面呈椭圆形，中有柱芯，弧壁，壁面无明显修整痕迹。东西 0.54、南北 0.45、深 0.21 米（图二一五；彩版四九：5、6）。填土分 2 层：第①层填土为灰褐色沙土，土质较致密，纯净；第②层填土为黄褐色沙土，夹杂少量黑斑土，较致密，纯净。

D6

位于 T0610 东北部，打破第⑦层。平面呈近圆形，直壁，平底，壁面无明显修整痕迹。南北 0.5、东西 0.46、深 0.16 米（图二一五）。填土为黄褐色沙土，土质较致密。出土夹砂红陶 1 片。

第九节　遗址发掘相关问题分析

由于发掘区域工程施工，原土台已取至地平，大量遗迹被破坏不存，没有发现房址等居住类遗迹，但发现了少量类似柱洞的小坑，且发现了水井，说明该区域应该是古代人类的生活居住区，或者临近居住区。从清理情况分析，该遗址堆积较厚，遗迹丰富，时代从春秋战国时期到明清时期，是一处延续时间较长、堆积较厚的遗址。

下层的春秋战国时期堆积，厚度超过 3 米，地层之间夹有一层蚌壳层，说明春秋战国时期此区域应该有一较大的聚落，且持续时间较长。但由于土台周围的黄色淤泥层厚度超过 4 米，埋藏较深，故通过勘探没有发现该遗址。

通过对发掘区及周围区域的勘探，发现土台周围普遍存在厚度超过 4 米的淤泥层，加之本次考古发掘主要是针对墓葬，没有对春秋战国时期的堆积进行发掘，故该层下的地层堆积及土台最下层堆积不清楚，但基本掌握了土台上半部的情况。

在该区域的遗址发掘中，J3、J4 虽然没有完全清理，但其外层填土中出土了春秋战国时期的绳纹鬲残片、陶豆等，结合其相关遗迹的叠压打破关系，确定这两眼水井的时代为春秋战国时期。其中 J3 平面西高东低，东半部开口于斜向下延伸的淤泥层下，说明该水井处于土台的东坡之上，也为春秋战国时期该土台东边缘的确定提供了证据。结合遗址地层堆积情况，说明该土台在春秋战国时期就已存在，且经过人类长期活动，形成厚度超过 3 米的文化层堆积，使其高出周围地表超过 4 米。为了方便生产、生活，在土台东南、南部分别开凿了两眼土圹井（J3、J4）。春秋战国时期，由于生产力水平低下，开凿工艺不高，故形成了具有内外两层土圹、方形井体的水井。通过对 J3、J4 的发掘，初步了解了该时期水井的形制与结构，并对其开凿工艺有了初步的认识。开凿水井，先开挖大型的圆形或长方形的外圹，为避免塌方，在下挖达到一定深度时，再逐渐内收形成多层台阶状（如 J3）或开挖较深的外圹、填筑夯土（如 J4），再于其中间部位开挖一圆形竖穴，内置搭建的方形木质井圈，最后在内层土圹与井圈之间填筑夯土。

在遗址的发掘中，发现了大量的汉代灰沟与灰坑，说明该时期土台之上依然有大量的人在活动，并开凿具有陶质井圈的水井一眼（J2）。

西晋时期灰坑的发现，说明西晋时期该区域仍有人群进行生活与生产，其后土台被改为墓地之用。

唐宋时期，土台之上再次开始生产、生活，故而形成灰坑，并开凿有土圹砖筑水井一眼（J1）。唐宋时期的遗迹分布于土台之上，周围皆为淤泥堆积，说明唐宋时土台仍高于周围地表。

明清时期，土台周围淤泥层之上有厚约 10 厘米的文化层，地表可见大量青花瓷片，且分布范围较广，说明明清时期人类的活动范围已经扩展到土台以外的区域，也证明土台周围的淤泥层形成于唐宋—明清时期。结合文献记载及明清时期下邳古城考古中发现的城外淤泥层堆积，该遗址的淤泥层与之相同，且两处距离较近，推断该遗址的淤泥层形成于公元 1668 年郯城地震引发的黄河泛滥。洪灾之后，土台周围地表被淤泥抬高，人们复于土台及周围区域居住、生活。直至本次土地改造工程以前，土台仍旧高于周围地表 2.5 米。

第四章　西晋墓地

　　本次发掘共发现墓葬9座，皆带墓道前后室砖室合葬墓，南北向，墓道居北（图二一六；彩版五〇、五一；附表一〇）。出土金、银、铜、铁、玉、漆、瓷、玻璃、蛋壳、海螺、蚌、骨、陶、竹、石、炭精、石灰等质地器物1071件。

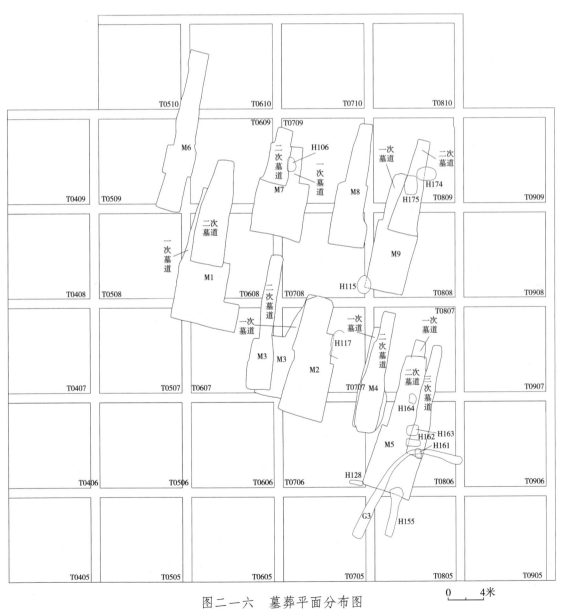

图二一六　墓葬平面分布图

第一节　M1

一、墓葬形制

M1 为一座斜坡墓道双甬道前室盝顶并列双后室券顶的土坑砖室合葬墓，方向 18°（图二一七 A；彩版五二）。墓道中部被 H13 打破、墓室东南部被 J1 打破，墓坑打破春秋战国时期文化层。墓坑平面呈圆角长方形，四壁向内斜收。西壁距发掘平面 0.54 米处有一南北向二层台，台面较平，南北长 3.72、东西宽 0.26、高 1.70 米。墓坑南北长 6.8、口东西宽 5.26~7.32、深 2.64 米。该墓主要由墓道、前庭、门墙、封门、甬道、前室、东耳室、后室以及盝顶砖筑结构组成。墓底有一层铺砖，砖室皆置于铺砖之上。

墓道　居北，为长斜坡墓道，有明显的二次开挖迹象。据开挖时间的先后，将其分为一次墓道、二次墓道（图二一七 B；参见彩版五二）。

二次墓道位置偏东，对应东后室。平面近梯形，南北长 11.12、北宽 1.60、南口宽 3.10、南底宽 2.48 米，南端距现地表深 2.54 米，南端至墓葬前部砖砌门墙，东壁略弧，东、西两壁较斜，截面呈倒梯形。墓道南端东壁下有一个二层台，二层台为春秋战国时期文化层堆积，西侧与东甬道东壁相平齐，顶面较平，底部较大，顶面东西长 0.72、南北宽 0.66 米，底部南北长 0.76、东西宽 0.66 米、高 1.01 米。墓道坡面东高西低，略呈弧形，西侧坡面低于东侧 0.08 米，近墓门处底面较平。墓道填土为灰褐色沙土，土质较疏松，未夯打，包含少量红烧土颗粒、灰陶片、瓦片等。出土铜钱、砺石、陶幡座（彩版五三：1）、陶碗、陶罐、陶盆、陶三足盘、陶奁、陶甑底、陶鬲足、印纹硬陶片共 17 件。

一次墓道位置偏西，对应西后室。平面近梯形，南北长 10.44 米，南端距现地表 2.38 米，东半部被二次墓道破坏。据发掘情况分析，二次墓道南端近墓门处二层台应该就是一次墓道东壁的残留。一次墓道西壁有梯形二层台，顶面较平，亦为春秋战国时期文化层堆积，二层台长 5.66、宽 0.32、南端距墓道底高 0.80 米。墓道坡面高于二次墓道，较平，近墓门处底面较平。一次墓道填土与墓室顶部填土相同，应为墓葬修筑时开挖而成。填土为灰褐色沙土，土质较疏松，未夯打，包含少量红烧土颗粒、灰陶片、瓦片等。

前庭　M1 西墓门前有一较小的前庭，仅存西壁。由于砌筑前庭西壁，墓道西壁的二层台南端被去除，前庭西壁就砌筑于原二层台的位置，紧贴一次墓道西壁，为长方形青砖纵向平铺砌筑。西壁南北长 1.08、东西宽 0.20、高 0.86 米。长方形砖长 40、宽 20、厚 8 厘米。

门墙　仅有西半部，东部可能由于墓葬二次开挖破坏不存，长方形青砖横向平铺砌筑，最上一层为 3 块青砖平铺。门墙高 2.04、宽 2.08 米。长方形青砖长 40、宽 20、厚 8 厘米。

封门　门墙下部开有东、西两个墓门（图二一八；彩版五三：2）。东墓门由上、下两块石板封门，石板侧立封堵，置于墓底铺砖之上，另有一长方形石板斜向南支撑于下部封门石板上半部。上部封门石板为一浅浮雕刻画像石，倒置，画像一侧向内，内容为"青龙"，东西长 106、厚 18、高 36 厘米（图二一九）。下部封门石板素面，表面不平整，东西长 94、

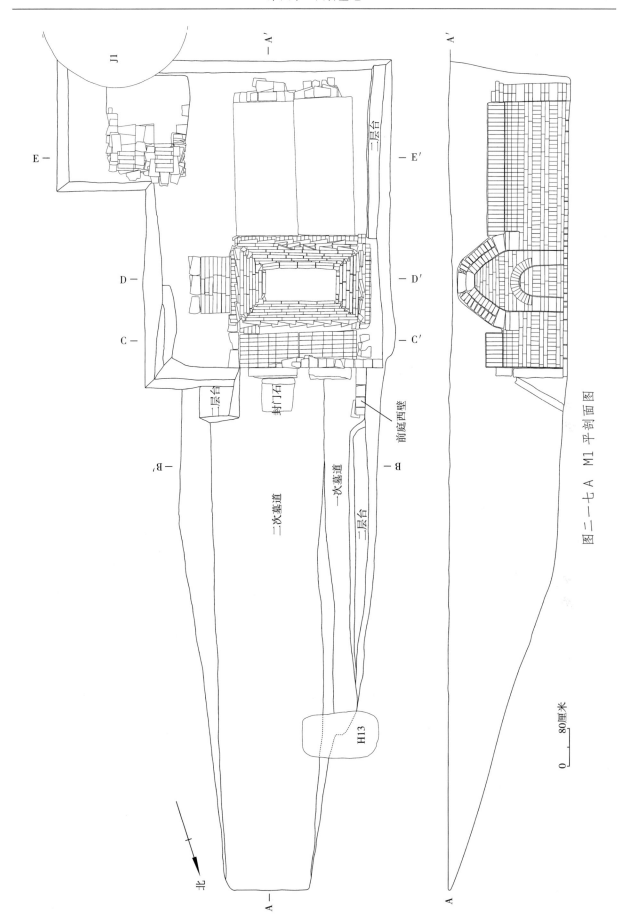

图二一七Ａ　M1 平剖面图

J1

一A′

E—

D—

C—

一层台

—E′

—D′

—C′

封门石

前庭西壁

二次墓道

一次墓道

二层台

—B′

一层台

—B

H13

北

A—

A

A′

A′

0　　80厘米

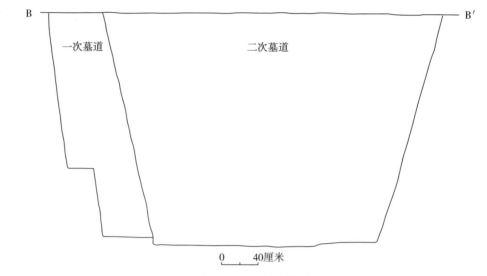

一次墓道　　　　　二次墓道

0　　40厘米

图二一七 B　M1 墓道横剖面图

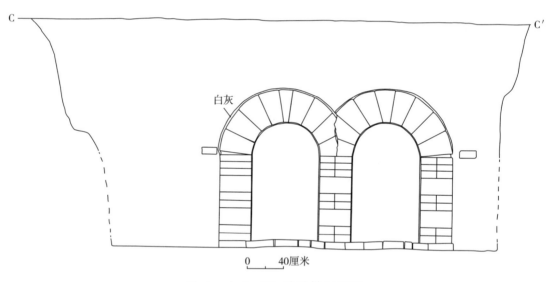

白灰

0　　40厘米

图二一七 C　M1 甬道横剖面图

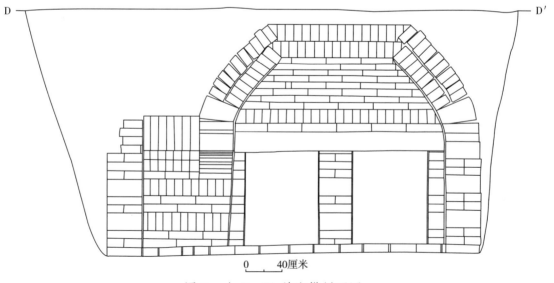

0　　40厘米

图二一七 D　M1 前室横剖面图

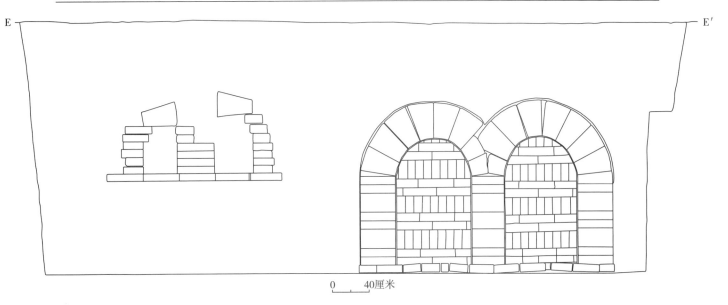

图二一七 E M1 后室横剖面图

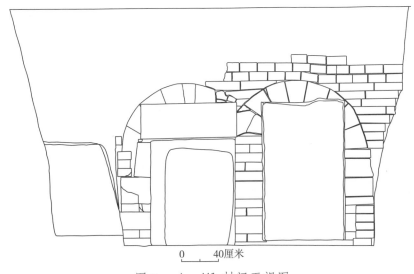

图二一八 M1 封门正视图

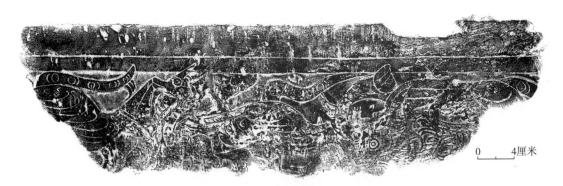

图二一九 M1 东封门画像石拓片

西门

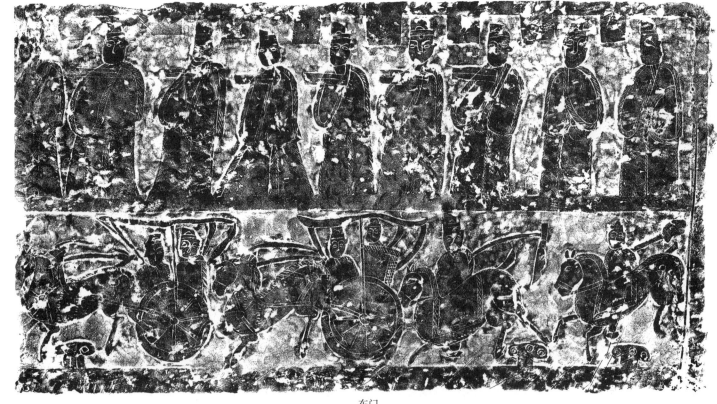

东门

0 ____ 4厘米

图二二〇 M1 前室门楣画像石拓片

厚 23、高 112 厘米。支撑石板亦素面，表面不平整，长 126、宽 72、厚 14 厘米。西墓门为一较大石板封堵，石板置于墓底铺砖之上，素面，表面不平整，东西长 94、厚 24、高 150 厘米。

_墓门_　封门后即墓门，分东、西两个墓门。其形制、砌筑方式皆相同，大小一致。上半部皆楔形砖横砌成拱形，东、西墓门共用中间隔墙，隔墙上半部长方形青砖纵向平铺三层，下半部"两顺一丁"砌筑。墓门外圹高 1.78、宽 2.78 米；内圹高 1.38、宽 0.80 米。楔形砖长 38、大弧边宽 26、小弧边宽 16、厚 8 厘米；长方形青砖长 40、宽 20、厚 8 厘米。

_甬道_　墓门与前室之间为甬道，顶部填土与一次墓道填土相同。甬道分东、西二甬道，其形制、砌筑方式皆相同，大小一致（图二一七 C）。甬道顶面涂抹有厚约 2 厘米的石灰封护层，上半部皆楔形砖横砌券顶，两甬道共用中间隔墙，隔墙上半部长方形青砖纵向平铺三层，下半部"两顺一丁"砌筑，甬道内壁涂抹厚约 1 厘米石灰层，局部脱落。甬道外顶高 1.84 米，内高 1.36、宽 0.80、进深 1.16 米。东甬道出土蛋壳器、桃叶形铜片、漆器共 4 件，西甬道出土铜镳斗、陶球、石灰构件 6 件。

_前室_　甬道后为前室，顶部填土与一次墓道填土相同。北壁开有东、西二门（图二一七 D），门上部有一整块长条形石板作为门楣石。门楣石为浅浮雕画像石，画像一面向下，内容为"车马出行"与"进献"等内容，东西长 236、宽 40、厚 22 厘米（图二二〇）。前室东西向，平面长方形，外东西长 3.08、南北宽 2.10、高 2.42 米，内东西宽 2.36、高 1.98、进深 1.32 米。盝顶，顶部楔形砖砌筑，表面有 2 厘米厚的石灰封护层。内壁涂抹有厚 1 厘米的石灰层，并绘有黑色影作装饰：前室四角及南、北两壁中间绘有立柱，柱顶有斗拱，盝顶四角用黑色粗线勾勒。前室南壁中部影作立柱、斗拱处石灰层局部脱落，其内表仍有一石灰层，并绘有黑色立柱、斗拱的影作装饰，说明在该墓第二次下葬时前室的石灰层就出现了局部脱落的情况，并进行了第二次石灰层的涂抹，并进行了影作装饰（图二二一；彩版五四：1、2）。四壁上半部长方形青砖纵向平铺三层、下半部"两顺一丁"砌筑，东壁下有一耳室，南壁开有东、西二后室门。地面用长方形青砖"一顺一丁"人字形铺地。出土有残铜器、铜片、带柄铜匜、铜带钩、铁镜及铁镜架、鹦鹉螺杯共 8 件（彩版五五：1）。

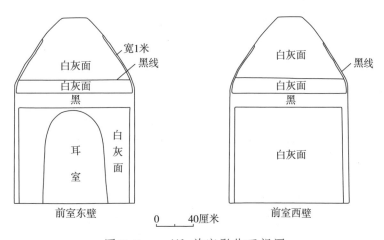

图二二一　M1 前室影作正视图

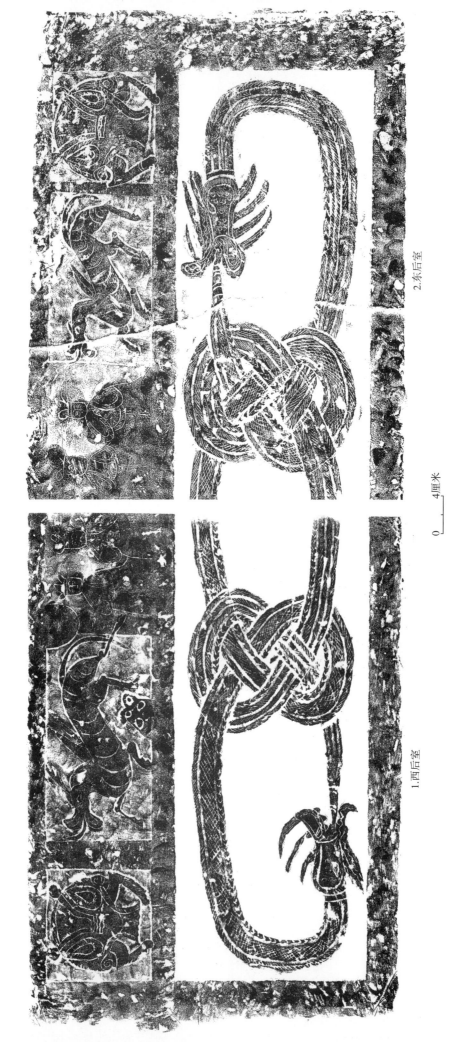

1.西后室

2.东后室

0 ____ 4厘米

图二二二 M1 后室门楣画像石拓片

东耳室　位于前室东壁中部，砌筑于墓圹之内，外表覆有厚 2 厘米的石灰封护层，顶部填土与一次墓道填土相同（彩版五五：3）。东西向，平面长方形，外东西长 0.92、南北宽 1.23、高 1.50 米，内南北宽 0.70、高 1.04、进深 0.96 米。楔形砖筑券顶，三壁上半部长方形青砖纵向平铺三层、下半部“两顺一丁”砌筑。地面长方形青砖“一顺一丁”人字形铺地。出土铜熏、铜镵斗、铜盆、铜熨斗、铜洗共 5 件（彩版五五：2）。

后室　东、西两后室（图二一七 E），顶部填土与一次墓道填土相同，其内包含物有残铜器、铜钱、石璧、陶桥形系共 4 件。后室门位于前室南壁，开有东、西二门。二门皆平面长方形，大小相同，东西宽 0.82、高 0.98 米，顶有门楣石。门楣石为一长条形石板，浅浮雕刻“双龙穿璧”画像（图二二二；彩版五六：1、2），画像一面向下，东西长 236、宽 40、厚 22 厘米。后室总平面呈长方形，外南北长 3.30、顶东西总宽 2.58、高 1.86 米，二南北向长条形拱形券顶东、西相连，表面覆有厚 2 厘米的石灰封护层。东、西两后室形制相同，平面南北向长条形，楔形砖筑拱形券顶，东后室内南北长 3.24、东西宽 0.83 米、高 1.40 米，西后室内南北长 3.28、东西宽 0.80、高 1.40 米。东西两壁较直，上半部长方形青砖纵向平铺三层，下半部“两顺一丁”砌筑，南端顶部楔形砖和长方形青砖混合横向平铺封堵、下部“两顺一丁”砌筑。地面长方形青砖“一顺一丁”人字形铺地。东后室（彩版五七：1）未见葬具，地面局部仅见白灰铺底，人骨不存。出土金手镯、银簪、银钗、银铃铛、银手镯、铜泡钉、铜扣耳杯、残铜器、铜金铛、铜勺、铜盆、铜钱、铁环、铁剪刀、铁镜、青瓷器盖、青瓷盘口壶、漆器、炭精羊共 90 件。从出土随葬品分析，该室葬人应头向北，且为女性。西后室（彩版五七：2）亦未见葬具，局部有白灰铺底残留，出土人骨一具，保存较为完整，头向北、面向西（彩版五七：3）。出土金戒指、金币、银簪、银戒指、铜泥箭、铜钱、铁环、铁剑、铁刀、铁镜、铁棺钉、铜扣贝耳杯、玻璃碗、珍珠、蚌壳、铅币、象牙罐、石黛板共 84 件。从随葬品分析该室葬人应为男性。

叠涩顶砖筑结构　位于该墓后室东侧，与后室分离。从 M1 墓圹填土分析，其土质与一次墓道填土土质相同，仅土色略显深灰。该砖筑结构西部打破 M1 后室填土，东部坐落于春秋战国时期文化层堆积之上，底平面高于 M1 后室底平面 0.98 米，应是该墓封填后再次开挖而成。该砖砌结构为南北向，砖室，东西并列，顶部及各壁砌筑不完整，南半部参差不齐，未见封堵。砖筑结构（彩版五七：4）外南北长 1.72、东西总宽 1.84、高 0.94 米，单室内宽 0.38、高 0.60 米。顶部仅数块楔形砖单砖侧立，东西壁楔形砖、长方形青砖混合平铺砌筑墙壁，且上半部依次向内折收 6~8 厘米形成叠涩顶。室内地面楔形砖铺地。两室内填深灰褐色沙土，土质较硬，未见包含物。

二、出土器物

经发掘，M1 共出土金、银、铜、铁、漆、瓷、玻璃、蛋壳、海螺、蚌、陶、石、石灰等质地各类器物 218 件，其中西后室出土铁棺钉 1 组 51 件（图二二三）。

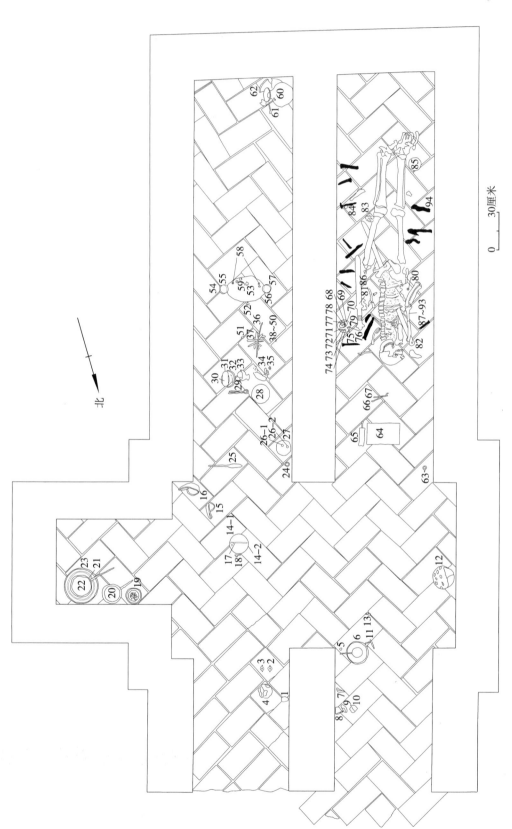

北

0　　　30厘米

图二二三　M1 随葬器物分布图

1.蛋壳器 2.桃叶形铜片 3.铜片 4.漆器 5.陶球 6.铜锥斗 7.石灰构件 8.石灰构件 9.石灰构件 10.石灰构件 11.石灰构件 12.残铜器 13.铜片 14.铁镜及镜架
15.鹦鹉螺杯 16.鹦鹉螺杯 17.带柄铜钩 18.铜带钩 19.铜熏 20.铜泡钉 21.铜盆 22.铜洗 23.铜环 24.铁环 25.铁剪 26.铁剪刀 27.青瓷器盖 28.铁镜 29.铁剪刀
30.铜扣耳杯 31.铜扣耳杯 32.漆器 33.漆器 34.残铜器 35.残铜器 36.银铃铛 37.银铃铛 38.银钗 39.银钗 40.银钗 41.银钗 42.铜钗 43.银钗 44.银簪 45.银盘口壶
46.银钗 47.银钗 48.银钗 49.银簪 50.银钗 51.炭精羊 52.银铃铛 53.银铃铛 54.银手镯 55.银手镯 56.金手镯 57.金手镯 58.银铃铛 59.银铃铛 60.青瓷盘口壶
61.铜勺 62.铜盆 63.铁环 64.石黛板 65.铜泥筒 66.银簪 67.银簪 68.银钗 69.铜扣贝耳杯 70.铜扣贝耳杯 71.银戒指 72.银戒指 73.银戒指 74.银戒指 75.金戒指
76.金戒指 77.珍珠 78.珍珠 79.玻璃碗 80.铅币 81.铁剑 82.铁刀 83.象牙罐 84.蚌壳 85.铁镜 86.铜镜 87.金币 88.铅币 89.铅币 90.铅币 91.铅币 92.铅币
93.铅币 94.铁棺钉

（一）二次墓道填土出土器物

铜钱　1枚。M1二次墓道填土：1，锈残。五铢钱。其"铢"字"钅"旁上部呈方折状，但其"铢"字之"钅"字旁头呈等边三角形，"铢"字结构匀称整齐。直径2.52、孔1、厚0.15厘米（图二二四A；彩版五八：1）。

砺石　1件。M1二次墓道填土：2，残。红褐色，平面长方形。长6.8、宽4、厚2.1厘米（图二二四A；彩版五八：2）。

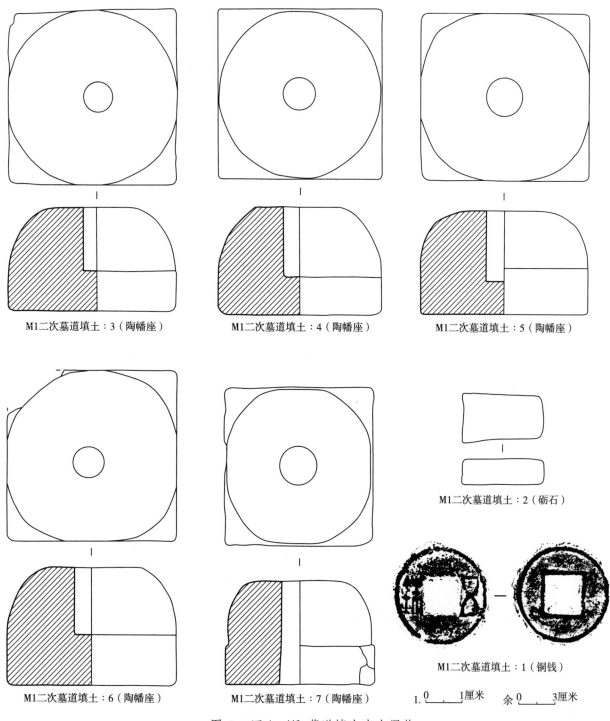

M1二次墓道填土：3（陶幡座）　　　　M1二次墓道填土：4（陶幡座）　　　　M1二次墓道填土：5（陶幡座）

M1二次墓道填土：2（砺石）

M1二次墓道填土：6（陶幡座）　　　　M1二次墓道填土：7（陶幡座）

M1二次墓道填土：1（铜钱）

图二二四A　M1墓道填土出土器物

陶幡座　5 件。M1 二次墓道填土:3，泥质灰陶。方座圆顶，中有孔，未穿透。底边长 13.8、高 8.2、孔径 2.4 厘米（图二二四 A；彩版五八:3）。M1 二次墓道填土:4，泥质灰陶。方座圆顶，中有孔，未穿透。底边长 13.4、高 8.6、孔径 2.6 厘米（图二二四 A；彩版五八:4）。M1 二次墓道填土:5，泥质灰陶。方座圆顶，中有孔，未穿透。底边长 13.9、高 8.2、孔径 3 厘米（图二二四 A；彩版五八:5）。M1 二次墓道填土:6，泥质灰陶。残，方座圆顶，中有孔，未穿透。底边宽 13.8、高 9.4、孔径 2.6 厘米（图二二四 A；彩版五八:6）。M1 二次墓道填土:7，泥质灰陶。残，方座圆顶，中有孔，未穿透。底边长 13.2、高 8.2、孔径 3 厘米（图二二四 A；彩版五八:7）。

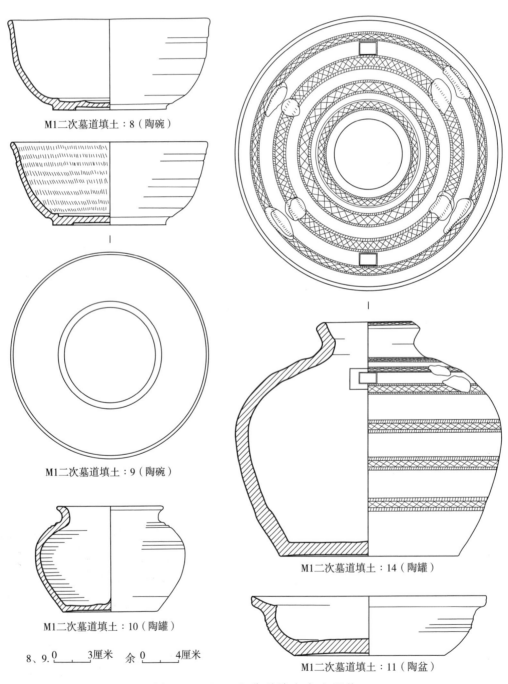

M1二次墓道填土:8（陶碗）

M1二次墓道填土:9（陶碗）

M1二次墓道填土:10（陶罐）

M1二次墓道填土:14（陶罐）

M1二次墓道填土:11（陶盆）

8、9.0 ___ 3厘米　　余 0 ___ 4厘米

图二二四 B　M1 墓道填土出土器物

陶碗　2 件。M1 二次墓道填土:8，泥质灰陶。敞口，圆唇，鼓腹，下腹弧收，圈足。外壁饰多道弦纹。口径 16.8、足径 9.5、高 6.6 厘米（图二二四 B；彩版五九：1）。M1 二次墓道填土:9，泥质灰陶。敞口，圆唇，弧腹，圈足。腹部饰凹弦纹，内壁饰多道短斜线纹。口径 16.4、足径 9.4、高 6.6 厘米（图二二四 B；彩版五九：2）。

陶罐　2 件。M1 二次墓道填土:10，泥质灰陶。侈口，圆唇，矮束颈，鼓腹，下腹弧收，平底略内凹。上腹饰凹弦纹，内壁有轮制弦痕。口径 11.8、底径 10.6、高 11.2 厘米（图二二四 B；彩版六〇：1）。M1 二次墓道填土:14，残碎，已修复。泥质灰陶。侈口，圆唇，矮束颈，溜肩，鼓腹，下腹斜收，平底内凹。肩有二对称方形模印图案，较浅，似鸟形，肩、腹饰多道竖线纹与菱形纹的组合带状纹饰。口径 11.4、底径 19.6、高 24.7 厘米（图二二四 B；彩版六〇：4）。

陶盆　1 件。M1 二次墓道填土:11，残半，已修复。泥质灰陶。侈口，圆唇，卷沿上翻，沿面略下凹，弧腹，平底内凹。腹有多道弦纹。口径 25.4、底径 16.3、高 6.3 厘米（图二二四 B；彩版六〇：2）。

陶三足盘　1 件。M1 二次墓道填土:12，残半，已修复。泥质灰陶。子口，鼓腹，下腹弧收，底有三个柱形足。上腹饰两周凹弦纹。口径 14.2、底径 9.6、通高 5 厘米（图二二四 C；彩版六〇：3）。

陶奁　1 件。M1 二次墓道填土:13，残半，已修复。泥质灰陶。敛口，方唇，弧腹，下有三蹄形足。腹饰弦纹。口径 18.1、底径 16.1、通高 13.2 厘米（图二二四 C；彩版五九：3）。

陶甑底　1 件。M1 二次墓道填土:15，夹砂灰陶。底有四对穿水滴状穿孔。表饰绳纹。底径 10.4、残高 2.3 厘米（图二二四 C；彩版五九：4）。

陶鬲足　1 件。M1 二次墓道填土:16，夹砂灰陶。锥形。表饰绳纹。残高 8.35 厘米（图

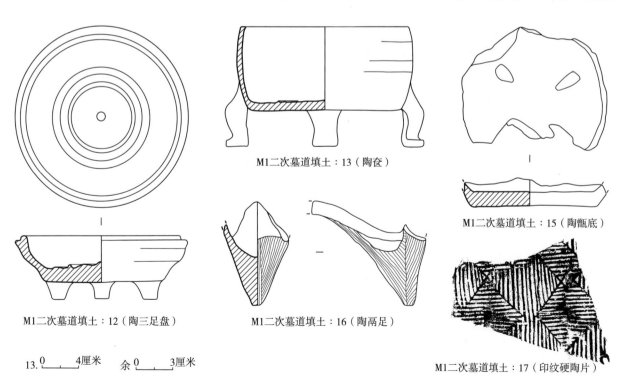

M1 二次墓道填土:13（陶奁）

M1 二次墓道填土:15（陶甑底）

M1 二次墓道填土:12（陶三足盘）

M1 二次墓道填土:16（陶鬲足）

M1 二次墓道填土:17（印纹硬陶片）

13. 0　4 厘米　　余 0　3 厘米

图二二四 C　M1 墓道出土器物

二二四 C；彩版五九：5）。

印纹硬陶片 1件。M1二次墓道填土:17，印饰菱形填线纹。残高12.7、厚0.6厘米（图二二四 C）。

（二）后室填土出土器物

残铜器 1件。M1后室填土:2，锈残。呈刀形。长8.80、厚0.30厘米（图二二五；彩版六一：1）。

铜钱 1件。M1后室填土:4，为货泉。直径2.1厘米（图二二五；彩版六一：2）。

石璧 1件。M1后室填土:1，残半。圆形，中有圆穿孔。直径5.30、厚0.60厘米（图二二五；彩版六一：3）。

陶桥形系 1件。M1后室填土:3，表饰叶脉纹，侧饰圆圈纹。残长5.10厘米（图二二五；彩版六一：4）。

（三）东甬道出土器物

桃叶形铜片 2件。M1:2，锈残。桃叶形，中有孔。残长4.9、宽4.7、厚0.15厘米（图二二六；彩版六一：5）。M1:3，锈残。桃叶形，中有孔。残长6.1、宽5.0、厚0.15厘米（图二二六；彩版六一：6）。

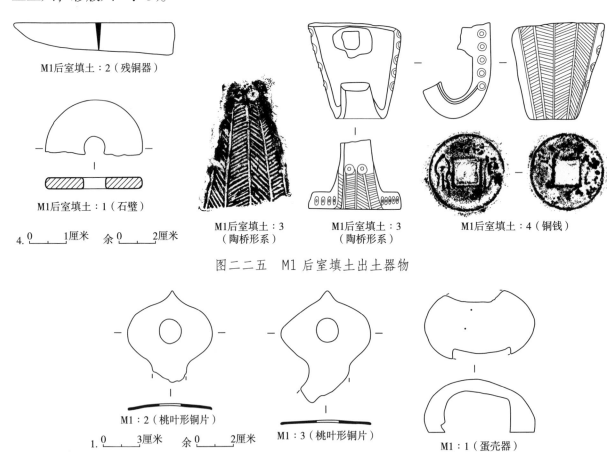

M1后室填土：2（残铜器）

M1后室填土：1（石璧）

4. ┗━━━┛ 0 1厘米   余 ┗━━━┛ 0 2厘米

M1后室填土：3（陶桥形系）　　M1后室填土：3（陶桥形系）　　M1后室填土：4（铜钱）

图二二五　M1后室填土出土器物

M1：2（桃叶形铜片）

1. ┗━━━┛ 0 3厘米   余 ┗━━━┛ 0 2厘米　　M1：3（桃叶形铜片）　　M1：1（蛋壳器）

图二二六　M1东甬道出土器物

蛋壳器 1件。M1:1，残半。半椭圆形，顶有整体切口。长9、宽5、高4.2、厚0.08厘米（图二二六；彩版六一：7）。

漆器 1件。M1:4，已腐朽。仅余漆皮，器形不可辨。

（四）西甬道出土器物

铜镳斗 1件。M1:6，锈。由斗盘、承盘组成。斗盘侈口，卷沿外翻，圆唇，直腹，内底有尖柱状盘芯，一侧附龙首柄，柄端上翘，底附三蹄形足，足端外撇，下有圆形承盘。承盘侈口，宽斜沿，沿面微凹，圆唇，折腹，平底，底四周有凸弦纹。斗盘口径10、底径9.6厘米，承盘口径17.6、底径11.2厘米，斗高6.6、通高9.6厘米（图二二七；彩版六二：1）。

陶球 1件。M1:5，泥质灰陶。椭圆球形。直径2厘米（图二二七；彩版六二：2）。

石灰构件 4件。M1:7，残。扁圆形，上大下小，体较薄，中空，下半部分有长方形孔。长7.5、宽4.6、高4.7厘米（图二二七；彩版六二：3）。M1:8，残。扁圆形，上大下小，体较薄，中空，下半部分有长方形孔。长9.35、宽4.1、高6.8厘米（图二二七；彩版六二：4）。M1:9，残。扁圆形，上大下小，体较薄，中空，下半部分有长方形孔。长6.7、宽3.8、高7.8厘米（图二二七；彩版六二：5）。M1:10，与M1:11为同一件，故M1:10与M1:11合并。残，扁圆形，上大下小，体较薄，中空，下半部分有长方形孔。长10、宽5.5、高9.8厘米（图二二七；彩版六二：6）。

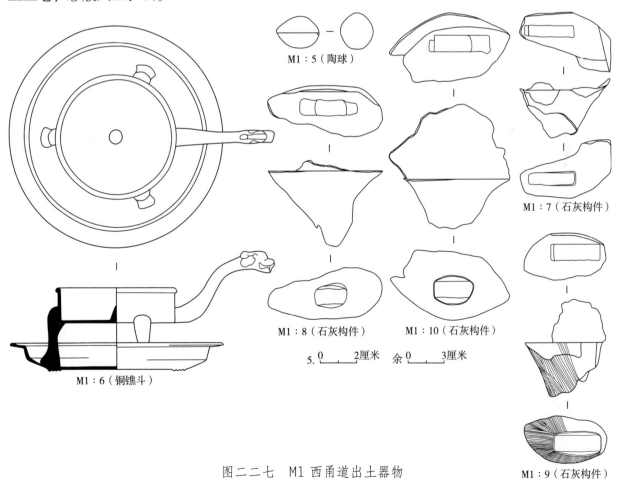

M1:5（陶球）

M1:7（石灰构件）

M1:8（石灰构件） M1:10（石灰构件）

5. 0 ____ 2厘米 余 0 ____ 3厘米

M1:6（铜镳斗）

M1:9（石灰构件）

图二二七 M1 西甬道出土器物

（五）前室出土器物

残铜器　1件。M1:12，锈残。器形不可辨。

铜片　1件。M1:13，锈残。扁平状，一侧上翘。残长4.9、残宽1.3、厚0.1厘米（图二二八；彩版六三：1）。

带柄铜匜　1件。M1:17，匜椭圆形，有凹槽形流，匜柄细长条圆柱状，末端球形。长11、宽3.9厘米（图二二八；彩版六三：4）。

铜带钩　1件。M1:18，锈残。器形短小，素面，弧形，腹较肥，腹有一圆纽。残长3.8、宽1、高0.9厘米（图二二八；彩版六三：2）。

铁镜　1件。M1:14-1，锈残。圆形，圆纽，表面锈蚀严重。直径13.3、厚0.5、纽高1.4厘米（图二二八；彩版六三：3）。

铁镜架　1件。M1:14-2，铁条状，锈残不存。

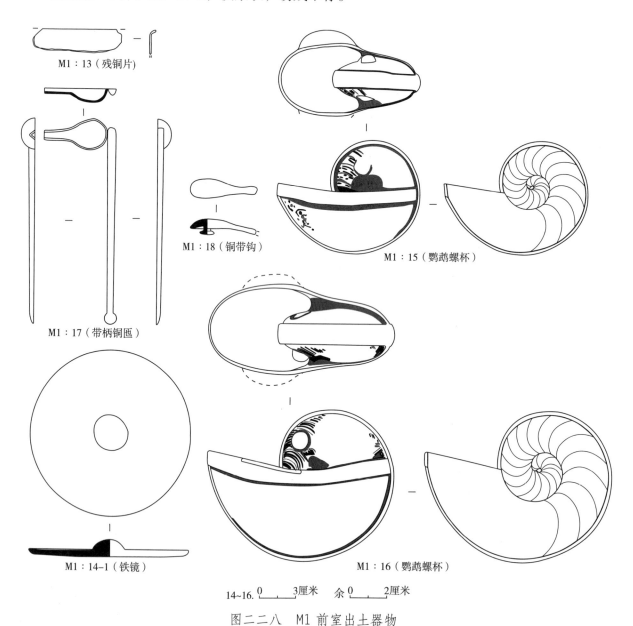

M1:13（残铜片）

M1:17（带柄铜匜）

M1:18（铜带钩）

M1:15（鹦鹉螺杯）

M1:14-1（铁镜）

M1:16（鹦鹉螺杯）

14~16. 0　　3厘米　　余 0　　2厘米

图二二八　M1前室出土器物

鹦鹉螺杯　2件。M1∶15，残碎。回首鹦鹉形。鹦鹉螺体，螺口及体中间皆包铜片，铜片外鎏金。螺上半部镶圆形铜泡作鹦鹉两眼，外壁有黑色、红色相间彩绘装饰，应为鹦鹉羽毛。长 11.78、残宽 6.9、高 9.2 厘米（图二二八；彩版六四∶1）。M1∶16，残碎。回首鹦鹉形。鹦鹉螺体，螺口及体中间皆包铜片，铜片外鎏金。螺上半部镶圆形铜泡作鹦鹉两眼，外壁有黑色、红色相间彩绘装饰，绘鹦鹉羽毛。长 15.39、宽 7.90、高 12 厘米（图二二八；彩版六四∶2）。

（六）东耳室出土器物

铜熏　1件。M1∶19，锈。圆球形熏盒，上有半球形盖，盖顶有纽，一侧有纽与盒体相连，盒下有亚腰形圆柱与底部承盘相连。承盘侈口，平沿，圆唇，斜腹，底有三乳丁状足。直径 13.4、通高 14.1 厘米（图二二九；彩版六五∶1）。

铜镳斗　1件。M1∶20，侈口，圆唇，卷沿外翻，腹较浅，上下腹之间有明显折棱，下腹壁斜直，圜底下附三个外撇的高三角形锥形足。腹中部接一曲颈翘首龙头长柄。口沿内有两周凹弦纹。口径 17.2、底径 12.4、高 20 厘米（图二二九；彩版六五∶2）。

铜熨斗　1件。M1∶22，侈口，尖唇，宽斜折沿，沿面微凹，腹部较直，圆底近平，一侧附一龙首长柄，微上翘。口径 16.8、高 4.4、柄长 22.4 厘米（图二二九；彩版六五∶3）。

铜盆　1件。M1∶21，侈口，圆唇，宽斜折沿，沿面内凹，束颈，鼓腹，平底。外沿饰一周弦纹，底有一周宽凸弦纹。口径 29.2、底径 25.6、高 7 厘米（图二二九；彩版六五∶4）。

铜洗　1件。M1∶23，侈口，平沿，方唇，折腹，上腹较直，下腹弧收，矮圈足，平底，上腹饰三周凹弦纹，下腹对称附两个半月形足，中有圆孔。口径 23.6、足径 12.96、高 9.2 厘米（图二二九；彩版六五∶5）。

（七）东后室出土器物

金手镯　2件。M1∶56，圆环形，微变形，截面圆形。外径 6、内径 5.6 厘米（图二三○A；彩版六六∶1）。M1∶57，圆环形，微变形，截面圆形。外径 6、内径 5.6 厘米（图二三○A；彩版六六∶1）。

银簪　4件。M1∶36，簪身细长，簪首圆柱形，簪体弯曲，并有螺旋纹，长 25.7 厘米（图二三○A；彩版六六∶2）。M1∶37，簪身细长，簪首圆柱形，簪体弯曲。长 9.35 厘米（图二三○A；彩版六六∶3）。M1∶44，细长条形，簪首为球形。长 11.9 厘米（图二三○A；彩版六六∶3）。M1∶49，细长条形，簪首为球形。长 12.2 厘米（图二三○A；彩版六六∶3）。

银钗　11件。M1∶38，平面 U 形，截面圆形。长 17.7、宽 1 厘米（图二三○A；彩版六六∶3）。M1∶39，平面 U 形，截面圆形。长 11.85、宽 2.3 厘米（图二三○A；彩版六六∶3）。M1∶40，平面 U 形，截面圆形。长 12.1、宽 1.9 厘米（图二三○A；彩版六六∶3）。M1∶41，平面 U 形，截面圆形。长 8.5、宽 1.5 厘米（图二三○A；彩版六六∶3）。M1∶42，平面 U 形，截面圆形。长 10.7、宽 2.1 厘米（图二三○A；彩版六六∶3）。M1∶43，平面 U 形，截面圆

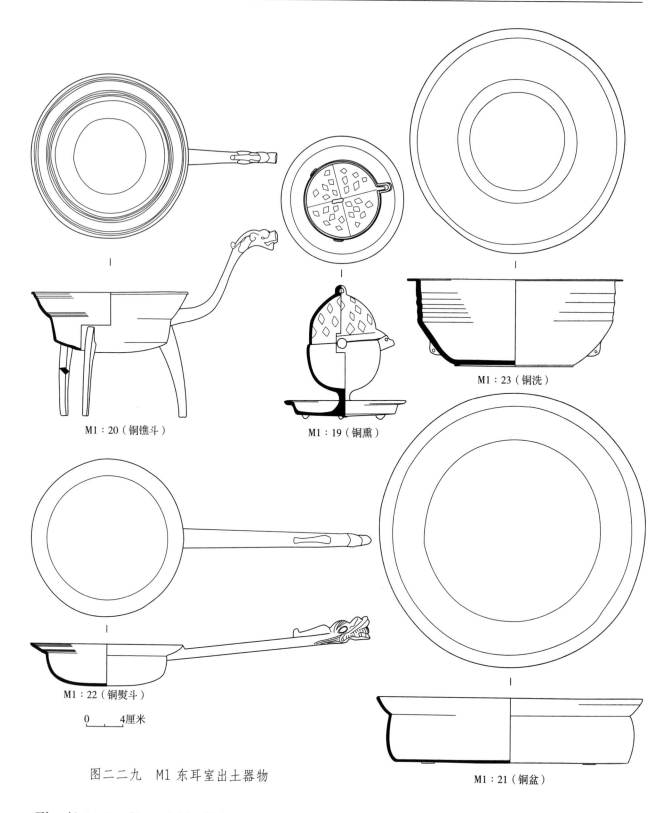

M1：20（铜鐎斗）

M1：19（铜熏）

M1：23（铜洗）

M1：22（铜熨斗）

0　　　4厘米

M1：21（铜盆）

图二二九　M1 东耳室出土器物

形。长 12.3、宽 0.9 厘米（图二三〇 A；彩版六六：3）。M1:45，平面 U 形，截面圆形。长 11.3、宽 1 厘米（图二三〇 A；彩版六六：3）。M1:46，平面 U 形，截面圆形。长 11、宽 1.9 厘米（图二三〇 A；彩版六六：3）。M1:47，残，平面 U 形，截面圆形。长 11.7、宽 1 厘米（图二三〇 A；彩版六六：3）。M1:48，平面 U 形，截面圆形。长 12.4、宽 0.95 厘米（图

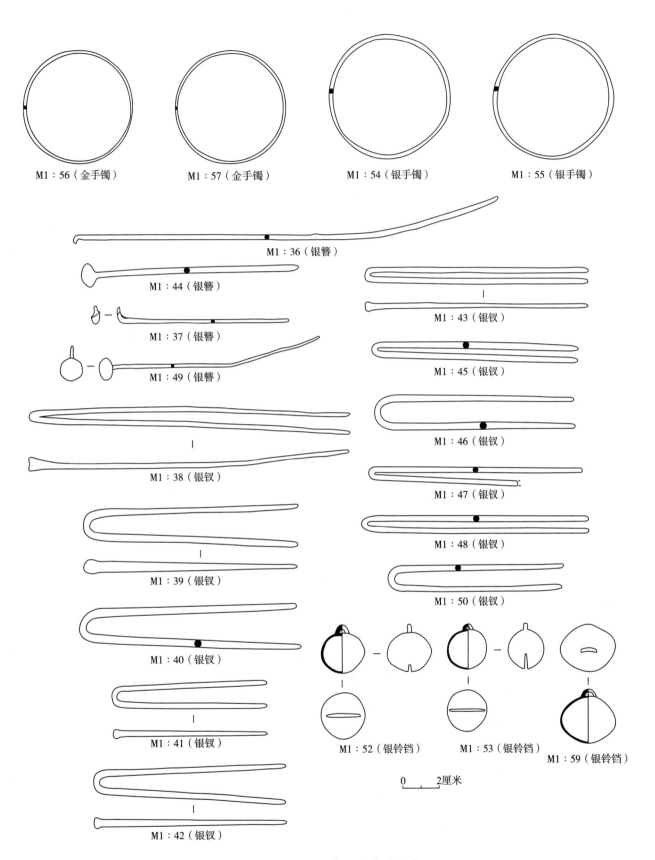

M1：56（金手镯）　　　M1：57（金手镯）　　　M1：54（银手镯）　　　M1：55（银手镯）

M1：36（银簪）

M1：44（银簪）

M1：43（银钗）

M1：37（银簪）

M1：45（银钗）

M1：49（银簪）

M1：46（银钗）

M1：38（银钗）

M1：47（银钗）

M1：48（银钗）

M1：39（银钗）

M1：50（银钗）

M1：40（银钗）

M1：52（银铃铛）　　　M1：53（银铃铛）　　　M1：59（银铃铛）

M1：41（银钗）

0　　　2厘米

M1：42（银钗）

图二三〇A　M1东后室出土器物

二三○ A；彩版六六：3）。M1：50，平面 U 形，截面圆形。长 9.65、宽 1.5 厘米（图二三○ A；彩版六六：3）。

银铃铛　3 件。M1：52，圆球形，顶有一扁圆形纽，底有线形音口，内置铃核。直径 2.5、高 2.6 厘米（图二三○ A；彩版六六：4）。M1：53，圆球形，顶有一扁圆形纽，底有线形音口，内置铃核。直径 2.2、高 2.4 厘米（图二三○ A；彩版六六：5）。M1：59，圆球形，顶有一扁圆形纽，底有方形音口，内置铃核。直径 3、高 2.8 厘米（图二三○ A；彩版六六：6）。

银手镯　2 件。M1：54，圆环形，微变形，截面圆形。外径 6.6、内径 6.2 厘米（图二三○ A；彩版六六：8）。M1：55，圆环形，微变形，截面圆形。外径 6.7、内径 6.3 厘米（图二三○ A；彩版六六：8）。

铜泡钉　2 件。M1：26-1，锈残。钉帽圆球形，中空，内有钉，钉残断。直径 2.6 厘米（图二三○ B；彩版六六：7）。M1：26-2，锈残。钉帽圆球形，中空，内有钉，钉残断。直径 2.6 厘米（图二三○ B；彩版六六：7）。

铜扣耳杯　2 件。M1：30，杓残，仅存铜扣。铜扣平面椭圆形，两侧有半椭圆形耳。长 12.18、宽 8.08 厘米（图二三○ B；彩版六六：9）。M1：31，耳杯下半部杓残不存，铜扣锈碎，仅可见器形。铜扣平面椭圆形。

残铜器　1 件。M1：34，锈残不存。

铜金铛　1 件。M1：35，顶部起尖，圆肩，底微内凹。表面贴有一层金饰。蝉纹，蝉眼凸起，纹饰上布满细小金粟粒。中心有孔，中插一银簪。簪首圆球形，后接针状簪体，簪体残断。宽 3.68、高 3.92 厘米，残长 1.7 厘米（图二三○ B；彩版六七：1）。

铜勺　1 件。M1：61，勺头平面椭圆形，敞口，圆唇，弧腹，平底，一侧有龙首长柄，上翘弯曲，柄上有凸棱。口径 5.2、高 2 厘米，连柄长 20.2、高 14 厘米（图二三○ B；彩版六七：3）。

铜盆　1 件。M1：62，已锈碎，无法复原。

铜钱　1 组 51 枚。五铢钱。其"銖"字之"金"旁上部呈方折状，但其"銖"字之"金"字旁头呈等边三角形，"銖"字结构匀称整齐。M1：58，直径 2.51、孔径 1、厚 0.15 厘米（图二三○ B；彩版六七：2）。

铁环　1 件。M1：24，锈残。环形，一侧残留短柄状物。通长 7.8、宽 4、厚 0.5 厘米（图二三○ B；彩版六七：4）。

铁剪刀　2 件。M1：25，锈残。"Y"形，片状，锈蚀严重。长 22.8、宽 8、厚 0.3 厘米（图二三○ B；彩版六七：5）。M1：29，锈残。呈"8"字形，刃部扁长条形。长 25.7、宽 4.3~5.6 厘米（图二三○ B；彩版六七：6）。

铁镜　1 件。M1：28，锈蚀严重。圆形，圆纽。直径 16、厚 2.2、纽直径 4.4 厘米（图二三○ B；彩版六七：7）。

青瓷盘口壶　1 件。M1：60，浅盘口，圆唇，束颈，溜肩，肩贴塑对称二铺首衔环和二牛鼻形系，鼓腹，下腹弧收，平底内凹。唇下饰两周凹弦纹，肩部饰凹弦纹，系印饰叶脉纹。通体施青釉，釉不及底，露胎。口径 14、底径 10.8、高 24.8 厘米（图二三○ C；彩版

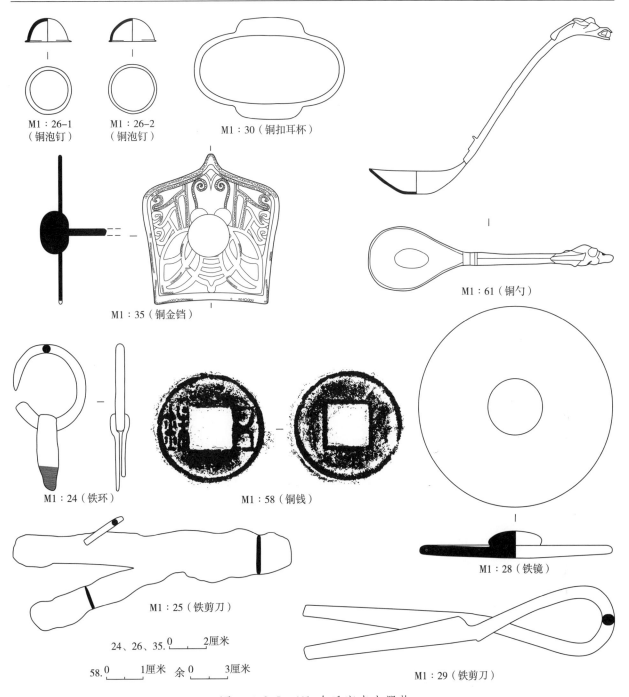

M1：26-1
（铜泡钉）

M1：26-2
（铜泡钉）

M1：30（铜扣耳杯）

M1：35（铜金铛）

M1：61（铜勺）

M1：24（铁环）

M1：58（铜钱）

M1：28（铁镜）

M1：25（铁剪刀）

24、26、35. 0　2厘米

58. 0　1厘米　余 0　3厘米

M1：29（铁剪刀）

图二三○B　M1东后室出土器物

六八：1）。

青瓷器盖 1件。M1:27，平顶，顶上有桥形纽，弧腹，侈口，圆唇。顶及口外各有一凹弦纹，器表施青釉。直径14、通高3.7厘米（图二三○C；彩版六八：2）。

残漆器 2件。M1:32，木胎，已腐朽，器形不可辨。M1:33，木胎，已腐朽，器形不可辨。

炭精羊 1件。M1:51，黝黑光亮，雕刻精致。羊卧状，四肢曲伏，头高昂前视。口部有孔，腹有一上下穿孔。长2.2、宽1.3、高1.65厘米（图二三○C；彩版六八：3）。

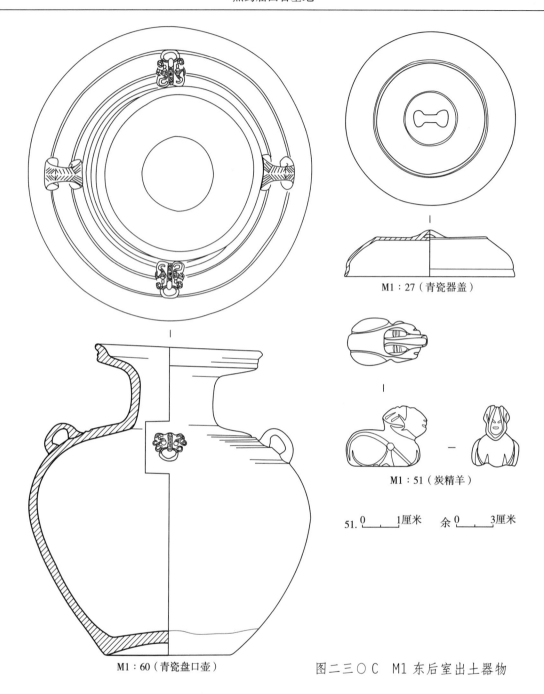

M1：27（青瓷器盖）

M1：51（炭精羊）

51. 0 ⎯⎯ 1厘米　　余 0 ⎯⎯ 3厘米

M1：60（青瓷盘口壶）

图二三〇C　M1 东后室出土器物

（八）西后室出土器物

金戒指　2 件。圆环形，微变形。M1：75，外径 1.7、内径 1.5 厘米（图二三一；彩版六九：1）。M1：76。外径 1.7、内径 1.4 厘米（图二三一；彩版六九：1）。

金币　1 件。M1：87，近圆形，有郭，方孔，上有"五铢"钱文。直径 2、孔 0.4、厚 0.15 厘米（图二三一；彩版六九：2）。

银簪　2 件。M1：66，细长条圆柱形，前端尖柱状，末端弯成"L"形。长 9.7、最大径 0.4 厘米（图二三一；彩版六九：4）。M1：67，细长条圆柱形，前端尖柱状，末端弯成钩状。长 10.8、最大径 0.4 厘米（图二三一；彩版六九：4）。

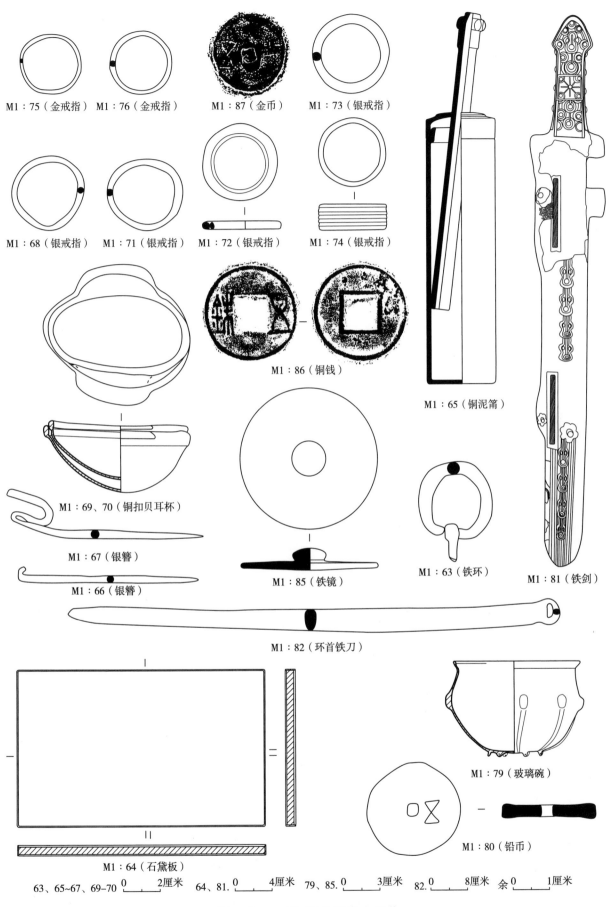

M1∶75（金戒指）　M1∶76（金戒指）　M1∶87（金币）　M1∶73（银戒指）

M1∶68（银戒指）　M1∶71（银戒指）　M1∶72（银戒指）　M1∶74（银戒指）

M1∶86（铜钱）

M1∶65（铜泥箭）

M1∶69、70（铜扣贝耳杯）

M1∶67（银簪）

M1∶66（银簪）

M1∶85（铁镜）

M1∶63（铁环）　M1∶81（铁剑）

M1∶82（环首铁刀）

M1∶79（玻璃碗）

M1∶64（石黛板）

M1∶80（铅币）

63、65~67、69-70 ⊢0——2厘米⊣　　64、81. ⊢0——4厘米⊣　　79、85. ⊢0——3厘米⊣　　82. ⊢0——8厘米⊣　　余 ⊢0——1厘米⊣

图二三一　M1 西后室出土器物

银戒指 5件。M1：68，圆环形，微变形。直径2、截面径0.15厘米（图二三一；彩版六九：6）。M1：71，圆环形，微变形。外径1.9、内径1.5厘米（图二三一；彩版六九：5）。M1：72，分内外两层，内层金质，外层银质。圆环形，微变形。外径2.1、内径1.7厘米（图二三一；彩版六九：5）。M1：73，圆环形，微变形。外径2.1、内径1.65厘米（图二三一；彩版六九：5）。M1：74，圆环形，微变形。外径1.9、内径1.55、高0.7厘米（图二三一；彩版六九：7）。

铜泥箭 1件。M1：65，锈。分盖、筒两部分。盖圆形，中有一圆形细管，管端束一圆形箍；筒圆形，直口，直壁，平底。筒直径3.8、通高19.7厘米（图二三一；彩版六九：8）。

铜钱 1组3件。M1：86，五铢钱。"銖"字之"金"旁上部呈方折状，但其"銖"字之"朱"字旁头呈等边三角形，"銖"字结构匀称整齐。直径2.5、孔径1、厚0.15厘米（图二三一；彩版六九：3）。

铁环 1件。M1：63，锈残。环形，一侧与短铁条相连。残长5.3、宽4厘米（图二三一；彩版七〇：1）。

铁剑 1件。M1：81，锈残，带鞘。铁鞘长条形，末端尖圆形，鞘体有模印纹饰，贴饰长条形金片，金片表面亦有纹饰。剑柄长方形，模印纹饰，贴饰一方形金块，金块表面刻有花形纹饰，中有一圆孔，柄端如意形。残长58.5、残宽8.20厘米（图二三一；彩版七〇：2、4）。

铁刀 1件。M1：82，锈残，带鞘。鞘长条形，截面近椭圆形，刀柄环首。残长108、残宽5.10厘米（图二三一；彩版七〇：5）。

铁镜 1件。M1：85，锈残。圆形，表面有丝布包裹残留。直径11.4、纽高1.8、厚0.4厘米（图二三一；彩版七〇：3）。

铜扣贝耳杯 2件。M1：69、M1：70，上下黏结。平面椭圆形，铜扣，两侧有耳。长8.0、宽7.4、高3.80厘米（图二三一；彩版七一：1）。

玻璃碗 1件。M1：79，侈口，圆唇，内沿微凹，束颈，鼓腹，下腹弧收，圜底，底有七个乳丁状足，足上有圆形穿孔。腹中部有乳丁状突起，内空，下腹对应乳丁状突起有竖向凸棱，弧向底部。口径10.6、最大腹径11.6、高7.6厘米（图二三一；彩版七一：2）。

珍珠 2件。M1：77、M1：78，圆形，粉碎不存。

蚌壳 1件。M1：84，粘附于棺钉之上，灰褐色椭圆形蚌壳（彩版七二：1）。

铅币 1组7件。M1：80，五铢。直径2.5、孔径0.35、厚0.4厘米（图二三一；彩版七二：2）。M1：88，圆饼形。直径2.5、孔径0.4、厚0.4厘米（彩版七二：3、4）。M1：89，圆饼形。直径2.7、厚0.55厘米（彩版七二：3、4）。M1：90，圆饼形。直径2.65、厚0.5厘米（彩版七二：3、4）。M1：91，圆饼形。直径2.5、厚0.5厘米（彩版七二：3、4）。M1：92，圆饼形。直径2.7、厚0.5厘米（彩版七二：3、4）。M1：93，圆饼形。直径2.7、厚0.65厘米（彩版七二：3、4）。

象牙罐 1件。M1：83，已碎，无法复原（彩版七二：5）。

石黛板 1件。M1：64，锈残。平面长方形，四边铜片包边。长26.6、宽16.4、厚0.8厘米，包边宽1.1、厚0.1厘米（图二三一；彩版七二：6）。

第二节　M2

一、墓葬形制

　　M2 为一座双墓道前堂横列式前室券顶并列三后室券顶的土坑砖室合葬墓，方向 27°（图二三二 A；彩版七三：1、2）。该墓在工程施工中发现，前室顶部东侧被机械破坏。墓道东南部被 H117 打破，墓坑打破春秋战国时期文化层。据墓坑内填土的土质土色及叠压、打破关系分析，该墓葬有明显二次开挖的迹象。第二次开挖部分偏西，打破一次墓道，填土灰褐色。东、西、南壁向下距发掘地表 0.78 米皆向内弧收高约 1.42 米的二层台，二层台大部分为春秋战国时期文化层堆积，西壁下二层台局部为灰褐色沙土堆积，台面弧形。砖室部分墓圹南北长 6.30、东西宽 4.90~5.56 米。该墓主要由墓道、门墙、墓门、前室、后室组成。从发掘情况分析，砖室内底部嵌有一层"一顺一丁"人字形青砖铺地。

　　墓道　居北，有明显二次开挖迹象，分一次墓道、二次墓道（图二三二 B；彩版七四：1）。

　　二次墓道（彩版七四：2）位置偏西，对应中墓门。长斜坡墓道，平面近梯形，南北长 7.04、北口宽 2.98、南口宽 3.2 米，南端距发掘地表深 2.40 米，西壁南端内收，底面略呈弧形，东低西高，落差 0.20 米。填土为灰褐色沙土，土质疏松，未经夯打，内出土陶鬲足 1 件。

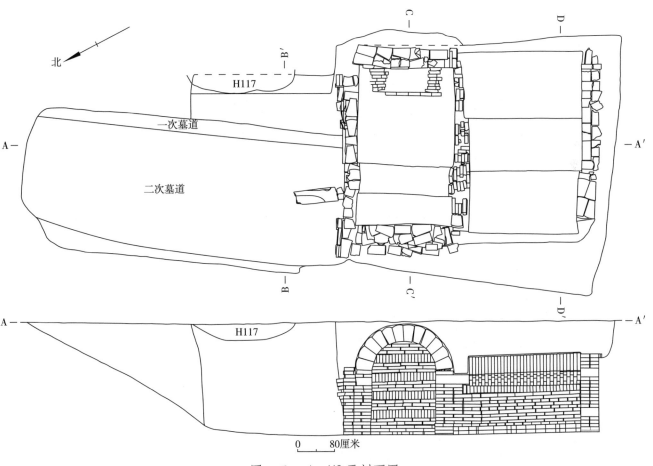

图二三二 A　M2 平剖面图

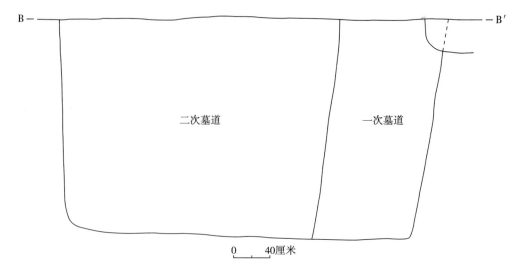

图二三二 B　M2 墓道剖面图

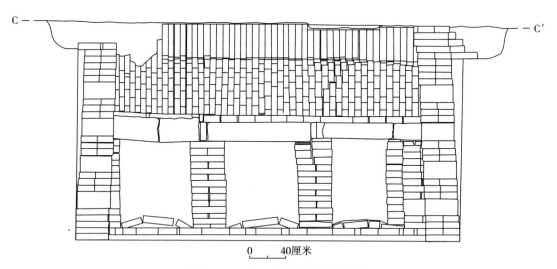

图二三二 C　M2 前室横剖面图

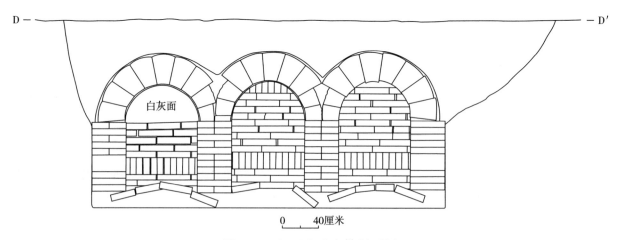

图二三二 D　M2 后室横剖面图

一次墓道为土坑竖穴墓道，平面呈梯形，南北长3.36、北口残宽0.8、南口残宽0.8、南端距发掘地表深2.40米，西半部被二次墓道破坏，北壁向内弧收，东壁较直。填土为灰褐色沙土，土质略显灰黑，土质疏松，未经夯打。

门墙　位于墓道底端，为长方形青砖、楔形砖平铺砌筑而成。东西宽3.93、残高1.54米。门墙下开有东、中、西三个墓门，长方形青砖封门。两门之间青砖平铺砌筑，与上部门墙连成一体。东、西两封门上部残存门墙砖三层，门墙西侧残存铺砖十层，砌筑于高出墓圹底部1米的二层台上。从清理情况分析，门墙为墓葬修筑时砌筑。在墓葬二次开挖时，由于中墓门的开启而使门墙局部被破坏，后在中墓门封堵时重新砌筑。

墓门　墓道末端即墓门，分东、中、西三门，墓门之间有长方形青砖平铺砌筑隔墙（图二三三；彩版七四：3）。

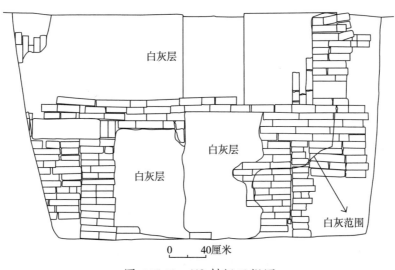

图二三三　M2封门正视图

东墓门宽0.75、高1.04米，东半部位于前室墓坑内。墓门分内外两部分，前半部分位于门墙之下，后半部分位于前室北壁下。内外门平面皆长方形，顶各有一长条形门楣石，内外两块门楣石东西放置、南北紧靠在一起。门楣石皆青石质，制作粗糙，表面不平。外侧门楣石西端有榫头状断茬，压于墓门西墙之上，东西残长122、南北宽48、厚24厘米；内侧门楣石东西长120、南北宽40、厚24厘米。东墓门两壁较直，其西墙外侧有一层厚1厘米的石灰封护层。门内长方形青砖平铺封堵（彩版七五：1、2），封门分内外两层，外壁无石灰封护层。

中墓门（彩版七五：3、4）平面长方形，宽0.74、高0.97米，两壁较直，门墙下未见门楣石及门，仅有前室北壁所开之中墓门，顶有门楣石。门楣石为一长方形青石板，制作粗糙，表面不平，东西长92、南北宽40、厚24厘米。封门分内外两层，皆长方形青砖平铺封堵，外层封门位于前室中部所开中墓门外侧，外壁涂抹一层厚1厘米石灰封护层（图二三四）。外层封门宽0.74、高1.29、厚0.20米；内层封门位于门内。

西墓门平面长方形，宽0.75、高0.96米，两壁较直，分内外两部分。外侧墓门位于门墙之下，无门楣石，墓门顶部门框长方形青砖平铺，与西侧门墙连结为一整体，应与门墙为一次性砌筑，墓门两壁较直。内侧墓门顶有门楣石。门楣石为一长方形青石板，制作粗糙，表面不平，东西长 90、南北宽 40、厚 24 厘米。西墓门内长方形青砖平铺封堵（彩版七五：5），封门与中墓门相同，外侧封门外壁及门墙西部表面大部涂抹一层厚 1 厘米的石灰封护层。封门南侧有一长条形条石，南北放置，制作粗糙，表面不平，南北长 91、东西宽 45、厚 48 厘米。

前室　门墙后为前室，东、中、西墓门开于前室北壁。东西向，平面长方形，外东西长

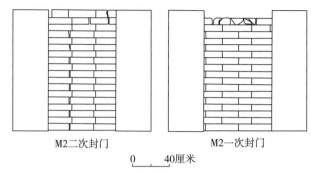

图二三四　M2 一、二次封门正视图

4.56、南北宽 2.14、高 2.36 米，内东西宽 3.54、高 1.84、进深 1.40 米。券顶（彩版七六：1），楔形砖砌筑顶部，顶外壁不平，西部有宽 0.80 米券顶下凹，低于两侧 5~6 厘米，外表覆有厚 2 厘米的石灰封护层（图二三二 C）。东西两壁券顶上半部分长方形青砖平铺四层（彩版七六：2），下半部分长方形青砖"三顺一丁"砌筑，南北两壁皆长方形青砖"三顺一丁"砌筑。地面用长方形青砖"一顺一丁"人字形铺地，地面较平。出土铜三叉形器、环首铁刀、铁构件、铁剪刀、铁灯、青瓷灯、青瓷盆、青瓷钵、石黛板、石研磨器、陶罐、陶榼盘、骨簪共 15 件（彩版七七：1、2）。

后室　东、中、西并列三后室（图二三二 D）。后室门位于前室南壁，开有东、中、西三门。三门形制相同，平面长方形，长方形石板门楣，两壁较直，长方形青砖平铺砌筑。东后室门楣石中间断裂，东西长 96、南北宽 72、厚 26 厘米，门下地面中间上鼓，呈弧形，门宽 0.82、中高 0.80、两侧高 0.92 米。中后室门楣石东西长 116、南北宽 72、厚 20 厘米，门下地面中间上鼓，呈弧形，门宽 0.62、中高 0.88、两侧高 0.94 米。西后室门楣石东西长 108、南北宽 72、厚 18 厘米，门下地面中间上鼓，呈弧形，门宽 0.80、中高 0.80、两侧高 0.90 米。后室总平面近梯形，外南北长 3.22、东西宽 3.90、高 1.48 米，三并列南北向长条形拱形券顶相连（彩版七六：1），表面覆有厚 2 厘米的石灰封护层。三室形制相同，平面南北向长条形，壁较直，东后室内南北长 3.08、东西宽 0.82、中高 1.0 米，中后室内南北长 3.12、东西宽 0.82、中高 1.05 米，西后室内南北长 3.12、东西宽 0.80、中高 1.04 米。东西两壁皆长方形青砖平铺砌筑，东、中后室南壁下半部有一层青砖立铺，西后室南壁上部楔形砖横向平铺封堵、下部长方形青砖平铺砌筑、中间夹有一层立铺青砖。三后室地面皆长方形青砖"一顺一丁"人字形铺地，中部上鼓，东西两侧较中间低 0.08 米。三后室皆未见葬具及人骨，仅中室地面残留白灰铺地。东后室出土青瓷鸡首罐、青瓷双系盘口壶、酱釉四系盘口罐共 5 件（彩版七七：3、4）。从清理情况分析，东后室地面较为干净，未见石灰或棺痕，亦未见铁棺钉，该室应未葬人。中后室出土铜弩机、铜带钩、铁镜、铁棺钉共 22 件（彩版七八：1、2）。从出土随葬品分析，该室葬人应为男性，头向北。西后室出土银钗、银戒指、铜镜、铜头饰、铁棺钉、陶盘、陶钵共 31 件（彩版七八：3、4）。从出土随葬品分析，该室葬人应头向北，且为女性。

二、出土器物

经发掘，M2 共出土银、铜、铁、石、骨、青瓷、釉陶、陶等质地各类器物 74 件，其中后室出土铁棺钉 2 组 38 件（图二三五）。

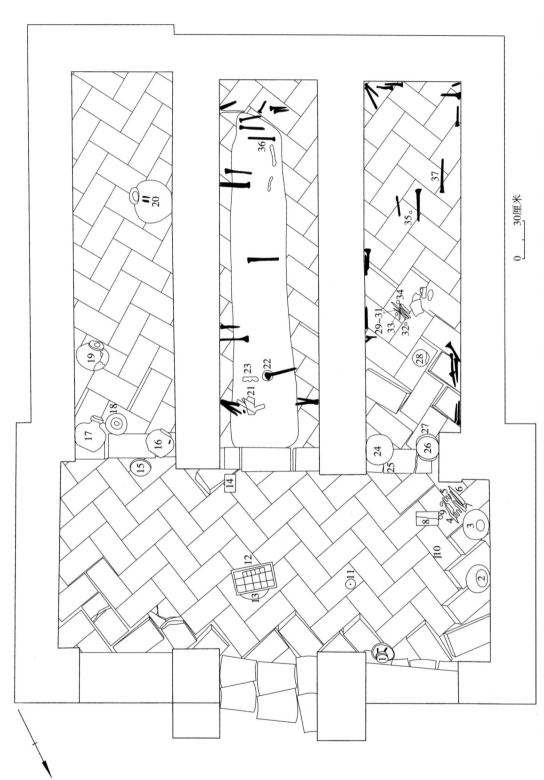

图二三五　M2 随葬器物分布图

1.青瓷灯　2.陶罐　3.陶罐　4.环首铁刀　5.铜三叉形器　6.铁构件　7.铁剪刀　8.石黛板　9.石研磨器　10.骨笄　11.铁灯　12.陶盘　13.青瓷盆　14.石黛板
15.青瓷钵　16.青瓷鸡首罐　17.酱釉罐　18.青瓷盘口壶　19.青瓷盘口壶　20.青瓷盘口壶　21.铜弩机　22.铁镜　23.铜带钩　24.陶盘　25.陶盘　26.陶钵
27.陶钵　28.铜镜　29.银钗　30.银钗　31.银钗　32.铜头饰　33.铜头饰　34.铜头饰　35.银戒指　36.铁棺钉（中后室）　37.铁棺钉（西后室）

（一）二次墓道填土出土器物

陶鬲足　1件。M2 二次墓道填土：1，夹砂红陶。袋状锥足。表饰绳纹。残高 9.8 厘米（图二三六；彩版七八：5）。

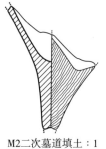

M2二次墓道填土：1
（陶鬲足）

0　　　　3厘米

图二三六　二次墓道出土器物

（二）前室出土器物

铜三叉形器　1件。M2：5，钗身长方形，两端作三股叉形，两边叉作龙首形，中间一叉作龙尾形，叉身有刻刀刮削痕迹。长 14.1、宽 4.4、厚 0.4 厘米（图二三七；彩版七九：1）。

铁构件　1件。M2：6，锈残。长条形。长 15.5、宽 1.8、厚 0.8 厘米（图二三七；彩版七九：3）。

环首铁刀　1件。M2：4，锈残。刀首环状，刀身狭长，凹背略厚。长 16.8、宽 1.8、厚 0.3 厘米（图二三七；彩版七九：2）。

铁剪刀　1件。M2：7，锈残，仅存刃部。刃部为交叉状长条形。残长 15.3、宽 4、厚 0.8 厘米（图二三七；彩版七九：4）。

铁灯　1件。M2：11，锈。圆形，敞口，圆唇，沿上有三个小凸丁，斜弧腹，内底有一尖圆柱形盘芯，底附三外撇足，足残。口径 9、残高 3.7 厘米（图二三七；彩版七九：5）。

青瓷灯　1件。M2：1，由灯盘、灯柱、灯座三部分组成。灯盘圆形，侈口，卷沿外翻，竹节状圆形灯柱，中空，下有圆盘形灯座。灯座盘状，侈口，圆唇，平沿，弧腹，底附三兽形足。灯盘沿部有三周凹弦纹，盘腹有一周弦纹，弦纹间饰斜网格纹带，灯座腹部饰凹弦纹，弦纹间饰芝麻花联珠纹。通体施青釉。口径 11.2、高 14.7 厘米（图二三七；彩版八〇：1）。

青瓷钵　1件。M2：15，敞口，圆唇，平底微凸。内底有不规则刮痕。器表施青釉，釉不及底，露红胎。口径 15.8、底径 10.6、高 5.6 厘米（图二三七；彩版八〇：2）。

青瓷盆　1件。M2：13，侈口，圆唇，弧腹，上腹内收，下腹外鼓弧收，平底内凹。上腹饰三周凸弦纹，腹中部饰菱形纹，下腹饰四周凹弦纹。通体施青釉。口径 27.4、底径 15.2、高 11 厘米（图二三七；彩版八〇：3）。

陶罐　2件。M2：2，泥质灰陶。侈口，圆唇，矮束颈，溜肩，鼓腹，下腹内收，平底内凹。颈部饰两周凹弦纹。口径 12、底径 11.6、高 13.2 厘米（图二三七；彩版八一：1）。M2：3，残，已修复。夹砂灰陶。侈口，圆唇，矮束颈，溜肩，鼓腹，下腹弧收，平底内凹。颈部饰一周弦纹，肩部饰一周弦纹、一周凹弦纹，并对称贴塑四牛鼻形系，系残。内壁有轮制弦痕，底部有刮痕。口径 8、底径 11.8、高 18.4 厘米（图二三七；彩版八一：2）。

陶榻盘　1件。M2：12，泥质灰陶。子口，平面呈长方形，分三排共十八格，下两排十大格，上一排两侧各一大格，中间又分两小排，上排为一长条形格，下排为五小方格。底附倒山字形足。长 33.8、宽 20.8、高 7.4 厘米（图二三七；彩版八一：3）。

石黛板　2件。灰黑色，平面长方形。M2：8，残碎，已修复。表面光滑，边缘略残。长 18.3、宽 10.7、厚 0.4 厘米（图二三七；彩版八一：5）。M2：14，残碎。表面光滑，局部残存

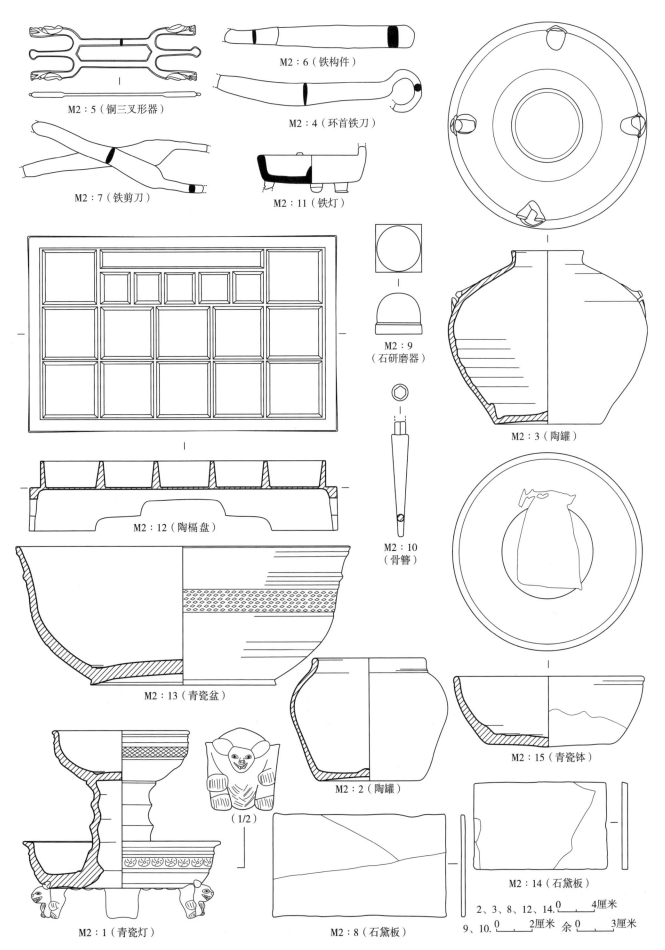

M2:6（铁构件）

M2:5（铜三叉形器）

M2:4（环首铁刀）

M2:7（铁剪刀）

M2:11（铁灯）

M2:9
（石研磨器）

M2:3（陶罐）

M2:12（陶槅盘）

M2:10
（骨簪）

M2:13（青瓷盆）

M2:15（青瓷钵）

M2:2（陶罐）

（1/2）

M2:14（石黛板）

M2:1（青瓷灯）

M2:8（石黛板）

2、3、8、12、14. 0_____4厘米

9、10. 0_____2厘米　余 0_____3厘米

图二三七　M2 前室出土器物

朱砂痕迹。长14.6、宽9.2、厚0.6厘米（图二三七；彩版八一：6）。

石研磨器　1件。M2：9，方座，圆纽。座边长2.6、通高2.2厘米（图二三七；彩版八一：4）。

骨簪　1件。M2：10，磨制光滑，圆锥形，六边形短程。长6、最大径0.9厘米（图二三七；彩版七九：6）。

（三）东后室出土器物

青瓷鸡首罐　1件。M2：16，侈口，平沿，圆唇，矮颈，溜肩，肩部对称贴塑蕉叶纹双系和鸡首鸡尾，鼓腹，下腹弧收，平底内凹。肩饰弦纹，弦纹间饰芝麻花联珠纹和斜网格纹带，下腹有弦纹。器表施青釉，釉不及底，露红胎。口径11.9、底径11.6、高18.8厘米（图二三八A；

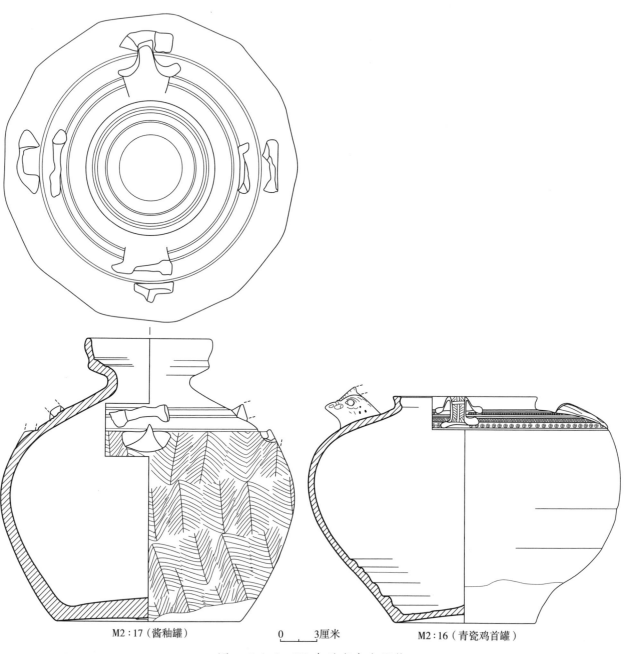

M2：17（酱釉罐）　　　　0 ⎯⎯ 3厘米　　　　M2：16（青瓷鸡首罐）

图二三八A　M2东后室出土器物

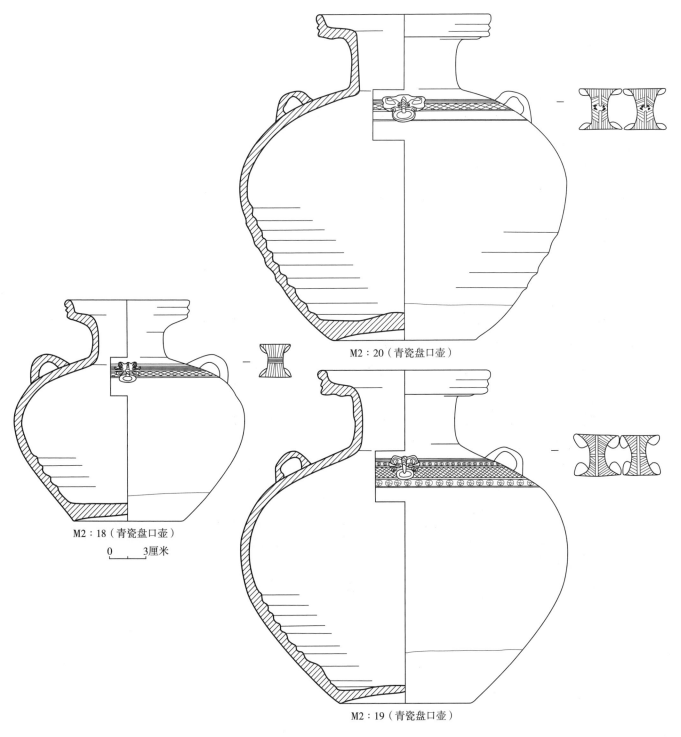

M2：20（青瓷盘口壶）

M2：18（青瓷盘口壶）

0　　　　3厘米

M2：19（青瓷盘口壶）

图二三八 B　M2 东后室出土器物

彩版八二：1）。

　　青瓷盘口壶　3件。M2：18，盘口，圆唇，短颈，溜肩，鼓腹，下腹斜收，平底内凹。外沿部有两道凹弦纹，肩部饰三道凹弦纹，并对称贴塑半圆环状双系，系饰叶脉纹。器表施青釉，釉不及底，露红胎。口径 10.4、底径 9.2、高 17.6 厘米（图二三八 B；彩版八二：2）。M2：19，盘口，圆唇，束颈，溜肩，肩对称贴塑半环状双联系，系间对称贴塑铺首衔环，鼓腹，下腹斜收，平底内凹。外沿部饰两道凹弦纹，肩部有四道凹弦纹，弦纹间饰两周芝麻花联珠纹和一周斜网格纹带，系上饰叶脉纹。器表施青釉，釉不及底，露红胎。口径14.2、底径11、高26.4厘米（图二三八B；彩版八二：3）。M2:20，盘口，圆唇，束颈，溜肩，肩对称贴塑半环状双联系，系上饰叶脉纹，两系间对称贴塑铺首衔环，鼓腹，下腹斜收，平底内凹。外沿部饰两道凹弦纹，肩部有四道凹弦纹，弦纹间饰一周网格纹。器表施青釉，釉不及底，露红胎。口径14.4、底径11.8、高26厘米（图二三八B；彩版八二：5）。

酱釉罐 1件。M2:17，盘口，圆唇，矮束颈，溜肩，肩部有十字对称四牛鼻形残系，鼓腹，下腹弧收，平底内凹。肩有三道凹弦纹，腹部饰叶脉纹，不规整，底有一道凸弦纹。器表施酱褐釉，釉不及底，露紫红胎。口径10.6、底径15.4、高22.3厘米（图二三八A；彩版八二：4）。

（四）中后室出土器物

铜弩机 1件。M2:21，锈。制作精良，构件不全，两侧刻字，字迹非常浅，不可辨。郭长13、宽3.6、通高14.2厘米（图二三九；彩版八三：1）。

铜带钩 1件。M2:23，锈残。瘦长腹，断面圆形，钩为兽首，腹有一圆形纽。长10.9厘米（图二三九；彩版八三：2）。

铁镜 1件。M2:22，锈蚀严重。圆形，纽球形，表面锈蚀严重，残留有布匹包裹痕迹。直径10、厚0.4、纽高2厘米（图二三九；彩版八三：3）。

铁棺钉 1组19件。M2:36，残，实心，圆形钉帽，长方形钉体。残长20厘米（图

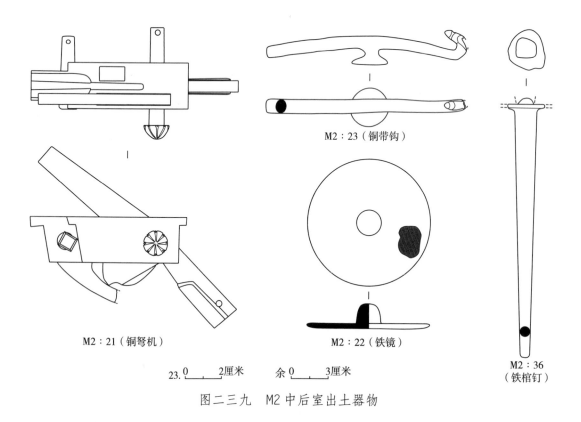

M2:21（铜弩机）　　M2:22（铁镜）　　M2:36（铁棺钉）

M2:23（铜带钩）

23. 0 ___ 2厘米　　余 0 ___ 3厘米

图二三九　M2中后室出土器物

二三九；彩版八三：4）。

（五）西后室出土器物

银钗　3件。M2:29，弯成U形，细长条状，截面圆形，末端变形。长15.4、宽1.7厘米（图二四〇；彩版八四：1）。M2:30，弯成U形，细长条状，截面圆形，末端变形。长11.7、宽1.7厘米（图二四〇；彩版八四：2）。M2:31，弯成U形，细长条状，截面圆形，末端残。长17.1、宽1.1厘米（图二四〇；彩版八四：3）。

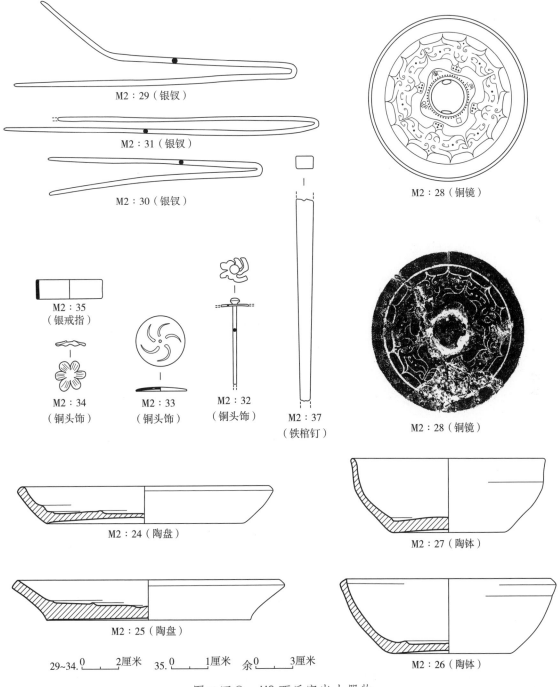

M2：29（银钗）

M2：31（银钗）

M2：30（银钗）

M2：28（铜镜）

M2：35
（银戒指）

M2：34
（铜头饰）

M2：33
（铜头饰）

M2：32
（铜头饰）

M2：37
（铁棺钉）

M2：28（铜镜）

M2：24（陶盘）

M2：27（陶钵）

M2：25（陶盘）

M2：26（陶钵）

29~34.0—2厘米　35.0—1厘米　余0—3厘米

图二四〇　M2 西后室出土器物

银戒指 1 件。M2：35，圆环状，截面凹肚圆柱形。直径 1.8、高 0.5 厘米（图二四〇；彩版八四：4）。

铜镜 1 件。M2：28，圆形，圆纽，纽外围以平雕剔地宝珠形四叶纹及八凤纹。四叶内角各一篆书铭文，字不清。图案化的八凤纹立冠垂尾，相互抵接，内向十六连弧纹缘。直径 12.66 厘米（图二四〇；彩版八五：1）。

铜头饰 3 件。M2：32，锈残。首部有铜片装饰，中有球形簪头，后连圆柱形簪杆。残长 4.6 厘米（图二四〇；彩版八四：5）。M2：33，锈残。圆形，中间有孔，伴有五组半月形镂空纹，表面鎏金。直径 2.7、厚 0.1 厘米（图二四〇；彩版八四：6）。M2：34，锈残。梅花状，画面内凹，可见鎏金残留。直径 1.7 厘米（图二四〇；彩版八四：7）。

铁棺钉 1 组 19 件。M2：37，残。锥形，截面长方形。残长 15.8 厘米（图二四〇；彩版八四：8）。

陶盘 2 件。M2：24，泥质灰陶。侈口，圆唇，浅盘，盘壁微弧，平底内凹。口径 21.2、底径 16.2、高 3 厘米（图二四〇；彩版八五：2）。M2：25，泥质灰陶。侈口，圆唇，浅盘，盘壁斜直微凹，腹壁外缘微凹，平底略内凹。口径 22.4、底径 17、高 3.2 厘米（图二四〇；彩版八五：3）。

陶钵 2 件。M2：26，泥质灰陶。侈口，圆唇，鼓腹，下腹弧收，平底内凹。上腹饰一周凹弦纹。口径 18、底径 10、高 6 厘米（图二四〇；彩版八五：4）。M2：27，泥质灰陶。侈口，圆唇，沿下微束，下腹弧收，平底内凹。上腹饰一周凸弦纹。口径 16.2、底径 9.6、高 5.8 厘米（图二四〇；彩版八五：5）。

第三节　M3

一、墓葬形制

M3 为一座双斜坡墓道前堂横列式前室券顶并列双后室券顶的土坑砖室合葬墓，方向 10°（图二四一 A；彩版八六）。该墓东半部被 M2 打破，墓坑打破春秋战国时期文化层。据墓坑内填土的土质土色及叠压打破关系分析，该墓葬有明显的二次开挖的迹象。二次开挖部分土质略显灰黑，范围从西墓道至整个后室部分，平面呈刀形，坑壁较直。砖室部分东壁上部被 M2 后室墓坑西壁破坏，与 M2 西后室之间残留截面为亚腰三角形的春秋战国时期文化层堆积。砖室部分墓坑南北长 5.60、北口残宽 4.30、南口残宽 4.16 米。该墓主要由墓道、墓门、前室、后室组成。墓底有一层铺砖，砖室皆置于铺砖之上。

墓道 居北，为东西两条长斜坡墓道。根据墓坑填土土色不同，可知东西墓道分别为第一、二次开挖而成，故可分为一次墓道、二次墓道（图二四一 B）。

二次墓道（参见彩版八六）位置偏西，对应西后室。平面长条形，南北长 8.56、北口宽 1.34、南口宽 1.52 米，南端距现地表深 2.66 米。两壁较直，截面呈倒梯形。墓道南端东西两壁各有一春秋战国时期文化层堆积二层台，近墓门处为长方形青砖平铺砌筑的短墙，内侧与墓门相齐。填土深灰褐色沙土，土质较疏松，未夯打，填土包含少量红烧土颗粒、灰陶片、

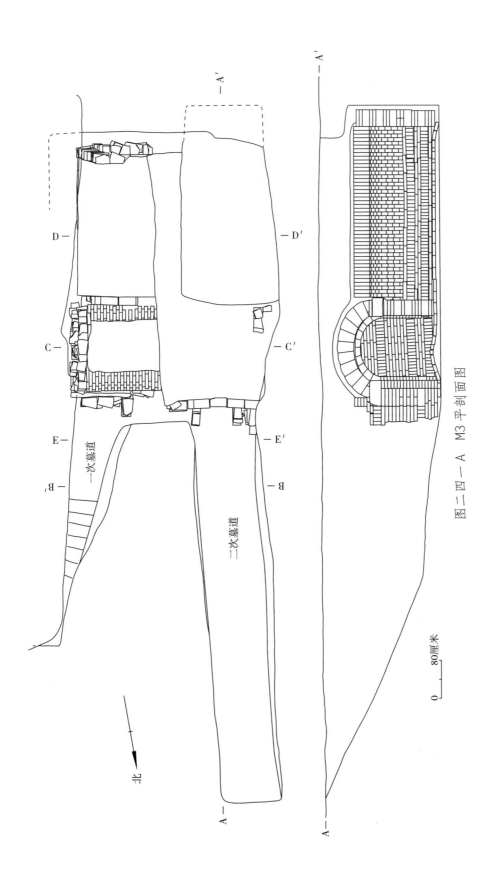

图二四—A　M3 平剖面图

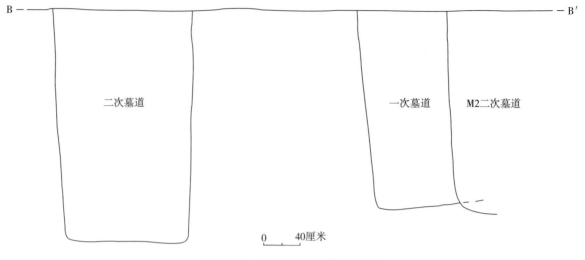

图二四－B　M3墓道横剖面图

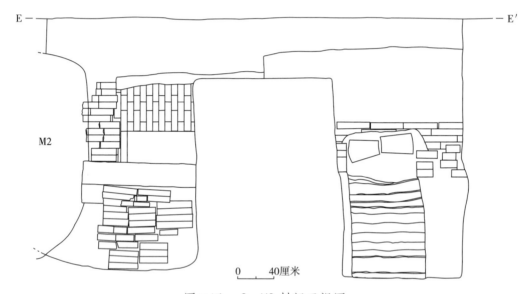

图二四－C　M3封门正视图

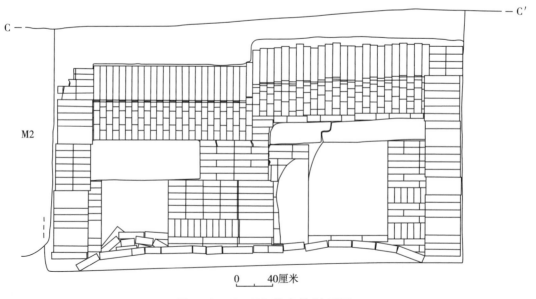

图二四－D　M3前室横剖面图

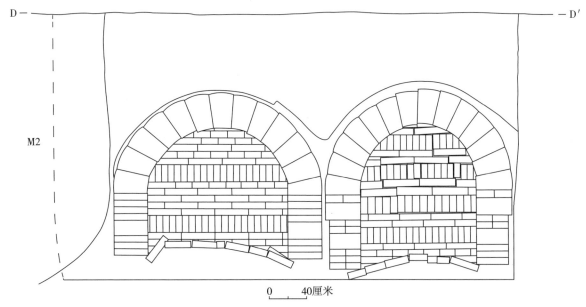

图二四—E　M3 后室横剖面图

瓦片等。出土陶盆口沿、瓦当、筒瓦共 3 件。

　　一次墓道（彩版八七：1、2）略偏东，东半部被 M2 二次墓道破坏，对应东后室。南北长 5.40、北口残宽 0.48、南口残宽 1.20 米，南端距现地表深 2.60 米，西壁较直，底面有宽 0.20、高 0.15 米的台阶七层。一次墓道填土与二次墓道填土土质相同，为灰褐色沙土，未夯打，填土包含少量红烧土颗粒、灰陶片、瓦片等。出土陶支座 1 件。

　　墓门　一次墓道南端为东墓门，西墓门位于二次墓道南端二层台及门前短墙后（图二四—C）。

　　东墓门宽 0.74、高 0.74 米，顶部有长方形条石门楣。门楣石青石质，制作粗糙，表面不平，表面涂有石灰封护层，东西长 120、南北宽 60、厚 42 厘米。楔形砖平铺封门，分内外两层，外侧封于门外，内侧封于门内。外侧封门（彩版八七：3）宽 1.04、高 0.90、厚 0.24 米。

　　西墓门宽 0.86、高 1.20 米，顶部也有长方形条石门楣。门楣石青石质，制作粗糙，表面不平，东西长 168、南北宽 60、厚 26 厘米。墓门外侧、短墙内石灰浇筑封护，由于石灰封护层是墓道填土逐层回填后浇筑，故形成上下向外突出的多层结构（彩版八八：1），石灰封护南北宽 0.80、高 1.59、厚 0.24 米。石灰封护层后即为西墓门封门（图二四二；彩版八八：2），为楔形砖平铺封堵，封于西墓门内。

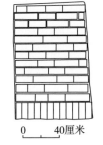

图二四二　M3 西墓门一次封门正视图

　　前室　墓道后为前室，东、西墓门开于前室北壁。填土亦分两次填筑。东半部为一次填筑，填土为灰褐色沙土，未夯打。西半部为二次填筑，填土与东半部填土土质相同，深灰褐色沙土，土质较疏松，未夯打，填土包含少量红烧土颗粒、灰陶片等。前室为东西向，平面长方形，前室外东西长 4.28、南北宽 2.30、东高 2.20、西高 2.40 米，内东西宽 3.71、东高 1.60、西高 1.88、进深 1.32 米。券顶（彩版八八：3），楔形砖砌筑顶部，券顶外表面东低西高，有明显二次修筑、封护形成的折棱，东半部石灰封护层厚 2 厘米、西半部厚 10 厘米，西半部顶平面高于东部 0.30 米（图二四一 D），券顶西半部内壁亦高于东部 0.30 米。东西两壁券顶部分长方形青砖平铺七层，下部及南北两壁长方形青砖平、立铺砌筑。地面四周较低，中间上鼓，高于周围 0.12 米，东部长方形青砖"两顺两丁"铺地，西壁"一顺一丁"人字形铺地。出土铜熏、铜帐角、铜泡钉、青瓷钵、青瓷罐、青瓷盘口壶、青瓷鸡首壶、酱釉四系罐、石黛板、漆槅盘、骨簪共 17 件（彩版八九：1、2）。

后室 东、西两并列后室。后室填土据土质土色可分为东西两部分：东半部为一次填筑，填土为灰褐色沙土，未夯打，出土铜镞 1 件；西半部为二次填筑，填土与东半部填土土质相同，深灰褐色沙土，较疏松，未夯打，填土包含少量红烧土颗粒、灰陶片等。后室门位于前室南壁，开有东、西二门，二门平面皆长方形，东门宽 0.74、高 0.72 米，西门宽 0.86、高 1.06 米，顶有长条形门楣石。门楣石表面较平整，东门楣石长 120、宽 40、厚 42 厘米，西门楣石长 168、宽 40、厚 22 厘米。后室总平面近长方形，二南北向长条形拱形券顶（彩版九〇：1）东、西相连，楔形砖筑拱形券顶，券顶表面皆有石灰封护层，且西后室顶表面高于东后室 0.08 米，东后室顶部西高东低，西半部高出东半部 0.06 米，为二次石灰封护的痕迹（图二四一 E）。东、西两后室形制相同，平面南北向长条形。东后室外南北长 3.56、东西宽 2.16、高 1.93 米，内南北长 3.00、东西宽 1.60、中高 1.18 米。西后室外南北长 3.62、东西宽 2.16、高 2.00 米，内南北长 3.74、东西宽 1.26、高 1.40 米。东西两壁长方形青砖"两顺一丁"砌筑，东后室南端券顶部分楔形砖横向平铺封堵，下半部长方形青砖平、立铺砌筑，与前室相同，西后室南端长方形青砖"两顺一丁"封堵。二后室地面东西两侧较低，中间上鼓，高于两侧 0.16 米，皆长方形青砖"一顺一丁"人字形铺地。二后室均未见葬具，地面局部仅见少量白灰，人骨不存。东后室出土铁镜、铁棺钉、青瓷双系罐、青瓷盘口壶共 23 件（彩版九〇：2、3）。从出土随葬品分析，该室葬人应头向北，且为男性。西后室出土金手镯、金戒指、银钗、银簪、银戒指、铜洗、铁镜、铁棺钉、青瓷钵、酱釉罐、石灰器共 35 件（彩版八九：3、4）。从随葬品分析该室葬人应为女性，头向北。

二、出土器物

经发掘，M3 共出土金、银、铜、铁、石、瓷、漆、石灰、釉陶等质地各类器物 80 件，其中后室出土铁棺钉 2 组 38 件（图二四三）。

（一）二次墓道填土出土器物

陶盆口沿 1 件。M3 二次墓道填土：1，残。泥质灰陶。侈口，圆唇，折腹，下腹斜收，饰绳纹。残高 8.2 厘米（图二四四；彩版九一：1）。

瓦当 1 件。M3 二次墓道填土：2，残半。卷云纹。残宽 14.30 厘米（图二四四；彩版九一：2）。

筒瓦 1 件。M3 二次墓道填土：3，残半。半月形瓦当，后接半圆形瓦。瓦背饰绳纹。残长 15.27、残宽 11.6 厘米（图二四四；彩版九一：3）。

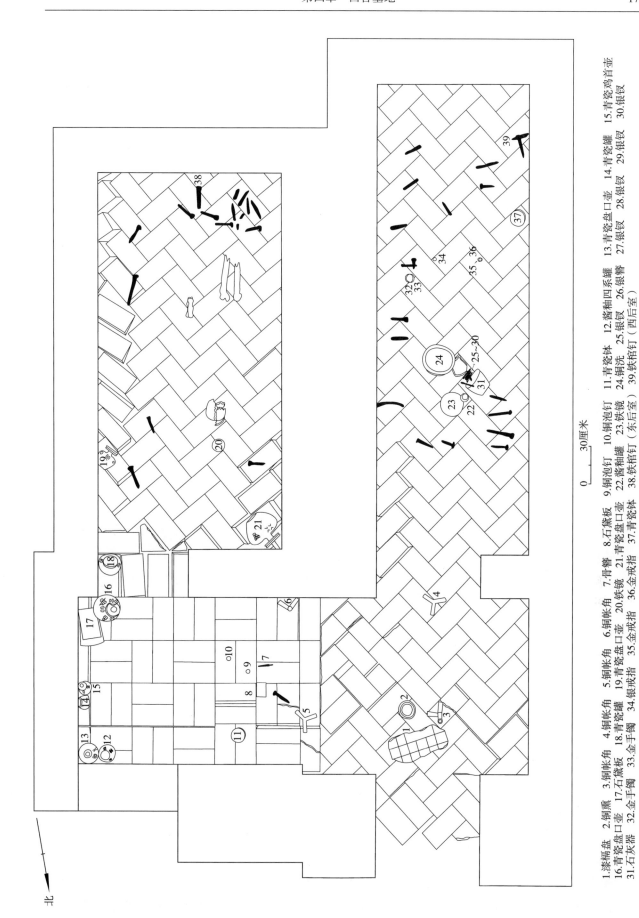

0　　　30厘米

图二四三　M3 随葬器物分布图

1.漆桶盘　2.铜熏　3.铜帐角　4.铜帐角　5.铜帐角　6.铜帐角　7.骨簪　8.石黛板　9.铜泡钉　10.铜泡钉　11.青瓷钵　12.酱釉四系罐　13.青瓷盘口壶　14.青瓷罐　15.青瓷鸡首壶
16.青瓷盘口壶　17.石黛板　18.青瓷罐　19.青瓷盘口壶　20.青瓷罐　21.青瓷盘口壶　22.酱釉罐　23.铁镜　24.铜镜　25.铜洗　26.银箸　27.银钗　28.银钗　29.银钗　30.银钗
31.石灰器　32.金手镯　33.金手镯　34.银戒指　35.金戒指　36.金戒指　37.青瓷钵　38.铁棺钉（东后室）　39.铁棺钉（西后室）

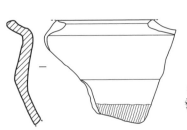

M3二次墓道填土：1（陶盆口沿）　　　　　M3二次墓道填土：2（瓦当）　　　　　M3二次墓道填土：3（筒瓦）

0　　　3厘米

图二四四　M3 二次墓道出土器物

（二）一次墓道填土出土器物

陶支座　1件。M3 一次墓道填土：1，残半。夹砂灰陶。侈口，圆唇，宽斜沿，外沿下略内凹，斜直腹，底中间微凹。口径 18、底径 18.6、高 8.8 厘米（图二四五；彩版九一：4）。

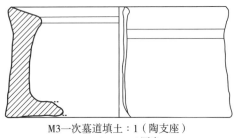

M3一次墓道填土：1（陶支座）

0　　　3厘米

图二四五　M3 一次墓道出土器物

（三）一次墓室填土出土器物

铜镞　1件。M3 一次墓室填土：1，锈残。三棱体锥形，三面平滑，短铤，关六边形。残长 3.5、边长 1.1厘米（图二四六；彩版九一：5）。

M3一次墓室填土：1（铜镞）

0　　　2厘米

图二四六　M3 一次墓室填土出土器物

（四）前室出土器物

铜熏　1件。M3:2，子母口，半球形，博山炉形盖，三蹄形足，下有圆形承盘。口径 8.6、承盘口径 14.6、底径 7.4、通高 10.2 厘米（图二四七 A；彩版九二：1）。

铜帐角　4件（彩版九二：2）。三铜管相接成三通状，管口部较大，且向外一壁有一圆孔。M3:3，长 11.5、宽 11.5、高 11.5 厘米（图二四七 A）。M3:4，长 11.5、宽 11.5、高 11.5 厘米（图二四七 A）。M3:5，长 11.5、宽 11.5、高 11.5 厘米（图二四七 A）。M3:6，长 11.5、宽 11.5、高 11.5 厘米（图二四七 A）。

铜泡钉　2件（彩版九二：3）。钉帽圆球形，中空，有针状柱芯。M3:9，直径 1.6、高 0.7厘米（图二四七 A）。M3:10，直径 1.65、高 0.78 厘米（图二四七 A）。

青瓷钵　1件。M3:11，侈口，圆唇，弧腹，底内凹。唇下一周弦纹。内底粘沙粒，有一周凹弦纹，底有支钉烧痕。施青釉，内满釉，外釉不及底。口径 10.5、底径 5.2、高 3.4 厘米（图二四七 B；彩版九三：1）。

青瓷罐　1件。M3:14，侈口，圆唇，矮直颈，溜肩，鼓腹，平底，内凹。肩有对称双系，残，饰一周弦纹。内壁有轮制弦痕，底有线切痕。器表施青釉，釉不及底，露灰胎。口径 8.4、

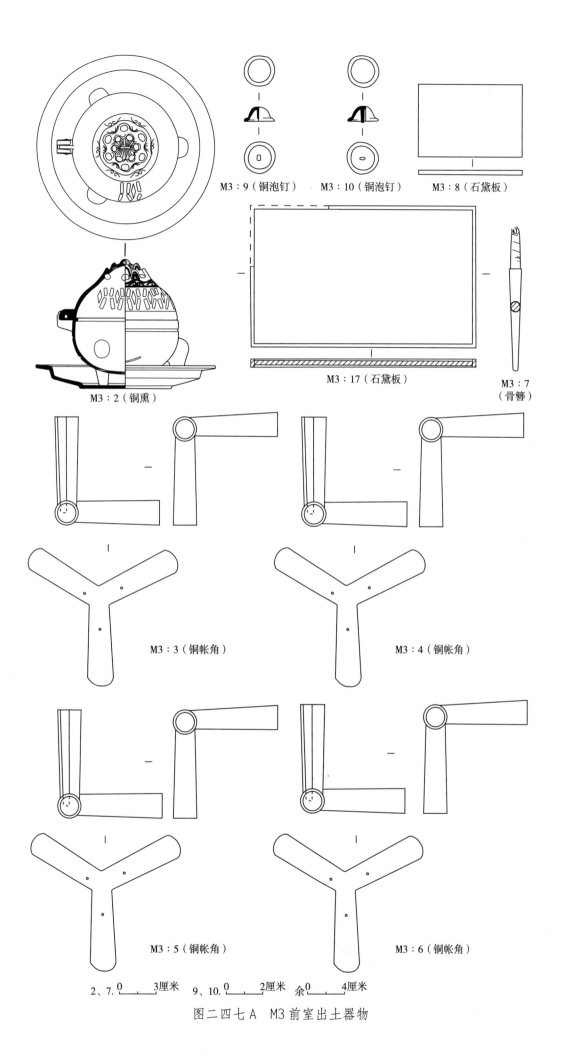

M3:9（铜泡钉）　　M3:10（铜泡钉）　　M3:8（石黛板）

M3:2（铜熏）

M3:17（石黛板）

M3:7
（骨簪）

M3:3（铜帐角）　　　　　　　M3:4（铜帐角）

M3:5（铜帐角）　　　　　　　M3:6（铜帐角）

2、7. 0 3厘米　　9、10. 0 2厘米　　余 0 4厘米

图二四七A　M3前室出土器物

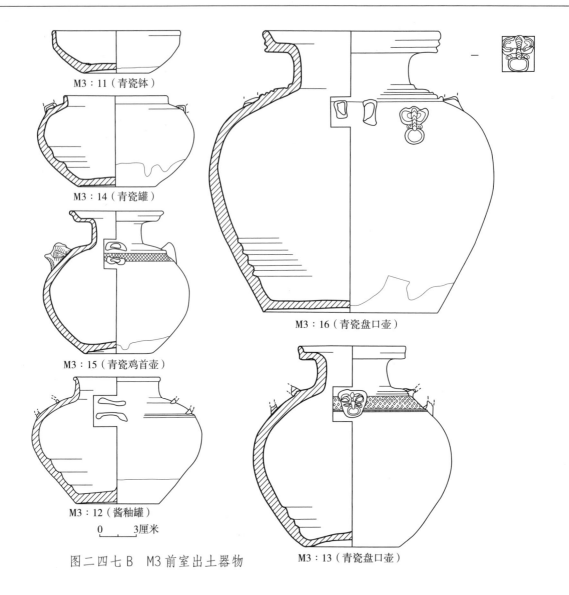

M3：11（青瓷钵）

M3：14（青瓷罐）

M3：16（青瓷盘口壶）

M3：15（青瓷鸡首壶）

M3：12（酱釉罐）

0　　　3厘米

M3：13（青瓷盘口壶）

图二四七 B　M3 前室出土器物

底径 6、高 7.2 厘米（图二四七 B；彩版九三：2）。

青瓷盘口壶　2 件。M3：13，系残。盘口，束颈，溜肩，肩有对称双系和铺首，圆鼓腹，底内凹。口沿外饰一周凹弦纹，肩饰两周凹弦纹，弦纹间饰斜网格纹。器表施青釉，釉不及底，露紫红胎。口径 8.6、底径 7.6、高 16 厘米（图二四七 B；彩版九三：3）。M3：16，残，未修复。盘口，圆唇，束颈，溜肩，肩有四残系，贴塑铺首，鼓腹，平底内凹。口沿外饰两周凹弦纹，肩饰三周凹弦纹，内壁有轮制弦纹痕。器表施青釉，釉不及底，露紫红胎。口径 14.2、底径 14.4、高 22.4 厘米（图二四七 B；彩版九三：4）。

青瓷鸡首壶　1 件。M3：15，系残。盘口，束颈，溜肩，肩部堆塑无颈鸡首及鸡尾，附两对称残系，圆腹，底内凹。口沿外饰一周弦纹，肩饰三周弦纹，弦纹间施斜网格纹。器表施青釉，釉不及底，露紫红胎。口径 7.6、底径 5.2、高 11.4 厘米（图二四七 B；彩版九三：5）。

酱釉罐　1 件。M3：12，系残。侈口，圆唇，卷沿外翻，矮束颈，溜肩，肩有四系残，鼓腹，平底略内凹。肩饰两周弦纹，内壁有轮制弦痕。器表施酱褐釉，釉不及底，露紫红胎。口径 7.2、底径 8.6、高 10 厘米（图二四七 B；彩版九三：6）。

石黛板　2 件。M3：8，砂岩质，黑色。平面长方形。长 11.4、宽 7.6、厚 0.46 厘米（图二四七 A；彩版九二：5）。M3：17，页岩质，黑色。平面长方形，四周有铁片包边。长 24.6、宽 15、厚 0.9 厘米（图二四七 A；彩版九二：6）。

漆槅盘　1 件。M3：1，木质漆器，朽残不存。

骨簪　1 件。M3：7，针状，表面光滑，尾部柱状，有一穿孔。长 11.3 厘米、直径 1 厘米（图二四七 A；彩版九二：4）。

（五）东后室出土器物

铁镜　1 件。M3：20，锈残。圆形，球形纽，表面锈蚀严重，残留有布匹包裹痕迹。直径 11.6、厚 0.5、纽高 2 厘米（图二四八；彩版九四：1）。

铁棺钉　1 组 19 件。M3：38，锈残。铁质，钉身尖柱形，截面方形。残长 15、钉体边长 1.1

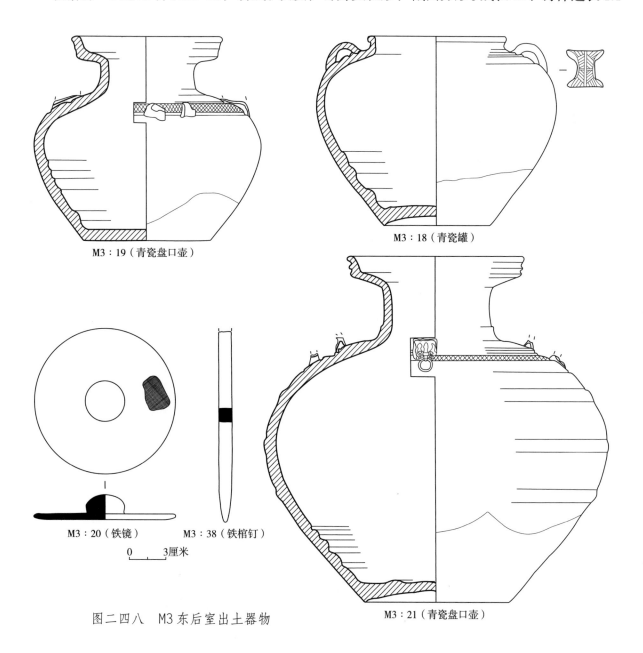

M3：19（青瓷盘口壶）

M3：18（青瓷罐）

M3：20（铁镜）　　M3：38（铁棺钉）

0　　3 厘米

M3：21（青瓷盘口壶）

图二四八　M3 东后室出土器物

厘米（图二四八；彩版九四：2）。

青瓷罐 1件。M3:18，侈口，圆唇，矮束颈，溜肩，肩部对称贴塑二牛鼻形系，系饰蕉叶纹，鼓腹，底内凹。肩有三周弦纹，内壁有轮制弦痕。器表施青釉，釉不及底，露紫红胎。口径11.2、底径8.6、高15厘米（图二四八；彩版九四：3）。

青瓷盘口壶 2件。M3:19，系残。盘口，圆唇，束颈，溜肩，肩部贴塑四残系，鼓腹，平底。口沿外部饰两周凹弦纹，肩部饰两周凹弦纹，弦纹间饰斜网格纹，内壁有轮制弦痕。器表施青釉，釉不及底，露紫红胎。口径11.8、底径10.4、高16.2厘米（图二四八；彩版九四：4）。M3:21，系残。盘口，圆唇，束颈，溜肩，肩部对称贴塑铺首衔环及双系，鼓腹，平底内凹。肩部饰凹弦纹和斜网格纹，腹有凸弦纹，内壁有轮制弦痕。器表施青釉，釉不及底，露红胎。口径14.5、底径12、高27.5厘米（图二四八；彩版九四：5）。

（六）西后室出土器物

金手镯 2件（彩版九五：1）。M3:32，圆环状。外径6.1、内径5.65厘米（图二四九）。M3:33，圆环状。外径6、内径5.65厘米（图二四九）。

金戒指 2件（彩版九五：2）。M3:35，圆环状。外径2、内径1.8厘米（图二四九）。M3:36，圆环状。外径1.95、内径1.75厘米（图二四九）。

银钗 5件（彩版九五：3）。M3:25，U形，尾部较厚，前端较尖，无纹饰。长7.4厘米（图二四九）。M3:27，U形，尾部较厚，前端较尖，无纹饰。长7.4厘米（图二四九）。M3:28，U形，尾部较厚，前端较尖，无纹饰，残。长10.4厘米（图二四九）。M3:29，U形，尾部较厚，前端较尖，无纹饰。长21.8厘米（图二四九）。M3:30，U形，尾部较厚，前端较尖，无纹饰，残。长6.4、宽1.9、厚0.5厘米（图二四九）。

银簪 1件。M3:26，长条形，龙首。长19.4厘米（图二四九；彩版九五：3）。

银戒指 1件。M3:34，圆环状。直径1.7、内径1.5厘米（图二四九；彩版九五：4）。

铜洗 1件。M3:24，略变形。侈口，宽斜折沿，沿面微凹，弧腹，平底略外鼓。腹有三周凸弦纹。口径24.8、底径16.8、高6.8厘米（图二四九；彩版九六：1）。

铁镜 1件。M3:23，锈蚀。圆形，圆形纽，表面锈蚀严重，残留有布匹包裹痕迹。直径19.2、厚0.6、纽高3厘米（图二四九；彩版九五：5）。

铁棺钉 1组19件。M3:39，锈残。钉帽圆形，钉身尖柱形，截面方形。残长12.1、钉体边长1.2厘米（图二四九；彩版九五：6）。

青瓷钵 1件。M3:37，侈口，圆唇，弧腹，平底内凹。唇下饰两周凹弦纹，腹部饰斜网格纹，内腹有一道凸棱，内底有三支钉烧痕。器表施青釉，釉不及底，露紫红胎。口径15.4、底径7.6、高5.4厘米（图二四九；彩版九六：2）。

酱釉罐 1件。M3:22，侈口，圆唇，卷沿外翻，束颈，溜肩，鼓腹，平底内凹。肩部、上腹各饰一周凹弦纹。器表施酱黄釉。口径2、底径2.8、高4.3厘米（图二四九；彩版九六：3）。

石灰器 1件。M3:31，残，半圆形柱状，上小下大，小端呈圆形，大端呈椭圆形。长20、宽12.3、高17厘米（图二四九；彩版九六：4）。

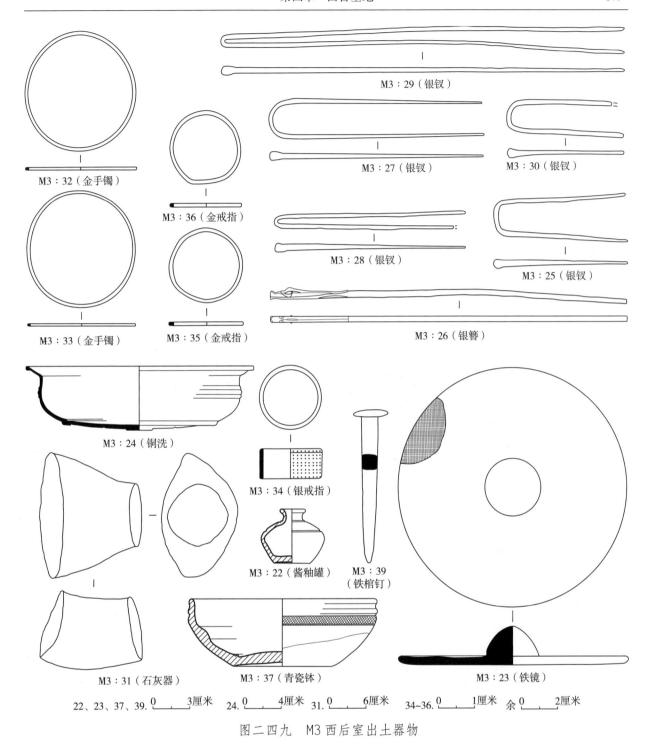

22、23、37、39. 0 ___ 3厘米　　24. 0 ___ 4厘米　　31. 0 ___ 6厘米　　34~36. 0 ___ 1厘米　　余 0 ___ 2厘米

图二四九　M3西后室出土器物

第四节　M4

一、墓葬形制

M4为一座双斜坡墓道前堂横列式前室券顶并列双后室券顶的土坑砖室合葬墓，方向20°（图二五〇A；彩版九七：1、2）。墓坑打破春秋战国时期文化层。该墓葬有明显的二次开挖的迹象。二次开挖部分土质略显灰黑，范围从墓道开始直至后室南端，其南半部分为抹角长方形，

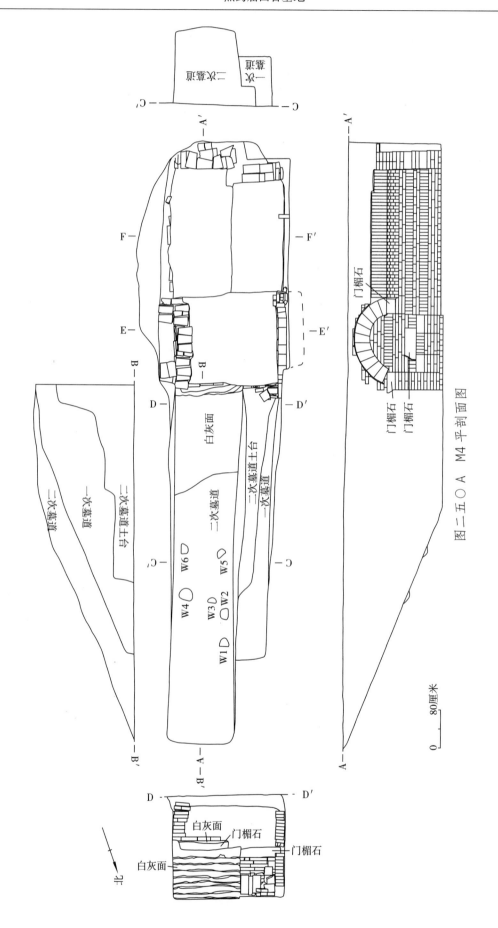

图二五〇A　M4 平剖面图

较第一次开挖墓坑略窄且长，坑壁较直。第一次修筑时开挖墓坑南半部分平面呈圆角长方形，西壁位于二次墓坑西壁外侧，东壁因塌方形成弧形，坑壁较直。该墓南半部分一次开挖墓坑南北长 4.78、口宽 2.96、东壁塌方部分口 0.54 米；二次墓坑南北长 5.16、口宽 2.84 米。该墓主要由墓道、墓门、前室、耳室、后室组成。墓底有一层铺砖，砖室皆置于铺砖之上。

墓道　居北，为长斜坡墓道（彩版九八：1），有明显的二次开挖迹象，故可分为一次墓道、二次墓道。

二次墓道位置偏东，对应东后室。平面刀形，南北长 5.70、北口宽 1.51、南口宽 2.32、南底宽 1.51 米，南端距发掘地表深 2.24 米，南部西侧向外弧出，两壁略斜，截面呈倒梯形（图二五〇 A）。墓道南端西壁（彩版九八：2）距墓道北端 3.30 米处有一个南北向不规整二层台。二层台土质与墓坑填土土质相同，仅土色略浅，近墓门处宽 0.79 米。墓道坡面中间低两边高，呈弧形，坡面有大小不一、略呈两列的半椭圆形脚窝 6 个（图二五一）。脚窝长 0.12~0.24、宽 0.20~0.31、深

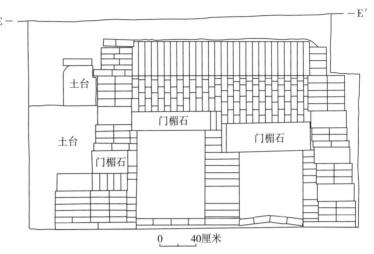

图二五〇 B　M4 前室横剖面图

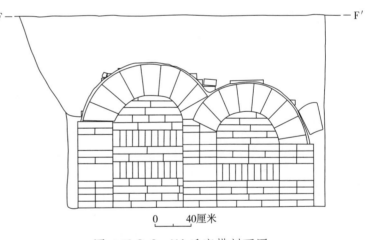

图二五〇 C　M4 后室横剖面图

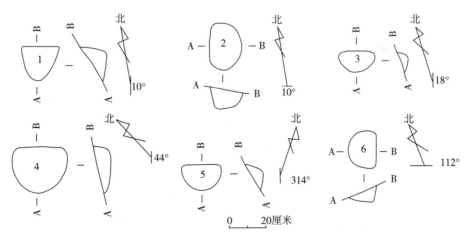

图二五一　M4 墓道脚窝平剖面图

0.08~0.22 米。墓道南部近墓门处底面较平，有大面积的白灰面残留（彩版九八：3）。白灰遗存南北长 1.74~2.18、宽 1.51~1.72、厚 0.02 米。墓道填深灰褐色沙土，土质较疏松，未夯打。填土包含少量红烧土颗粒、灰陶片、瓦片等。

一次墓道略偏西，对应西后室。平面近梯形，南北长 5.84、北口残宽 0.66、南口残宽 0.88 米，南端距发掘地表深 2.24 米，东半部被二次墓道破坏，西壁较直，墓道坡面高于二次墓道 0.64 米，近墓门处底面较平。一次墓道填土与二次墓道填土土质相同，为灰褐色沙土，未夯打，填土包含少量红烧土颗粒、灰陶片、瓦片等。

墓门　墓道南端即墓门，分东、西两墓门（彩版九九：1）。

东墓门外有石灰浇筑封护。由于墓葬二次开挖下葬，封护石灰层布满前室北壁外侧。因墓道是逐层回填再行浇筑封护石灰，故形成上下向外突出的多层结构（彩版九九：2）。石灰封护高 1.12、宽 1.52、厚 0.24 米。石灰封护层后即为东墓门，有石门楣。门楣石为一长方形石条，制作较粗糙，长 112、宽 34、厚 20 厘米。墓门平面长方形，宽 0.80、高 1.22 米，楔形砖纵向平铺封堵，中有石灰浆黏结，局部加塞瓦片、小砖块（图二五二；彩版九九：3）。

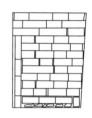

0　　　40厘米

图二五二　M4 东墓门一次封门清理后正视图

西墓门外未见石灰浇筑封护，有门楣石。门楣石为一长方形石条，制作较为粗糙，长 96、宽 28、厚 30 厘米。墓门平面倒梯形，上宽下窄，顶宽 0.80、下宽 0.74、高 1.00 米，长方形青砖横向错缝平铺封堵，中有石灰浆黏结，局部加塞瓦片、小砖块。

前室　墓道后为前室（图二五〇 B），东、西墓门开于前室北壁。东西向，平面长方形，外东西长 2.88、南北宽 2.04、高 2.00 米，内东西宽 2.08、高 1.62、进深 1.22 米。券顶（彩版一〇〇：1），楔形砖砌筑顶部，外有厚 2 厘米的石灰封护层。东西两壁券顶部分长方形青砖平铺四层、立铺一层；下部长方形青砖多错缝平铺五层、立铺二层，再错缝平铺五层砌筑。用长方形青砖"一顺一丁"人字形铺地，地面较平。出土青瓷钵、青瓷谷仓罐、青瓷辟邪、青瓷盘口壶、青瓷罐、石黛板、陶榼盘、陶灯、管状骨器共 13 件（彩版一〇一：1~3）。

东耳室　位于前室东壁中部，砌筑于墓圹之内。东西向，平面长方形，内南北宽 0.46、高 0.52、进深 0.40 米，门上有长方形石条门楣。石条为一画像石残块，画像面向外，浅浮雕刻一龙，北段不存，仅余头与前半身（图二五三；彩版一〇一：4），长 68、宽 21、厚 25 厘米。直壁，南北两壁长方形砖砌筑，上部皆夹砌有一长方形石块。两石块大小相同，表面较平整，长 39、宽 20、厚 18 厘米。用长方形青砖"一顺一丁"人字形铺地，地面较平。

后室　东、西两后室。后室门位于前室南壁，有东、西两门（图二五〇 C）。二门平面皆长方形，东门宽 0.75、高 0.94 米，西门宽 0.70、高 0.64 米，顶有长条形门楣石。门楣石表面较平整，皆为画像石，砂石质，画面向下，其中东后室门楣石长 88、宽 44、厚 18 厘米，画像图案为菱形填线纹（彩版一〇二：1），西后室门楣石长 92、宽 31、厚 30 厘米，画像为圆形凹窝纹（亦称"百乳纹"），乳丁横向三排，直径 5 厘米（图二五四；彩版一〇二：2），在西后室的清理中，其西壁发现一刻"女"字砖（图二五五；彩版一〇二：3）。后室总平面呈长方形，二南北向长条形拱形券顶东、西相连（彩版一〇〇：1），表面覆有厚 2 厘米的石灰

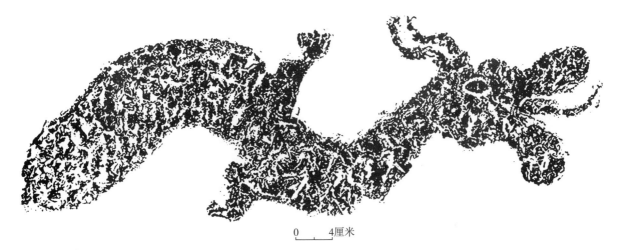

图二五三　M4 东耳室门楣画像石拓片

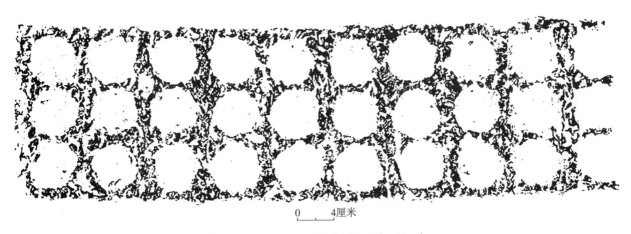

图二五四　M4 西后室门楣画像石拓片

封护层，东后室较西后室略长，顶面高于西后室，石灰封护层叠压于西后室之上。东、西二后室形制相同，平面南北向长条形，东后室外南北长 3.32、东西宽 1.46、高 1.56 米，内南北长 3.14、东西宽 0.78、高 1.13 米，西后室（彩版一〇〇：2）外南北长 2.82、东西宽 1.18、高 1.36 米，内南北

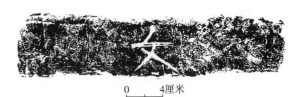

图二五五　M4 西后室西壁刻字砖拓片

长 2.84、东西宽 0.70、高 0.95 米。楔形砖筑拱形券顶，东西两壁较直，长方形青砖"两顺一丁"砌筑，东后室南端顶部楔形砖横向平铺封堵、下半部长方形青砖"两顺一丁"砌筑，西后室南端顶部长方形青砖横向平铺封堵、下半部长方形青砖"两顺一丁"砌筑。两后室地面皆长方形青砖"一顺一丁"人字形铺地。东后室未见葬具，地面局部仅见白灰铺底，人骨不存。东后室出土金饰、银手镯、银簪、银钗、铜金铛、铜弩机、铜头饰、铜饰、铁镜、铁镜架、铁棺钉、青瓷钵、青瓷盘口壶、酱釉罐、玉珠、云母饰片共 86 件（彩版一〇三：1~3，一〇四：1）。从出土随葬品分析，该室葬人应头向北，且为女性。西后室亦未见葬具，有大面积白灰铺底，人骨不存。出土银

耳勺、铜洗、铜带钩、铜泡钉、铁镜、铁棺钉、青瓷钵、青瓷罐、青瓷双系罐、酱釉罐、石黛板、陶钵、陶罐、陶盆、陶耳杯、陶盘、陶樽、陶勺、陶灶、陶仓、陶猪圈、珍珠、竹席片共60件（彩版一〇三：1，一〇四：2~4）。从随葬品分析该室葬人应为男性，头向北。

二、出土器物

经发掘，M4共出土金、银、铜、铁、玉、石、珍珠、青瓷、竹、釉陶、陶等质地各类器物159件，其中出土铁棺钉2组60件，M4：67为人牙齿（图二五六）。

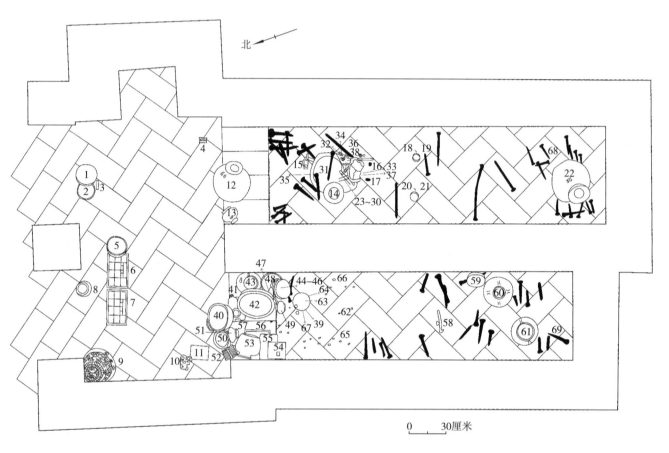

1.青瓷钵　2.青瓷钵　3.管状骨器　4.管状骨器　5.青瓷钵　6.陶榻盘　7.陶榻盘　8.陶灯　9.青瓷谷仓罐　10.青瓷辟邪　11.石黛板　12.青瓷盘口壶　13.青瓷罐　14.青瓷钵　15.铜弩机　16.玉珠　17.玉珠　18.银手镯　19.银手镯　20.银手镯　21.银手镯　22.青瓷盘口壶　23.银簪　24.银钗　25.银钗　26.银簪　27.银簪　28.银钗　29.银钗　30.银钗　31.铁镜　32.金铛　33.金饰　34.云母饰片　35.酱釉罐　36.铜头饰　37.铁镜架　38.铜饰　39.竹席片　40.陶樽　41.陶灶　42.铜洗　43.酱釉罐　44.青瓷钵　45.陶钵　46.陶钵　47.陶勺　48.陶盘　49.陶耳环　50.陶盆　51.青瓷罐　52.陶猪圈　53.陶罐　54.陶仓　55.石黛板　56.陶猪圈　57.陶钵　58.铜带钩　59.青瓷钵　60.陶罐　61.青瓷罐　62.珍珠　63.铁镜　64.银耳勺　65.珍珠　66.铜泡钉　67.人牙齿　68.铁棺钉（东后室）　69.铁棺钉（西后室）

图二五六　M4随葬器物分布图

（一）前室出土器物

青瓷钵　3件。M4：1，侈口，圆唇，弧腹，平底内凹。外沿下饰三周凹弦纹。器表施青釉，釉不及底，露灰白胎。口径16.8、底径9、高5.7厘米（图二五七A；彩版一〇五：1）。M4：2，侈口，圆唇，弧腹，平底内凹。沿下饰三周凹弦纹，弦纹下有一周斜网格纹带，内底有两周凹弦纹和六个支钉烧痕。器表施青釉，釉不及底，露紫红胎。口径15、底径7.4、高5.8厘米（图二五七A：2；彩版一〇五：2）。M4：5，侈口，圆唇，弧壁，平底内凹。沿下饰三周凹弦纹，弦纹下有一周斜网格纹带，内底有一周凹弦纹和六个支钉烧痕。器表施青釉，釉不及底，露紫红胎。口径 15.8、底径 7.5、高 6 厘米（图二五七 A；彩版一〇五：3）。

　　青瓷谷仓罐　1 件。M4：9，分楼阁和罐上、下两部分。楼阁四角攒尖顶，顶有一振翅凤

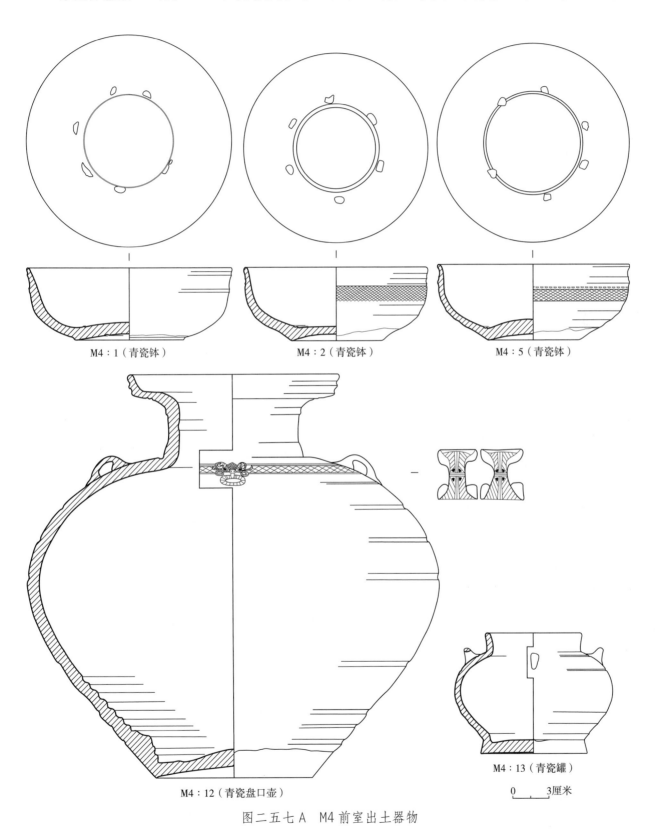

M4：1（青瓷钵）　　　　　　　M4：2（青瓷钵）　　　　　　　M4：5（青瓷钵）

M4：12（青瓷盘口壶）

M4：13（青瓷罐）

0　　　3厘米

图二五七 A　M4 前室出土器物

鸟。从上而下共分四层：第一、二层皆为圆形，四面辟长方形门；顶起脊，翼角上翘，未出檐，刻出瓦垄，其第二层外围有一圈三角形镂空围栏，顶刻瓦垄。第三层圆形，四面辟长方形门，下设平台，平台上在两门之间分别塑有一长方形门，门楼中有脊、两角上翘，两侧各塑有一人，蹲踞状。第四层圆形，下有一圈围栏，围栏四面各塑有一长方形门，门楼为一面坡状，顶有脊，脊中间坐有一人；门侧塑高阙，阙四角攒尖顶，顶刻有瓦垄；两阙之间塑有三人，人头戴尖帽，跪坐状。下半部分为罐，束颈，溜肩，鼓腹，上腹贴饰有铺首衔环和动物及人物，下腹弧收，有多道刮棱，平底内凹。通体施青釉，釉不及底，露红胎，胎质坚硬。底径 13.6、高 51 厘米（图二五七 B；彩版一〇六）。

　　青瓷辟邪　1 件。M4：10，灰白胎。辟邪蹲踞状，昂首瞠目，双耳耸立，眉脊粗壮，张口

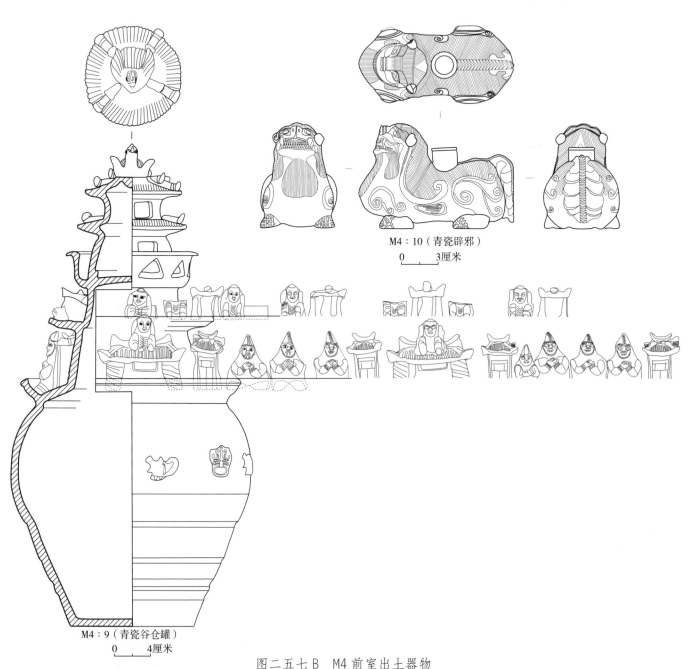

M4：10（青瓷辟邪）

0　　　3厘米

M4：9（青瓷谷仓罐）

0　　　4厘米

图二五七 B　M4 前室出土器物

龇牙，颔下有长须，项脊刻画鬣毛，尾呈蕉叶状。背部有一圆形管，与腹相通。通体施青釉。长 12.6、宽 6.2、高 8.4、管径 2.1 厘米（图二五七 B；彩版一〇七：1）。

青瓷盘口壶　1件。M4：12，盘口，圆唇，束颈，溜肩，肩部对称贴塑牛鼻形双联系和铺首衔环，鼓腹，平底内凹。沿下饰两周凹弦纹，颈下饰一周凹弦纹，肩饰四周凹弦纹，弦纹间饰斜网格纹带，腹部饰七周凹弦纹，系上有叶脉纹。器表施青釉，釉不及底，露紫红胎。口径 17.2、底径 12.6、高 32 厘米（图二五七 A；彩版一〇七：2）。

青瓷罐　1件。M4：13，侈口，圆唇，束颈，溜肩，肩部对称贴塑横系，鼓腹，下腹弧收，平底内凹，圈足外撇。肩部饰两周凹弦纹，下腹部饰两周凹弦纹，系间有不规则支钉烧痕。器表施青黄釉，釉不及底，露红胎。口径 8、底径 8.8、高 9.6 厘米（图二五七 A；彩版一〇七：3）。

陶槅盘　2件。泥质灰陶。子口，体呈长方形，分三大排共十五小格，下两排八大格，上一排两侧各一大格，中间又分两小排，上排为一长条形格，下排为四小方格。底附倒山字

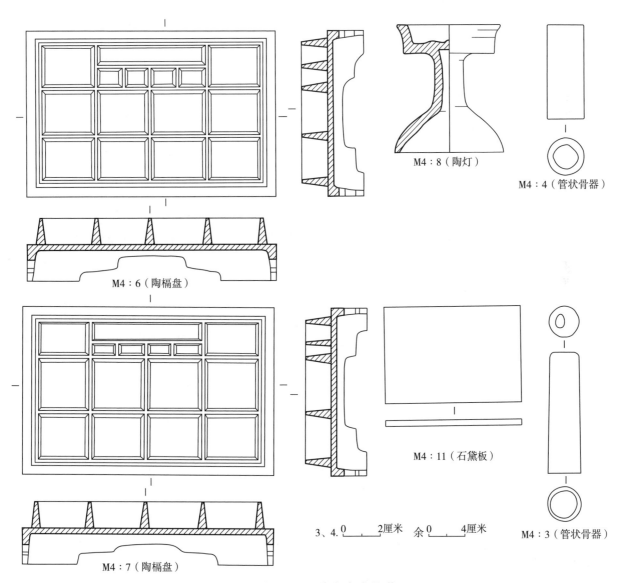

M4：8（陶灯）

M4：4（管状骨器）

M4：6（陶槅盘）

M4：11（石黛板）

M4：7（陶槅盘）

3、4. 0　　　2厘米　　余 0　　　4厘米

M4：3（管状骨器）

图二五七 C　M4 前室出土器物

形足。M4：6，长 27、宽 17.4、高 6.6 厘米（图二五七 C；彩版一〇八：1）。M4：7，长 27.2、宽 17.6、高 6.6 厘米（图二五七 C；彩版一〇八：2）。

陶灯 1 件。M4：8，泥质灰陶。灯盘侈口，卷沿外翻，尖唇，弧腹，下接圆柱形灯柱，灯柱中空，喇叭状圈足。口径 11.4、底径 12、高 13.6 厘米（图二五七 C；彩版一〇八：3）。

石黛板 1 件。M4：11，残，灰色片岩质。表面光滑，平面长方形。长 15、宽 10.2、厚 0.6 厘米（图二五七 C；彩版一〇八：4）。

管状骨器 2 件。打磨光滑，圆柱形，中空。M4：3，长 6.4、直径 1.6~1.8 厘米（图二五七 C；彩版一〇八：5）。M4：4，长 5、直径 2 厘米（图二五七 C；彩版一〇八：6）。

（二）东后室出土器物

金饰 1 组 2 件。形制较小，镂空翅膀状。M4：33-1，宽 1.48、高 1.90 厘米（图二五八 A；彩版一〇九：1）。M4：33-2，宽 1.47、高 1.96 厘米（图二五八 A；彩版一〇九：1）。

银手镯 4 件。M4：18，圆环状。外径 6.5、内径 6.3 厘米（图二五八 A；彩版一〇九：2）。M4：19，圆环状。外径 6.6、内径 6.4 厘米（图二五八 A；彩版一〇九：2）。M4：20，圆环状。外径 6.8、内径 6.6 厘米（图二五八 A；彩版一〇九：3）。M4：21，椭圆环状。长径 7、短径 6.3 厘米（图二五八 A；彩版一〇九：3）。

银簪 3 件（彩版一〇九：5）。M4：23，簪首残，长条形，簪尾尖圆形，截面圆形。长 21.9、截面直径 0.3 厘米（图二五八 A）。M4：26，细长条形，簪首球形，簪尾尖圆形，截面圆形。长 15.4、截面直径 0.3 厘米（图二五八 A）。M4：27，细长条形，簪首球形，簪尾残，截面圆形。残长 7.7、截面直径 0.3 厘米（图二五八 A）。

银钗 5 件（彩版一〇九：5）。弯成 U 形，截面圆形。M4：24，长 17.5、宽 1.3、截面直径 0.3 厘米（图二五八 A）。M4：25，长 11、宽 1.4、截面直径 0.3 厘米（图二五八 A）。M4：28，长 12.4、宽 2.5、截面直径 0.4 厘米（图二五八 A）。M4：29，长 14.3、宽 1.0、截面直径 0.3 厘米（图二五八 A）。M4：30，长 16.8、宽 1.0、截面直径 0.4 厘米（图二五八 A）。

铜弩机 1 件。M4：15，制作精良，构件不全。面上有一道箭槽，郭身横穿两键，用于固定望山、牙和悬刀。郭长 12.7、宽 7.6、通高 11.3 厘米（图二五八 B；彩版一一〇：1）。

铜金铛 1 件。M4：32，内芯铜质，表面贴有一层金饰。顶部起尖，圆肩，底微内凹。蝉纹，蝉眼凸起，纹饰上布满细小金粟粒。中心有孔，中插一银簪。簪首圆球形，后接针状簪体，簪体较长。残长 15.3、宽 4.9、高 5.3 厘米（图二五八 B；彩版一〇九：4）。

铜头饰 1 组 16 件。M4：36，由 2 件金翅形饰片、3 件异形金饰、2 件分叉银饰、5 件桃叶形铜片、4 件圆饼中间有孔形玉件组成（彩版一一〇：2）。

铜饰 4 件。M4：38-1，柿蒂纹构件，应为漆器附件。表面灰褐色，锈蚀，无纹饰，含有一定的铅锡成分，内壁残留一层由非常细小的黑、白两种颗粒混合而成的膏泥附着层，上附布纹痕迹。座上有纽，残。最大直径 12.1、厚 0.1 厘米（图二五八 B；彩版一一〇：3）。M4：38-2，柿蒂纹构件，应为漆器附件。表面灰褐色，锈蚀，无纹饰，含有一定的铅锡成分，

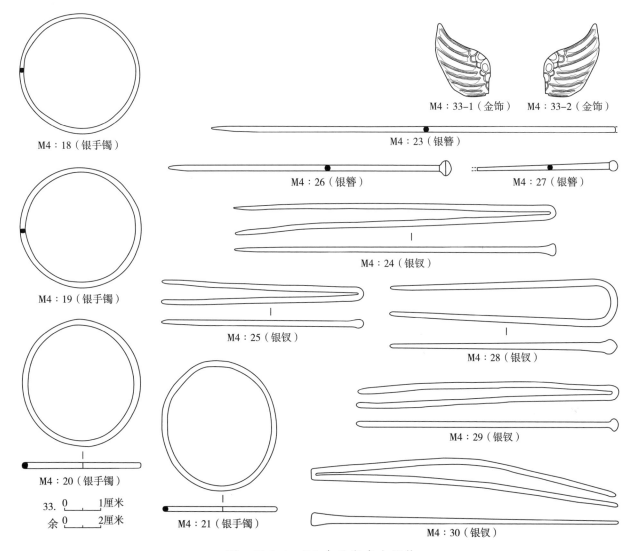

图二五八 A　M4 东后室出土器物

内壁残留一层由非常细小的黑、白两种颗粒混合而成的膏泥附着层，上附布纹痕迹和木质朽痕。座上有纽，纽中套一圆环。最大直径 4.4、厚 0.1 厘米（图二五八 B；彩版一一〇：4）。M4:38-3，铺首衔环，表面锈蚀严重，纹饰不清，应为漆器附件。长 2.3、宽 1.6 厘米（图二五八 B；彩版一一〇：4）。M4:38-4，铺首衔环，表面锈蚀严重，纹饰不清，应为漆器附件。长 2.3、宽 1.5 厘米（图二五八 B；彩版一一〇：4）。

铁镜　1 件。M4:31，锈残。圆形，球形纽。表面锈蚀，残留有布匹包裹痕迹。直径 20.6、厚 0.6、纽高 2.2 厘米（图二五八 B；彩版一一一：1）。

铁镜架　1 组 2 件。锈残为两件。M4:37-1，平面 U 形。长 10.10、宽 2.50、厚 1 厘米（图二五八 B）。M4:37-2，钉状，表面粘有朽木痕。长 10.4、宽 0.8 厘米（图二五八 B；彩版一一一：2）。

铁棺钉　1 组 38 件。M4:68，锈残。钉帽圆形，钉身尖柱形，截面长方形。残长 25、钉体截面长 2、宽 1.2 厘米（图二五八 B；彩版一一一：3）。

青瓷钵　1 件。M4:14，侈口，圆唇，弧腹，平底内凹。外沿下饰四周凹弦纹，内底有

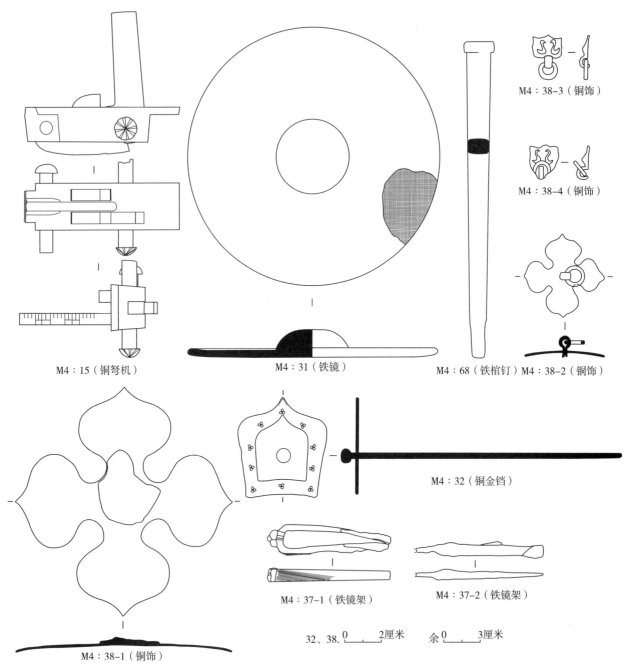

M4：15（铜弩机）　　　　M4：31（铁镜）　　　　M4：68（铁棺钉）M4：38-2（铜饰）

M4：38-3（铜饰）

M4：38-4（铜饰）

M4：32（铜金铛）

M4：37-1（铁镜架）　　　　M4：37-2（铁镜架）

M4：38-1（铜饰）

32、38. ⊢0────2厘米⊣　　　余 ⊢0────3厘米⊣

图二五八 B　M4 东后室出土器物

一周凸弦纹和六个支钉烧痕。器表施青釉，釉不及底，露灰白胎。口径 16.5、底径 8.8、高 5.4 厘米（图二五八 C；彩版一一二：1）。

青瓷盘口壶　1 件。M4：22，盘口，圆唇，束颈，溜肩，肩部对称贴塑牛鼻形双联系和铺首衔环，鼓腹，下腹斜收，平底内凹。沿下饰两周凹弦纹，肩饰四周凹弦纹，弦纹间饰一周短竖线纹和斜网格纹带，上腹饰两周弦纹，下腹饰三周凹弦纹，系上有叶脉纹。器表施青釉，釉不及底，露紫红胎。口径 17.4、底径 13.2、高 32.6 厘米（图二五八 C；彩版一一二：3）。

酱釉罐　1 件。M4：35，泥质红陶。侈口，卷沿外翻，圆唇，束颈，溜肩，鼓腹，下腹斜收，平底内凹。肩有三个支钉烧痕，腹部饰两周弦纹。通体施酱红釉。口径 2.2、底径 3.6、高 5.6

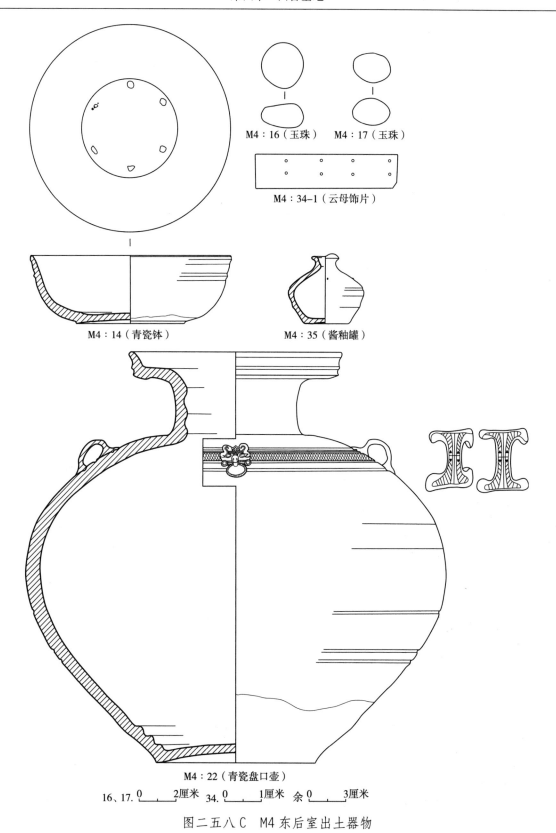

M4：16（玉珠）　　M4：17（玉珠）

M4：34-1（云母饰片）

M4：14（青瓷钵）　　　　　M4：35（酱釉罐）

M4：22（青瓷盘口壶）

16、17. 0 ⎣⎯⎯⎦ 2厘米　34. 0 ⎣⎯⎦ 1厘米　余 0 ⎣⎯⎯⎦ 3厘米

图二五八 C　M4 东后室出土器物

厘米（图二五八 C；彩版一一二：2）。

　　玉珠　2件。M4：16，色偏灰，扁圆形。长2.4、宽2.3厘米（图二五八 C；彩版一一一：4）。

M4：17，色偏灰，鹅卵形。长2.1、宽1.6厘米（图二五八 C：5；彩版一一一：4）。

云母饰片 4 件。M4：34-1、2、3、4，其中 M4：34-3、4 残碎。体较薄，白色透明，平面呈长方形，横向两排、竖向四列规则分布八个圆孔。长 3.9、宽 0.9 厘米（图二五八 C；彩版一一一：5）。

（三）西后室出土器物

银耳勺 1 件。M4：64，锈残。椭圆形勺头，细长柄，截面圆形。长 5.2、柄直径 0.3 厘米（图二五九 A；彩版一一三：1）。

铜洗 1 件。M4：42，侈口，宽沿，卷沿上翻，沿面下凹，腹较浅，腹壁较直，平底内凹。底附对称两半月形系，中有穿孔。口径 30.4、底径 16.8、高 7.2 厘米（图二五九 A；彩版一一三：2）。

铜带钩 1 件。M4：58，瘦长腹，弯曲弓形，截面圆形，钩首为兽首，中部有一圆纽。长 17、高 2.4、截面直径 1.1 厘米（图二五九 A；彩版一一三：3）。

铜泡钉 3 件（彩版一一三：4）。球形帽，沿外撇，中空，中有一尖柱形柱芯。M4：66-1，直径 1.6、高 0.9 厘米（图二五九 A）。M4：66-2，直径 1.6、高 1.0 厘米（图二五九 A）。M4：66-3，直径 1.5、高 0.8 厘米（图二五九 A）。

铁镜 1 件。M4：63，锈残。平面圆形，球形纽，表面锈蚀，残留布匹包裹痕迹。直径 12.2、厚 0.4、纽高 1.6 厘米（图二五九 A；彩版一一三：5）。

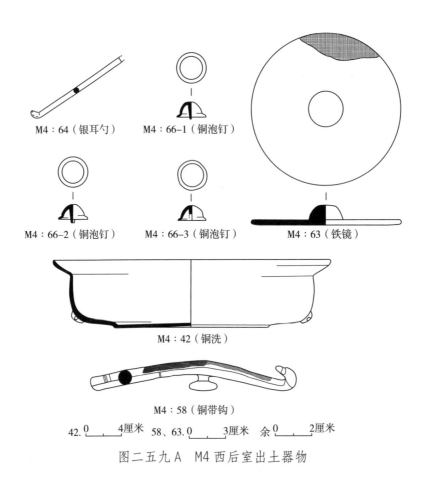

图二五九 A M4 西后室出土器物

铁棺钉　1组22件。锈残。钉帽圆形，钉身尖柱形，截面长方形。M4：69，残长23、钉体截面长2、宽1.2厘米

青瓷钵　2件。M4：44，侈口，弧腹，平底内凹。沿下饰凹弦纹，至腹下共六周，上腹饰斜网格纹带，内外底均有支钉烧痕。器表施青釉，内满釉，外壁釉不及底，露紫红胎。口径15.8、底径7.8、高5.6厘米（图二五九B；彩版一一四：1）。M4：59，侈口，弧腹，平底内凹。沿下饰三周凹弦纹，弦纹下饰斜网格纹带，腹下饰三周凹弦纹，内底饰一周凹弦纹。器表施青釉，内满釉，外壁釉不及底，露青灰胎。口径15.8、底径7.8、高5.8厘米（图二五九B；

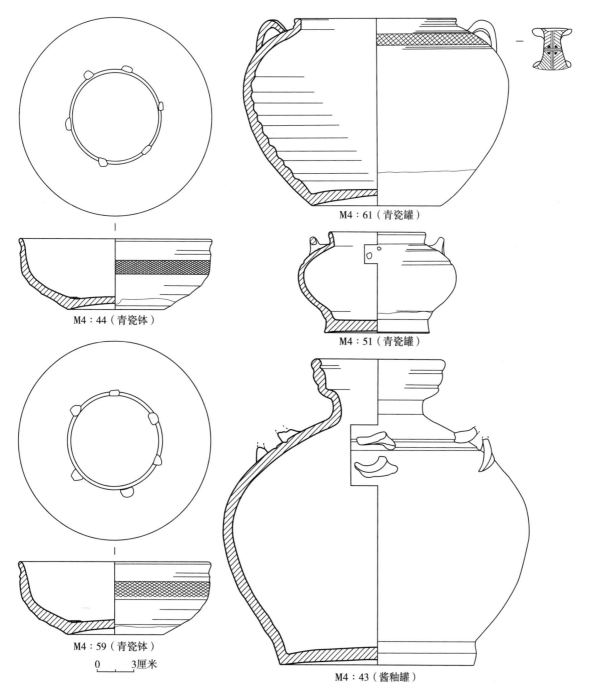

M4：61（青瓷罐）

M4：44（青瓷钵）

M4：51（青瓷罐）

M4：59（青瓷钵）

0　　　　3厘米

M4：43（酱釉罐）

图二五九B　M4西后室出土器物

彩版一一四：2）。

青瓷罐 2件。M4:51，敞口，圆唇，束颈，溜肩，肩部对称贴塑双横系，系间有支钉烧痕，鼓腹，下腹弧收，平底微凹，圈足外撇。肩饰三周凹弦纹，腹下有一周凸弦纹。器表施青釉，釉不及底，露紫红胎。口径8、底径8.6、高8厘米（图二五九B；彩版一一四：3）。M4:61，侈口，圆唇，溜肩，肩部对称贴塑牛鼻形双系，鼓腹，平底内凹。外沿有一周凹弦纹，肩饰四周凹弦纹弦纹间饰斜网格纹带，系饰叶脉纹，内壁有轮制弦痕。器表施青釉，釉不及底，露紫红胎。口径13.4、底径10.4、高14.8厘米（图二五九B；彩版一一四：4）。

酱釉罐 1件。M4:43，系残。盘口，圆唇，矮束颈，溜肩，肩部对称贴塑四残系，鼓腹，下腹斜收，平底内凹。外沿下饰两周凹弦纹，肩饰两周凹弦纹。器表施酱褐釉，釉不及底，露紫红胎。口径11、底径16、高24.2厘米（图二五九B；彩版一一四：5）。

陶钵 3件。M4:45，泥质灰陶。敞口，圆唇，弧腹，平底内凹。口径16.6、底径11、高4.6厘米（图二五九C；彩版一一五：1）。M4:46，泥质灰陶。敛口，圆唇，弧腹，平底内凹。口径16、底径11.4、高4.6厘米（图二五九C；彩版一一五：2）。M4:57，泥质灰陶。侈口，

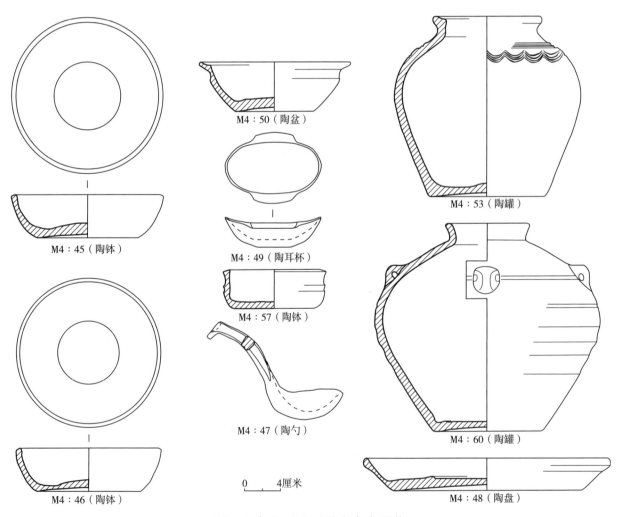

图二五九C　M4西后室出土器物

圆唇，弧腹，平底。腹有两道凹弦纹。口径11.4、底径8.8、高4.1厘米（图二五九C；彩版一一五：3）。

陶罐　2件。M4：53，泥质灰陶。侈口，卷沿外翻，圆唇，短束颈，溜肩，鼓腹，下腹斜收至底，平底内凹。肩饰三周凹弦纹，弦纹下饰波浪纹。口径11.6、底径12.4、高19厘米（图二五九C；彩版一一五：4）。M4：60，夹砂灰陶。侈口，圆唇，短束颈，溜肩，肩部对称贴塑四系，鼓腹，下腹斜收至底，平底略内凹。腹饰五周凹弦纹。口径9.2、底径12、高22厘米（图二五九C；彩版一一五：5）。

陶盆　1件。M4：50，残，未修复。泥质灰陶。侈口，卷沿上翻，沿面下凹，圆唇，弧腹，平底内凹。沿下饰一周宽凹弦纹。口径16.8、底径8.8、高5.2厘米（图二五九C；彩版一一六：1）。

陶耳杯　1件。M4：49，泥质灰陶。船形，两端上翘，两侧有半月形耳。长10.6、宽7.6、高3.2厘米（图二五九C；彩版一一六：2）。

陶盘　1件。M4：48，泥质灰陶。侈口，圆唇，浅盘，斜腹，平底内凹。口径27、底径20.6、高3.4厘米（图二五九C；彩版一一六：3）。

陶樽　1件。M4：40，泥质灰陶。侈口，圆唇，斜壁，底附三蹄形足。沿下饰弦纹，腹部饰三周凹弦纹，底部有十字刻划痕，内底有一周凹弦纹，中心微凹。口径20、最大腹径20.2、高12.6厘米（图二五九D；图彩版一一六：4）。

陶勺　1件。M4：47，泥质灰陶。勺头椭圆形，圜底，柄细长，末端向下弯折，有刮削形成的折棱。通长15、通高10.4、勺口长7、宽5.8、高3.3厘米（图二五九C；彩版一一六：5）。

陶灶　1件。M4：41，残，已修复。泥质灰陶。灶体僧帽状，前有挡火墙，长方形灶门，后有扁圆形烟道，上承一甑一釜。长20、宽17、通高19厘米（图二五九D；彩版一一七：1）。

陶仓　1件。M4：54，泥质灰陶。仓体圆柱形，有盖。仓体直口，直壁，一侧开有长方形小口，近底有一周凹弦纹，平底内凹；盖圆锥形，中间凸起。口径15.2、底径15.2、通高20.8厘米（图二五九D；彩版一一七：2）。

陶猪圈　1件。M4：52、56，泥质灰陶，由围墙与猪舍组成。围墙直口，平沿，直壁，平底内凹；猪舍长方形，一侧有长方形门，顶有"人"字形瓦顶，饰瓦楞纹。长23、宽20.6、通高16厘米（图二五九D；彩版一一七：3）。

石黛板　1件。M4：55，黑色片岩质。平面长方形，表面光滑。长21.4、宽14.2、厚0.8厘米（图二五九D；彩版一一七：4）。

珍珠　1组11件。多残碎，大小不一，仅可辨器形（彩版一一三：6）。M4：62，残碎。椭圆球形，中空，有穿孔。长0.9、直径0.7厘米。M4：65，呈圆球形，实心，有穿孔。孔径0.1、直径0.4、厚0.3厘米。

竹席片　1件。M4：39，仅存残块。人字形编织。残长2.7、残宽2、残厚0.2厘米（图二五九D）。

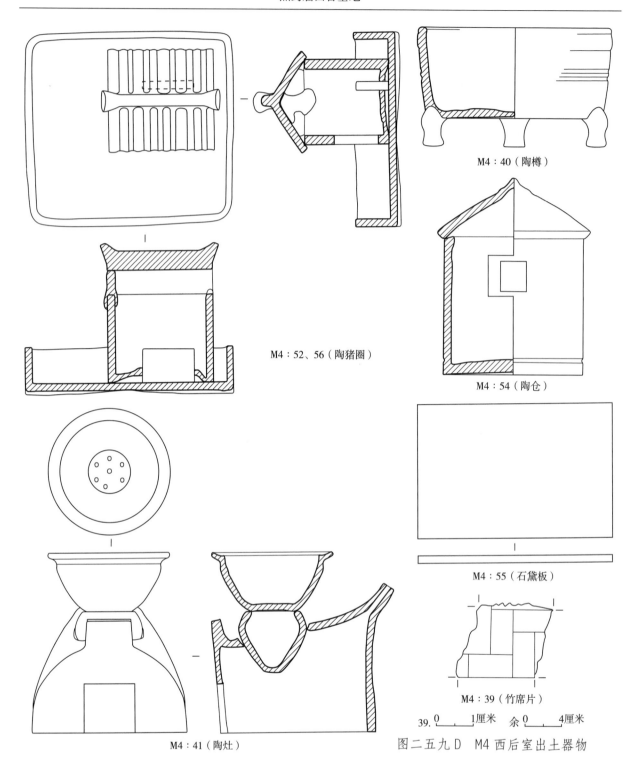

M4：40（陶樽）

M4：52、56（陶猪圈）

M4：54（陶仓）

M4：55（石黛板）

M4：39（竹席片）

39. ⌞0 ⌞1厘米　　余 ⌞0 ⌞4厘米

M4：41（陶灶）

图二五九 D　M4 西后室出土器物

第五节　M5

一、墓葬形制

　　M5 为一座三条斜坡墓道前堂横列式前室券顶并列三后室券顶的土坑砖室合葬墓，方向 22°（图二六〇 A、B；彩版一一八：1）。墓道被 H153、H161、H162、H163、H164、H165、H166、

H167 打破，前室被 H153、H161、H162、G3 打破，后室西南部被 H126、H127、H128 打破，中部被 G3 打破，中东部被 H151、H152、H153、H154、H155 打破，墓坑打破春秋战国时期文化层。据墓坑内填土的土质土色及叠压、打破关系分析，该墓葬有明显的三次开挖的迹象。第三次开挖部分偏东，土质略显灰黑，范围从墓道至前室中部，平面呈梯形，墓道总长 12.04、南口宽 1.92 米，两壁较直，南端东壁下有高约 0.60 米的二层台。二层台为春秋战国时期文化层堆积，台面斜坡状，其上散乱放置有一些长方形青砖。第二次开挖墓道部分偏西，范围由墓道至后室南部，东壁较直，西壁向内弧收。砖室部分墓坑南北长 6.6、东西宽 5.36~6.58 米，东西两侧距发掘地表 1.00~1.12 米处留有二层台，二层台为春秋战国时期文化层堆积，台面较平，墓坑壁较直。该墓主要由墓道、墓门、前室、耳室、后室组成。墓底有一层铺砖，砖室皆置于铺砖之上。

墓道　居北，为长斜坡墓道，有明显的三次开挖迹象，故可分为一次墓道、二次墓道、三次墓道（图二六〇 C；参见彩版一一八，一一九：1）。

三次墓道（彩版一一九：2）位置偏东，对应东墓门，打破二次墓道、一次墓道。平面近梯形，南北长 10.24、北口宽 1.12、南口宽 2.01 米，南端距发掘地表深 2.4 米。两壁较直。填灰褐色沙土，土质疏松，未经夯打。

二次墓道（彩版一一九：3），位于正中，对应中墓门。南北长 10.3、北口宽 1.2、南口残宽 1 米，南端距发掘地表深 2.2 米，打破一次墓道，壁向内斜收，底面中部低于一次墓道约 0.15 米，南端高于三次墓道底面 0.22、高于一次墓道底面 0.12 米。填土为灰褐色沙土，土色较一次墓道、三次墓道填土略浅，土质较疏松，未夯打。填土中包含少量红烧土颗粒、灰陶片、瓦片等。出土铜镞、陶罐口沿共 2 件遗物。

一次墓道（彩版一一九：1）偏西，对应西墓门。中部被二次墓道打破，西壁和部分东壁残留。平面呈梯形，南北长 8.7、北口宽 2.3、南口宽 2.8 米，南端距发掘地表深 2.32 米。东壁较直、西壁向内斜收，墓道底面中部略上鼓。填土为灰褐色沙土，土质疏松，未经夯打。出土铁斧、残铁器共 2 件遗物。

墓门　墓道末端即墓门，分东、中、西三门（图二六一；彩版一一八：2）。

东墓门外有石灰浇筑封护层（彩版一二〇：1）。由于墓葬再次开挖下葬，封护石灰层布满东墓门外侧。因墓道是逐层回填再行浇筑封护石灰，故形成上下向外突出的多层结构。石灰封护层高 1.14、东西宽 1.20、厚 0.27 米。石灰封护层后即为东墓门，门宽 0.78、高 0.96 米。楔形砖筑券顶，长方形青砖平铺砌筑东西两壁。长方形青砖封门，部分青砖侧面有十字穿环纹图案，砖封门分为内外两层：外层封门位于墓门外侧，不及顶，为青砖横向单砖平铺砌筑，中有石灰浆黏结（图二六二；彩版一二〇：2），封门宽 1.12、高 1.03、厚 0.14 米；内层封门位于墓门门框内，不及顶，为青砖纵向、横向混合平铺砌筑，中有石灰浆黏结（图二六二；彩版一二〇：3），封门宽 0.78、高 0.82、厚 0.28 米。

中墓门外侧仅上半部涂抹厚 1 厘米的石灰封护层，下半部露砖。中墓门宽 0.74、高 0.94 米。楔形砖筑券顶，长方形青砖平铺砌筑东西两壁。封门位于墓门门框内，长方形青砖纵向、横向混合平铺封堵，中有石灰浆黏结，部分青砖侧面有双圆形十字纹图案（图二六三），封门宽 0.74、高 1.04、厚 0.28 米。

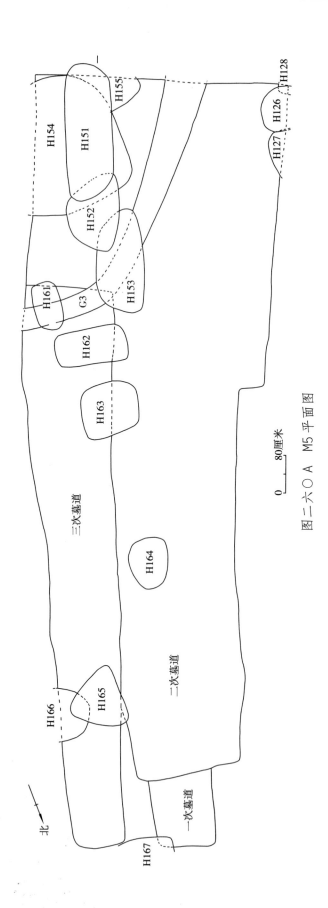

图二六〇　A M5 平面图

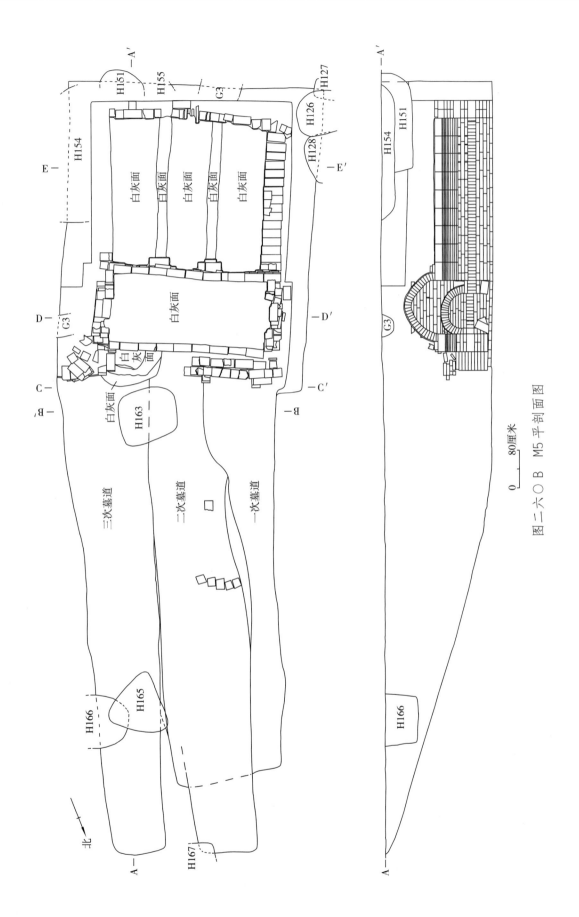

图二六〇B　M5 平剖面图

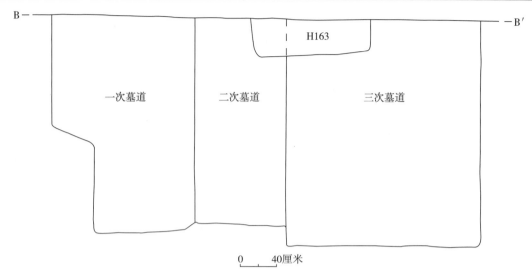

图二六〇 C　M5墓道横剖面图

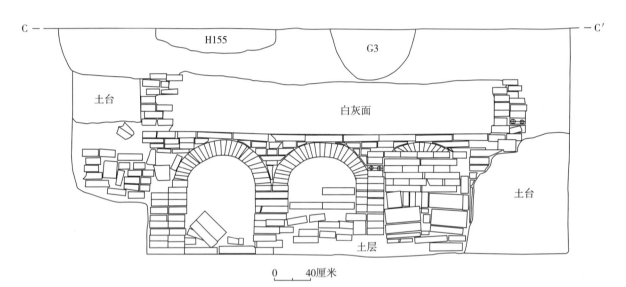

图二六〇 D　M5前室正视图

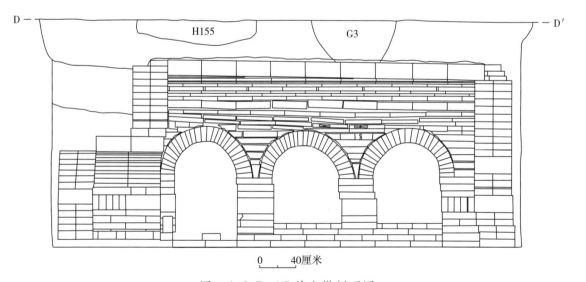

图二六〇 E　M5前室横剖面图

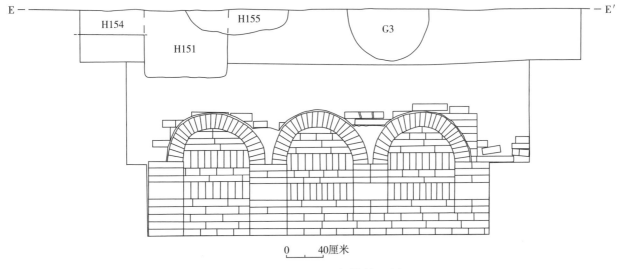

图二六〇 F　M5 后室横剖面图

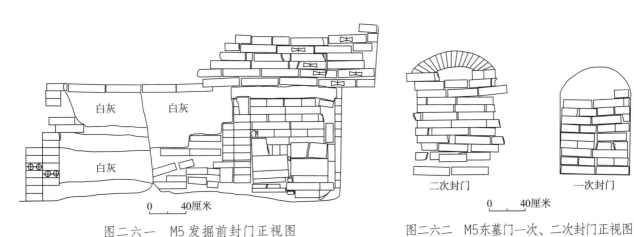

图二六一　M5 发掘前封门正视图

图二六二　M5 东墓门一次、二次封门正视图

西墓门外侧未见石灰封护层（彩版一二〇：4）。西墓门宽 0.74、高 0.94 米。楔形砖筑券顶，长方形青砖平铺砌筑东西两壁。封门（彩版一二〇：5）位于墓门外，长方形青砖纵向、横向混合平铺封堵，中有石灰浆黏结，下半部外侧有少量青砖立铺，封门宽 0.92、高 1.04、厚 0.28 米。

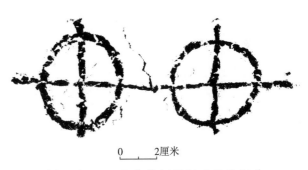

图二六三　M5 中墓门封门砖纹饰拓片

前室　墓道后为前室，墓门开于前室北壁（图二六〇 D、E）。前室东西向，外东西长 4.20、南北宽 1.88、高 1.96 米，内东西宽 3.48、高 1.80、进深 1.11 米。券顶（彩版一二一：1），楔形砖砌筑顶部，外有厚 2 厘米的石灰封护层。东西两壁长方形青砖错缝平铺砌筑，中部青砖立铺一层。前室铺地分两部分，东部用长方形青砖横向平铺，局部有散放的青砖，中、西部用长方形青砖"一顺一丁"人字形铺地。东部较中西部少一层铺砖，东部铺地为砖室底部的铺砖，其上散置的青砖应为原铺地砖被揭取后的残留。出土青瓷钵、酱釉罐、双鱼形石器盖、陶罐、陶钵、铁棺钉共 18 件（彩版一二二：1、2）。

东耳室　位于前室东壁，砌筑于墓坑之内。东西向，平面长方形，外东西长 1.12、宽 0.96、高 1.10 米，内宽 0.74、高 0.82、进深 0.74 米。楔形砖筑券顶。室壁较直，长方形青砖平铺砌筑，中夹一层青砖立铺。长方形青砖"一顺一丁"人字形铺地，地面较平。出土青瓷盆、青瓷盘口壶、陶盘共 5 件（彩版一二一：2、3）。

后室　东、中、西并列三后室（图二六〇 F）。后室门位于前室南壁，开有东、中、西三门（彩版一二三：1）。三门形制相同，平面长方形，东后室门宽 0.70、高 1.04 米，中后室门宽 0.74、高 0.82 米，西后室门宽 0.70、高 0.85 米，楔形砖筑券顶（彩版一二一：1），长方形青砖平铺，中夹一层青砖立铺砌筑东西两直壁。后室总平面呈长方形，外南北长 3.64、东西宽 4.00、高 1.31 米，为三个并列南北向长条形拱形券顶砖室，表面覆有厚 2 厘米的石灰封护层。三室形制相同，平面南北向长条形，东后室内南北长 3.46、东西宽 0.74、高 1.06米，中后室内南北长 3.44、东西宽 0.74、高 1.08 米，西后室内南北长 3.40、东西宽 0.74、高 1.08 米。楔形砖筑拱形券顶。东西两壁较直，券顶部分长方形青砖平铺砌筑，下半部分亦青砖平铺砌筑，中夹一层青砖立铺。东后室地面长方形青砖纵向错缝平铺，中、西后室长方形青砖"一顺一丁"人字形铺地。东后室铺地较中西后室缺少两层铺砖，成因与前室东部相同。三后室皆未见葬具及人骨，地面局部仅见白灰铺地。东后室出土金戒指、银戒指、铜钱、铜洗、铁棺钉、青瓷钵、青瓷盘口壶、陶勺、陶耳杯共 39 件（彩版一二三：2、3）。从出土随葬品分析，该室葬人应头向北，且为男性。中后室出土银钗、银簪、银耳勺、铜勺、铁剪刀、铁镜、环首铁刀、铁棺钉共 29 件（彩版一二四：1、2）。从出土随葬品分析，该室葬人应头向北，且为女性。西后室出土铜灯盏、铜泡钉、铁镜、铁棺钉、青瓷盘口壶、青瓷罐、石黛板、陶盘共 33 件（彩版一二四：3、4）。从出土随葬品分析，该室葬人应头向北，且为女性。

二、出土器物

经发掘，M5 共出土金、银、铜、铁、石、瓷、釉陶、陶等质地各类器物 128 件，其中铁棺钉 4 组 66 件（图二六四）。

（一）二次墓道填土出土器物

铁斧　1 件。M5 二次墓道填土：1，平面长方形，一端有刃。长 8、宽 4、厚 2.5 厘米（图二六五；彩版一二二：3）。

残铁器　1 件。M5 二次墓道填土：2，锈残。器形不清。残长 7.4、残宽 7、厚 0.6 厘米。

（二）一次墓道填土出土器物

铜镞　1 件。M5 一次墓道填土：2，表面锈蚀严重。较大，三角翼形，中有脊。残长 7.55、宽 3.2 厘米（图二六六；彩版一二二：4）。

陶罐口沿　1 件。M5 一次墓道填土：1，泥质灰陶。侈口，平沿，圆唇，沿下有圆孔，对穿，溜肩，肩部有系，系残。口径 12、残高 8.3 厘米（图二六六；彩版一二二：5）。

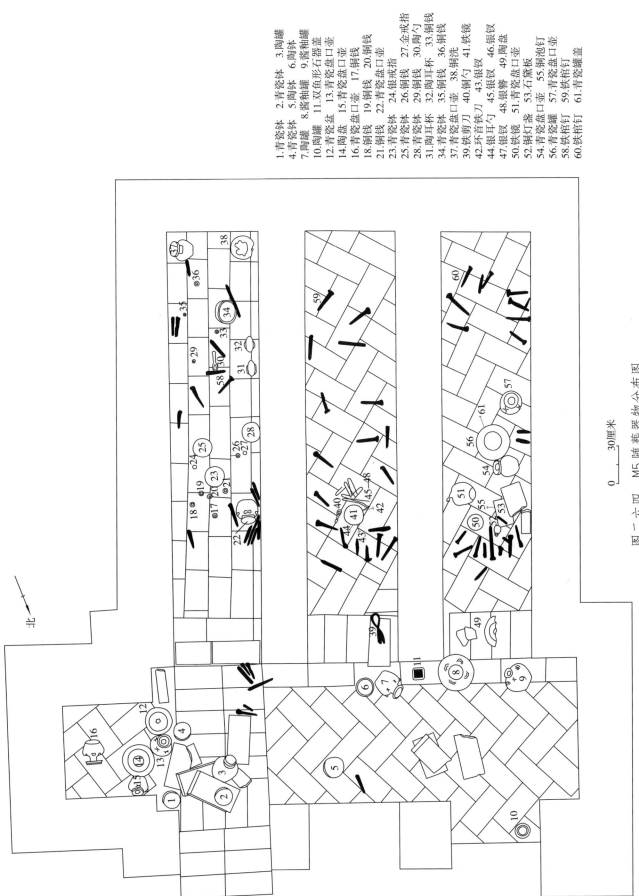

1.青瓷钵　2.青瓷钵　3.陶罐
4.青瓷钵　5.陶钵　6.陶钵
7.陶罐　8.酱釉罐　9.酱釉罐
10.陶罐　11.双鱼形石器盖
12.陶瓷盆　13.青瓷盘口壶　14.陶瓷盘口壶
14.陶盘　15.青瓷盘口壶
16.青瓷盘口壶　17.铜钱
18.铜钱　19.铜钱　20.铜钱
21.青瓷钵　22.青瓷盘口壶
23.青瓷钵　24.银戒指
25.青瓷钵　26.铜钱　27.金戒指
28.青瓷钵　29.铜钱　30.陶勺
31.铜耳杯　32.铜耳钱　33.铜钱
34.青瓷钵　35.铜钱　36.铜钱
37.青瓷盘口壶　38.铜洗
39.铁剪刀　40.铜勺　41.铁镜
42.环首铁刀　43.银钗　44.铜钱
44.银耳勺　45.银钗　46.陶盘
47.银钗　48.银簪　49.陶盘
50.铁镜　51.青瓷盘口壶
52.铜灯盏　53.石黛板
54.青瓷盘口壶　55.铜泡钉
56.青瓷罐　57.青瓷盘口壶
58.铁棺钉　59.铁棺钉
60.铁棺钉　61.青瓷罐盖

图二六四　M5 随葬器器物分布图

北

0 _____ 30厘米

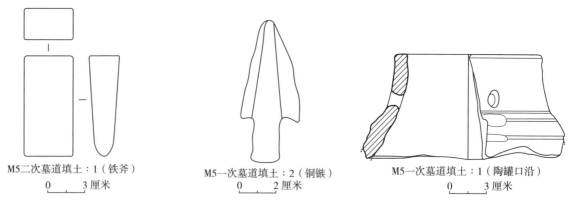

M5二次墓道填土：1（铁斧）　　　　　M5一次墓道填土：2（铜镞）　　　　M5一次墓道填土：1（陶罐口沿）

0　　　3厘米　　　　　　　　　　0　　2厘米　　　　　　　　0　　　3厘米

图二六五　M5二次墓道填土出土器物　　　　　　图二六六　M5一次墓道填土出土器物

（三）前室出土器物

青瓷钵　3件。侈口，圆唇，弧腹，平底内凹。沿下饰一周凹弦纹。器表施青釉，釉不及底，露紫红胎。M5：1，口径15.2、底径9.6、高5.2厘米（图二六七；彩版一二五：1）。M5：2，口径15.2、底径10、高5.5厘米（图二六七；彩版一二五：2）。M5：4，口径15.2、底径9.6、高5.6厘米（图二六七；彩版一二五：3）。

酱釉罐　2件。M5：8，侈口，圆唇，溜肩，肩部对称贴塑四横系，鼓腹，下腹斜收，平底内凹。沿下饰一周凹弦纹，肩饰两周弦纹，肩腹饰网格纹，内底饰一周凹弦纹。器表施酱黄釉，釉不及底。露灰白胎。口径12.2、底径15.2、高28.8厘米（图二六七；彩版一二五：4）。M5：9，残，已修复。盘口，圆唇，束颈，溜肩，肩部对称贴塑四牛鼻形系，鼓腹，平底内凹。外沿饰两周凹弦纹，肩饰四周凹弦纹，腹饰网格纹。器表施酱褐釉。口径10.4、底径15、高21厘米（图二六七；彩版一二五：5）。

陶钵　2件。M5：5，泥质灰陶。敞口，平沿，圆唇，弧腹，平底内凹。沿下有两周凹弦纹，内底有一周凹弦纹。口径17.2、底径12、高5.8厘米（图二六七；彩版一二六：1）。M5：6，泥质灰陶。侈口，平沿，圆唇，弧腹，下腹折收，假圈足。腹有两周凹弦纹。口径14.2、底径10.4、高7.2厘米（图二六七；彩版一二六：2）。

陶罐　3件。M5：3，泥质灰陶。敞口，圆唇，束颈，溜肩，鼓腹，下腹弧收，平底内凹。沿下饰一周凹弦纹，肩部饰一周凹弦纹、一周弦纹。口径11.8、底径12.4、高15.8厘米（图二六七；彩版一二六：4）。M5：7，泥质夹砂灰陶。侈口，卷沿外翻，尖唇，矮束颈，溜肩，肩部对称贴塑四系，鼓腹，下腹斜收，底内凹。肩饰弦纹、凹弦纹各一周。口径10、底径11.4、高19.4厘米（图二六七；彩版一二六：5）。M5：10，泥质灰陶。器表发黑。敛口，平沿，溜肩，弧腹，平底。内底有轮制弦痕。口径8.8、底径9.6、高12.6厘米（图二六七；彩版一二六：6）。

石器盖　1件。M5：11，平面正方形，盝顶，圆形子口。顶饰双鱼纹和波浪纹，长10.4、宽10.4、高3.4厘米（图二六七；彩版一二六：3）。

（四）东耳室出土器物

青瓷盘口壶　3件。M5：13，盘口，圆唇，束颈，溜肩，肩部对称贴塑四横系，鼓腹，下

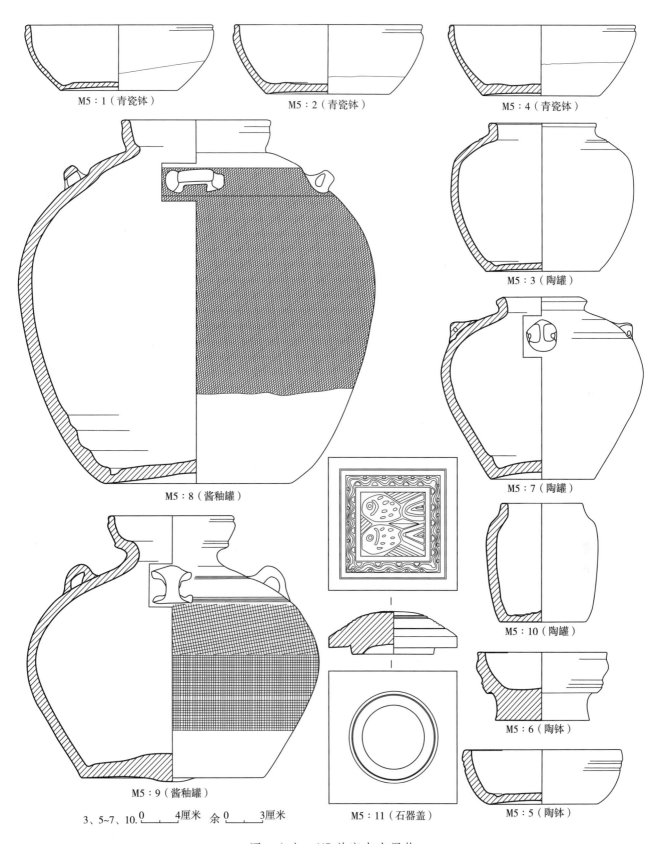

M5：1（青瓷钵）

M5：2（青瓷钵）

M5：4（青瓷钵）

M5：3（陶罐）

M5：8（酱釉罐）

M5：7（陶罐）

M5：10（陶罐）

M5：9（酱釉罐）

M5：6（陶钵）

3、5~7、10.　0　　4厘米　余　0　　3厘米

M5：11（石器盖）

M5：5（陶钵）

图二六七　M5前室出土器物

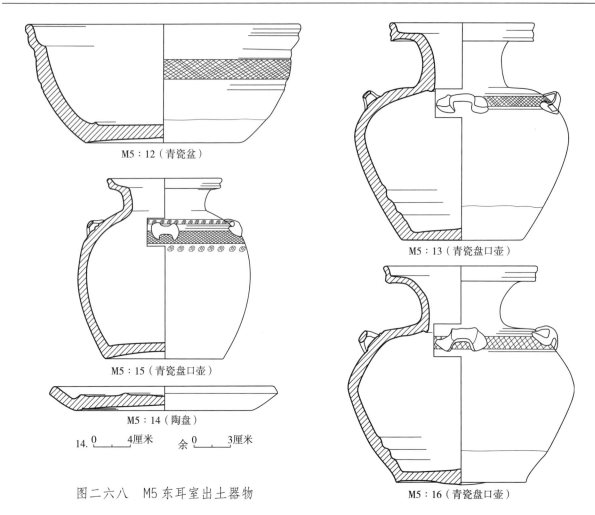

M5：12（青瓷盆）

M5：13（青瓷盘口壶）

M5：15（青瓷盘口壶）

M5：14（陶盘）

14. 0　　4厘米　　　余 0　　3厘米

图二六八　M5 东耳室出土器物

M5：16（青瓷盘口壶）

腹斜收，平底。沿下饰两周凹弦纹，肩饰两周凹弦纹，弦纹间饰斜网格纹带。器表施青釉，釉不及底，露紫红胎。口径 12、底径 10、高 17.2 厘米（图二六八；彩版一二七：1）。M5：15，盘口，圆唇，矮束颈，溜肩，肩部对称贴塑四横系，鼓腹，下腹弧收，平底略内凹。沿下饰一周凹弦纹，颈下饰一周弦纹，肩部和上腹饰一周弦纹、两周芝麻花联珠纹、两周凹弦纹和一周斜网格纹带。器表施青釉，釉不及底，露灰白胎。口径 9.6、底径 9.6、高 14.4 厘米（图二六八；彩版一二七：2）。M5：16，盘口，圆唇，束颈，溜肩，肩部对称贴塑四横系，鼓腹，下腹弧收，平底内凹，中心外鼓。沿下饰两周凹弦纹，肩饰三周凹弦纹，弦纹间饰斜网格纹带。器表施青釉，釉不及底，露紫红胎。口径 12.6、底径 10.6、高 17.2 厘米（图二六八；彩版一二七：3）。

青瓷盆　1 件。M5：12，侈口，圆唇，弧腹，平底内凹。内沿饰一周宽弧凹弦纹，外沿饰一周凹弦纹，腹部有三周凹弦纹，弦纹间饰斜网格纹带，内底有一周凸弦纹。器表施青釉，釉不及底，露紫红胎。口径 22.8、底径 12.8、高 9.4 厘米（图二六八；彩版一二七：4）。

陶盘　1 件。M5：14，残，已修复。泥质灰陶。敞口，方唇，斜沿，弧腹，平底内凹。内底有两周凸弦纹，外底有一周凹弦纹。口径 25.2、底径 19.4、高 2.6 厘米（图二六八；彩版一二七：5）。

（五）东后室出土器物

金戒指　1 件。M5：27，圆环形，微变形。外径 2、内径 1.7 厘米（图二六九；彩版一二八：1）。

银戒指　1件。M5：24，圆环形，微变形。外径1.7、内径1.5厘米（图二六九；彩版一二八：2）。

铜钱　10件。M5：17，残碎。钱文不清。直径2.52厘米（彩版一二八：3）。M5：18，表面锈蚀严重。五铢钱。直径2.60厘米（彩版一二八：4）。M5：19，表面锈蚀。五铢钱。直径2.61厘米（彩版一二八：5）。M5：20，表面锈蚀。五铢钱。直径2.60厘米（彩版一二八：6）。M5：21，表面锈蚀。五铢钱。直径2.60厘米（彩版一二八：7）。M5：26，残，表面锈蚀。五铢钱。直径2.4厘米（彩版一二八：8）。M5：29，表面锈蚀。五铢钱。直径2.4厘米（彩版一二八：9）。M5：33，表面锈蚀。五铢钱。直径2.38厘米（彩版一二八：10）。M5：35，表面锈蚀。五铢钱。直径2.36厘米（彩版一二八：11）。M5：36，五铢钱。"铢"字交笔内敛形，中间交叉两笔弯曲程度大，与上下两横相交处呈内敛状，使上下两部分略呈子弹头形相对，上下两横略出头；"铢"字之"朱"字旁上部变长，上下两部分长度有的比较接近，中间间距变小，结构比较紧凑。直径2.62厘米（图二六九；彩版一二八：12）。

铜洗　1件。M5：38，残。存上半部，壁较薄。侈口，卷沿外翻，圆唇，直腹，下腹弧收。口径17.2、残高6.1厘米（图二六九；彩版一二九：1）。

铁棺钉　1组17件。M5：58，钉帽圆形，钉身尖柱形。长19、钉体截面宽1.2、厚1.4厘米（图二六九；彩版一二九：2）。

青瓷钵　4件。M5：23，侈口，圆唇，弧腹，下腹弧收，平底内凹。沿下饰一周凹弦纹，内底有刮痕。器表施青釉，釉色发白，釉不及底，露紫红胎。口径17.2、底径11、高6.2厘米（图二六九；彩版一三〇：1）。M5：25，侈口，圆唇，弧腹，平底。外沿下饰一周凹弦纹。器表施青釉，釉不及底，露紫红胎。口径15、底径9.6、高5.8厘米（图二六九；彩版一三〇：2）。M5：28，侈口，圆唇，弧腹，平底，底中间外鼓。外沿下饰一周凹弦纹。外腹底部有指痕，内底有刮痕。器表施青釉，有流釉现象，釉不及底，露紫红胎。口径15.2、底径10.8、高5.8厘米（图二六九；彩版一三〇：3）。M5：34，侈口，圆唇，弧腹，斜壁，平底微凹。外沿下饰一周凹弦纹，外腹底部有指痕印。器表施青釉，有流釉现象，釉不及底，露紫红胎。口径15.9、底径10、高5.4厘米（图二六九；彩版一三〇：4）。

青瓷盘口壶　2件。M5：22，盘口，圆唇，束颈，溜肩，肩部对称贴塑四横系，鼓腹，下腹弧收，平底略内凹。沿下饰两周凹弦纹，肩饰两周凹弦纹，弦纹间饰斜网格纹带。器表施青釉，釉不及底，露紫红胎。口径12、底径9.8、高16厘米（图二六九；彩版一三〇：5）。M5：37，盘口，圆唇，束颈，溜肩，肩部对称贴塑牛鼻形双系，鼓腹，平底略内凹。外沿下饰两周凹弦纹，颈下饰一周凹弦纹，肩饰三周凹弦纹，弦纹间饰斜网格纹带，系上饰叶脉纹。器表施青釉，有流釉现象，釉不及底，露紫红胎。口径12.4、底径10、高21.2厘米（图二六九；彩版一三〇：6）。

陶耳杯　2件。泥质灰陶。平面椭圆形，杯体船形，两端上翘，平底，两侧各有一半月形耳。M5：31，长12.7、宽10、高3.3厘米（图二六九；彩版一二九：3）。M5：32，长12.8、宽9.9、高3.3厘米（图二六九；彩版一二九：4）。

陶勺　1件。M5：30，泥质灰陶。勺头掏挖而成，外壁刮削而成，有多道折棱。敞口，方唇，深腹，圆底。7字形柄，末端下折，表有刮削形成的折棱，截面多边形。长17、高6厘米（图二六九；彩版一二九：5）。

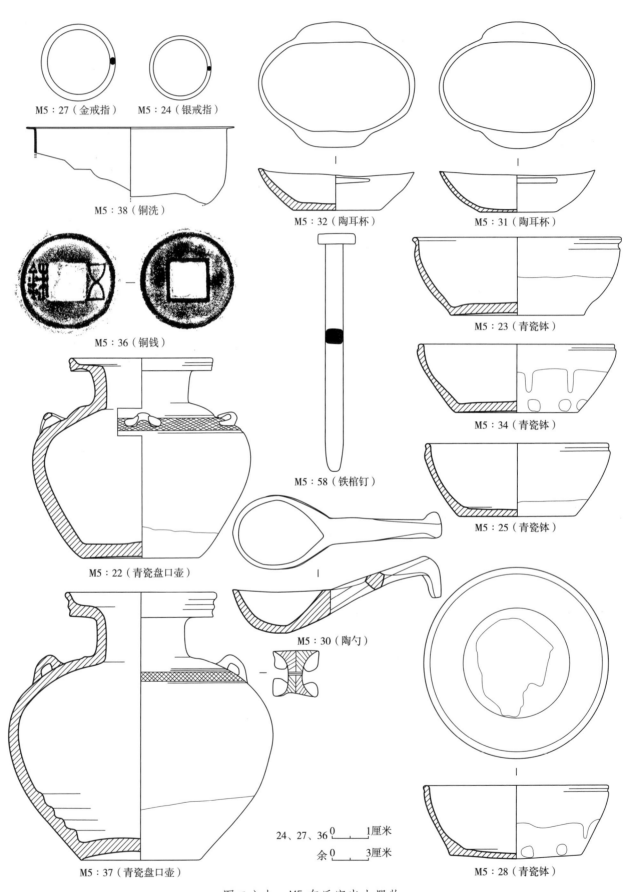

M5：27（金戒指）　　M5：24（银戒指）

M5：38（铜洗）

M5：32（陶耳杯）　　M5：31（陶耳杯）

M5：36（铜钱）

M5：23（青瓷钵）

M5：58（铁棺钉）

M5：34（青瓷钵）

M5：22（青瓷盘口壶）

M5：25（青瓷钵）

M5：30（陶勺）

M5：37（青瓷盘口壶）

24、27、36　0——1厘米

余　0———3厘米

M5：28（青瓷钵）

图二六九　M5东后室出土器物

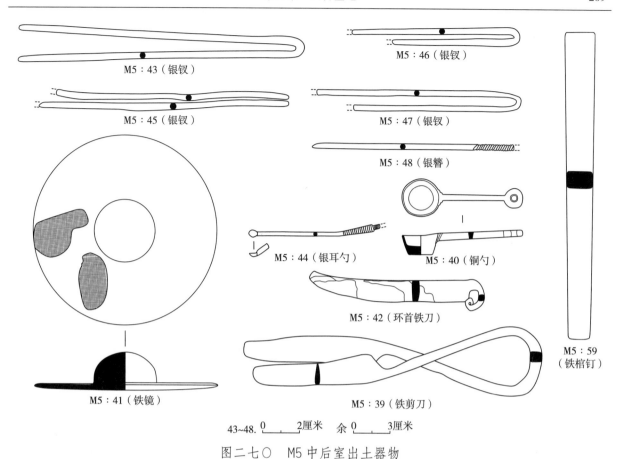

M5：43（银钗）

M5：46（银钗）

M5：45（银钗）

M5：47（银钗）

M5：48（银簪）

M5：44（银耳勺）

M5：40（铜勺）

M5：42（环首铁刀）

M5：41（铁镜）

M5：39（铁剪刀）

M5：59（铁棺钉）

43~48. 0 2厘米　余 0 3厘米

图二七〇　M5 中后室出土器物

（六）中后室出土器物

银钗　4 件。M5：43，锈残。灰黑色，弯成 U 形，截面圆形。长 15.7、宽 1.9 厘米（图二七〇；彩版一三一：1）。M5：45，锈残。灰黑色，截面圆形。长 13.7、宽 1 厘米（图二七〇；彩版一三一：2）。M5：46，锈残。灰黑色，弯成 U 形，截面圆形。长 9.2、宽 1 厘米（图二七〇；彩版一三一：2）。M5：47，锈残。灰黑色，弯成 U 形，截面圆形。长 11.2、宽 1.1厘米（图二七〇；彩版一三一：2）。

银簪　1 件。M5：48，锈残。柄圆柱形，簪首残，末端尖圆形。柄上饰螺旋状纹。长11.1、截面直径 0.3 厘米（图二七〇；彩版一三一：2）。

银耳勺　1 件。M5：44，锈残。敞口，圆底，柄圆柱形，末端方形，残。柄上有螺旋状纹。残长 7.1 厘米（图二七〇；彩版一三一：1）。

铜勺　1 件。M5：40，敞口，圆唇，斜壁，平底，一侧附一环首直柄。长 10、高 2 厘米（图二七〇；彩版一三一：3）。

铁镜　1 件。M5：41，圆形，球形纽。表面锈蚀严重，残留有布匹包裹痕迹。直径 15.2、纽高 3.4 厘米（图二七〇；彩版一三一：5）。

铁剪刀　1 夹。M5：39，锈残。刃部较薄，交错，柄圆角三角形，截面方形，为一铁条弯曲打制而成。残长 24.7、厚 0.4 厘米（图二七〇；彩版一三一：4）。

环首铁刀　1 件。M5：42，锈残。环首，短柄，背微凹，刃凸。刀身残留布匹包裹痕迹。长

14.4、宽 1.8、厚 0.6 厘米（图二七〇；彩版一三一：6）。

铁棺钉　1 组 19 件。M5:59，钉身柱形。截面长方形。长 24.4、钉体宽 2.4、厚 1.7 厘米（图二七〇；彩版一三一：7）。

（七）西后室出土器物

铜灯盏　1 件。M5:52，锈。敛口，圆唇，口沿一侧有半圆形耳，耳中间有圆孔，弧腹，平底内凹。内底有一道凸棱。内底纹饰不清，外底及下腹有锯齿和圆圈组成的太阳纹。口径 6.7、底径 4、高 2.4 厘米（图二七一 A；彩版一三二：1）。

铜泡钉　1 件。M5:55，半圆球形，中空。直径 2.3、高 1.25 厘米（图二七一 A）。

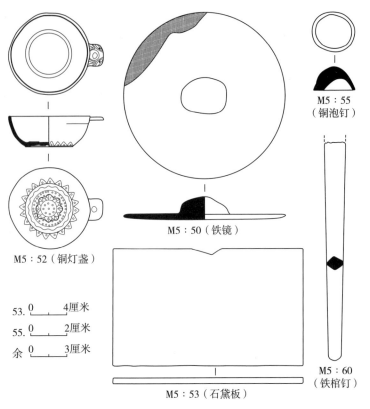

图二七一 A　M5 西后室出土器物

铁镜　1 件。M5:50，圆形，球形纽。表面锈蚀严重，残留有布匹包裹痕迹。直径 13.2、纽高 2.2 厘米（图二七一 A；彩版一三二：2）。

铁棺钉　1 组 23 件。M5:60，钉帽残，钉身尖柱形。长 17.4、钉体宽 1.8、厚 1.8 厘米（图二七一 A；彩版一三二：3）。

青瓷罐　2 件。M5:56，侈口，圆唇，低领，溜肩，肩部贴塑对称四残系，鼓腹，平底内凹。器表施青釉，釉不及底，露灰白胎。口径 13.4、底径 14.8、高 21.2 厘米（图二七一 B；彩版一三三：1）。M5:61，仅余盖。弧顶，子口。顶有多道弦纹，弦纹间饰一圈芝麻花联珠纹、两圈菱形纹。盖口径 15.2、高 3.2 厘米（图二七一 B；彩版一三三：2）。

青瓷盘口壶　3 件。M5:51，残，已修复。盘口，圆唇，束颈，溜肩，肩部对称贴塑牛鼻形双系，系残，鼓腹，平底略内凹。外沿下饰一周宽凹弦纹，肩饰四周凹弦纹，弦纹间饰斜网格纹带，下腹饰三周凹弦纹。器表施黄釉，釉不及底，露红胎。口径 10.8、底径 9.2、高 19 厘米（图二七一 B；彩版一三三：3）。M5:54，盘口，圆唇，束颈，溜肩，肩部对称贴塑四横系，部分系残鼓腹，下腹略内收，平底微凹。外沿下饰一周宽凹弦纹，肩饰三周凹弦纹，弦纹间饰斜网格纹带。器表施青釉，釉不及底，露灰白胎。口径 11.8、底径 10.8、高 17.6 厘米（图二七一 B；彩版一三三：4）。M5:57，盘口，圆唇，束颈，溜肩，肩部对称贴塑四横系，鼓腹，下腹弧收，平底内凹。外沿下饰两周宽凹弦纹，肩饰两周浅凹弦纹，弦纹间饰斜网格纹带。器表施青釉，釉不及底，露紫红胎。口径 11.4、底径 10、高 13.8 厘米（图二七一 B；彩版一三三：5）。

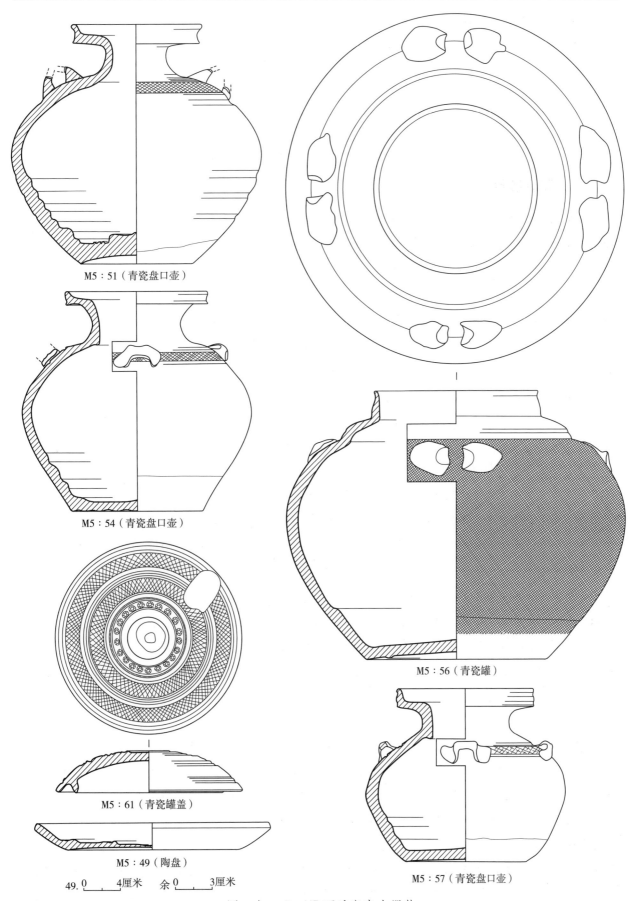

M5：51（青瓷盘口壶）

M5：54（青瓷盘口壶）

M5：61（青瓷罐盖）

M5：49（陶盘）

49. 0　　4厘米　　余 0　　3厘米

M5：56（青瓷罐）

M5：57（青瓷盘口壶）

图二七一B　M5西后室出土器物

陶盘 1件。M5:49，残，已修复。泥质灰陶。敞口，方唇，斜沿，弧腹，平底内凹。内底饰两周凸弦纹。口径26、底径19、高2.9厘米（图二七一B；彩版一三二：5）。

石黛板 1件。M5:53，表面褐色，平面长方形，表面光滑。长20.8、宽12.4、厚0.6厘米（图二七一A；彩版一三二：4）。

第六节　M6

一、墓葬形制

M6为一座斜坡墓道前室盝顶单后室券顶的土坑砖室合葬墓，方向23°（图二七二A；彩版一三四：1）。墓道南半部被H14打破、中东部被H15打破，墓坑打破春秋战国时期文化层堆积。该墓填土未发现二次开挖的现象。墓坑平面呈长条形，中部向外略鼓，墓坑南北长16.24、北宽1.90、中宽3.27、南宽2.80、南深2.32米。坑壁较直，中部西侧向内折收，南壁向下距发掘地表0.76米处内收，形成一二层台。二层台为春秋战国时期文化层堆积，台面弧形，东西长2.80、南北宽0.33、高1.76米。该墓主要由墓道、门墙、封门、甬道、前室、耳室、后室七部分组成。墓底错缝斜铺一层青砖，砖室置于墓底铺砖之上。

墓道 居北，为一条长斜坡墓道。平面近梯形，南北长9.56、北口宽1.90、南口宽1.90、南底宽1.90米，南端距发掘地表深2.54米，南端西侧内收，东壁较直，西壁向内斜收，底面较平，剖面呈倒梯形（图二七二A）。填土灰褐色沙土，土质较疏松，未夯打，填土包含少量红烧土颗粒、灰陶片、瓦片等。

门墙 长方形青砖单砖横向平铺砌筑，门墙（彩版一三四：2）高于发掘地表0.13米。门墙高2.62、宽1.75、厚0.20米。长方形青砖长40、宽20、厚8厘米。

墓门 门墙下部为墓门。封门有外、内两层，皆位于墓门外侧（图二七三；彩版一三五：1、2）。外层封门宽1.13、高1.44、厚0.35米，长方形青砖封堵，上部两层横向平铺，下部纵向平铺，外侧参差不齐；内层封门宽1.13、高1.44、厚0.20米，上为长方形青砖纵向平铺封堵，下有青石板，石板两侧长方形青砖横向平铺封堵。石板长方形，较粗糙，表面不光滑，东侧有宽0.10米的榫头。石板宽0.96、高0.82、厚0.20米。封门后即为墓门，门高1.36、宽0.84米，楔形砖砌筑券顶，长方形青砖筑直壁。墓门外壁涂有厚1厘米石灰层，券顶部分绘有半弧形黑色锯齿状装饰带（图二七四；彩版一三五：3）。锯齿装饰宽0.11、相邻锯齿之间距离0.06米。

甬道 门墙后为甬道（图二七二A、B）。甬道较短，外南北长0.62、东西宽1.78、高1.82米，内宽0.84、进深1.20、高1.36米。楔形砖砌筑券顶，有内外两层，顶表面有厚2厘米的石灰封护层。东西两壁较直，长方形青砖"两顺一丁"砌筑。地面用长方形青砖错缝斜铺。

前室 甬道后为前室（图二七二A、C），高出发掘地表0.34米。前室外东西长2.65、南北宽2.60、高2.82米；内东西宽1.90、高2.32、进深1.88米。盝顶，四角弧形，顶部楔形砖砌筑，外有厚2厘米的石灰封护层。四壁较直，内壁涂抹有厚1厘米的石灰层，并绘有黑色影作（图二七五；彩版一三五：4）装饰。前室四角及南、北两壁中间绘有立柱，盝顶四角用

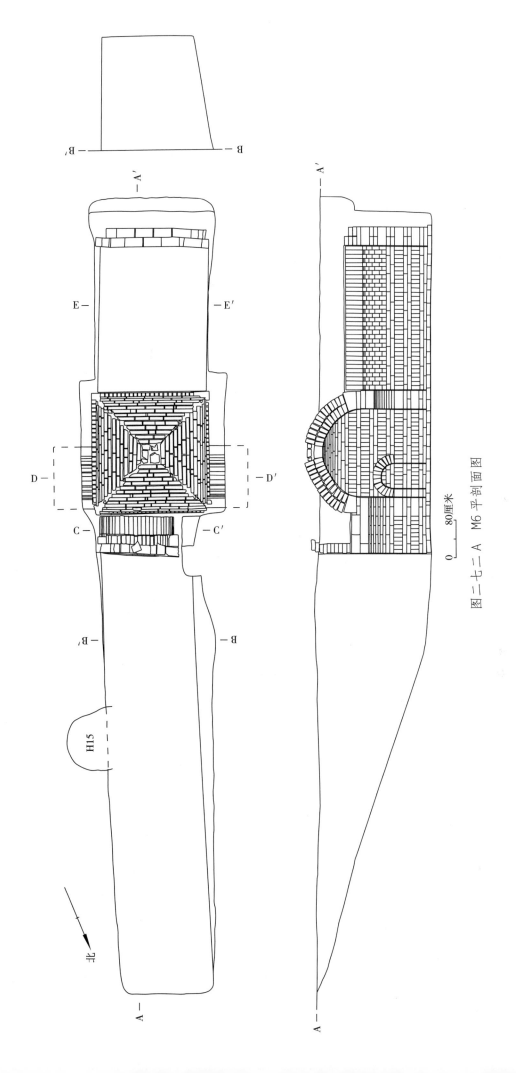

北

H15

A—A'
B—B'
B'—B'
C—C'
D—D'
E—E'

图二七二A M6 平剖面图

0   80厘米

图二七二 B　M6 甬道横剖面图

图二七二 C　M6 前室横剖面图

图二七二 D　M6 后室横剖面图

二次封门

一次封门

图二七三　M6 封门正视图

白灰面

黑

墓门

图二七四　M6 门墙墓门外壁正视图

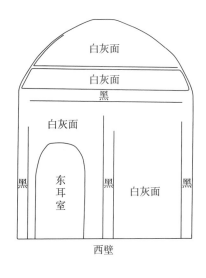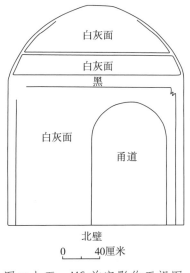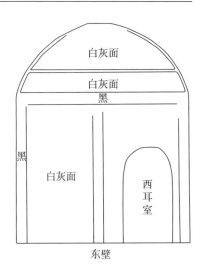

图二七五　M6 前室影作正视图

黑色粗线勾勒。四壁长方形青砖砌筑，东西两壁券顶部分平铺，下半部及南北两壁皆"两顺一丁"砌筑。地面青砖斜铺。出土铜灯盏、铜洗、铁构件、青瓷钵、青瓷盘、青瓷盘口壶、陶槅盘、骨簪、漆器共 19 件（彩版一三六：1、2）。

耳室　有东、西两耳室，位于前室东、西两壁近墓门处，砌筑于墓圹下向外掏挖之土洞内。东耳室向东掏挖的土洞长 0.62 米，西耳室向西掏挖的土洞长 0.52 米，皆东西向，形制、大小相同，平面长方形，外东西长 0.84、南北宽 1.34、高 1.28 米，内宽 0.54、高 1.02、进深 0.80 米。楔形砖筑券顶，室壁较直，"两顺一丁"砌筑，地面青砖斜铺。东耳室出土青瓷钵、青瓷扁壶、陶钵、陶灯共 4 件（彩版一三七：1、2）；西耳室出土铁构件、青瓷盘、青瓷钵、酱黑釉罐、酱褐釉罐、石黛板、陶钵、陶盘、陶罐、陶酒凫共 26 件（彩版一三七：3、4）。

后室　单后室（彩版一三六：3），略偏西，后室门位于前室偏东，紧邻后室东壁。后室填土出土铜镞、铜器残片共 2 件。后室门宽 0.84、高 1.18 米，楔形砖筑券顶，两壁长方形青砖"两顺一丁"砌筑。后室外南北长 3.56、东西宽 2.50、高 1.95 米；内长 3.10、宽 1.64、高 1.43 米。拱形券顶，顶部楔形砖砌筑，外有 2 厘米厚的石灰封护层。东、西两壁皆长方形青砖"两顺一丁"砌筑，后壁券顶部分青砖平铺砌筑，下半部青砖"两顺一丁"砌筑。后室地面较平，青砖错缝斜铺。出土银钗、银手镯、银铃铛、铜弩机、铜虎子、铜柿蒂形纽、铜铺首衔环、铁镊子、铁镜、铁棺钉、铅珠、青瓷盏、酱釉罐、漆器、筒状骨器共 97 件（图二七二 D；彩版一三六：4、5）。

二、出土器物

经发掘，M6 共出土银、铜、铁、铅、石、骨、漆、瓷、釉陶、陶等质地各类器物 148 件，其中后室出土铁棺钉 2 组 72 件（图二七六）。

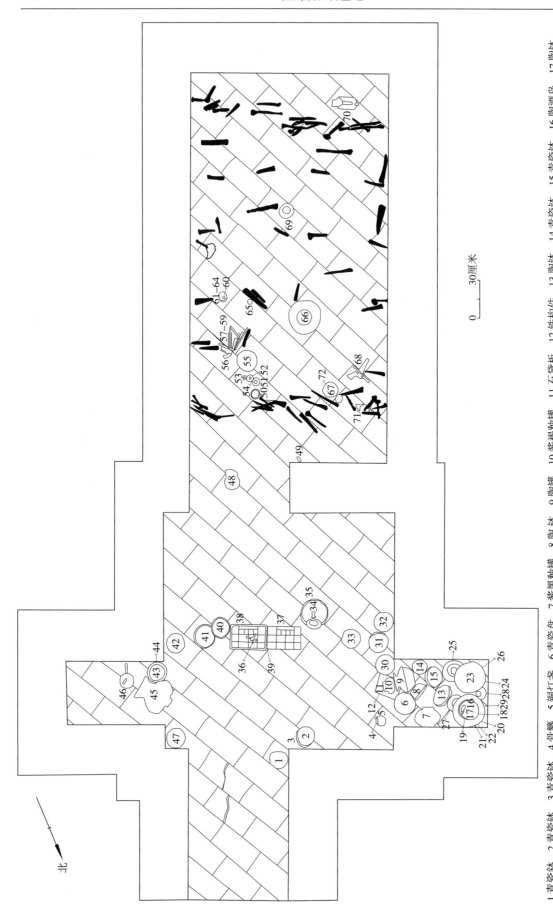

北

0　　30厘米

图二七六　M6 随葬器物分布图

1.青瓷钵　2.青瓷钵　3.青瓷钵　4.青簪　5.铜灯盏　6.青瓷盘　7.酱黑釉罐　8.陶钵　9.陶罐　10.酱褐釉罐　11.石黛板　12.铁构件　13.陶钵　14.青瓷钵　15.青瓷钵　16.陶酒盒　17.陶钵
18.陶钵　19.陶盆　20.陶钵　21.陶隔盘　22.陶盘　23.陶罐　24.青瓷盘　25.陶罐　26.陶罐　27.陶罐　28.陶罐　29.陶罐　30.青瓷钵　31.青瓷钵　32.青瓷钵　33.青瓷钵　34.青瓷盘口壶　35.铜洗
36.铁构件　37.陶隔盘　38.陶隔盘　39.漆器　40.青瓷钵　41.青瓷钵　42.青瓷盘　43.青瓷盘　44.青瓷钵　45.青瓷扁壶　46.陶灯　47.青瓷器　48.漆器　49.筒状骨器　50.青瓷盏　51.酱釉罐
52.酱釉罐　53.酱釉罐　54.铁镜子　55.铁镜　56.铜弩机　57.银钗　58.银钗　59.银钗　60.钻珠　61.银手镯　62.银手镯　63.银手镯　64.银手镯　65.银铃铛　66.酱釉罐　67.铁镜　68.铜弩机
69.酱釉罐　70.铜虎子　71.铜柿蒂形纽　72.铜铺首衔环

（一）后室填土出土器物

铜镞　1件。M6后室填土:1，锈残。平面桃叶形，弧边，中有脊，短圆柱形铤。残长5.0、宽1.80厘米（图二七七；彩版一三八：1）。

铜器残片　1件。M6后室填土:2，残，平面钺形，一侧有刃。长3.5、宽2.1、厚0.2厘米（图二七七；彩版一三八：2）。

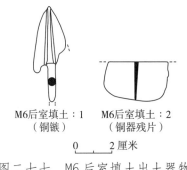

M6后室填土：1　M6后室填土：2
（铜镞）　　　　（铜器残片）

0 ⎯⎯⎯ 2厘米

图二七七　M6后室填土出土器物

（二）前室出土器物

铜灯盏　1件。M6:5，锈。敞口，圆唇，口沿一侧有半圆形耳，耳中间有圆孔，弧腹，平底内凹，内底有一道凸棱，盏内仍有块状朱砂残留。外底及下腹有锯齿、圆圈纹等组成的太阳纹。口径6.6、底径4.1、高2.3厘米（图二七八A；彩版一三八：3）。

铜洗　1件。M6:35，侈口，斜沿，沿面微内凹，圆唇，腹较深，腹壁弧收，平底。腹部有三周凸弦纹，下腹有二对称半月形扁系，系上有穿孔，底部有一道凸棱。口径24.6、底径13.6、高10厘米（图二七八A；彩版一三八：4）。

铁构件　1件。M6:36，锈残。中为一圆环，有三根铁条呈三角形套于环上。残长11.8、环径4.5厘米（图二七八A；彩版一三八：5）。

青瓷钵　8件。M6:1，侈口，圆唇，弧腹，平底内凹。唇下有三周凹弦纹，内底有四支钉烧痕。器表施青釉，内满釉，外釉不及底，露紫红胎。口径15.2、底径7.6、高5.8厘米（图二七八B；彩版一三九：1）。M6:2，侈口，圆唇，弧腹，平底内凹。唇下有三周凹弦纹，下腹有一周凹弦纹，内底有一周凹弦纹和四支钉痕。器表施青釉，内满釉，外釉不及底，露青灰胎。口径15.2、底径7.6、高5.4厘米（图二七八B；彩版一三九：2）。M6:3，侈口，圆唇，弧腹，平底内凹。唇下有三周凹弦纹，内底有四支钉痕。器表施青釉，内满釉，外釉不及底，露紫红胎。口径15.6、底径8、高5.8厘米（图二七八B；彩版一三九：3）。M6:30，侈口，圆唇，弧腹，平底内凹。沿下有三周凹弦纹，内底有四支钉痕。器表施青釉，内满釉，外釉不及底，露紫红胎。口径16.2、底径8.2、高5.6厘米（图二七八B；彩版一三九：4）。M6:31，侈口，圆唇，弧腹，平底内凹。沿下有三周凹弦纹，内底有七个支钉痕。器表施青釉，内满釉，外釉不及底，露青灰胎。口径15.4、底径7.6、高5.4

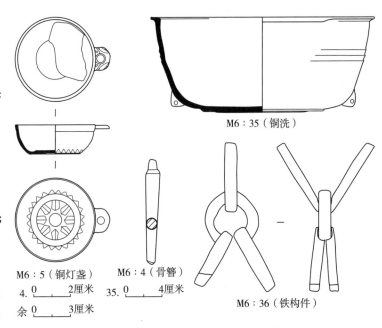

M6：35（铜洗）

M6：5（铜灯盏）　　M6：4（骨簪）　　　　M6：36（铁构件）

4. 0 ⎯⎯⎯ 2厘米　　35. 0 ⎯⎯⎯ 4厘米
余 0 ⎯⎯⎯ 2厘米

图二七八A　M6前室出土器物

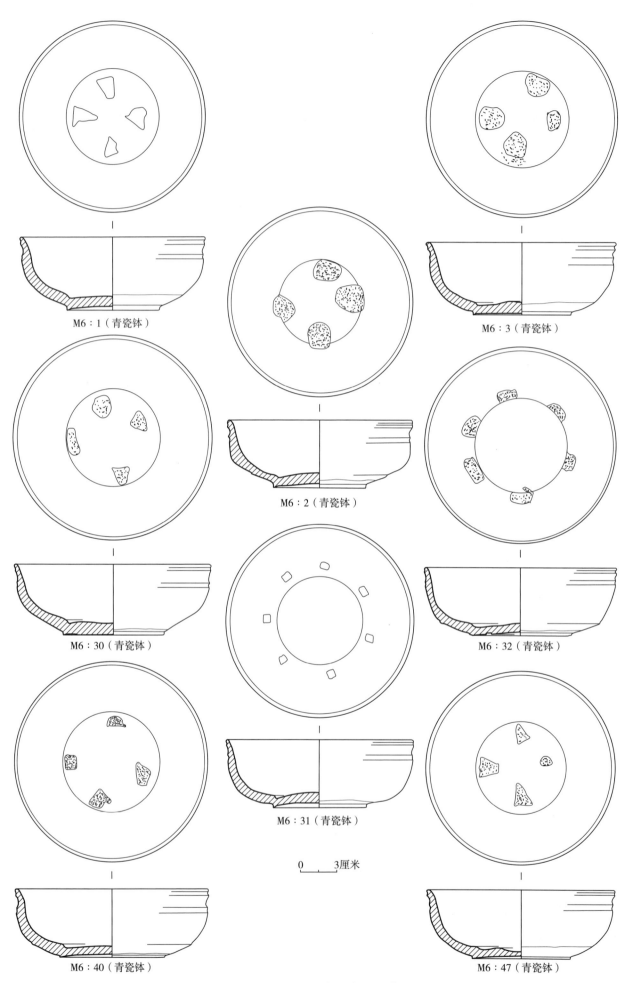

M6∶1（青瓷钵）

M6∶3（青瓷钵）

M6∶2（青瓷钵）

M6∶30（青瓷钵）

M6∶32（青瓷钵）

M6∶31（青瓷钵）

0　　　　3厘米

M6∶40（青瓷钵）

M6∶47（青瓷钵）

图二七八 B　M6 前室出土器物

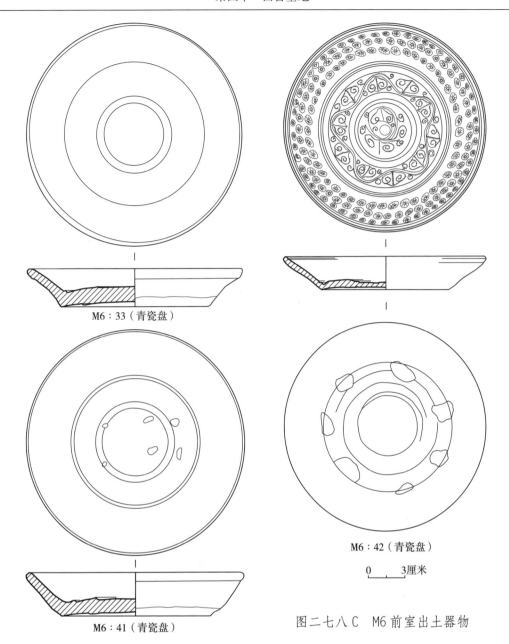

M6：33（青瓷盘）

M6：42（青瓷盘）

0   3厘米

M6：41（青瓷盘）

图二七八 C　M6 前室出土器物

厘米（图二七八 B；彩版一三九：5）。M6：32，侈口，圆唇，弧腹，平底内凹。沿下饰三周凹弦纹，下腹饰一周凹弦纹，内底和底部各饰一周凹弦纹，内底有六个支钉痕。器表施青釉，内满釉，外釉不及底，露紫红胎。口径 15.6、底径 7.6、高 5.4 厘米（图二七八 B；彩版一三九：6）。M6：40，侈口，圆唇，弧腹，平底内凹。沿下饰三周凹弦纹，内底有四个支钉痕。器表施青釉，内满釉，外釉不及底，露青灰胎。口径 16、底径 8.6、高 5.5 厘米（图二七八 B；彩版一三九：7）。M6：47，侈口，圆唇，弧腹，平底内凹。沿下饰三周凹弦纹，内底有四个支钉痕。器表施青釉，内满釉，外釉不及底，露紫红胎。口径 15.4、底径 8、高 5.7 厘米（图二七八 B；彩版一三九：8）。

青瓷盘　3 件。M6：33，敞口，圆唇，弧腹，平底内凹。内底有两周凸弦纹，底部有轮制弦痕。器表施青釉，内满釉，外釉不及底，露紫红胎。口径 17.4、底径 12、高 3 厘米（图二七八 C；彩版一四〇：1）。M6：41，敞口，圆唇，弧腹，平底内凹。内底有两周凸弦纹和六个支钉痕，底部有轮制弦纹痕。器表施青釉，内满釉，外釉不及底，露紫红胎。口径17.8、底径12、高3.4厘米（图二七八C；彩版一四〇：2）。

M6：42，敞口，圆唇，弧腹，平底内凹。沿内饰一周凹弦纹，内腹壁饰三周芝麻花联珠纹，腹下部近底有多道凹弦纹，内底饰如意、卷云纹等组合纹饰，底部有轮制弦纹痕和七个支钉痕。器表施青釉，内满釉，外釉不及底，底略残，露灰白胎。口径16.4、底径10.4、高2.6厘米（图二七八C；彩版一四〇：3）。

青瓷盘口壶 1件。M6：34，盘口，圆唇，束颈，溜肩，肩部对称贴塑二牛鼻形系和铺首衔环，鼓腹，平底内凹。外沿下饰两周凹弦纹，肩部饰四周凹弦纹，弦纹间饰斜网格纹带，下腹饰一周凹弦纹，颈部内壁和内腹饰凹弦纹，系上饰叶脉纹。器表施青釉，腹部有流釉现象，釉不及底，露紫红胎。口径13.6、底径10.2、高21.8厘米（图二七八D；彩版一四〇：5）。

陶槅盘 2件。泥质灰陶。子口，体呈长方形，分三大排共十五格，下两排八大格，上一排两侧各一大格，中间又分两小排，上排为一长条形格，下排为四小格。M6：37，底残，存上半部。长28.3、宽17.5、高3.8厘米（图二七八D；彩版一四一：1）。M6：38，子口，底附倒山字形足。长31.2、宽19.6、高7厘米（图二七八D；彩版一四一：2）。

骨簪 1件。M6：4，残，骨质，磨制光滑。呈圆锥形，圆柱形短

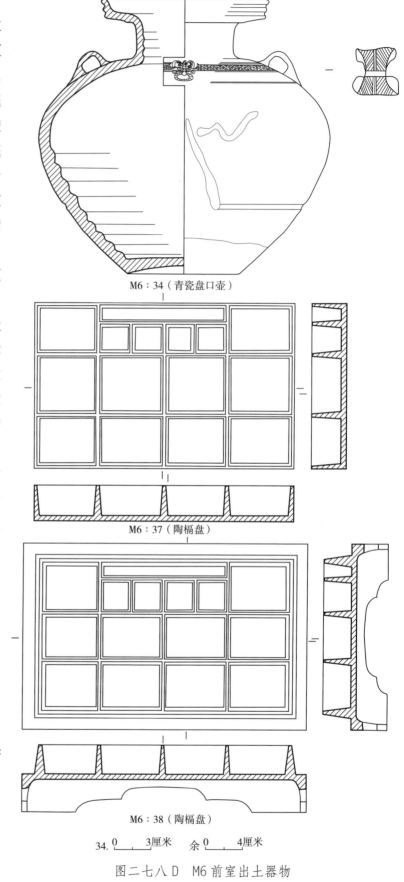

M6：34（青瓷盘口壶）

M6：37（陶槅盘）

M6：38（陶槅盘）

34. 0   3厘米   余 0   4厘米

图二七八D　M6前室出土器物

链。残长 5.55、直径 0.8 厘米（图二七八 A；彩版一四〇：4）。

漆器　1件。M6：39，朽烂不存，器形不可辨。

（三）东耳室出土器物

青瓷钵　1件。M6：43，侈口，圆唇，弧腹，平底内凹。沿下饰三周凹弦纹。器表施青釉，内满釉，外釉不及底，露灰白胎。口径 15.6、底径 9.8、高 5.4 厘米（图二七九；彩版一四一：3）。

青瓷扁壶　1件。M6：45，侈口，圆唇，束颈，扁弧腹，上腹中部前后各贴塑一铺首衔环，腹两侧上、下各有一对称桥形系，圈足外撇。肩、腹、圈足饰圈带纹和铺首衔环，通体施青釉。口径 7.2、高 28.6 厘米（图二七九；彩版一四一：4）。

陶钵　1件。M6：44，泥质灰陶。侈口，圆唇，弧腹，平底。沿下有两周凹弦纹，内底有凹弦纹。口径 16.8、底径 11.8、高 5.2 厘米（图二七九；彩版一四一：5）。

陶灯　1件。M6：46，泥质灰陶。灯盘侈口，圆唇，弧腹，盘内中有尖柱形芯，底附三个外撇形蹄足，沿部一侧附一短柄，柄向下微曲。外沿下有一周凹弦纹，内底有一周凸弦纹。口径 12.7、高 5.7、连柄通高 6.6 厘米（图二七九；彩版一四一：6）。

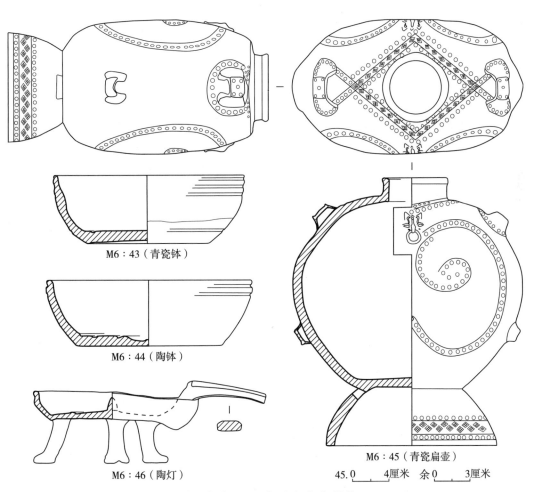

M6：43（青瓷钵）

M6：44（陶钵）

M6：46（陶灯）

M6：45（青瓷扁壶）

45.0　　4厘米　余0　　3厘米

图二七九　M6 东耳室出土器物

（四）西耳室出土器物

铁构件　3件。M6：12-1，锈残。半月钩状，截面近方形。表面残留腐朽木质痕迹。残长
17.9厘米（图二八〇A；彩版一四二：1）。M6：12-2，锈残。半月钩状，截面近方形。残长
17.6厘米（图二八〇A；彩版一四二：1）。M6：12-3，表面残留腐朽木质痕迹。残长18.1厘

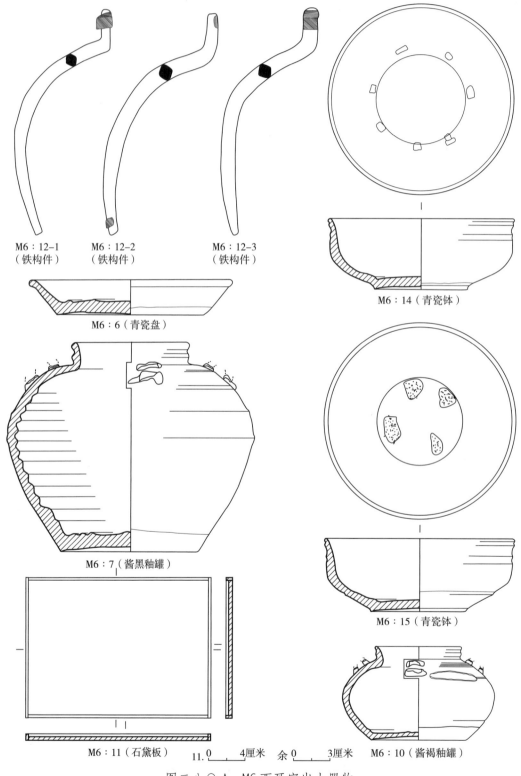

M6：12-1
（铁构件）　　　M6：12-2
（铁构件）　　　　　M6：12-3
（铁构件）

M6：6（青瓷盘）

M6：14（青瓷钵）

M6：7（酱黑釉罐）

M6：15（青瓷钵）

M6：11（石黛板）　　11.0___4厘米　余0___3厘米　M6：10（酱褐釉罐）

图二八〇A　M6西耳室出土器物

米（图二八〇 A；彩版一四二：1）。

青瓷盘　1件。M6:6，侈口，圆唇，斜直腹，平底内凹。内底有两周凸弦纹，底部有轮制痕。器表施青釉，内满釉，外釉不及底，露紫红胎。口径 16.8、底径 12.2、高 2.8 厘米（图二八〇 A；彩版一四二：2）。

青瓷钵　2件。M6:14，侈口，圆唇，弧腹，下腹内收，平底内凹。唇下有三周凹弦纹，内底有七个支钉痕。器表施青釉，内满釉，外釉不及底，露青白胎。口径 15.2、底径 7.6、高 5.6 厘米（图二八〇 A；彩版一四二：3）。M6:15，侈口，圆唇，弧腹，平底内凹。唇下有三周凹弦纹，内底有四支钉痕。器表施青釉，内满釉，外釉不及底，露青灰胎。口径 15.6、底径 7.6、高 5.8 厘米（图二八〇 A；彩版一四二：4）。

酱黑釉罐　1件。M6:7，侈口，圆唇，束颈，溜肩，肩部对称贴塑四系，系残，鼓腹，平底内凹。沿下饰两周凹弦纹，肩饰两周凹弦纹，壁和内底有轮制弦纹痕。器表施黑釉，釉不及底，露红胎。口径 9.8、底径 11.6、高 16.6 厘米（图二八〇 A；彩版一四二：5）。

酱褐釉罐　1件。M6:10，侈口，圆唇，溜肩，肩部对称贴塑四系，系残，鼓腹，下腹内收，平底内凹。肩饰三周弦纹，肩部有粘接痕迹。器表施酱褐釉，釉不均匀，局部露胎体，釉不及底，露红胎。口径 7、底径 7.6、高 7.4 厘米（图二八〇 A；彩版一四二：6）。

陶钵　5件。M6:8，泥质灰陶。侈口，圆唇，平底。沿下有两周凹弦纹，内底有两周凹弦纹。口径 17.2、底径 12.0、高 6.2 厘米（图二八〇 B；彩版一四三：1）。M6:13，泥质灰陶。侈口，圆唇，弧腹，平底内凹。沿下有两周凹弦纹。口径 16.6、底径 12、高 4.6 厘米（图二八〇 B；彩版一四三：2）。M6:17，泥质灰陶。侈口，圆唇，弧腹，平底。沿下有两周凹弦纹。口径 16.4、底径 12.4、高 4.8 厘米（图二八〇 B；彩版一四三：3）。M6:18，泥质灰陶。侈口，圆唇，弧腹，平底内凹。沿下三周凹弦纹，内底有两道凹弦纹。口径 17、底径 12.4、高 5.2 厘米（图二八〇 B；彩版一四三：4）。M6:20，夹砂灰陶。敞口，圆唇，弧腹，平底内凹。内壁有轮制弦痕，内底有一周凹槽。口径 8.6、底径 5.2、高 3.2 厘米（图二八〇 B；彩版一四三：5）。

陶盘　5件。M6:19，泥质灰陶。敞口，圆唇，浅盘，弧腹，平底内凹。内底有十一周凹弦纹。口径 25、底径 19、高 2.2 厘米（图二八〇 B；彩版一四四：1）。M6:21，泥质灰陶。敞口，圆唇，浅盘，斜直腹，平底内凹。内底有六周凹弦纹。口径 25.4、底径 20.2、高 3.2 厘米（图二八〇 B；彩版一四四：2）。M6:22，泥质灰陶。敞口，圆唇，浅盘，弧腹，平底内凹。沿口有一周凹弦纹，内底有六周凹弦纹。口径 24.8、底径 19.6、高 2.8 厘米（图二八〇 B；彩版一四四：3）。M6:23，泥质灰陶。敞口，圆唇，浅盘，弧腹，平底内凹。内底有三周凹弦纹。口径 25.4、底径 19.8、高 2.4 厘米（图二八〇 B；彩版一四四：4）。M6:24，泥质灰陶。敞口，圆唇，浅盘，斜直壁，平底内凹。内底有八周凹弦纹。口径 24.4、底径 19.8、高 2.9 厘米（图二八〇 B；彩版一四四：5）。

陶罐　6件。M6:9，泥质灰陶。侈口，圆唇，卷沿上翻，沿面下凹，矮束颈，斜肩，鼓腹，平底内凹，腹部有一周附加堆纹，内壁有轮制形成的刮棱。口径 15.8、底径 14.2、高 16.2 厘米（图二八〇 B；彩版一四五：1）。M6:25，泥质灰陶。侈口，平沿，圆唇，卷沿上翻，沿

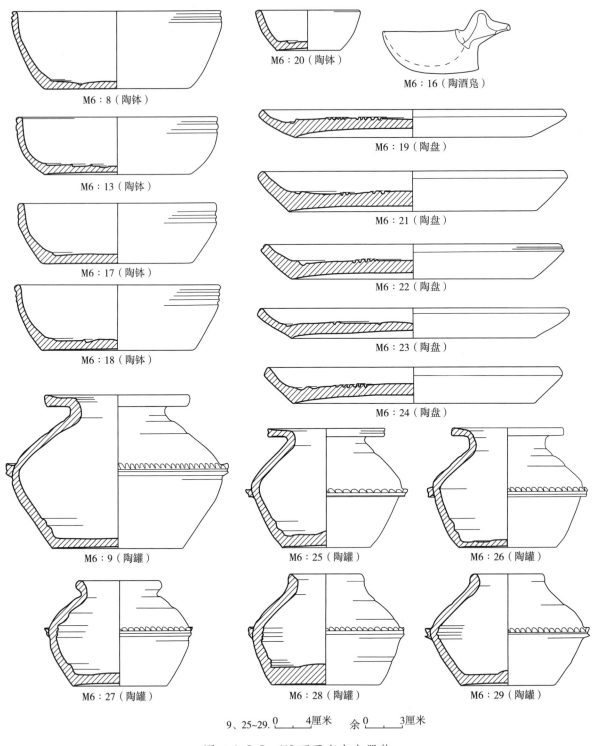

M6：8（陶钵）

M6：20（陶钵）

M6：16（陶酒匕）

M6：13（陶钵）

M6：19（陶盘）

M6：17（陶钵）

M6：21（陶盘）

M6：18（陶钵）

M6：22（陶盘）

M6：23（陶盘）

M6：24（陶盘）

M6：9（陶罐）

M6：25（陶罐）

M6：26（陶罐）

M6：27（陶罐）

M6：28（陶罐）

M6：29（陶罐）

9、25~29. 0 ——— 4厘米　　余 0 ——— 3厘米

图二八〇 B　M6 西耳室出土器物

面下凹，矮束颈，斜肩，鼓腹，平底内凹。唇部有一周凹弦纹，腹部有一周附加堆纹。口径
12.8、底径 9.6、高 12.6 厘米（图二八〇 B；彩版一四五：2）。M6：26，泥质灰陶。侈口，圆唇，
矮束颈，斜肩，鼓腹，平底内凹。腹部有一周附加堆纹，内壁有轮制形成的刮棱。口径 12.2、
底径 10.6、高 12.6 厘米（图二八〇 B；彩版一四五：3）。M6：27，泥质红陶。侈口，圆唇，

矮束颈，斜肩，折腹，平底内凹。腹部有一周凹弦纹和附加堆纹，内壁有轮制形成的刮棱。口径9.4、底径10.2、高11.2厘米（图二八〇B；彩版一四五：4）。M6:28，口残。泥质灰陶。束颈，斜肩，鼓腹，平底内凹。腹部有一周附加堆纹和多处手指印痕，内壁有轮制形成的多道刮棱。口径8.4、底径11.8、高11.8厘米（图二八〇B；彩版一四五：5）。M6:29，泥质灰陶。口残，矮束颈，斜肩，鼓腹，平底内凹。腹部有一周附加堆纹，内壁有轮制形成的刮棱。口径8.2、底径10.2、高11.8厘米（图二八〇B；彩版一四五：6）。

陶酒凫　1件。M6:16，泥质灰陶。鸭形，腹空。器表有刮削痕迹。长10.4、腹宽5.2、高5.2厘米（图二八〇B；彩版一四三：6）。

石黛板　1件。M6:11，黑色，平面长方形，表面光滑，四边缘有骨条包边，部分残缺。长20.4、宽14.8、厚0.7厘米（图二八〇A；彩版一四四：6）。

（五）后室出土器物

银钗　3件。M6:57，弯成U形，截面圆形。长14.7、宽1.3厘米（图二八一A；彩版一四六：1）。M6:58，残。弯成U形，截面圆形。长21.7、宽1.2、厚0.8厘米（图二八一A；彩版一四六：2）。M6:59，残。弯成U形，截面圆形。长27、宽1.3厘米（图二八一A；彩版一四六：3）。

银手镯　4件（彩版一四六：5）。M6:61，圆环状外径6.4、内径6厘米（图二八一A）。M6:62，圆环状外径6.4、内径6厘米（图二八一A）。M6:63，圆环状外径6.4、内径6厘米（图二八一A）。M6:64，圆环状外径6.4、内径6（图二八一A）。

银铃铛　1件。M6:65，圆球形，顶部有一扁圆形纽，底有线形音口，内置铃核。直径3.2、通高3.4厘米（图二八一A；彩版一四六：6）。

铜弩机　2件。构件完整，制作精良。M6:56，郭长16.6、宽3.6、通高17.7厘米（图二八一B；彩版一四七：1）。M6:68，郭长17.5、宽3.7、通高21.3厘米（图二八一B；彩版一四七：2）。

铜虎子　1件。M6:70，素面。圆口微上翘，扁平提梁，通体圆弧，前窄后宽，平底。口径5.4、长21.6、宽11.8、高13.9厘米（图二八一B；彩版一四七：3）。

铜柿蒂形纽　1件。M6:71，应为漆器附件。表面灰褐色，座上有环纽，纽中套一圆环。直径9.1厘米（图二八一B；彩版一四七：4）。

铜铺首衔环　1件。M6:72，残，表面锈蚀，上部铺首兽面形，下有圆环。高4.3、宽3.4、最厚0.8厘米（图二八一B；彩版一四七：5）。

铁镊子　1件。M6:54，锈残。弯成U形，表面锈蚀，黏附漆皮。长8.7、宽2、厚0.3厘米（图二八一B；彩版一四六：4）。

铁镜　2件。M6:55，锈残。圆形，纽球形，表面锈蚀严重，残留有布匹包裹痕迹。直径16.2、厚0.7、纽高1.8厘米（图二八一B；彩版一四六：8）。M6:67，锈残。圆形，纽球形，表面锈蚀严重，残留有布匹包裹痕迹。直径12.6、厚0.4、纽高1.7厘米（图二八一B；彩版一四六：9）。

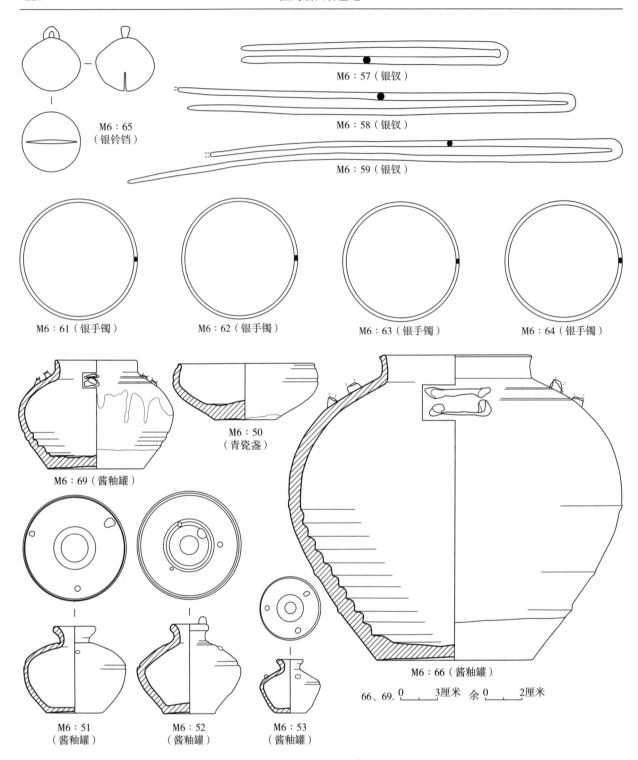

M6：65
（银铃铛）

M6：57（银钗）

M6：58（银钗）

M6：59（银钗）

M6：61（银手镯）　　M6：62（银手镯）　　M6：63（银手镯）　　M6：64（银手镯）

M6：69（酱釉罐）

M6：50
（青瓷盏）

M6：66（酱釉罐）

66、69. 0　　3厘米　余 0　　2厘米

M6：51
（酱釉罐）

M6：52
（酱釉罐）

M6：53
（酱釉罐）

图二八一A　M6后室出土器物

铅珠　1件。M6：60，平面，扁圆形。直径1.4、厚1.2两厘米（图二八一B；彩版一四六：7）。

青瓷盏　1件。M6：50，侈口，圆唇，鼓腹，平底微凹。唇下和腹部各饰一周凹弦纹。器表施青釉，外釉不及底，露灰胎。口径7.6、底径3.4、高3厘米（图二八一A；彩版一四八：1）。

酱釉罐　5件。M6：51，侈口，圆唇，束颈，斜肩，鼓腹，平底内凹。肩部有三个支钉

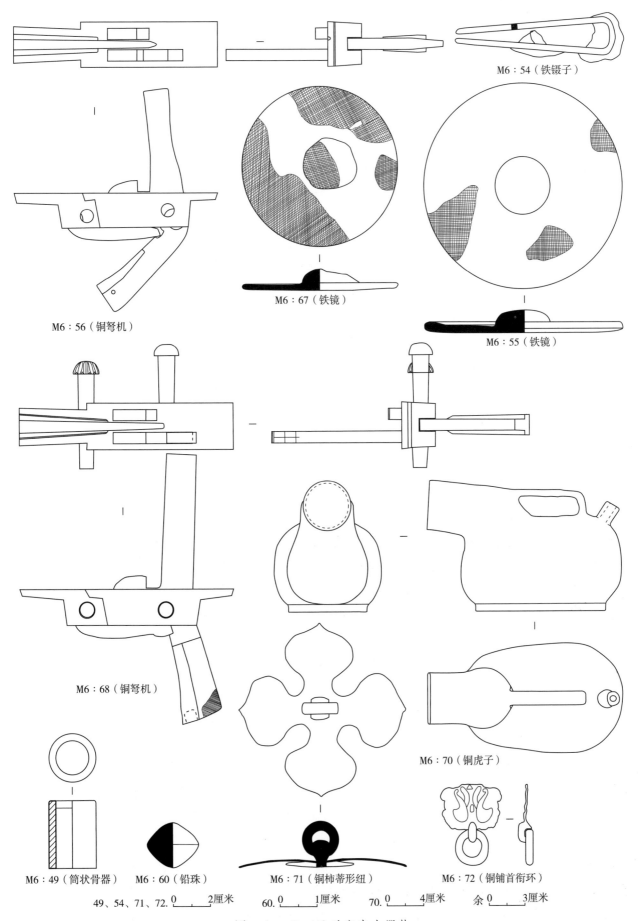

M6：54（铁镊子）

M6：56（铜弩机）

M6：67（铁镜）

M6：55（铁镜）

M6：68（铜弩机）

M6：70（铜虎子）

M6：49（筒状骨器）　M6：60（铅珠）　　M6：71（铜柿蒂形纽）　　M6：72（铜铺首衔环）

49、54、71、72. 0 ____ 2厘米　　60. 0 ____ 1厘米　　70. 0 ____ 4厘米　　余 0 ____ 3厘米

图二八一－B　M6后室出土器物

痕，上腹一周凹弦纹。器表通体施酱黄釉。口径 2.3、底径 3、高 4.6 厘米（图二八一 A；彩版一四八：2）。M6:52，侈口，圆唇，束颈，斜肩，鼓腹，平底内凹。沿部有瘤，肩部两周凹弦纹和三个支钉痕，呈三角分布，上腹一周凹弦纹，下腹有火烧痕迹。器表施酱褐釉，釉不及底，露红胎。口径 2.2、底径 3、高 4.8 厘米（图二八一 A；彩版一四八：3）。M6:53，器形较小。侈口，圆唇，束颈，斜肩，鼓腹，平底内凹。肩部三个支钉痕，上腹有一周凹弦纹。器表通体施酱黄釉。口径 1.4、底径 1.7、高 2.8 厘米（图二八一 A；彩版一四八：4）。M6:66，侈口，圆唇，矮直颈，溜肩，肩部对称贴塑四残系，鼓腹，下腹内收，平底微凹。肩部有两周凹弦纹，内壁有凹弦纹。器表施酱褐釉，釉不及底，露红胎。口径 12.6、底径 12.8、高 24.2 厘米（图二八一 A；彩版一四八：5）。M6:69，侈口，圆唇，溜肩，肩部对称贴塑四残系，鼓腹，下腹内收，平底内凹。肩部有两周凹弦纹，下腹有两周凹弦纹，内壁有凹弦纹。器表施酱釉，釉不均匀，局部露胎，有流釉现象，釉不及底，露红胎。口径 6.8、底径 7.8、高 8.6 厘米（图二八一 A；彩版一四八：6）。

漆器 1 件。M6:48，腐烂不存，器形不可辨。

筒状骨器 1 件。M6:49，圆柱形，中空，截面圆环形，表面光滑，一端有圆形塞。外径 2.6、内径 1.8、高 3.6 厘米（图二八一 B；彩版一四七：6）。

第七节 M7

一、墓葬形制

M7 为一座两条斜坡墓道前堂横列式前室券顶并列三后室券顶的土坑砖室合葬墓，方向 18°（图二八二 A；彩版一四九：1）。墓道中部被 H106 打破，墓坑打破春秋战国时期文化层。据墓坑内填土的土质土色及叠压、打破关系分析，该墓葬有明显的二次开挖迹象。第二次开挖部分偏西，土质略显灰黑，范围从墓道至后室，平面呈刀把形，东、西、南三壁距发掘地表向下 0.70 米处皆有二层台。二层台台面较平，为春秋战国时期文化层堆积，东侧宽 1.20、西侧宽 0.46、南侧宽 0.40 米。第一次开挖部分偏东，被第二次开挖破坏，范围不清，仅存墓道东半部分及前室顶部填土东半部。该墓主要由墓道、墓门、前室、后室组成。墓底有一层铺砖，砖室皆置于铺砖之上。

墓道 居北，为长斜坡墓道，有明显的二次开挖迹象，故可分为一次墓道、二次墓道（图二八二 B）。

二次墓道（彩版一四九：2）位置偏西，对应西后室。平面凸字形，两壁较直，南北长 5.62、北口宽 1.90、南口宽 2.70、南端距发掘地表深 2.02 米。填灰褐色沙土，土质疏松，未经夯打。墓道北部底面存东西两列三排共 6 个椭圆形脚窝（彩版一五○：1），脚窝东西长 0.22~0.34、南北宽 0.14~0.26、深 0.05~0.14 米。

一次墓道偏东，对应中后室。西侧被二次墓道破坏，仅存东半部分，南北长 4.10、北残宽 1.40、南残宽 1.36 米。由于前室有向北倒塌的趋势，故一次墓道未发掘。填土为灰褐色沙土，土色较二次墓道填土略浅，土质较疏松，未夯打，填土中包含少量红烧土颗粒、灰陶片、瓦片等。

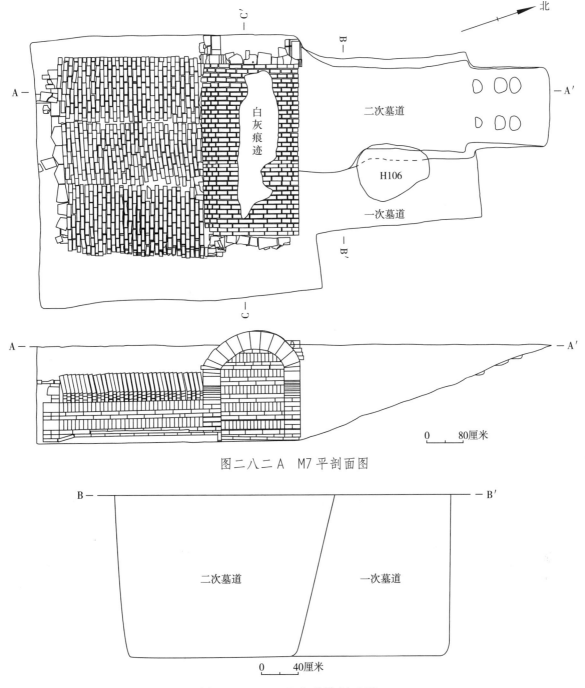

图二八二 A　M7 平剖面图

图二八二 B　M7 墓道横剖面图

墓门　墓道后即为墓门，分东、中、西三门（图二八三；彩版一五〇：3）。

由于东墓道未清理，故东墓门外侧不清。由于东墓道未发掘，中墓门仅露西半部。东墓门宽 0.90、高 1.25 米，楔形砖筑券顶，长方形青砖平铺砌筑东西两壁，长方形青砖横向平铺封堵。砖封门分内外两层，皆长方形青砖横向平铺封堵，外层封门砖位于门外，外侧未见石灰封护层，内层置于门内，砖之间有石灰浆黏结，外层封门与门同宽，高 1.21、宽 0.20 米，内层封门宽 0.90、厚 0.20 米。

中墓门宽 0.90、高 1.20 米。

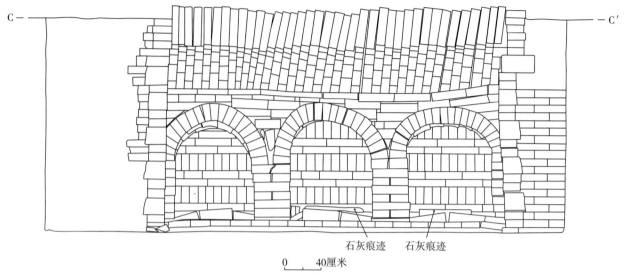

石灰痕迹　　石灰痕迹

0 ———— 40厘米

图二八二 C　M7 前室横剖面图

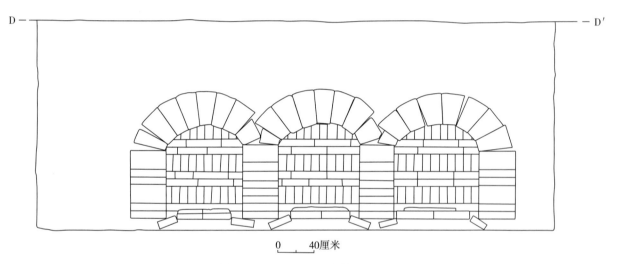

0 ———— 40厘米

图二八二 D　M7 后室横剖面图

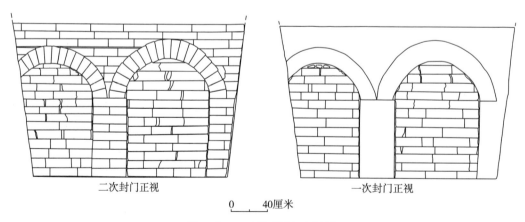

二次封门正视　　　　　　　　　一次封门正视

0 ———— 40厘米

图二八三　M7 封门正视图

西墓门宽 0.90、高 1.25 米，楔形砖筑券顶，长方形青砖平铺砌筑东西两壁，有内外两层封门，外侧未见石灰封护层（彩版一五〇：3）。封门皆长方形青砖横向平铺封堵，位于门内，中有石灰浆黏结。

前室　墓门后为前室，且墓门开于前室北壁（图二八二 C；彩版一五一：1、2）。前室外东西长 4.50、南北宽 2.12、高 2.34 米，内东西宽 3.70、高 1.84、进深 1.42 米。前室券顶，楔形砖砌筑，外局部残留厚 2 厘米的石灰封护层，高于发掘地表 0.30 米，东西两侧上部楔形砖平铺封堵，券顶建构较为粗糙，砖缝较大。四壁长方形青砖"两顺一丁"砌筑。地面楔形砖纵向平铺。前室出土铜镳斗、铜魁、铜熨斗、铜洗、铜三叉形器、铜泡钉、铁构件、铁镜、青瓷钵、青瓷灯、青瓷辟邪、青瓷罐、青瓷鸡首壶、青瓷盘口壶、青瓷虎子、石黛板共 28 件（彩版一五一：1、2）。

后室　东、中、西并列三后室（图二八二 D）。后室门位于前室南壁，开有东、中、西三门。三门形制相同，东后室门宽 0.88、高 1.06 米，中后室门宽 0.90、高 1.04 米，西后室门宽 0.92、高 1.00 米，楔形砖筑券顶，长方形青砖"两顺一丁"砌筑东西两直壁。后室总平面呈长方形，外南北长 3.66、东西宽 3.98、高 1.44 米，为三个并列南北向长条形拱形券顶砖室，表面未见石灰封护层，三室形制相同，东后室内南北长 3.60、东西宽 0.88、中高 0.90、东西两侧高 1.00 米，中后室内南北长 3.56、东西宽 0.92、中高 0.90、东西两侧高 1.00 米，西后室内南北长 3.62、东西宽 0.92、中高 0.88、东西两侧高 0.98 米。楔形砖筑拱形券顶。后室壁较直，皆长方形青砖"两顺一丁"砌筑。后室地面皆中间上鼓，东西两侧较低，呈拱形，东后室长方形青砖错缝斜向铺地，中、西后室皆长方形青砖"人"字形铺地。三后室皆未见葬具及人骨，中、西后室地面有白灰铺地，应为棺床残留。东后室出土铜泡钉、青瓷盘口壶共 4 件（彩版一五一：3、4）。从出土的随葬品分析，该室应未葬入人。中后室出土铁镜、铁棺钉共 19 件（彩版一五二：1、2）。从出土随葬品分析，该室葬人应头向北，且为男性。西后室出土铜手镯、铜镜、铜灯盏、铜弩机构件、铜铺首衔环、铜泡钉、条形铜饰、铜钱、铁剪刀、青瓷盆、陶勺、骨簪共 44 件（彩版一五二：3、4）。从出土随葬品分析，该室葬人应头向北，且为女性。

二、出土器物

经发掘，M7 共出土铜、铁、骨、石灰、瓷、釉陶、陶等质地各类器物 95 件，其中后室出土铁棺钉 2 组 36 件（图二八四）。

（一）前室出土器物

铜镳斗　1 件。M7：4，素面，侈口，圆唇，宽斜折沿，弧腹，腹一侧接一弯曲龙首长柄，底附三蹄足，足端外撇。口径 20、高 13.2、高 19 厘米（图二八五 A；彩版一五三：1）。

铜魁　1 件。M7：24，侈口，圆唇，口沿一侧附有曲柄，深弧腹，下腹弧收，平底。上腹有一凸棱，内底有一周弦纹，底有三乳丁状足。口径 19.6、底径 13.4、高 11.4 厘米（图二八五 A；彩版一五三：2）。

北

0 ——— 30厘米

图二八四　M7 随葬器物分布图

1.青瓷杯　2.青瓷灯　3.青瓷四系罐　4.铜锥斗　5.铜鐎斗　6.石黛板　7.铜洗　8.青瓷鸡首壶　9.铁构件　10.青瓷辟邪　11.铜三叉形器　12.石黛板　13.青瓷钵
14.青瓷钵　15.青瓷钵　16.青瓷虎子　17.青瓷盘口壶　18.铁镜　19.青瓷钵　20.青瓷盆　21.青瓷双系罐　22.铜魁　23.青瓷钵　24.铜魁　25.青瓷钵
26.青瓷盘口壶　27.铜泡钉　28.铜泡钉　29.铜泡钉　30.铜灯　31.青瓷镜　32.铜镜　33.铜答机构件　34.铁剪刀　35.铁剪刀　36.铜铺首衔环　37.铜钱
38.铜泡钉　39.铜泡钉　40.铜泡钉　41.铜泡钉　42.铜泡钉　43.铜饰　44.条形铜饰　45.铜手镯　46.铜手镯　47.青簪　48.陶勺　49.铁棺钉　50.铁棺钉

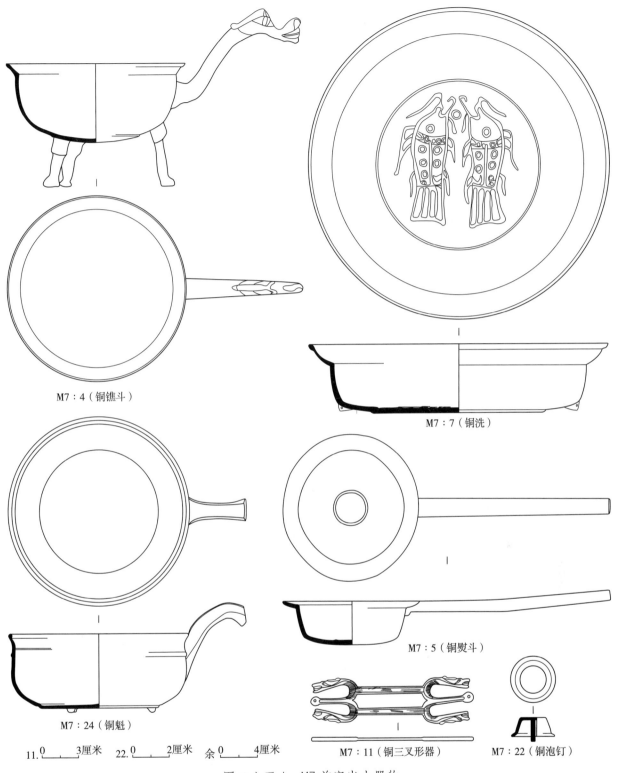

M7：4（铜镦斗）

M7：7（铜洗）

M7：24（铜魁）

M7：5（铜熨斗）

11. 0 ____ 3厘米　　22. 0 ____ 2厘米　　余 0 ____ 4厘米

M7：11（铜三叉形器）

M7：22（铜泡钉）

图二八五 A　M7 前室出土器物

铜熨斗　1件。M7:5，侈口，圆唇，卷沿上翻，沿面微凹，口一侧有长柄，柄端上翘，弧腹，圜底。口径 15、高 4.6、柄长 21.4 厘米（图二八五 A；彩版一五三：3）。

铜洗　1件。M7:7，侈口，圆唇，卷沿上翻，腹较浅，弧腹，腹近底处有对称两半月形扁系，系上有穿孔，平底。内底有一周凹弦纹，饰双鱼纹。口径 32.8、底径 18.8、高 7.2 厘米

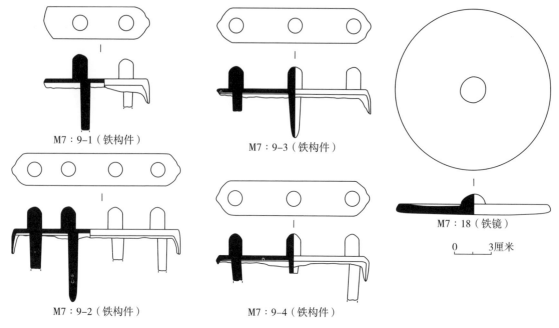

图二八五 B　M7 前室出土器物

（图二八五 A ；彩版一五三：4）。

铜三叉形器　1件。M7：11，钗身长方形，两端作三股叉状，叉两边作龙首形，中间一叉作龙尾形，尾端各有一圆孔。钗身残留细绳缠绕痕迹。长13.5、宽3.8、厚0.3厘米（图二八五A；彩版一五三：5）。

铜泡钉　1件。M7：22，圆帽形，侈口，圆唇，弧腹，平顶，中有长条形柱心。直径1.4~2.4、高1.3厘米（图二八五A；彩版一五三：6）。

铁构件　4件。锈残。中间有长条状铁片，两端下折呈直角。M7：9-1，铁片上竖直插有二个圆柱形铁条。残长8.7、宽2.6、残高6.1厘米（图二八五B；彩版一五三：7）。M7：9-2，铁片上竖直插有四个圆柱形铁条。残长14、宽2.8、残高7.7厘米（图二八五B；彩版一五三：7）。M7：9-3，铁片上竖直插有三个圆柱形铁条。残长12.7、宽2.8、残高5.7厘米（图二八五B；彩版一五三：7）。M7：9-4，铁片上竖直插有三个圆柱形铁条。残长12.7、宽2.8、残高5.3厘米（图二八五B；彩版一五三：7）。

铁镜　1件。M7：18，圆形，半球形纽，表面锈蚀严重。直径12.8、厚0.6厘米（图二八五B；彩版一五三：8）。

青瓷钵　7件。M7：1，侈口，圆唇，卷沿外翻，弧腹，下腹弧收，平底内凹。唇下饰两周凹弦纹，腹部饰一周斜网格纹，内底有两周凹弦纹和七个支钉烧痕。器表施青釉，内满釉，外釉不及底，露灰胎。口径15.4、底径8、高5.7厘米（图二八五C；彩版一五四：1）。M7：13，侈口，圆唇，弧腹，平底内凹。外沿、腹下、底部各饰两周凹弦纹。器表施青釉，釉不及底，露红胎。口径17.4、底径11.6、高5.6厘米（图二八五C；彩版一五四：2）。M7：14，侈口，圆唇，弧腹，平底内凹。沿下饰两周凹弦纹，上腹饰斜网格纹，腹中部饰一周凹弦纹，腹下有三周弦纹和不规则轮制刮痕，内底有八支钉痕。器表施青釉，釉不及底，

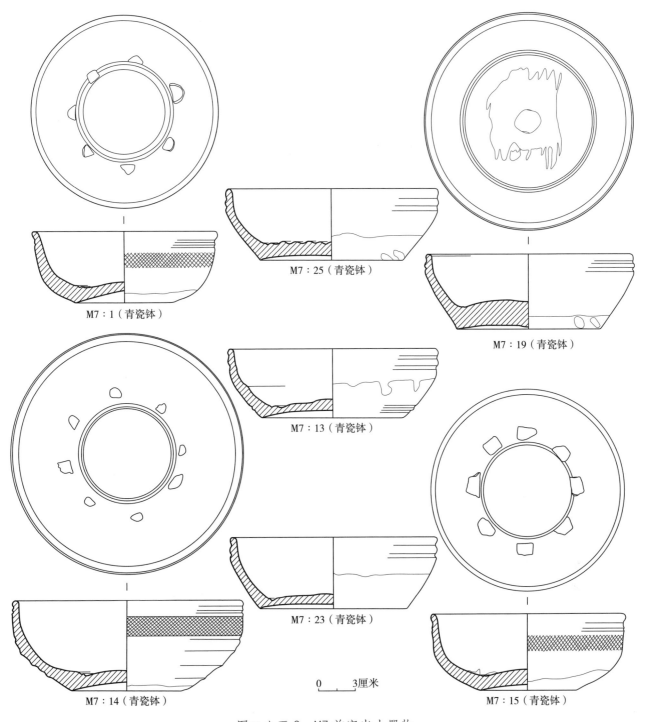

M7:1（青瓷钵）

M7:25（青瓷钵）

M7:19（青瓷钵）

M7:13（青瓷钵）

M7:14（青瓷钵）

M7:23（青瓷钵）

0　　　　3厘米

M7:15（青瓷钵）

图二八五 C　M7 前室出土器物

露红胎。口径 19、底经 8.8、高 7.2 厘米（图二八五 C；彩版一五四：3）。M7:15，侈口，圆唇，弧腹，平底内凹。沿下饰两周凹弦纹，上腹饰一周斜网格纹带，内底有八支钉痕。器表施青釉，内满釉，外釉不及底，露灰胎。口径 16.2、底径 8.2、高 6.2 厘米（图二八五 C；彩版一五四：4）。M7:19，侈口，圆唇，深弧腹，平底内凹。沿下有两周凹弦纹，内底有不规则线状刮痕，下腹近底部有五个指痕印记。器表施青釉，内满釉，外釉不及底，露红胎。口径 17.2、底径 11.8、高 6 厘米（图二八五 C；彩版一五四：5）。M7:23，侈口，圆唇，弧腹，平底内凹。沿下有两周凹弦纹。器表施青釉，内满釉，外釉不及底，露红胎。口径17.2、底径12、高5.8厘米（图二八五C；彩版一五四：6）。M7：25，侈口，圆唇，弧腹，平底内凹。沿下有两周凹弦纹，内底有五周凹弦纹，腹下近底处有三枚指印。器表施青釉，内满釉，外釉不及底，露红胎。口径17.7、底径11.8、高5.8厘米（图二八五C；彩版一五四：7）。

青瓷罐 3件。M7：3，侈口，圆唇，束颈，溜肩，肩部对称贴塑四竖系，鼓腹，下腹弧收，平底内凹。肩饰两周凹弦纹，下腹饰五周弦纹，内壁有轮制弦痕。器表施青黄釉，釉不及底，露红胎。口径8.8、底径10.4、高16厘米（图二八五D；彩版一五五：1）。M7：20，侈口，圆唇，溜肩，肩部对称贴塑两牛鼻形系，鼓腹，平底内凹。肩饰三周凹弦纹，弦纹间饰斜网格纹，系上饰蕉叶纹，内腹有轮制弦痕。器表施青釉，釉不及底，露红胎。口径13.2、底径9.4、高14厘米（图二八五D；彩版一五五：2）。M7：21，侈口，圆唇，溜肩，肩部对称贴塑双联牛鼻形系和铺首衔环，鼓腹，平底内凹。沿下有一周凹弦纹，肩部饰三周凹弦纹，弦纹间饰斜网格纹，腹饰凹弦纹、弦纹，系上饰蕉叶纹，内壁有轮制弦痕。器表施青釉，釉不及底，露红胎。口径19.5、底径12、高23.5厘米（图二八五D；彩版一五五：3）。

青瓷鸡首壶 1件。M7：8，盘口，圆唇，束颈，溜肩，肩部堆塑无颈鸡首及鸡尾，附两对称竖牛鼻系，鼓腹，下腹弧收，平底内凹。沿下有一周凹弦纹，肩饰芝麻花联珠纹和斜网格纹带。器表施青釉，釉不及底，露红胎。口径10.6、底径8.4、高18厘米（图二八五D；彩版一五五：4）。

青瓷盘口壶 1件。M7：17，盘口，圆唇，束颈，溜肩，肩部对称贴塑四个铺首衔环，鼓腹，下腹内收，平底内凹。肩有三周凹弦纹，腹部饰两周凹弦纹，肩腹弦纹之间饰一周斜网格纹带，底部有六圆形支钉痕。器表施青釉，釉不及底，露灰胎。口径8.4、底径8、高10.5厘米（图二八五D；彩版一五六：1）。

青瓷灯 1件。M7：2，残，灯盘缺失。灯柱圆形，两端为喇叭状，中间有一凸棱，凸棱上下饰芝麻花联珠纹，灯柱下盘形灯座。座侈口，平沿，圆唇，三兽足。座内壁饰斜网格纹。器表施青釉。口径8、底径14.8、高13厘米（图二八五D；彩版一五六：2）。

青瓷虎子 1件。M7：16，虎伏卧状，虎首上昂，圆柱形身，束腰，鼓腹，中空，头、腹有桥形提梁连接，饰菱形纹，下腹两侧各贴塑有前后细短腿，腹两侧刻饰翅，尾端平齐。长26.6、宽12.4、通高22厘米（图二八五E；彩版一五七：1）。

青瓷辟邪 1件。M7：10，辟邪蹲踞状，躯干雄伟，昂首瞠目，张口龇牙。装饰手法以刻划为主，颌下有须发，鬃毛从脊背部披向两边，尾毛蓬松，蕉叶状卷曲分披两侧，背部中心有一高出的柱形圆筒。器表施青釉。长17.5、宽8.1、高11.4、孔径3.2厘米（图二八五E；彩版一五七：2）。

石黛板 2件。体黑色，平面长方形。M7：6，残。体黑色，平面长方形，表面有脱落残痕，四边缘可见包边痕迹。长20.2、宽13、厚0.6厘米（图二八五F；彩版一五六：3）。M7：12，四周边缘可见包边痕迹残留。长21.7、宽13.3、厚0.5厘米（图二八五F；彩版一五六：4）。

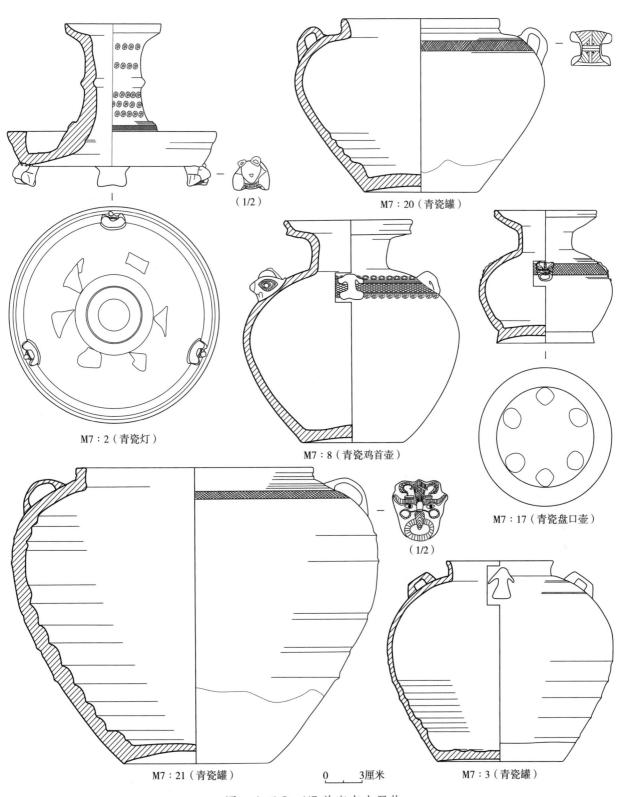

（1/2）

M7：20（青瓷罐）

M7：2（青瓷灯）

M7：8（青瓷鸡首壶）

M7：17（青瓷盘口壶）

（1/2）

M7：21（青瓷罐）

0　　3厘米

M7：3（青瓷罐）

图二八五 D　M7 前室出土器物

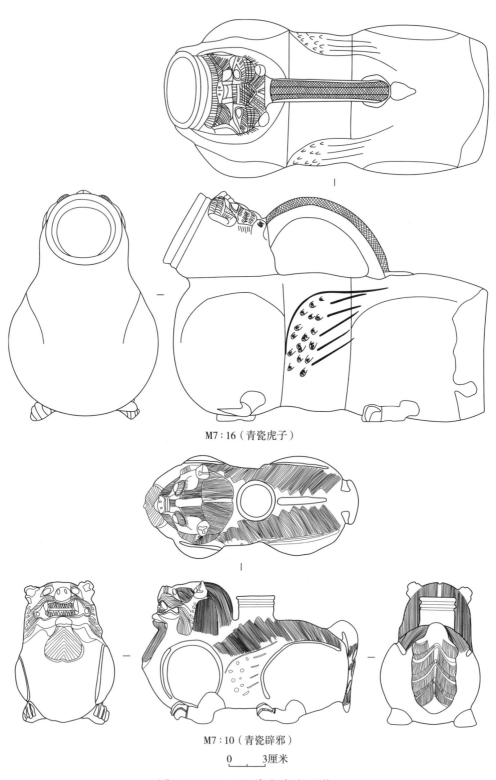

M7:16（青瓷虎子）

M7:10（青瓷辟邪）

0　　　3厘米

图二八五E　M7前室出土器物

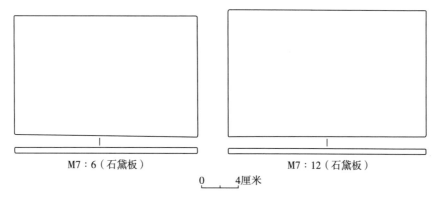

M7：6（石黛板）　　　M7：12（石黛板）

0　　4厘米

图二八五 F　M7 前室出土器物

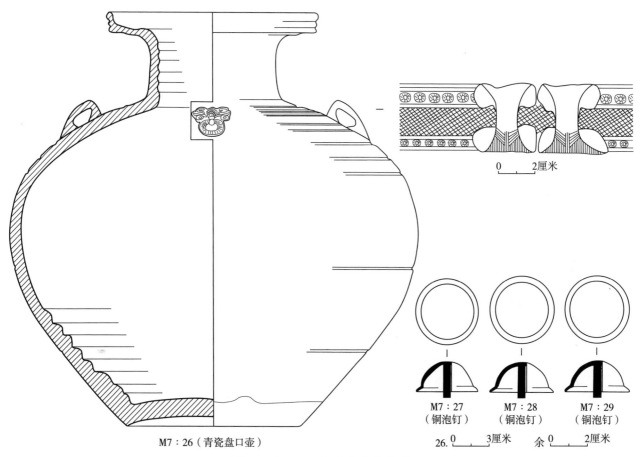

M7：26（青瓷盘口壶）

0　　2厘米

M7：27（铜泡钉）　M7：28（铜泡钉）　M7：29（铜泡钉）

26.0　　3厘米　　余 0　　2厘米

图二八六　M7 东后室出土器物

（二）东后室出土器物

铜泡钉　3 件。圆帽形，圆顶，侈口，圆唇，弧腹，中有长条形柱芯。M7：27，直径 3.5、高 1.9 厘米（图二八六；彩版一五八：1）。M7：28，直径 3.6、高 1.9 厘米（图二八六；彩版一五八：1）。M7：29，直径 3.6、高 1.9 厘米（图二八六；彩版一五八：1）。

青瓷盘口壶　1 件。M7：26，盘口，束颈，溜肩，肩部对称贴塑牛鼻形双联系和铺首衔环，鼓腹，平底内凹。肩部饰五周凹弦纹，弦纹间饰两周芝麻花联珠纹和一周斜网格纹带，系上饰叶脉纹。器表施青釉，釉不及底，露红胎。口径 17.4、底径 14.2、高 33.2 厘米（图二八六；彩版一五八：3）。

（三）中后室出土器物

铁镜 1 件。M7：30，圆形，球形纽，表面锈蚀严重，残留有布匹包裹痕迹。直径 13、厚 0.4 厘米（图二八七；彩版一五八：2）。

（四）西后室出土器物

铜手镯 2 件。椭圆环状，表面锈蚀，残留布匹包裹痕迹。M7：45，长 6.9、宽 6.4、截面直径 0.3 厘米（图二八八 A；彩版一五九：1）。M7：46，长 7.0、宽 6.5、截面直径 0.3 厘米（图

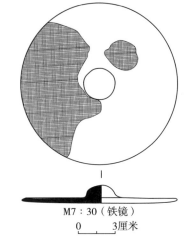

M7：30（铁镜）

0 ____ 3厘米

图二八七 M7 中后室出土器物

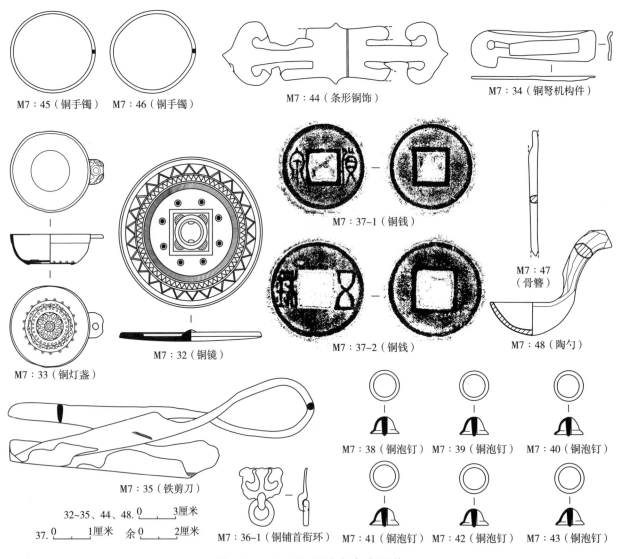

M7：45（铜手镯）　　M7：46（铜手镯）　　M7：44（条形铜饰）　　M7：34（铜弩机构件）

M7：37-1（铜钱）

M7：47（骨簪）

M7：33（铜灯盏）　　M7：32（铜镜）　　M7：37-2（铜钱）　　M7：48（陶勺）

M7：35（铁剪刀）

32~35、44、48. 0 ____ 3厘米

37. 0 ____ 1厘米　余 0 ____ 2厘米

M7：36-1（铜铺首衔环）　　M7：38（铜泡钉）　　M7：39（铜泡钉）　　M7：40（铜泡钉）

M7：41（铜泡钉）　　M7：42（铜泡钉）　　M7：43（铜泡钉）

图二八八 A　M7 西后室出土器物

二八八 A；彩版一五九：1）。

铜镜 1件。M7：32，锈蚀严重。圆形，圆纽，圆纽座，镜边缘上翘。座外围以平雕剔地宝珠形四叶纹，外圈为弦纹与折线纹的组合纹饰。直径11.9、厚0.4、纽高0.9厘米（图二八八 A；彩版一五九：3）。

铜灯盏 1件。M7：33，锈。敞口，圆唇，口沿一侧有半圆形耳，耳面有纹饰，中间有圆孔，弧腹，平底内凹，内底有一道凸棱，盏内仍有块状朱砂残留。外底及下腹有联珠纹、圆圈纹及花瓣纹等组成的组合纹饰。口径6.6、底径4.1、高2.3厘米（图二八八 A；彩版一五九：2）。

铜弩机构件 1件。M7：34，仅存悬刀。铜片，平面近钩形，钩端有一圆孔。长10.1、宽2.9、厚0.4厘米（图二八八 A；彩版一五九：5）。

铜铺首衔环 1组4件。形制、大小相同。锈蚀严重。兽面形，下有一圆环（彩版一五九：4）。M7：36-1，通长3.1、宽2.4、最厚0.6厘米（图二八八 A；彩版一五九：4）。

铜泡钉 6件。圆帽形，圆顶，侈口，圆唇，弧腹，中有尖柱形柱芯。M7：38，直径1.6、高1.0厘米（图二八八 A；彩版一六〇：1）。M7：39，直径1.6、高1.0厘米（图二八八 A；彩版一六〇：1）。M7：40，直径1.6、高1.0厘米（图二八八 A；彩版一六〇：1）。M7：41，直径1.6、高1.0厘米（图二八八 A；彩版一六〇：1）。M7：42，直径1.6、高1.0厘米（图二八八 A；彩版一六〇：1）。M7：43，直径1.6、高1.0厘米（图四七五：14；彩版一六〇：1）。

条形铜饰 1件。M7：44，长条形铜片，两端为桃形，中呈王字形。长18.4、宽5、厚0.1厘米（图二八八 A；彩版一五九：6）。

铜钱 1组6件（彩版一六〇：4）。其中货泉1枚，余皆五铢。M7：37-1，货泉。直径2.3厘米（图二八八 A）。M7：37-2，五铢钱。"朱"字交笔内敛形，中间交叉两笔弯曲程度大，与上下两横相交处呈内敛状，使上下两部分略呈子弹头形相对，上下两横略出头；"铢"字之"朱"字旁上部变长，上下两部分长度有的比较接近，中间间距变小，结构比较紧凑。直径2.60厘米（图二八八 A）。

铁剪刀 1件。M7：35，表面锈蚀严重。平面呈8字形，表面残留木盒、布匹、漆皮痕迹。长25.3、宽4.8、厚0.5厘米（图二八八 A；彩版一六〇：2）。

青瓷盆 1件。M7：31，侈口，圆唇，卷沿上翻，鼓腹，对称贴塑三铺首衔环，下腹弧收，平底内凹。沿部饰两周弦纹，弦纹间饰水波纹带，内底饰弦纹，弦纹间饰水波纹，上腹饰凹弦纹，弦纹间饰斜网格纹带，底部饰凹弦纹，有十一个支钉痕。通体施青釉，露灰胎。口径31.8、底径16.2、高10.4厘米（图二八八 B；彩版一六〇：5）。

陶勺 1件。M7：48，泥质灰陶。椭圆形勺头，口部一侧有条形竖柄，柄端弯曲，通体刮削而成。长10.1、宽5、高8.4厘米（图二八八 A；彩版一六〇：3）。

骨簪 1件。M7：47，残。长条形薄片。长6.7、宽0.5、厚0.4厘米（图二八八 A；彩版一五九：7）。

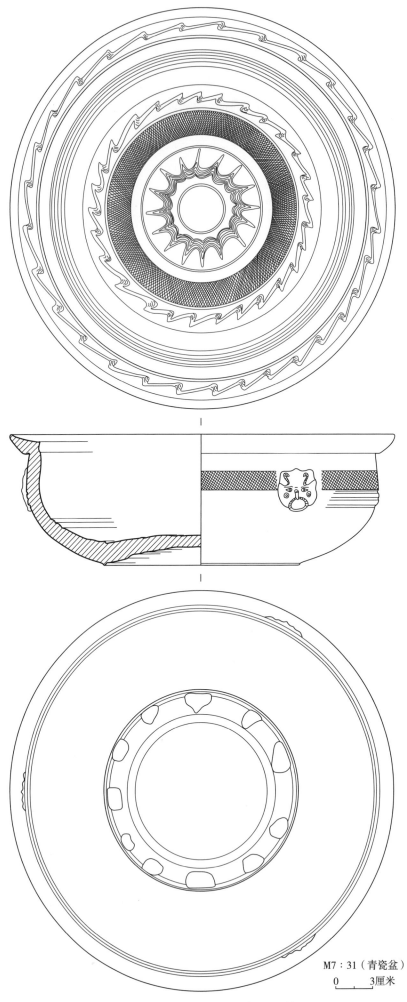

M7：31（青瓷盆）

0 ___ 3厘米

图二八八 B　M7 西后室出土器物

第八节　M8

一、墓葬形制

M8 为一座单斜坡墓道前室盝顶单后室券顶的土坑砖室合葬墓，方向 14°（图二八九 A；彩版一六一：1、2）。墓道西部被 H113 打破、后室东部被 H114 打破，墓坑打破春秋战国时期文化层堆积。墓坑北小南大，平面形状不规则，南北长 6.94、东西宽 2.30~4.18、深 3.0 米，中部东侧内收，东西两侧在距发掘平面 1.98 米处内收形成二层台。二层台为春秋战国时期文化层堆积，台面较平。墓坑东壁较直，西壁向内弧收，墓葬整体向东倾斜。墓底错缝斜铺一层青砖，砖室置于墓底铺砖之上。该墓主要由墓道、门墙、封门、甬道、前室、耳室、后室七部分组成。

墓道　居北，为一条长斜坡墓道（图二八九 A）。墓道平面近梯形，南北长 7、北口宽 1.56、南口宽 2.3、南底宽 1.74 米，南端距发掘地表深 2.57 米，东壁略弧，西壁较斜，底部不平，西高东低，高差 0.36 米，剖面近倒梯形。填土灰褐色沙土，土质较疏松，未夯打，填土包含少量红烧土颗粒、瓦片等，出土钱币 2 件。

门墙　长方形青砖平铺砌筑，墙体东斜，墙面弧向墓室一侧（图二九〇；彩版一六二：1），门墙东高 2.56、西高 2.64、高于发掘地表 0.18、顶宽 2.58、底宽 1.74 米。长方形青砖长 40、宽 20、厚 8 厘米，刻铭青砖长 40.5、宽 20、厚 7.8 厘米。在墙面中上部有一模印"五"字纹青砖（图二九一）及数块模印菱形纹砖（图二九一），其下另有一块刻铭青砖，其中刻铭青砖质地较细腻，且略长、薄，应为特制而成。由于该砖块破裂，加之局部残碎脱落，仅据字形结构分析共有汉字 14 个，暂隶定为"下邳国县建忠里谋显伯仲伯孝伯"（图二九一；彩版一六二：2）。

墓门　门墙下部开有长方形墓门。由于墓葬倾斜，墓门也随之变形，向东倾斜，平面呈平行四边形，东高 0.98、西高 1.00、宽 0.74 米。墓门外有石灰浇筑封护，由于墓道是逐层回填，再行浇筑封护石灰，故形成顶部为人字形、上下向外突出的多层结构，石灰封护高 1.32、东西宽 1.48、厚 0.10 米（彩版一六二：3）。石灰封护层后即为墓门，门上有门楣石。门楣石为一长条形石板，制作较为粗糙，长 108、宽 30、厚 20 厘米。墓门青砖封堵，上层立铺一层，其下皆平铺，中有石灰浆黏结（彩版一六二：4）。

甬道　封门后即甬道，向东倾斜。甬道外南北长 0.52、东西宽 1.62、高 1.64 米，内宽 0.74、进深 1.00、高 1.00 米。叠涩顶，顶表面有石灰封护层残留，青砖砌筑，两壁"三顺一丁"砌筑（图二八九 B）。

前室　甬道后为前室（图二八九 C）。平面近方形，盝顶（彩版一六三：1），前室外东西长 2.28、南北宽 2.04、高 2.40 米，内东西宽 1.45、高 1.96、进深 1.45 米。顶部楔形砖砌筑，外有厚 2 厘米的石灰封护层，建构较为粗糙，表面砌砖有错位，顶部竖铺，中部周围平铺，下半部竖铺。四直壁，青砖"三顺一丁"砌筑。地面青砖斜铺。出土铜三叉形器、铜弩机、铁刀、铁环、青瓷钵、酱釉罐、酱釉四系罐、酱釉蟾形水注、石黛板、陶钵、骨簪共 18 件（彩版一六三：2、3）。

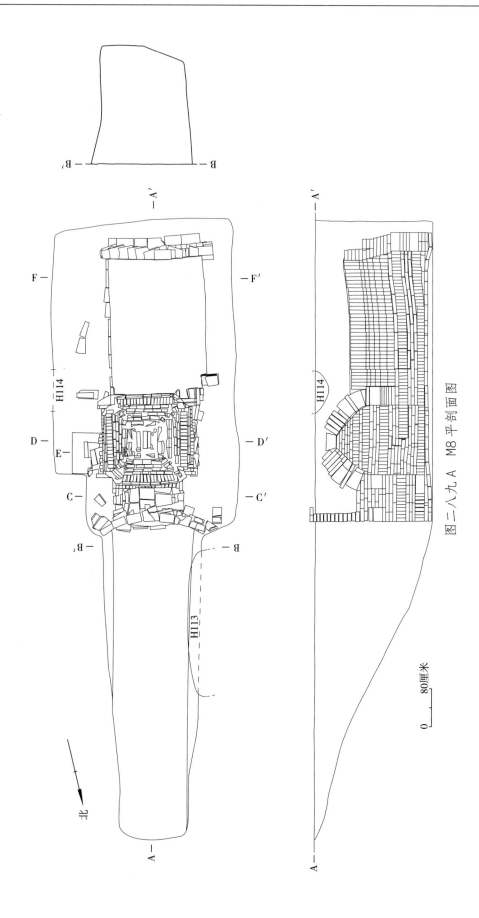

图二八九A M8 平剖面图

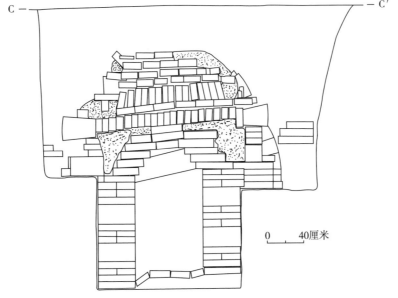

图二八九 B　M8 甬道横剖面图

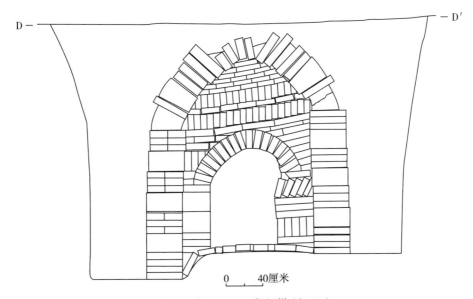

图二八九 C　M8 前室横剖面图

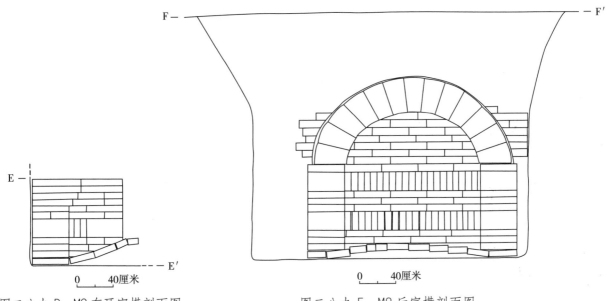

图二八九 D　M8 东耳室横剖面图

图二八九 E　M8 后室横剖面图

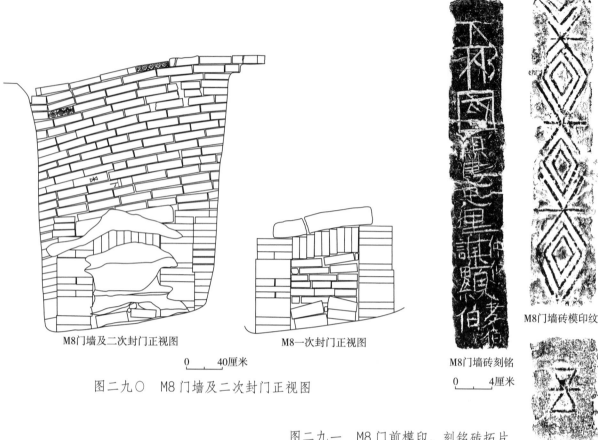

图二九〇　M8门墙及二次封门正视图

M8门墙及二次封门正视图

M8一次封门正视图

0　　40厘米

M8门墙砖模印纹

M8门墙砖刻铭

0　　4厘米

图二九一　M8门前模印、刻铭砖拓片

M8门墙砖模印纹

东耳室　位于前室东壁近墓门，砌筑于墓圹之内，向东倾斜。耳室（图二八九 D）内南北宽 0.48、高 0.57~0.76、进深 0.60 米。东西向，平面长方形，叠涩顶，直壁，皆长方形砖"三顺一丁"砌筑，地面青砖斜铺。出土酱釉四系罐、陶罐各 1 件（彩版一六三：4、5）。

后室　单后室（图二八九 E；彩版一六四：1），位置偏西。后室门东西宽 0.74、高 1.02 米，位于前室南壁正中。填土未夯打，出土印纹硬陶罐腹片 1 件。后室外南北长 3.32、东西宽 2.70、高 1.98 米，内长 2.92、宽 1.49、高 1.28 米。拱形券顶，顶部楔形砖砌筑，外有 2 厘米厚的石灰封护层。东、西两壁皆长方形青砖"三顺一丁"砌筑，后壁券顶部分青砖平铺砌筑，下半部青砖"三顺一丁"砌筑。后室地面周围略低，中部微凸，青砖斜铺。出土铜镜、铜钱、酱釉四系罐、铁棺钉共 32 件（彩版一六四：2、3）。

二、出土器物

经发掘，M8 共出土铜、铁、石、骨、瓷、印纹硬陶、釉陶、陶等质地各类器物 55 件，其中后室出土铁棺钉 1 组 27 件（图二九二）。

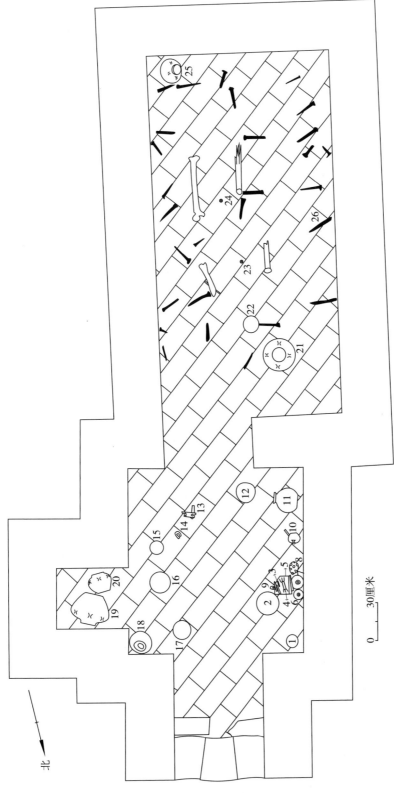

北

0 _____ 30厘米

图二九二　M8 随葬器物分布图

1.青瓷钵　2.陶钵　3.青簪　4.铜三叉形器　5.石黛板　6.酱釉罐　7.酱釉罐　8.酱釉匜形水注　9.铁刀　10.酱釉罐　11.酱釉四系罐　12.青瓷钵　13.铜弩机　14.铁环
15.青瓷钵　16.青瓷钵　17.青瓷钵　18.酱釉罐　19.酱釉四系罐　20.陶罐　21.酱釉四系罐　22.铜镜　23.铜钱　24.铜钱　25.酱釉四系罐　26.铁棺钉

（一）墓道填土出土器物

铜钱 2件。M8墓道填土：1，锈残。字迹不清。直径2.56厘米。墓道填土：2，锈残。字迹不清。直径2.60厘米。

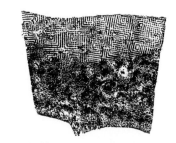

M8后室填土：1（印纹硬陶罐腹片）

0 ____ 3厘米

图二九三 M8后室填土出土器物

（二）后室填土出土器物

印纹硬陶罐腹片 1件。M8后室填土：1，饰回字形纹。残高9.5厘米（图二九三；彩版一六四：4）。

（三）前室出土器物

铜三叉形器 1件。M8：4，两端作三股叉状，叉两边作龙首形，中间一叉做龙尾形，端部各有一圆形穿孔。器表残留细绳缠绕痕迹。长13.8、宽3.9、厚0.2厘米（图二九四A；彩版一六五：1）。

铜弩机 1件。M8：13，制作精良，构件不全，缺悬刀，面有一个箭槽。郭长12.8、宽3.3、高9.6厘米（图二九四A；彩版一六五：2）。

铁刀 1件。M8：9，扁长条形，凹背，凸刃，刃体较长，柄条状。长25.3、宽2.2、厚0.5厘米（图二九四A；彩版一六五：3）。

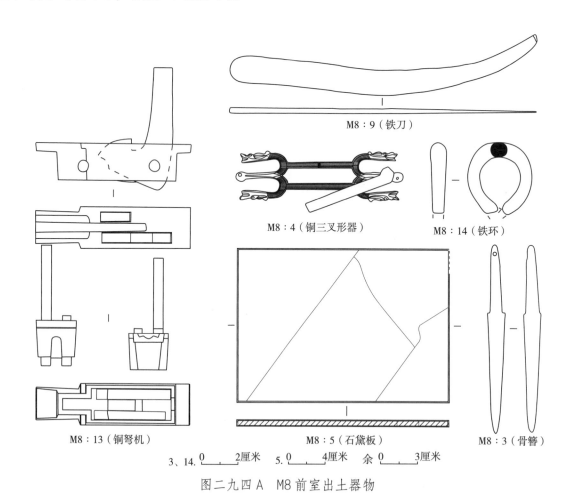

M8：9（铁刀）

M8：4（铜三叉形器）

M8：14（铁环）

M8：13（铜弩机）

M8：5（石黛板）

M8：3（骨簪）

3、14. 0 ____ 2厘米　5. 0 ____ 4厘米　余 0 ____ 3厘米

图二九四A M8前室出土器物

铁环　1件。M8：14，锈残。环状，截面圆形，实心。长 3.8、宽 3.5、厚 0.8 厘米（图二九四 A；彩版一六五：4）。

青瓷钵　5件。M8：1，敞口，圆唇，弧腹，平底内凹。内腹下有一周凹弦纹，内底有六支钉痕。器表施青釉，釉不及底，露灰胎。口径 10、底径 5.5、高 3.5 厘米（图二九四 B；彩版一六六：1）。M8：12，侈口，圆唇，弧腹，平底内凹。唇下饰一周弦纹、一周圆圈纹，内底有一周弦纹。器表施青釉，釉不及底，露紫红胎。口径 15.8、底径 7.6、高 5.2 厘米（图二九四 B；彩版一六六：2）。M8：15，敞口，圆唇，弧腹，下腹斜收，平底内凹。腹有两周凹弦纹，内底有一周弦纹和五支钉痕。器表施青釉，釉不及底，露灰胎。口径 10、底径 4.8、高 3.5 厘米（图二九四 B；彩版一六六：3）。M8：16，敞口，圆唇，弧腹，下腹斜收，平底内凹。内底有一周

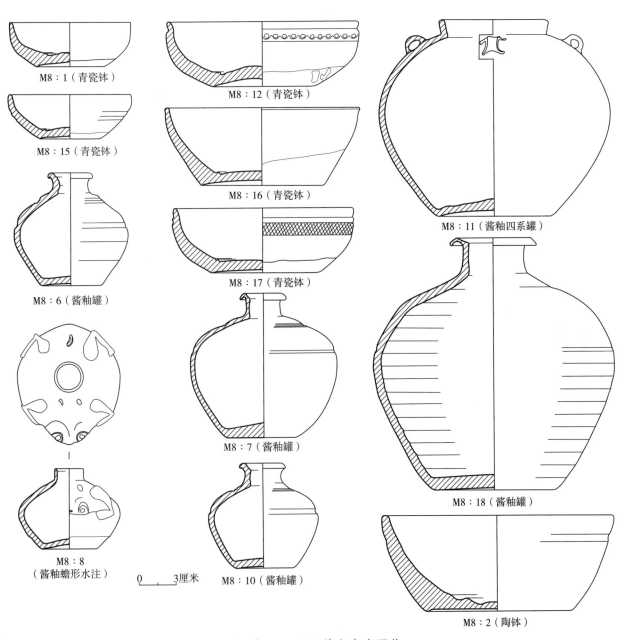

M8：1（青瓷钵）

M8：15（青瓷钵）

M8：12（青瓷钵）

M8：16（青瓷钵）

M8：17（青瓷钵）

M8：11（酱釉四系罐）

M8：6（酱釉罐）

M8：7（酱釉罐）

M8：18（酱釉罐）

M8：8
（酱釉蟾形水注）

0　　　3厘米

M8：10（酱釉罐）

M8：2（陶钵）

图二九四 B　M8 前室出土器物

弦纹。器表施青釉，釉不及底，露灰黄胎。口径 16、底径 10、高 6.2 厘米（图二九四 B；彩版一六六：4）。M8:17，侈口，圆唇，弧腹，平底内凹。唇下有两周弦纹，腹饰一周斜网格纹，内底有一周弦纹。器表施青釉，釉不及底，露紫红胎。口径 15、底径 8、厚 5.2 厘米（图二九四 B；彩版一六六：5）。

酱釉罐　4 件。M8:6，侈口，尖唇，卷沿外翻，束颈，溜肩，鼓腹，平底内凹。肩有两周弦纹，腹有一周弦纹。器表施酱黄釉。口径 3.2、底径 5、高 9 厘米（图二九四 B；彩版一六七：1）。M8:7，侈口，圆唇，卷沿外翻，束颈，溜肩，折腹，平底内凹。肩有两周弦纹及三支钉痕，呈三角形分布，腹有一周弦纹。器表施酱黄釉。口径 3、底径 6、高 11.4 厘米（图二九四 B；彩版一六七：2）。M8:10，侈口，圆唇，卷沿外翻，束颈，溜肩，折腹，平底内凹。肩有两周弦纹及三支钉痕，呈三角形分布，腹有一周弦纹。器表施酱黄釉。口径 3、底径 4.8、高 8.4 厘米（图二九四 B；彩版一六七：3）。M8:18，侈口，尖唇，卷沿外翻，束颈，溜肩，鼓腹，平底内凹。肩有两周弦纹及三支钉痕，呈三角形分布，腹有一周弦纹。器表施酱黄釉。口径 6、底径 9.8、高 20 厘米（图二九四 B；彩版一六七：4）。

酱釉四系罐　1 件。M8:11，侈口，圆唇，矮颈，溜肩，肩部有四牛鼻形系，鼓腹，平底内凹。器表施酱褐釉，釉不及底，露紫红胎。口径 9、底径 9.4、高 15.6 厘米（图二九四 B；彩版一六七：5）。

酱釉蟾形水注　1 件。M8:8，蟾蜍伏地状，口部有圆形小孔，扁腹，平底内凹，两侧贴塑四肢。器表施酱褐釉。口径 2.4、底径 4.4、高 6.4 厘米（图二九四 B；彩版一六七：6）。

陶钵　1 件。M8:2，泥质灰陶。敞口，圆唇，弧腹，平底内凹，内底有轮制弦痕。口径 19.2、底径 11.8、高 7.6 厘米（图二九四 B；彩版一六六：6）。

石黛板　1 件。M8:5，残。砂石质，体黑色。平面长方形，四边缘有骨质包边。石板长 23、宽 16、厚 0.58 厘米。骨质包边宽 0.65、厚 0.1 厘米（图二九四 A；彩版一六五：5）。

骨簪　1 件。M8:3，镞形，磨制光滑，头部呈圆锥形，圆锥形短程，末端有圆形穿孔。长 10、最大径 1、孔径 0.2 厘米（图二九四 A；彩版一六五：6）。

（四）东耳室出土器物

酱釉四系罐　1 件。M8:19，侈口，方唇，矮束颈，溜肩，肩有四牛鼻形系，鼓腹，平底内凹。肩有两周弦纹，内壁有轮制弦纹痕。器表施酱褐釉，釉不及底，露紫红胎。口径 13.4、底径 14.4、高 25.6 厘米（图二九五；图版一六八：1）。

陶罐　1 件。M8:20，泥质灰陶。侈口，圆唇，卷沿外翻，矮束颈，溜肩，鼓腹，平底内凹。口径 8.6、底径 10.8、高 18.4 厘米（图二九五；图版一六八：2）。

（五）后室出土器物

铜镜　1 件。M8:22，八乳连弧纹镜，圆镜，圆钮，钮座周围饰柿蒂纹，外为八乳连弧纹，柿蒂纹间各有一字，释读为"位至王公"。直径 15.08 厘米（图二九六；彩版一六九：1）。

铜钱　2 件。M8:23，五铢钱。其"铢"字之"朱"字旁上部呈方折状，但其"铢"字之"朱"

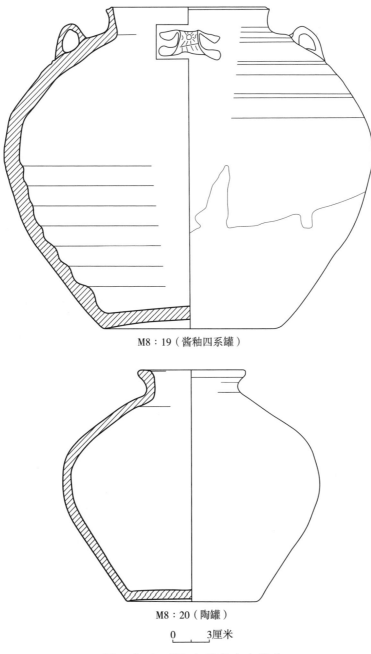

M8：19（酱釉四系罐）

M8：20（陶罐）

0 ⊢⎯⎯ 3厘米

图二九五　M8东耳室出土器物

字旁头呈等边三角形，"鼡"字结构匀称整齐。直径2.51、孔径1、厚0.15厘米（图二九六；彩版一六九：2）。M8：24，剪边"五铢"。边郭不存，文字及钱肉的一部分也被剪凿掉。直径2.2厘米（图二九六；彩版一六九：3）。

铁棺钉　1组27件。M8：26，钉帽圆形，钉身尖柱形，截面方形。残长17.5、钉体宽1.1、厚1.1厘米（图二九六；彩版一六九：4）。

酱釉四系罐　2件。M8：21，侈口，圆唇，卷沿外翻，矮束颈，溜肩，肩有四牛鼻形系，鼓腹，平底内凹。肩有两弦纹，内壁有轮制弦纹痕。器表施酱褐釉，釉不及底，露紫红胎。口径10.8、底径11.6、高22厘米（图二九六；彩版一六九：5）。M8：25，侈口，平沿，方唇，

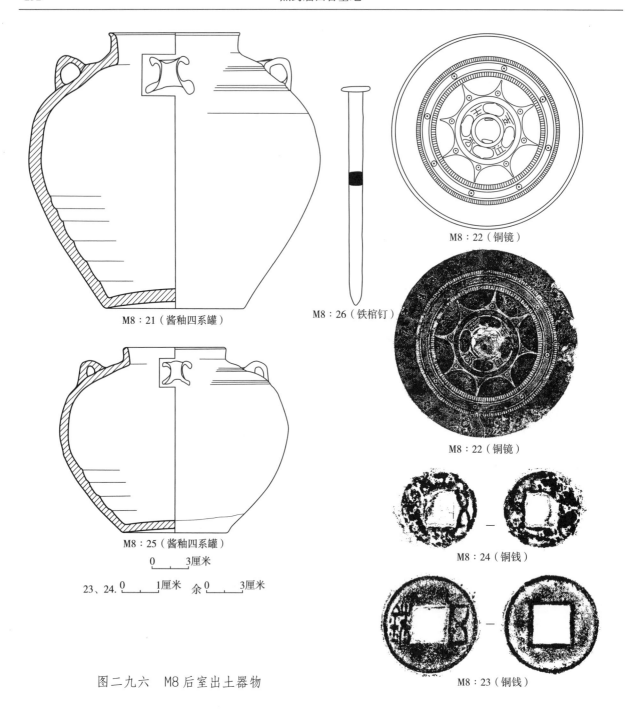

M8：21（酱釉四系罐）

M8：25（酱釉四系罐）

M8：26（铁棺钉）

M8：22（铜镜）

M8：22（铜镜）

M8：24（铜钱）

M8：23（铜钱）

图二九六　M8 后室出土器物

矮直颈，溜肩，肩有四牛鼻形系，鼓腹，平底内凹。肩有两弦纹，内壁有轮制弦纹痕。器表施酱褐釉，釉不及底，露紫红胎。口径 8.6、底径 8.8、高 14.8 厘米（图二九六；彩版一六九：6）。

第九节　M9

一、墓葬形制

M9 为一座双斜坡墓道前堂横列式前室券顶并列双后室券顶的土坑砖室合葬墓，方向 16°（图二九七 A；彩版一七〇：1）。墓道东南部被 H171 打破，东部被 H174 打破，中部被 H175

打破，后室西南部被 H115 打破，墓坑打破春秋战国时期文化层堆积。平面圆角长方形，坑壁向内斜收，南北长 7.6、东西口宽 3.92~4.62 米。该墓主要由墓道、前庭、墓门、前室、耳室、后室组成。墓底有一层长方形青砖 "一顺一丁" 人字形铺地，砖室置于铺地之上。

墓道　居北，分东、西两条墓道（图二九七 B；彩版一七〇：2）。据开挖先后顺序，即为二次、一次墓道。

二次墓道为长斜坡状，对应东后室。平面呈梯形，南北长 9.66、北口宽 1.28、南口宽 3.4、南底宽 1.60、南深 2.46 米，东壁略弧，西壁较斜，剖面呈抹角倒梯形，平底，末端底平面略西斜，较东侧低 0.08 米。填土灰褐色沙土，土质较疏松，未夯打，填土包含少量红烧土颗粒、灰陶片、瓦片。由于二次墓道两壁未完全开挖至墓门位置，墓门东西两壁北侧均残存春秋战国时期文化层堆积。二次墓道末端与封门连接部分较平，有近圆形石灰堆积残留。末端较平部分南北长 1.47 米，石灰堆积东西长 1.40、南北宽 1.18 米。出土青瓷盘口壶、酱釉蟾形水注、陶钵、陶罐、石黛板、漆樏盘共 6 件。

一次墓道被灰坑 H175 打破，东半部被二次墓道打破，近末端残留部分东壁，对应西后室。一次墓道长 5.2、北口残宽 1.34、南底宽 1.08、南深 2.07 米，北口呈弧形，两壁略弧，底两边高、中间低，剖面近 "U" 形。末端与封门连接部分较平，较平部分南北长 1.17 米。填土灰褐色沙土，含灰量较高，土质较疏松，未夯打，包含少量红烧土颗粒、灰陶片、瓦片。

前庭　一次墓道与墓门之间存在一较小的前庭，东西两壁均起筑于一次墓道西壁底部。东壁北侧残存厚约 10 厘米春秋战国时期文化层堆积，应是二次墓道开挖后的残留，可见东壁应砌筑于原开挖的土坑之内。东壁南北长 0.36、东西宽 0.56、高 1.70 米，上部四层楔形砖横向平铺，大弧度的一侧居西，并向墓道内依次内收呈阶梯状；中部六层楔形砖纵向平铺，大弧度的一侧居北，并向墓道内依次内收呈弧形；下部为长方形砖横向平铺，直壁。东壁顶部楔形砖向墓道一侧有刻铭 "赵君为" 三字（图二九八；彩版一七一：1）。西壁砌筑于墓道西壁向外弧出的墓坑内，并半露于墓道内。西壁南北长 0.86、东西宽 0.66、高 1.84 米，上部两层仅两块楔形砖随意平置；中部五层楔形砖纵向平铺，大弧度的一侧居北，并向墓道内依次内收呈弧形；下部为长方形砖横向平铺，直壁；西壁北侧有两块长方形砖竖置填塞与墓圹之间的空隙。楔形砖、长方形砖皆为青砖，且两砖之间未见石灰黏结，应为直接垒砌。楔形砖两弧边之间长 36、大弧度一侧宽 32、小弧度一侧宽 21、厚 8 厘米，长方形砖长 40、宽 20、厚 8 厘米。

墓门　墓门位于前室北侧，分东、西两墓门，分别对应二次墓道和一次墓道（图二九七 C）。墓门两侧皆有向北伸出的短墙，其中两门之间短墙共用。东墓门短墙北侧皆残留南北宽约 0.15 米的坡状春秋战国时期文化层堆积，说明东墓门两侧短墙应砌筑于原开挖的土圹之内。东墓门东侧短墙长方形砖纵向平铺砌筑，南北长 0.40、高 0.86 米。西侧短墙即西墓门之前庭东壁。

东墓门封门分外、内两层。两侧短墙之间为东墓门外层封门。外层长方形砖横向平铺封堵，顶部覆厚约 5 厘米的坡状石灰堆积（彩版一七一：2）。外层封门东西长 1.28、厚 0.20、高 1.30

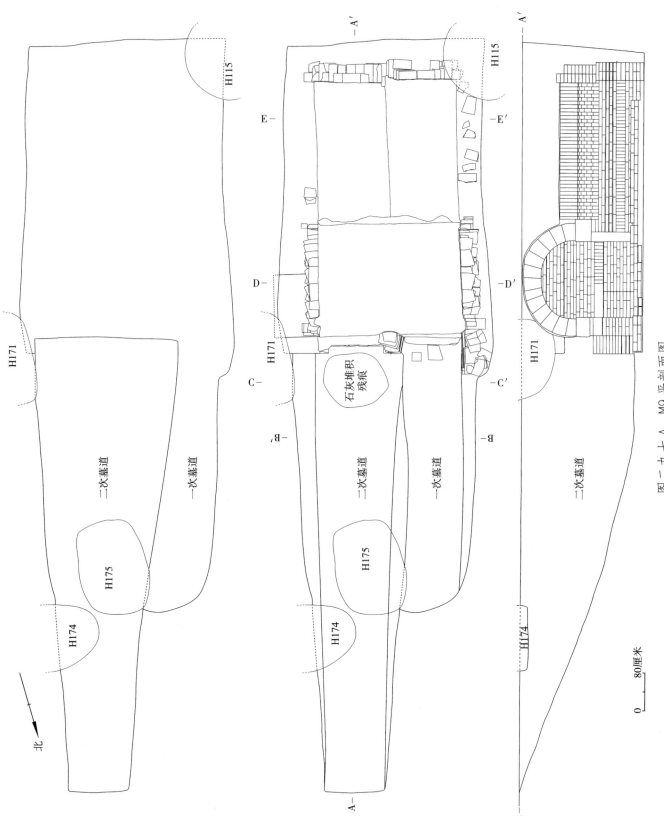

图二九七A　M9平剖面图

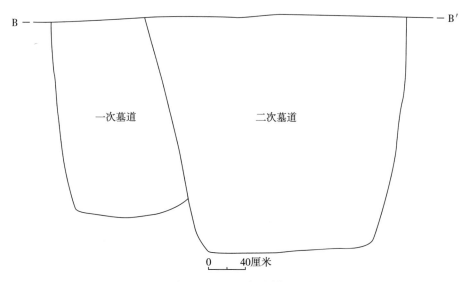

图二九七 B　M9 墓道横剖面图

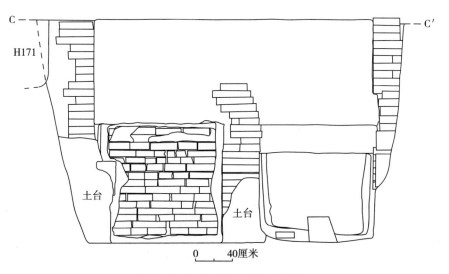

图二九七 C　M9 墓门正视图

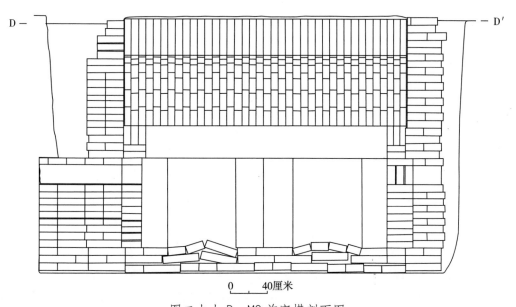

图二九七 D　M9 前室横剖面图

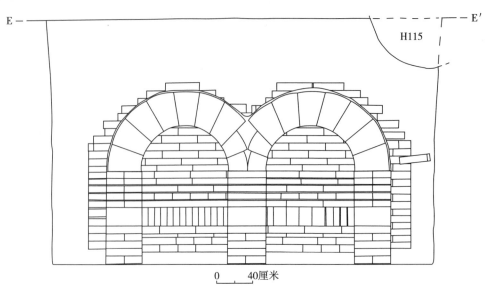

图二九七 E　M9 后室横剖面图

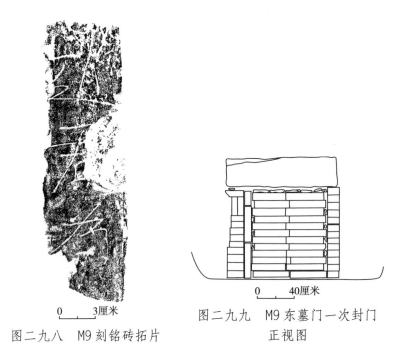

图二九八　M9 刻铭砖拓片

图二九九　M9 东墓门一次封门
正视图

米。短墙南端即为东墓门。东墓门平面长方形，东西宽 0.84、高 0.98 米，东西两壁长方形砖平铺砌筑，顶有开凿不规整的长条青石门楣。门楣石东西长 120、宽 43、厚 30 厘米。门内长方形砖横向平铺封堵，为东墓门内层封门。内层封门东侧填塞三块长方形砖，竖置。内层封门宽、高与东墓门宽、高相同，厚 0.20 米（图二九九；彩版一七一：3）。内、外封门两侧与墓门之间、上部与门楣石之间加塞少量碎瓦片、碎砖块，且两层封门外表局部可见石灰残留，且在砖与砖之间、砖与瓦片之间以及砖与碎砖块之间，皆用石灰浆黏结。

　　西墓门位于前庭南端，顶部有一长方形条石门楣。门楣石东西长 120、宽 42、厚 30 厘米。前庭东西两壁之间为西墓门封门，封门为一块近长方形石板。石板表面较粗糙，下垫有 0.1~0.2 米厚的土支撑，并有一楔形砖斜置支撑，楔形砖东侧平放一长方形残砖块。封门石板东西长

116、高 88、厚 20 厘米。石板封门后即西墓门。西墓门东西宽 0.84、高 0.98 米，东西两壁长方形砖平铺砌筑。

前室　封门后即为前室，其墓门也开于前室北壁。H171 打破前室填土。前室东西向，平面长方形，外东西长 3.96、南北宽 2.46、高 2.62 米，内东西宽 3.10、高 2.10、进深 1.59 米。券顶，直壁，顶外表覆厚 2 厘米石灰封护层。券顶楔形砖平铺砌筑，外壁凹凸不整，东西两壁券顶部分楔形砖封筑，外壁呈锯齿状，下部长方形砖多错缝平铺砌筑，仅在中部一层砖立铺。四壁底部内收 0.04 米并向下 0.16 米为前室铺地，中部微凸，四周较低，长方形砖"人"字形铺就。砌砖之间可见石灰浆黏结。前室中部出土了东、西两块长条形残木板，局部伸入东后室，东侧木板长 226、宽 50、厚 5 厘米，西侧木板长 278、宽 34、厚 5 厘米。该室出土铜灯、铜洗、铜虎子、铜钱、青瓷钵、青瓷盆、青瓷盘口壶、酱釉罐共 13 件（图二九七 D；彩版一七一：4、5）。

东耳室　位于前室东壁近墓门，前半部砌筑于墓坑之内，后半部砌筑于墓坑东侧开挖的土洞内。耳室东西向，平面长方形，南北宽 0.57、高 0.66、进深 0.68 米，平顶，直壁，顶部为一整块石板。石板东西长 88、南北宽 94、厚 20 厘米。三壁皆长方形砖错缝平铺。长方形砖人字形铺地，铺地中部微凸，地面与墓门地面相同。东耳室出土青瓷盘口壶 1 件（彩版一七二：1、2）。

后室　并列东、西双后室，与前室有东、西两后室门相通。后室墓圹及填土被 H115 打破。后室外南北长 3.54、东西总宽 3.4、高 1.90 米。东、西两后室形制、大小相同，平面皆长条形，内长 2.96、宽 0.96、高 1.24 米。券顶，外覆厚 2 厘米的石灰封护层。在西后室与墓圹之间发现有一层平置的残砖。券顶皆楔形砖。南壁为长方形砖横向错缝平铺砌筑，东西两壁券顶以下部分砌筑方式同前室。门楣石为一块东西向放置的青石条，长 264、宽 50、高 34 厘米，面向前室的一侧顶部有菱形刻纹和细密的竖线纹（图三〇〇）。门两侧各有一组画像立柱，形制、大小相同，宽 28~30、厚 22、高 94 厘米，立柱两侧平面向后折收形成瓦楞状，表面分别刻有"伏羲""女娲"等图案（图三〇一、三〇二；彩版一七二：3）。长方形砖"一顺一丁"人字形铺地，铺地东、西两侧略低，中部微凸，地面同墓门地面（图二九七 E）。后室未发现人骨、葬具。东后室出土银钗、银簪、银戒指、银手镯、铜钱、铁剪刀、铁镜、铁棺钉、青瓷罐、酱釉罐、珍珠、石黛板、石灰构件共 57 件（彩版一七三：1、2）；西后室出土铜弩机、铁镊子、铁镜、铁剪刀、铁戈、铁棺钉、青瓷盘口壶、酱釉罐共 37 件（彩版一七三：3、4）。从清理情况分析，该墓为夫妻合葬墓，男西女东。

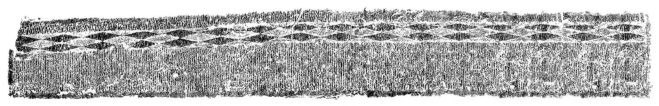

0　　　15厘米

图三〇〇　M9 后室门楣石拓片

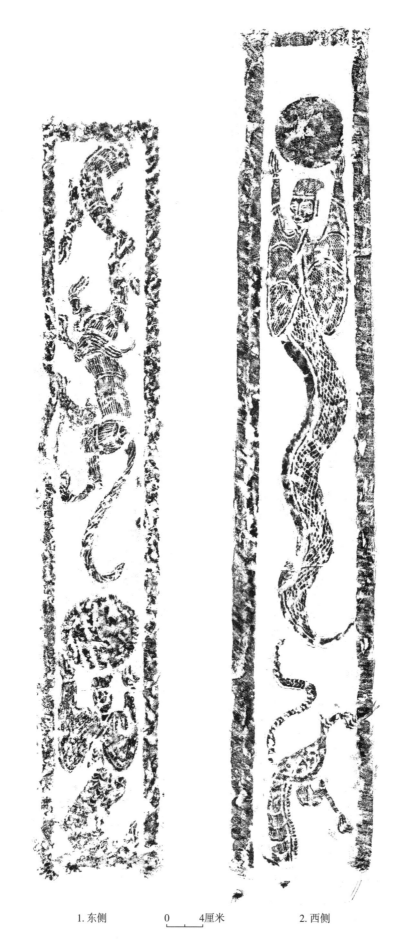

1. 东侧   0   4厘米   2. 西侧

图三〇一　M9 东后室立柱画像石拓片

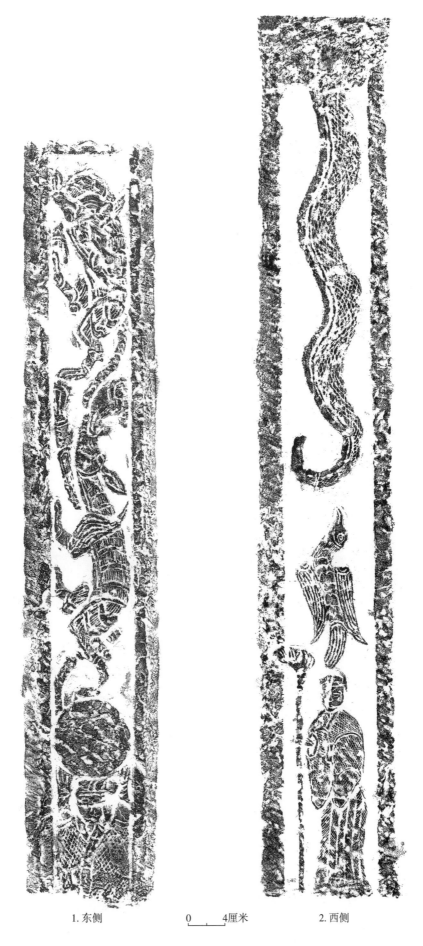

1. 东侧　　　　0 ⊢——⊣ 4厘米　　　　2. 西侧

图三〇二　M9 西后室立柱画像石拓片

二、出土器物

经发掘，M9 共出土银、铜、铁、漆、石、瓷、釉陶、陶等质地各类器物 114 件，其中后室出土铁棺钉 2 组 60 件（图三〇三）。

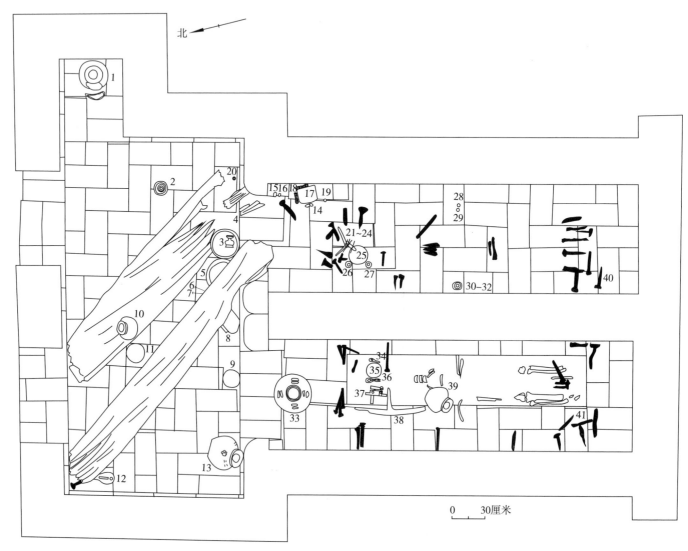

1.青瓷盘口壶　2.铜灯　3.青瓷盘口壶　4.青瓷盆　5.铜洗　6.青瓷　7.青瓷钵　8.酱釉罐　9.青瓷钵　10.青瓷盘口壶　11.青瓷钵　12.铜虎子
13.青瓷盘口壶　14.铁剪刀　15.石灰构件　16.石灰构件　17.石黛板　18.铜钱　19.珍珠　20.钱币　21.银钗　22.银钗　23.银簪　24.银钗
25.铁镜　26.酱釉罐　27.青瓷罐　28.银戒指　29.银戒指　30.银手镯　31.银手镯　32.银戒指　33.酱釉罐　34.铁镊子　35.铁镜　36.铁剪刀
37.铜弩机　38.铁戈　39.青瓷盘口壶　40.铁棺钉　41.铁棺钉

图三〇三　M9 随葬器物分布图

（一）二次墓道填土出土器物

青瓷盘口壶　1 件。M9 二次墓道填土:2，残，盘口，圆唇，束颈，溜肩，肩对称贴塑双系，鼓腹，下腹弧收，平底内凹。肩饰弦纹，弦纹间饰斜网格纹带，腹上部饰五周凹弦纹，内壁有轮制弦纹痕。器表施青釉。口径 13.8、底径 10.2、高 23.4 厘米（图三〇四；彩版一七四：1）。

酱釉蟾形水注　1 件。M9 二次墓道填土:5，蟾蜍形，口有圆孔，背部有一竖直圆短管，

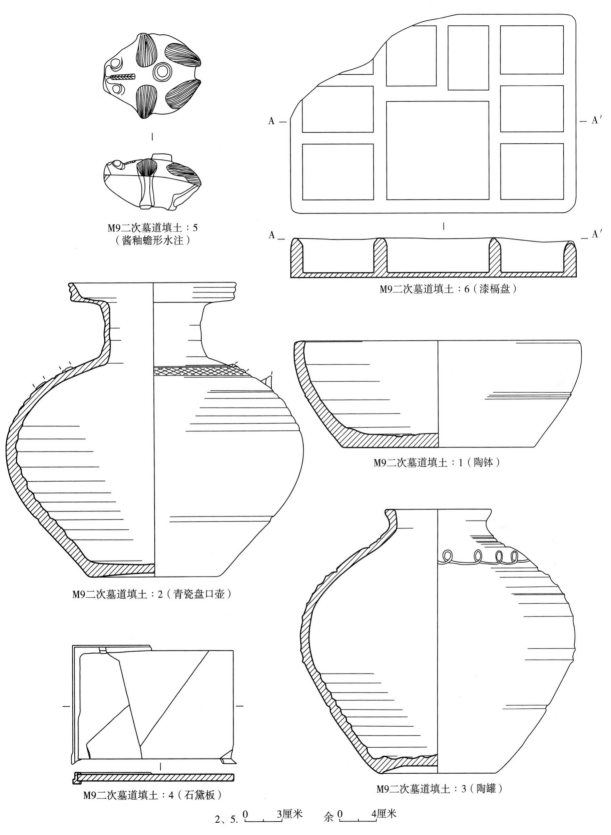

M9二次墓道填土：5
（酱釉蟾形水注）

M9二次墓道填土：6（漆槅盘）

M9二次墓道填土：1（陶钵）

M9二次墓道填土：2（青瓷盘口壶）

M9二次墓道填土：4（石黛板）

M9二次墓道填土：3（陶罐）

2、5. 0　　3厘米　　　余 0　　4厘米

图三〇四　M9二次墓道填土出土器物

折腹，腹部贴塑四肢。器表施酱黄釉。长 8、宽 7、高 4.4 厘米（图三〇四；彩版一七四：2）。

石黛板 1 件。M9 填土二次墓道:4，残碎，已黏结。黑色石质，平面长方形，四边缘有铁片包边，包边有梯状槽，部分脱落。长 17.6、宽 12.5、厚 1.2 厘米（图三〇四；彩版一七四：3）。

漆槅盘 1 件。M9 二次墓道填土:6，朽残。木胎，直口，体呈长方形，分三大排共 9 个长方形小格，下两排两边各 2 格，中间为 1 大格，上排两侧各 1 大格，中间为 2 竖向小格。长 31.1、宽 20.92、高 4.16 厘米（图三〇四；彩版一七四：4）。

陶钵 1 件。M9 二次墓道填土:1，夹砂灰陶。敛口，尖唇，深弧腹，平底。腹中部饰两周凹弦纹，内壁有刮削形成的多道弦纹。口径 31.2、底径 21.2、高 11.3 厘米（图三〇四；彩版一七四：5）。

陶罐 1 件。M9 二次墓道填土:3，夹砂灰陶。侈口，圆唇，束颈，溜肩，鼓腹，下腹弧收，平底内凹。肩饰四周凹弦纹，弦纹间饰绳圈纹，腹部有五周凸弦纹和一周凹弦纹，内壁有轮制弦纹痕。口径 11.8、底径 12.8、高 28 厘米（图三〇四；彩版一七四：6）。

（二）前室出土器物

铜灯 1 件。M9:2，底残不存。分盘和柄两部分。盘侈口，平沿，方唇，斜腹，底向下微鼓，内底有高约 1 厘米的圆锥形灯柱；柄为竹节状高柄。盘口径 12.2、残高 16.8 厘米（图三〇五 A；彩版一七五：1）。

铜洗 1 件。M9:5，侈口，宽斜沿，沿面微下凹，弧腹，腹较浅，平底中间外鼓。内底

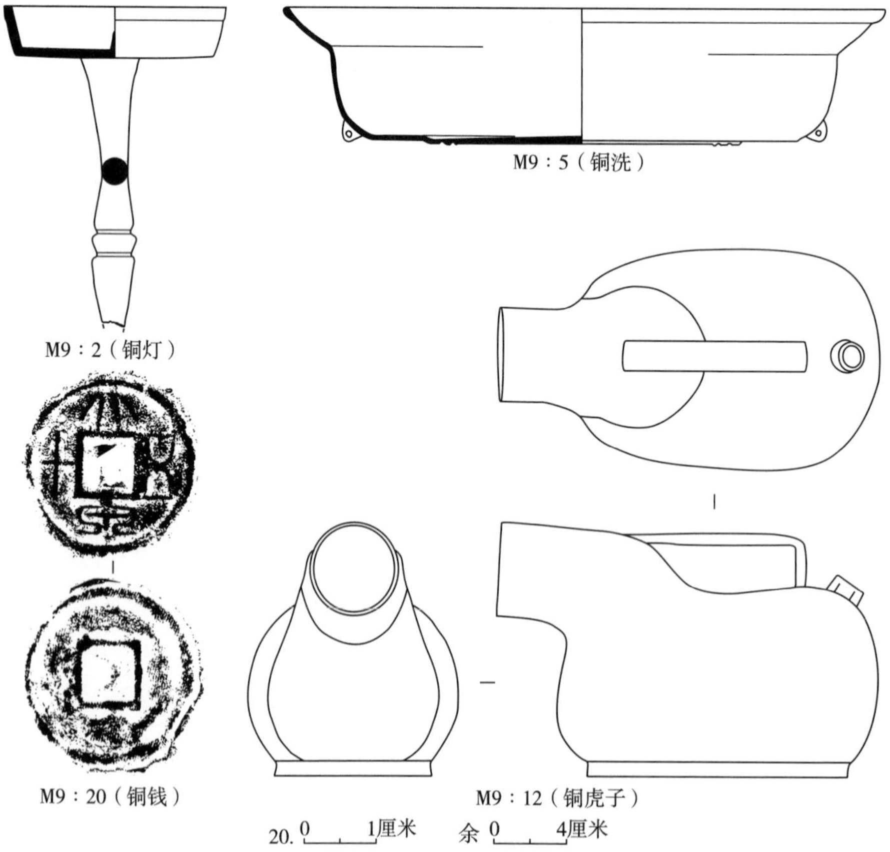
M9：2（铜灯）
M9：5（铜洗）
M9：20（铜钱）
M9：12（铜虎子）
20. 0 1厘米 余 0 4厘米

图三〇五 A M9 前室出土器物

有一周折棱，底部有两周凹弦纹，附两个半月形足，中有圆形穿孔。口径 32.5、底径 23.2、高 7.2 厘米（图三〇五 A；彩版一七五：4）。

铜虎子　1 件。M9:12，锈残。伏卧兽形，圆口微上翘，L 形提梁连接兽首与尾部，通体圆鼓，前窄后宽，假圈足。口径 5、长 21.1、宽 11.8、高 13.5 厘米（图三〇五 A；彩版一七五：3）。

铜钱　1 件。M9:20，大泉五十。直径 2.69 厘米（图三〇五 A；彩版一七五：2）。

青瓷钵　4 件。M9:6，侈口，圆唇，弧腹，下腹弧收，平底内凹。腹有四周弦纹，上腹弦纹间饰斜网格纹带。器表施青釉，釉不及底，露红胎。口径 17、底径 7.8、高 5.4 厘米（图三〇五 B；彩版一七六：1）。M9:7，侈口，圆唇，鼓腹，下腹弧收，平底略内凹。腹有两周凹弦纹，弦纹间饰菱形网格纹，内底有六个支钉痕。器表施青釉，釉不及底。口径 15.9、底径 7.8、高 5.6 厘米（图三〇五 B；彩版一七六：2）。M9:9，侈口，圆唇，弧腹，平底内凹。腹有两周凹弦纹，弦纹间饰网格纹，内底有两周凹弦纹和六个支钉痕。器表施青釉，内满釉，外釉不及底，露灰白胎。口径 16.3、底径 7.3、高 5.5 厘米（图三〇五 B；彩版一七六：3）。M9:11，敞口，弧腹，平底内凹。外沿饰两周凹弦纹，腹部饰一周网格纹，内底有两周凹弦纹和四个支钉痕。器表施青釉，内满釉，外釉不及底，露红胎。口径 16.6、底径 8.3、高 5.8 厘米（图三〇五 B；彩版一七六：4）。

青瓷盆　1 件。M9:4，侈口，圆唇，平沿微凹，弧腹，下腹斜收，平底内凹。腹上部饰凹弦纹，弦纹间饰斜网格纹带，内壁有轮制弦纹痕。器表施青釉，釉不及底，露红胎。口径 27.2、底径 14、高 11.1 厘米（图三〇五 B；彩版一七六：5）。

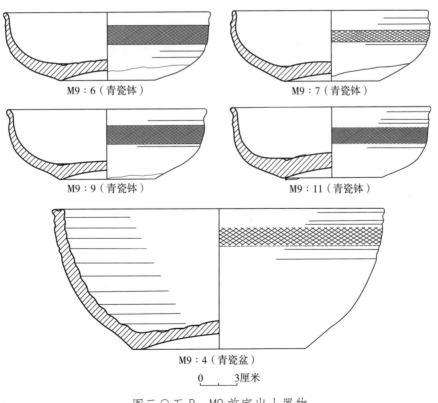

M9:6（青瓷钵）　　　　　M9:7（青瓷钵）

M9:9（青瓷钵）　　　　　M9:11（青瓷钵）

M9:4（青瓷盆）

0　　　3厘米

图三〇五 B　M9 前室出土器物

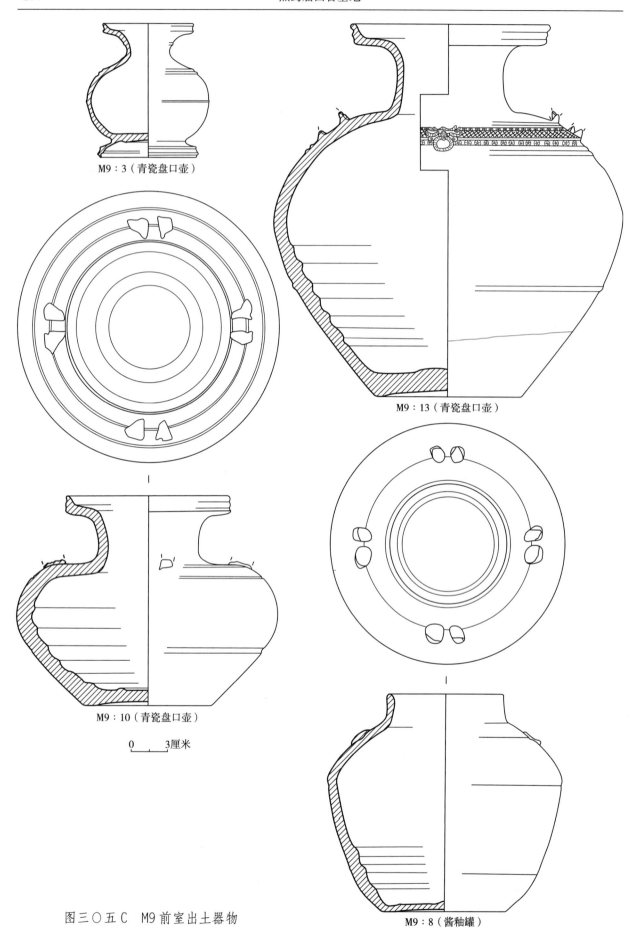

M9：3（青瓷盘口壶）

M9：13（青瓷盘口壶）

M9：10（青瓷盘口壶）

0　　　　3厘米

图三〇五 C　M9 前室出土器物

M9：8（酱釉罐）

青瓷盘口壶　3件。M9:3，盘口，圆唇，浅盘口，束颈，溜肩，鼓腹，平底内凹。沿下饰一道凹弦纹，颈部饰一周凸弦纹，肩部饰两周凹弦纹，腹中部饰一周凸弦纹。器表施青釉，釉不及底，露红胎。底部有墨书，字迹不清。口径7.2、底径8.2、高10.6厘米（图三〇五C；彩版一七七：1）。M9:10，盘口，圆唇，浅盘口，束颈，平肩，肩对称贴塑四系，系残，鼓腹，下腹斜收，平底略内凹。外沿饰两周凹弦纹，肩饰三周凹弦纹，内壁有轮制弦纹痕。器表施青釉，釉不及底，露红胎。口径13.4、底径10.6、高16.8厘米（图三〇五C；彩版一七七：2）。M9:13，盘口，圆唇，束颈，溜肩，肩对称贴塑铺首衔环和双系，系残，鼓腹，下腹斜收，平底内凹。外沿有两周凹弦纹，肩饰三周凸弦纹，弦纹间饰两周芝麻花联珠纹和一周斜网格纹带，内壁有轮制弦纹痕。器表施青釉，釉不及底，露红胎。口径16.4、底径12、高29.6厘米（图三〇五C；彩版一七七：4）。

酱釉罐　1件。M9:8，夹砂红陶。直口，圆唇，矮束颈，溜肩，肩部对称贴塑四系，系残，鼓腹，下腹斜收，平底内凹。肩部饰一道弦纹，腹中部有一道凹弦纹。表施酱黄釉，釉不及底，露红胎。口径9.4、底径10、高17.2厘米（图三〇五C；彩版一七七：3）。

（三）东耳室出土器物

青瓷盘口壶　1件。M9:1，盘口，圆唇，束颈，溜肩，肩对称贴塑铺首衔环和半环状双联系，系残，鼓腹，下腹斜收，平底略内凹。外沿饰两周凹弦纹，肩饰三周凹弦纹，弦纹间饰两周芝麻花联珠纹和一周斜网格纹带，内壁有轮制弦纹痕。器表施青釉，釉不及底，露红胎。口径16.8、底径12.2、高28.2厘米（图三〇六；彩版一七八）。

（四）东后室出土器物

银钗　3件。弯成U形。M9:21，细长，截面圆形。长25.4、宽1、厚0.5厘米（图三〇七A；彩版一七九：1）。M9:22，细长，截面圆形。长25.4、宽1.3、厚0.5厘米（图三〇七A；彩版一七九：1）。M9:24，残。长10.5、宽1.3、厚0.4厘米（图三〇七A；彩版一七九：1）。

银簪　1件。M9:23，细长条形，针状，簪首球形。长13.3、最大截面0.5厘米（图三〇七A；彩版一七九：1）。

银戒指　3件。圆环状。M9:28，外径2、内径1.8、厚0.2厘米（图三〇七A；彩版一七九：2）。M9:29，外径2、内径1.8、厚0.2厘米（图三〇七A；彩版一七九：2）。M9:32，

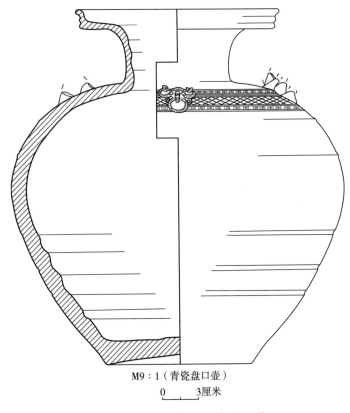

M9：1（青瓷盘口壶）

0　　　3厘米

图三〇六　M9东耳室出土器物

外径1.9、内径1.6、厚0.2厘米（图三〇七A；彩版一七九：3）。

银手镯　2件。圆环状。M9：30，外径6.7、内径6、厚0.4厘米（图三〇七A；彩版一七九：4）。M9：31，外径6.7、内径6、厚0.4厘米（图三〇七A；彩版一七九：4）。

铜钱　1组10件。皆五铢。"⑧"字交笔折笔形，上下两横不出头。"錄"字"釒"旁上短下长，字形较长。M9：18，直径2.60厘米（图三〇七A；彩版一七九：5）。

铁剪刀　1件。M9：14，锈残。平面"8"字形，刃部薄片状，一侧较薄，柄端截面呈圆形，系用铁条弯曲锻打、而成。残长15.6、宽3.2厘米（图三〇七A；彩版一八〇：1）。

铁镜　1件。M9：25，圆形，球形纽。表面锈蚀严重，残留布匹包裹痕迹。直径15.6、厚0.6、纽高2.6厘米（图三〇七A；彩版一八〇：3）。

铁棺钉　1组30件。M9：40，钉身尖柱形，钉帽圆形，截面长方形。残长16.4、截面长2、宽1厘米（图三〇七A；彩版一八〇：2）。

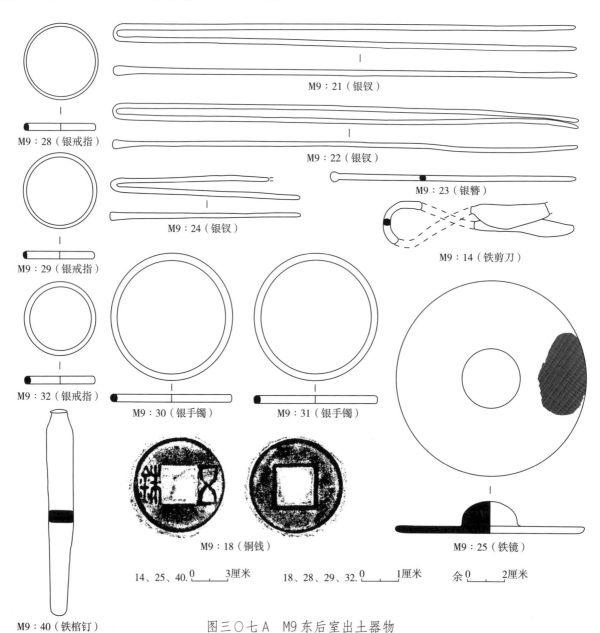

M9：28（银戒指）

M9：29（银戒指）

M9：32（银戒指）

M9：40（铁棺钉）

M9：21（银钗）

M9：22（银钗）

M9：24（银钗）

M9：23（银簪）

M9：14（铁剪刀）

M9：30（银手镯）

M9：31（银手镯）

M9：18（铜钱）

M9：25（铁镜）

14、25、40. 0＿＿＿3厘米　　18、28、29、32. 0＿＿1厘米　　余 0＿＿2厘米

图三〇七A　M9东后室出土器物

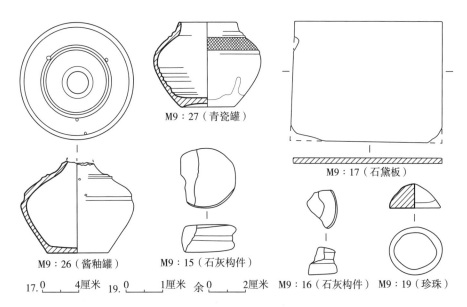

M9:27（青瓷罐）

M9:17（石黛板）

M9:26（酱釉罐）　　M9:15（石灰构件）

M9:16（石灰构件）　M9:19（珍珠）

17. 0   4厘米　19. 0   1厘米　余 0   2厘米

图三〇七B　M9东后室出土器物

青瓷罐　1件。M9:27，敛口，圆唇，低领，溜肩，鼓腹，下腹弧收，平底内凹。肩部饰三周凸弦纹，弦纹间饰斜网格纹带，内壁有轮制弦纹痕。器表施青釉。口径3.1、底径2.8、高4.5厘米（图三〇七B；彩版一八〇：4）。

酱釉罐　1件。M9:26，口残。夹砂红陶，溜肩，鼓腹，下腹斜收，平底略内凹。肩部有两周凸弦纹和三个支钉痕，腹中部有一周凹弦纹。器表施酱黄釉。残口径1.7、底径3.4、高5厘米（图三〇七B；彩版一八〇：5）。

珍珠　1件。M9:19，半球形，实心。长1.45、宽1.3、厚0.6厘米（图三〇七B；彩版一八〇：6）。

石黛板　1件。M9:17，残。黑色。平面长方形。长16.7、宽12.95、厚0.6厘米（图三〇七B；彩版一八〇：8）。

石灰构件　2件。M9:15，残。圆饼形，中间有一道凸棱。直径3.2、厚1.5厘米（图三〇七B；彩版一八〇：7）。M9:16，残碎。马蹄形，中间有一道凸棱。直径3.2、厚1.5厘米（图三〇七B；彩版一八〇：7）。

（五）西后室出土器物

铜弩机　1件。M9:37，制作精良，构件不全，存郭和望山，表面残留木质朽痕。郭顶面有一道箭槽。郭长17.1、宽4.1、通高12.1厘米（图三〇八；彩版一八一）。

铁镜　1件。M9:35，圆形，球形纽，表面锈蚀严重，残留有布匹包裹痕迹。直径11.6、厚0.4、纽高1.5厘米（图三〇八；彩版一八二：1）。

铁镊子　1件。M9:34，弯成U形，前段尖柱形，残，截面长方形。长9.8、宽2、厚0.8厘米（图三〇八；彩版一八二：2）。

铁剪刀　1件。M9:36，刀身扁长条形，前端残，尾端环状。长13.8、宽3.2、厚1厘米（图

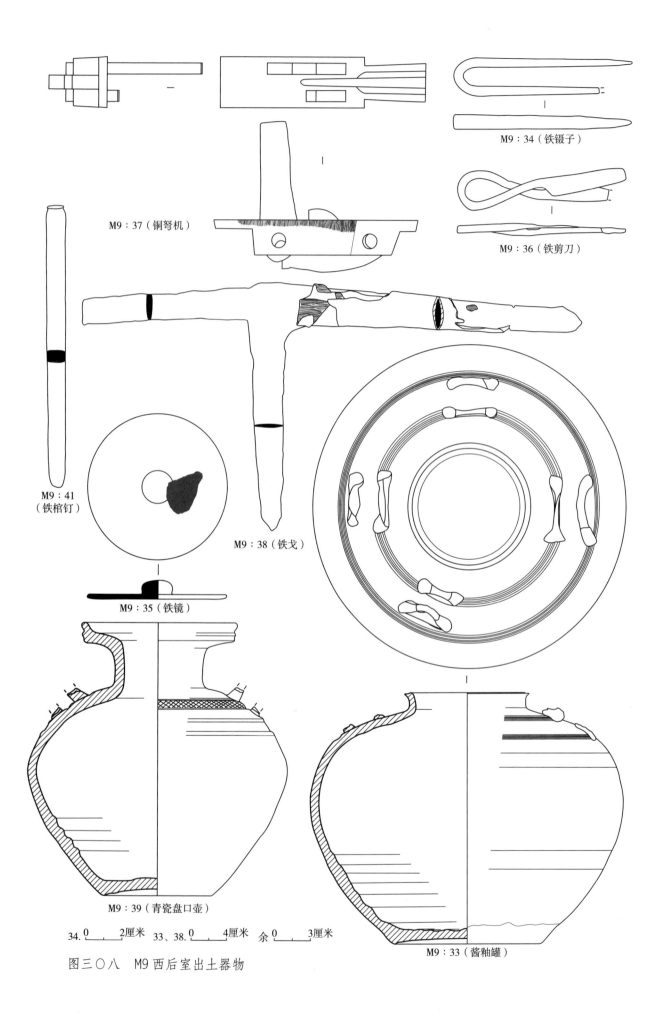

M9：34（铁镊子）

M9：37（铜弩机）

M9：36（铁剪刀）

M9：41
（铁棺钉）

M9：38（铁戈）

M9：35（铁镜）

M9：39（青瓷盘口壶）

34.0 2厘米 33、38.0 4厘米 余0 3厘米

M9：33（酱釉罐）

图三〇八 M9 西后室出土器物

三〇八；彩版一八二：3）。

　　铁戈　1件。M9：38，残。T字形，长刃带鞘朽痕。长54.7、最宽26.5、最厚1.2厘米（图三〇八；彩版一八二：4）。

　　铁棺钉　1组30件。M9：41，钉身长条柱形，钉帽圆形，截面长方形。残长22.5、截面长1.5、宽1厘米（图三〇八；彩版一八二：5）。

　　青瓷盘口壶　1件。M9：39，盘口，圆唇，束颈，溜肩，肩部对称贴塑半环状双系，系残，鼓腹，下腹弧收，平底内凹。下沿有两道凹弦纹，肩饰五道凸弦纹，弦纹间饰一道斜网格纹带。器表施青釉，釉不及底，露红胎。口径13.2、底径9.2、高21.8厘米（图三〇八；彩版一八三：1）。

　　酱釉罐　1件。M9：33，侈口，斜沿，沿面微凹，尖唇，溜肩，肩部贴塑四系，系残，鼓腹，下腹弧收，平底内凹。肩部饰两组凹弦纹，每组四周，下腹饰一周较宽浅凹弦纹。器表施酱釉，釉不及底，露红胎。口径13.8、底径17、高27厘米（图三〇八；彩版一八三：2）。

第五章 相关问题分析

第一节 墓葬形制与结构分析

煎药庙墓地共发现墓葬 9 座，皆前后室带有斜坡墓道。根据墓葬前室形制的不同可分为两种：前堂横列式前后室券顶墓和前室盝顶后室券顶墓。其中前室盝顶后室券顶墓葬中 M1 为并列双后室墓，M6、M8 为单后室墓；前堂横列式前后室券顶墓葬中 M3、M4、M9 为并列双后室墓，M2、M5、M7 为并列三后室墓。

一、前堂横列式前后室券顶墓分析

前堂横列式墓葬是一种自汉代已有且多流行于东汉时期的砖室墓，是汉代砖室墓的一种重要类型。1959 年，陕西省文物管理委员会发掘了潼关吊桥的汉代杨氏家族墓[①]。该墓地共发掘墓葬七座，其中 M1、M3、M5、M6 这四座墓葬简报中称为十字形墓室墓，结构分门楼、甬道和前后室，其前室为东西向的拱顶长方形，与后室呈丁字形结构。这种横长方形的拱顶前室墓葬即为前堂横列式墓葬。

1986 年 8 月，在今马鞍山采石东北的雨山乡陶庄村独家墩，曾经发掘一座大型东汉末年（或称三国早期）多室墓。由封门墙、甬道、横前室、过道、并列双后室等部分构成，其墓主被推测为讨逆将军、吴侯孙策。[②] 文中就明确地提到了横前室。

对于横列式前堂的功用，一般认为空间高大的前堂可用于设奠祭祀，是祭奠的场所，祭奠器多陈设于前堂正中，有些置于砖砌祭台之上。如 1972 年洛阳博物馆在涧西七里河发掘了一座保存完整的东汉晚期墓[③]，该墓由墓道、甬道、前后室、北耳室等部分组成。前室横向，横宽较进深为大，西半部砌有一高出墓底 5 厘米的砖台，把前室分成了两个部分，砖台上置放一套与宴饮有关的器物，砖台下放置陶作坊和家禽、家畜等模型明器。

前堂横列式墓葬也见于东汉以后的魏晋、东吴时期。河南南阳地区已发掘的魏晋时期券顶墓，一般规模稍大，平面多呈古字形，大型墓呈重古字形。墓室和甬道之间有稍宽于墓室

① 陕西省文物管理委员会：《潼关吊桥汉代杨氏墓群发掘简记》，《文物》1961 年第 1 期。
② 李敏、郎俊、吴志兴：《马鞍山独家墩汉末墓与宋山东吴墓墓主考》，《中国文物报》2005 年 4 月 29 日。
③ 洛阳博物馆：《洛阳涧西七里河东汉墓发掘简报》，《考古》1975 年第 2 期。

的横前室。已经发掘的这类墓葬有南阳建材试验厂画像石墓[①]、南阳住宅修缮公司晋墓[②]、南阳独山西坡画像石墓[③]、南阳邢营 1 号画像石墓[④]。

韩国河[⑤]对东吴时期墓葬形制进行了研究，根据其平面形状将其大致分为二型，A 型墓葬平面又分为二亚型，其中 Aa 型墓葬前室即为横前堂，如湖北鄂城东吴孙将军墓[⑥]。该墓有前、后二室，前室为横堂式、双层券顶。同时，20 世纪 90 年代初，镇江博物馆曾经在高淳清理过一座东吴早期的多室砖墓（高·化 M1 ）[⑦]，该墓由甬道、前室和二后室组成，前室为长方形、券顶。

西晋时期也发现有该类型墓葬。如 1987 年 6 月，在浙江绍兴官山岙清理了一座西晋墓[⑧]，墓葬为砖筑的双室券顶墓，由前后室、前后甬道及耳室组成，前室为横长方形，后室为长方形，时代为西晋中期或偏晚。该时期此类墓葬也见于广东地区，如广州沙河顶西晋墓[⑨]，该墓出土有“太熙元年”（ 290 年 ）刻铭遗物，“太熙”是西晋武帝司马炎的最后一个年号。

从墓葬形制与结构分析，邳州煎药庙墓地发掘的该类型墓葬 M2、M3、M4、M5、M7、M9，其时代应为魏晋时期。

二、前室盝顶后室券顶墓分析

从墓葬形制方面来看，魏晋时期带斜坡墓道的双砖室墓，前室为方形、盝顶这一墓葬形制是汉代墓葬形制演变的结果，是对东汉晚期横前堂形制的重要变革。洛阳地区作为魏晋时期重要的政治、经济中心，其多室砖墓与东汉多室墓相比较，其前室平面由窄长向方形演变，曹休墓[⑩]就是较为典型的例子。该墓前室南北长 4.25 米、东西宽 3.5 米，后室长方形。《洛阳地区曹魏时期墓葬及相关问题初探》[⑪]一文认为：曹休墓与东汉末年墓葬在形制方面的变化有三点，其中一点就是横前室变宽变方。

此类墓葬前室顶部形制的命名较乱，发掘报告中，有称四壁券进式，有称穹隆顶，有称四面结顶，还有称为四角攒尖顶等，不一而足。其实这些不同命名的墓顶形制，差别较小，实同为一种类型——四边形盝顶形式，且魏晋时期这种盝顶墓葬在洛阳以及南京地区发现均较多。

洛阳曹魏正始八年（ 247 年 ）墓报告[⑫]认为：全墓由墓道、甬道、墓室、耳室等部分组成。

① 南阳市博物馆：《南阳市建材试验厂汉画像石墓》，《中原文物》1985 年第 3 期。
② 南阳市文物工作队：《河南省南阳市住宅修缮公司晋墓发掘简报》，《华夏考古》1994 年第 1 期。
③ 南阳市博物馆：《南阳市独山西坡汉画像石墓》，《中原文物》1985 年第 3 期。
④ 南阳市文物工作队：《南阳市邢营画像石墓发掘报告》，《中原文物》1996 年第 1 期。
⑤ 韩国河、朱津：《三国时期墓葬特征述论》，《中原文物》2010 年第 6 期。
⑥ 鄂城县博物馆：《鄂城东吴孙将军墓》，《考古》1978 年第 3 期。
⑦ 镇江博物馆：《镇江东吴西晋墓》，《考古》1984 年第 6 期。
⑧ 梁志明：《浙江绍兴官山岙西晋墓》，《文物》1991 年第 6 期。
⑨ 广州市文物管理委员会考古组：《广州沙河顶西晋墓》，《考古》1985 年第 9 期。
⑩ 洛阳市第二文物工作队：《洛阳孟津大汉冢曹魏贵族墓》，《文物》2011 年第 9 期。
⑪ 刘中伟：《洛阳地区曹魏时期墓葬及相关问题初探》，《殷都学刊》2016 年第 1 期。
⑫ 洛阳市文物工作队：《洛阳曹魏正始八年墓发掘报告》，《考古》1989 年第 4 期。

前室近正方形，为四面结顶，后室为长方形，为普通弧券顶。

2006年，洛阳吉利区发掘了一座西晋中晚期墓M2490①，为前砖室后土洞墓，由墓道、墓门、甬道、前室、后室五部分组成。报告指出：该墓前室平面呈弧方形，四壁微外曲，顶为穹隆顶。四壁错缝平砌至1.12米处有一层立砖，立砖上四面各自错缝起券形成穹隆顶，即四面结顶的修筑方法。后室平面近长方形，为有拱顶的土洞，地面用砖平铺而成。

南京将军山西晋墓M12②的顶部被破坏。简报根据墓顶残存的部分判断其甬道的顶部为券顶，前室和后室的顶部均为穹隆顶。穹隆顶的砌法为四壁起券，逐渐内收至顶，即四壁券进式。据形制分析，该墓前室顶部应该是盝顶。

煎药庙墓地中的三座前室盝顶后室券顶墓M1、M6、M8，其形制最接近洛阳曹魏正始八年墓，皆为前后室砖墓，前室盝顶，后室券顶。这与洛阳吉利区西晋中晚期墓M2490略相近，只是M2490后室为土洞，而非砖室，但其时代应相差不多，其差异应与其所处地域土质的不同有关。与南京将军山西晋墓M12前室形制相近，后室顶部有券顶和穹隆顶的差异。如不严格考虑前后室砖室墓，仅从其墓室顶部形制观察，现已发掘的前室盝顶多室、单室砖室墓葬较多。

2010年4月，洛阳市文物考古研究院在洛阳市西工区道北二路以北配合洛阳市鹏祥小区二期工程建设时，发现西晋中晚期墓一座（编号HM1545）③，简报认为其为多室穹隆顶砖室墓。其前室位于甬道之西侧，平面呈方形，直壁。墓壁砌砖方法为错缝平砌，五层之上砌一层立砖，再向上平砌砖十层，再上压一层立砖，再上又平砌五层，开始起券，四壁在高约1.3米处起券，穹隆顶。穹隆顶最高处有方形顶心，用两块砖封堵，该墓实为盝顶砖室墓。

1965年7月，北京市文物工作队在西郊八宝山革命公墓西约半千米处清理了一座砖室墓。④据出土墓志可知，该墓为西晋幽州刺史王浚之妻华芳之墓，下葬时间为西晋永嘉元年（307年）。华芳墓为平面近刀形的单室墓，由墓道、墓门、封门墙和墓室等部分组成。墓室平面为长方形，两侧壁及后壁略向外弧曲，墓顶结构原报告称为"近似盝顶式券顶"，应该就是盝顶。

2008年6月，北京市文物研究所在密云县大唐庄村北发掘了一座西晋时期的砖室墓。该墓为单室墓，平面近刀形，由墓道、墓门、甬道和墓室等部分组成。墓室平面近长方形，两侧壁及后壁略向外侧弧曲，顶部为四面结顶式。从其砌筑方法分析，该墓墓室顶部亦为盝顶。

2003年10月，焦作市文物工作队在工程范围内发现一座西晋中期墓2003JHM1。⑤墓室平面近似长方形，四壁呈弧形。墓壁为单砖错缝平砌而成，从铺地砖起1米处起券，四角攒尖顶。从其砌筑方法分析，该墓墓室顶部亦为盝顶。

① 洛阳市文物工作队：《洛阳吉利区西晋墓发掘简报》，《文物》2010年第8期。
② 南京市博物馆、南京市江宁区博物馆：《南京将军山西晋墓发掘简报》，《文物》2008年第3期。
③ 洛阳市文物考古研究院：《洛阳道北二路西晋墓发掘简报》，《文物》2014年第8期。
④ 郑仁：《北京西郊西晋王浚妻华芳墓清理简报》，《文物》1965年第12期。
⑤ 焦作市文物工作队：《河南焦作化电集团西晋墓发掘简报》，《中原文物》2012年第1期。

2011 年 9 月，洛阳市文物考古研究院在洛阳市涧西区工农乡王湾村南发掘了三座西晋墓。[①] 其中 HM2042、HM2044 主室平面近正方形，四壁采取单砖平铺错缝砌法，墙体垂直整齐，墓室四角在高 0.80 米处，用两砖叠压错位凸出半砖，形成转角斗拱后开始四面起坡，集中于墓顶中心一点，形成穹隆式墓顶。从其砌筑方法分析，该墓墓室顶部更是典型的盝顶而非穹隆式墓顶。

前后室墓是汉代墓葬正藏制度的简化发展，受魏晋薄葬思想的影响，总的来说各地的多室墓呈衰落的趋势，且墓葬形制有很大变化。俞伟超先生曾指出：对于宜兴地区的周处墓，其前后室穹隆顶墓大体保存着汉式旧制，双室的四壁外弧是曹魏以后才出现的新现象；对于北京顺义大营村的晋墓，俞先生认为，其前室方形、后室长方形的双穹隆顶砖墓，其前后室的西壁位于一条直线上，这已经改变了汉式前、后室墓的形制，是西晋以后才具有的，可以说是略具旧式形制的新墓形，到了华芳墓已经完全脱离了汉式。[②] 这一时期，随着前后室墓的衰落，单室墓的数量明显增加，且墓壁外弧的现象在各地都有发现。西晋中期以后单室墓占主流，而地位很高的人更采用方形单室墓，如华芳墓。在墓葬形制方面，墓壁略向外弧曲，可能是西晋较晚期的时代特征。墓室周壁出现向外侧弧曲的现象，在后世的十六国、北朝以及隋唐的墓葬中均为常见的形式。

故而，报告认为，四壁券进式顶、穹隆顶、四面结顶、四角攒尖顶等对墓室顶部的描述，似有商榷之处，其中至少应该有一部分是盝顶结构，该结构墓顶并非煎药庙墓地所独有。

煎药庙墓地中发现的三座前室盝顶后室券顶墓，其墓葬形制依然保留了东汉以来的墓葬模式——前后室，后室纵长方形券顶，但前室由长方形的前堂横列式券顶变成了近方形的盝顶，这也符合魏晋时期、特别是西晋时期墓葬形制的变化特点。

煎药庙墓地发现的九座墓葬，无论是前堂横列式前后室券顶墓，还是前室盝顶后室券顶墓，都具有汉代墓葬的特点——前后砖室。特别是前堂横列式券顶前后室墓，其形制结构与汉代同类型墓葬几乎相同，应是汉代墓葬形制的孑遗，而前室盝顶后室券顶墓是汉代墓葬形制的演化与转变。

煎药庙墓地所发掘的墓葬砖室外表都涂抹有厚厚的石灰封护层，且 M1 和 M6 的甬道、前后室内壁都有粉刷的石灰层，这在东汉砖室墓的清理中从未发现过，但与六朝时期有些砖室墓相近或相同。如南京老虎山 1 号墓[③]，其室内和甬道的砖壁上，皆粉刷有厚约 1 厘米的石灰一层，保存也较完好，有的地方连石灰上遗留的刷迹都能够看清楚。还有南京吕家山东晋李氏家族墓1 号墓[④]、南京象山王兴之夫妇合葬墓[⑤] 等。其中南京吕家山东晋李氏家族墓 1 号墓，砖室内外壁面粉刷一层石灰，外壁厚约 1 厘米，内壁极薄，且大部分剥落。故而，从墓葬形制与结构分析，该墓地墓葬应为东汉到东晋时期的过渡阶段的墓葬形制，其时代应该为西晋时期。

① 洛阳市文物考古研究院：《洛阳市涧西王湾西晋墓发掘简报》，《华夏考古》2013 年第 4 期。
② 俞伟超：《中国魏晋墓制并非日本古坟之源》，载其著《古史的考古学探索》，文物出版社，2002 年。
③ 南京市文物保管委员会：《南京老虎山晋墓》，《考古》1959 年第 6 期。
④ 南京市博物馆：《南京吕家山东晋李氏家族墓》，《文物》2000 年第 7 期。
⑤ 南京市文物保管委员会：《南京人台山东晋王兴之夫妇墓发掘报告》，《文物》1965 年第 6 期。

第二节　墓葬及墓室之间相对关系分析

　　煎药庙家族墓地中发现的九座砖室墓，从其形制分析较难对其相对年代进行判定，但该墓地中仍然有可供分析、研究的线索，也就是考古学中判断遗迹时代相对早晚关系的依据——叠压与打破关系。

　　该墓地中墓葬虽然排列规律，但对墓葬而言，有叠压与打破关系的墓葬仅有一例，即 M2 与 M3。

　　发掘表明，M2 二次墓道打破 M3 的一次墓道，且 M2 墓圹西部打破 M3 墓圹，故造成了 M2 墓圹西部上大下小、底部内收的现象，同时使 M3 的墓圹东部顶部不存、底部截面呈直角梯形。由此，可判定 M2 二次墓道晚于 M3 一次墓道。

　　在该墓地中，墓葬皆为男女合葬墓。从清理情况分析，单后室墓中男性居西、女性在东，双后室墓多西后室男性、东后室女性，三后室墓多中后室男性、东西后室为女性。由于墓葬为多次下葬，故大多墓葬都发现有一次、二次甚至三次开挖的现象，集中体现在先后开挖的一次、二次、三次墓道。其一次墓道就是墓葬修筑并完成第一次下葬时开挖的墓道，二次墓道就是再次下葬开挖形成，三次墓道就是第三次下葬开挖形成的墓道。由于墓道开挖有先后之分，其墓道对应之墓门开启就有相对的早晚之别。通常存在再次或多次开挖的墓葬，其后室皆不是单室，有并列双室、三室之分。但并不是单后室墓葬中葬人为一次性葬入没有再次开挖，只是发掘中没有发现再次开挖的痕迹，可能是由于其单后室墓葬再次开挖范围与第一次重合的缘故，如 M6、M8。

　　在发现一次、二次、三次墓道开挖现象的墓葬中，其前室皆为前堂横列式，进深较短，均不足 1.50 米，不容棺材大角度调转方向，进入后室只能是墓门与后室的一对一进入，故墓门的开启就说明了所对应后室墓主的葬入，即一次墓道对应之后室下葬年代较二次墓道相对为早，三次墓道对应后室下葬年代较二次墓道相对为晚。

　　M2 是一座前堂横列式并列三后室券顶墓，分东、中、西三门，分别对应东、中、西三后室。东墓门东半部位于前室墓坑内，向北未见开挖的墓道痕迹，且其东墓门封门保持原状，未见开启重封的痕迹。东后室虽出土青瓷鸡首罐、青瓷双系盘口壶、酱釉四系盘口罐共 5 件，但未见棺钉。从墓道、封门及出土器物分析，推断该室未葬人。西墓门顶部门框长方形青砖平铺，与西侧门墙连结为一整体，应与门墙为一次性砌筑，对应该墓一次墓道，其时代相对较早。中墓门外侧直接由墓道底部青砖平铺封堵于前室北壁外，未见门楣石，其封门外壁涂抹一层厚 1 厘米的石灰封护层，该墓门对应二次墓道，时代应该相对较晚。同时，在东墓门西墙外侧发现有涂抹的石灰封护层，西墓门封门外及门墙上半部表面大部也都涂抹有石灰封护层，加之中墓门封门外侧的石灰封护层，刚好形成一个以中墓门为中心的完整的倒梯形。这应是二次墓道开挖时未完全清除东墓门西侧及一次墓道南端的填土所致，由于这些残土的遮挡，使在二次下葬后对中墓门进行石灰封护层的涂抹时，形成两侧没有涂抹石灰的现象。从这一现象分析，M2 中后室的相对年代较晚。可见，M2 二次墓道所对应之中后室墓主的下葬年代相对于西后室略晚。

M3 为一座前堂横列式券顶前室并列双券顶后室墓。墓道有东西两个，平面呈八字形，对应该墓的一次墓道和二次墓道。通过墓道早晚，确定 M3 东后室下葬时代早于西后室。

故 M2、M3 后室下葬时代的相对关系为：

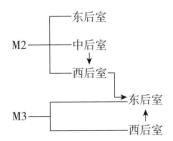

同理，除 M6、M8 外，其他墓葬后室年代相对关系为：

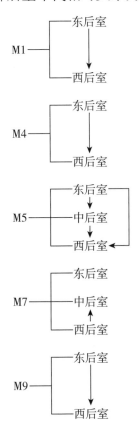

在墓葬发掘中，虽然前室也出土了大量的随葬品，但因前室属于共用的祭祀场所，故前室出土的随葬品不能作为判定后室墓主下葬年代的依据，相对而言，耳室出土的随葬品可作为时代判定的参考。对于有独立甬道的墓葬如 M1，其甬道出土随葬品亦可作为时代分析的重要材料。墓道填土中出土的随葬品亦然。可见，墓葬时代下限的判定，M1 应该以东墓道填土、东甬道、东后室出土器物为主，M2 应以中后室为主，M3 应以西后室为主，M4 应以东后室为主，M5 应以东后室为主，M7 应以西后室为主，M9 应以东后室为主。而 M6、M8 仅能判断其墓葬的时代，不能确定墓主人下葬的先后顺序。

第三节　出土随葬品分析

　　煎药庙西晋墓地墓葬中共出土金、银、铜、铁、玉、漆、瓷、玻璃、蛋壳、海螺、蚌、骨、陶、竹、石、炭精、石灰等质地器物，剔除铁棺钉及填土出土物，共有随葬品 582 件。

　　M1 出土金、银、铜、铁、漆、瓷、玻璃、蛋壳、海螺、蚌、陶、石、石灰等质地各类器物 146 件，其中青瓷器仅 2 件，另有除铜钱、铜饰外铜器 14 件、铁镜 3 件、玻璃碗 1 件、鹦鹉螺杯 2 件、铜扣贝耳杯 2 件；M2 共出土银、铜、铁、石、骨、瓷、釉陶、陶等质地各类器物 35 件，其中铜镜 1 件、铜弩机 1 件、铁镜 1 件、青瓷器 7 件、陶器 7 件和酱釉器 1 件；M3 共出土金、银、铜、铁、石、瓷、漆、石灰、釉陶等质地各类器物 38 件，其中铜器 6 件、铁镜 2 件、青瓷器 9 件和酱釉罐 1 件；M4 共出土金、银、铜、铁、玉、石、珍珠、青瓷、竹、釉陶、陶等质地各类器物 99 件，其中除铜钱、铜饰外铜器仅弩机 1 件，另有铁镜 2 件、青瓷器 13 件、陶器 16 件、釉陶器 2 件，陶器多出土于西后室；M5 共出土金、银、铜、铁、石、瓷、釉陶、陶等质地各类器物 58 件，其中除铜钱、铜饰外铜器 4 件、铁镜 2 件、青瓷器 18 件、陶器 10 件、釉陶器 2 件；M6 共出土银、铜、铁、铅、石、骨、漆、瓷、釉陶、陶等质地各类器物 74 件，其中除铜钱、铜饰外铜器 4 件、铁镜 2 件、青瓷器 18 件、陶器 21 件、釉陶器 7 件，陶器多出土于西耳室；M7 共出土铜、铁、骨、瓷、石灰、釉陶、陶等质地各类器物 59 件，其中铜镜 1 件、铁镜 2 件、另有除铜钱和铜饰外铜器 7 件、青瓷器 16 件、陶器 1 件、无釉陶器；M8 共出土铜、铁、石、骨、瓷、印纹硬陶、釉陶、陶等质地各类器物 25 件，其中除铜钱币、铜饰外铜器有铜镜、弩机各 1 件、青瓷器 5 件、陶器 2 件、酱釉器 9 件；M9 共出土银、铜、铁、石、瓷、釉陶等质地各类器物 48 件，其中铜钱、铜饰外铜器 4 件、铁镜 2 件、青瓷器 11 件、陶器 2 件、釉陶器 4 件。

　　由上可知，这九座墓葬中，M1 出土铜器相对较多、青瓷器较少，出土 1 件陶球，没有釉陶器，另有铁镜 3 件；M2 出土铜镜、铁镜各 1 件，铜器比青瓷器数量少，青瓷器与釉陶器、陶器数量相当；M3 出土铜器、青瓷器数量相差不大，铁镜 2 件、未见陶器，仅有 2 件釉陶器；M4 出土陶器、青瓷器数量均较多，铁镜 2 件；M5 出土铜器较少，铁镜 2 件，青瓷器、陶器较多；M6 情况同 M5；M7 出土铜镜 1 件、铁镜 2 件，铜器、青瓷器较多，陶器 1 件，无釉陶器；M8 出土铜镜 1 件，青瓷器较少，釉陶器较多；M9 出土铁镜 2 件，青瓷器较多，陶器、釉陶器数量较少。

　　从出土随葬品的质地看，M8 仅出土铜镜，M1、M3、M4、M5、M6、M9 仅出土铁镜，M2、M7 铜镜、铁镜共出。从逻辑推理分析，仅出土铁镜的墓葬与铜镜、铁镜共出的墓葬之间可能会在时间上存在一定的相承关系，可实际情况并非如此，有 M2、M3 为证。M2 西后室晚于 M3 东后室，其中 M2 西后室出土铜镜，而 M3 东后室出土铁镜，由此可见，出土铜镜的墓室时代应该晚于出铁镜的墓室。但在 M2 中，中后室出土铁镜，西后室出土铜镜，按上文推知 M2 西后室应该晚于中后室，但实际情况相反。由此可见，墓葬中的铜镜、铁镜不可作为判断时间先后的标尺。

　　再以青瓷器与釉陶器、陶器分析，在该墓地中仅 M2、M3 有打破关系，别无二例。但由于 M2 西后室为女性，随葬品较多，而 M3 东后室为男性，随葬品较少，故二者无可比性。对于墓地中其他墓葬而言，虽然各墓之间存在一定的差别，但由于各墓时代不清，年代顺序不明，故不能进行分析比较。

　　故而，从随葬品质地、数量等方面对于煎药庙西晋墓地墓葬或墓室进行时间的排序是不可行的，只能根据出土的随葬品的形制进行总的年代分析。

一、出土钱币分析

　　五铢钱币 M1 二次墓道：1、M1:86、M1:58、M8:23 四件完全相同。其钱文中"銖"字之"釒"字旁上部呈方折状，但其"銖"字之"朱"字旁头呈等边三角形，"銖"字结构匀称整齐。此类五铢见于河北易县燕下都 M7[①]。《东汉五铢钱的分期研究》[②] 一文中，将其分为第五期甲类 A Ⅳ式，时代为东汉桓帝时期。

　　五铢钱币 M5:36、M7:37-2 "五"字交笔呈内敛形，中间交叉两笔弯曲程度大，与上下两横相交处呈内敛状，使上下两部分略呈子弹头形相对，上下两横略出头；"銖"字之"朱"字旁上部变长，上下两部分长度有的比较接近，中间间距变小，结构比较紧凑。此类五铢见于陕西 185 煤田地质队咸阳基地筹建处东汉墓[③]。《东汉五铢钱的分期研究》一文中，将其分为第二期第一组甲类 CⅡa 式，时代为东汉明帝、章帝时期。

　　剪边五铢 M8:24，不但边郭不存，文字及钱肉的一部分也被剪凿掉。此类五铢见于陕西华阴 M1[④]。《东汉五铢钱的分期研究》一文中，将其分为第四期乙类 B 型，时代为东汉顺帝至桓帝时期。

　　五铢钱币 M9:18，"五"字交笔呈折笔形，上下两横基本不出头。"銖"字之"朱"字旁上短下长，字形较长。此类五铢所见河南洛阳烧沟 M114[⑤]。《东汉五铢钱的分期研究》一文中，将其分为第三期第二组甲类 Ea 型，时代为东汉和帝时期。

　　另，M1 墓室填土出土货泉 1 件（M1 墓室填土:4）、M1 西后室出土金五铢 1 件（M1:87）、M1 西后室出土铅币五铢 1 组 7 件（M1:80、88、89、90、91、92、93）。金五铢（M1:87）钱文刻划而成，且与现"铢"字结构相近，时代无法确定。货泉作为王莽时期的货币，时代性较强，为东汉时期。而铅币（M1:80、88、89、90、91、92、93）在以往资料中未见提及，表面锈蚀严重，仅可见"五"字，系刀刻而成，其字形与金五铢（M1:87）之"五"字相同，二者时代应该较为接近或同时，时代亦不可定。

　　①　河北省文物研究所：《燕下都遗址内的两汉墓葬》图二七:8，《河北省考古文集（二）》，北京燕山出版社，2001 年。
　　②　徐承泰、范江欧美：《东汉五铢钱的分期研究》，《文物》2010 年第 10 期。
　　③　陕西省考古研究所配合基建考古队：《陕西省 185 煤田地质队咸阳基地筹建处东汉墓发掘简报》图十:8，《考古与文物》1993 年第 5 期。
　　④　杜保仁：《东汉司徒刘崎及其家族墓的清理》图七:11，《考古与文物》1986 年第 5 期。
　　⑤　《中国钱币大辞典》编纂委员会：《中国钱币大辞典·秦汉编》，中华书局，1998 年，第 558 页。

二、出土铜器分析

铜镳斗 M1:20，与南京卫岗西晋墓[①]出土铜镳斗形制相同。南京卫岗西晋墓报告认为其时代为西晋时期。

铜镳斗 M7:4，与山东邹城西晋刘宝墓[②]M1:53 形制相同。刘宝墓出土了西晋永康二年（301 年）石质墓志一方，具有明确的纪年。

铜熨斗 M1:22，与江苏南京柳塘村西晋墓[③]铜熨斗、南京板桥新凹子西晋纪年墓[④]铜熨斗 M8:7 形制相同。柳塘村西晋墓出土的墓砖侧面有"大康六年八月十五日王氏（？）壁千年"，"大康"即"太康"，是西晋武帝司马炎的第三个年号，太康六年即公元 285 年，其时代为西晋早期；南京板桥新凹子西晋纪年墓 M8 还出土有"元康七年"纪年砖，为西晋惠帝元康七年（297 年），具有明确纪年。

铜洗 M3:24 与洗砚池晋墓 M1 出土洗（M1 东:48）形制相同。

铜熏 M3:2，与山东邹城西晋刘宝墓铜熏 M1:58、河南新安西晋墓 C21M262[⑤]熏炉 M262:7、河南巩义站街晋墓[⑥]熏炉 M1:30 形制相同。新安西晋墓 C21M262，报告认为其时代为曹魏晚期至西晋早期；河南巩义站街晋墓时代为西晋早期。

铜灯盏 M5:52、M6:5、M7:33，与河南巩义站街晋墓出土单柄杯 M1:59 相同。

铜弩机 M2:21、M9:37，与河南巩义站街晋墓出土的铜弩机 M1:53，湖北鄂州鄂钢饮料厂一号墓[⑦]出土鎏金弩机 M1 横:4 器形相同。铜弩机 M8:13 与荥阳市苜蓿洼墓地西晋墓 M19[⑧]出土铜弩机 M19:24 形制相同。湖北鄂州鄂钢饮料厂一号墓时代为东吴时期；荥阳市苜蓿洼墓地西晋墓 M19 时代为西晋中晚期。

铜三叉形器 M7:11、M8:4，与河南荥阳苜蓿洼墓地西晋墓 M18[⑨]出土铜钗形器 M18:49、M19 出土铜钗形器 M19:22、河南巩义站街晋墓出土叉形饰 M1:55、山东邹城西晋刘宝墓出土 M1:40 相同。河南荥阳苜蓿洼墓地西晋墓 M18 时代为西晋中晚期。

铜帐角 M3:3~6，与河南新安西晋墓 C21M262 出土帷帐 M262:11 形制相同。

铜虎子 M6:70、M9:12，与临沂洗砚池晋墓 M2 出土铜虎子 M2:17 形制相同。

铜铺首衔环 M6:72，与临沂洗砚池晋墓 M1 出土铺首衔环 M1 西:16 形制相同。

铜柿蒂形饰 M6:71，与临沂洗砚池晋墓 M1 出土 M1 西:18 形制相同。

铜金铛 M1:35，与临沂洗砚池晋墓 M1 出土金铛 M1 西棺内:24 形制、纹饰相同，不同之处在于煎药庙墓地 M1 出土铜金铛中间带有银簪。

①　南京博物院：《南京市卫岗南京农业大学西晋墓发掘简报》，《东南文化》1991 年第 5 期。
②　山东邹城市文物局：《山东邹城西晋刘宝墓》，《文物》2005 年第 1 期。
③　南京市博物馆：《江苏南京邓府山吴墓和柳塘村西晋墓》，《考古》1992 年第 8 期。
④　南京市考古研究所：《南京板桥新凹子两座西晋纪年墓》，《中国国家博物馆馆刊》2015 年第 12 期。
⑤　洛阳市文物工作队：《河南新安西晋墓（C12M262）发掘简报》，《文物》2004 年第 12 期。
⑥　郑州市文物考古研究所、巩义市文物保护管理所：《河南巩义站街晋墓》，《文物》2004 年第 11 期。
⑦　鄂州博物馆等：《湖北鄂州鄂钢饮料厂一号墓发掘报告》，《考古学报》1998 年第 1 期。
⑧　刘良超、阎书广、于宏伟：《荥阳市苜蓿洼墓地西晋墓 M19 发掘简报》，《洛阳考古》2013 年第 3 期。
⑨　杨洪峰、刘良超、于宏伟：《河南荥阳苜蓿洼墓地西晋墓 M18 发掘简报》，《中原文物》2014 年第 3 期。

三、出土金、银、铁器分析

金饰 M4:33，与临沂洗砚池晋墓 M2 出土金饰中翅膀形制相近。

银戒指 M1:74，与山东邹城西晋刘宝墓铜顶针 M1:150 形制相近。

铁灯 M2:11，与河南焦作山阳北路西晋墓① 铁灯 M1:10 相同。河南焦作山阳北路西晋墓时代报告定为西晋时期。

四、出土青瓷器分析

青瓷盘口壶 M1:60、M2:18、M2:19、M2:20、M4:12、M4:22，与江苏吴县狮子山四号西晋墓② 盘口壶、南京西岗西晋墓③ 盘口壶、南京江宁上湖西晋墓④ 盘口壶 M3:4、临沂洗砚池晋墓盘口壶 M1 东:5 形制相同；与临沂洗砚池晋墓盘口壶 M1 西:1 器形相同，仅肩部贴塑、纹饰不同；与临沂洗砚池晋墓盘口壶 M2:16 器形相近，仅系的形制不同。青瓷盘口壶 M3:13，与南京卫岗西晋墓盘口壶形制相同。青瓷盘口壶 M5:51，与安徽含山县道士观西晋墓地⑤ 盘口壶 M2:1 形制相同。青瓷盘口壶 M6:34，与南京安德门西晋墓⑥M4 出土盘口壶形制相同，仅贴塑不同。青瓷盘口壶 M7:17，与江苏句容西晋元康四年墓⑦ 青瓷唾壶形制相同。青瓷盘口壶 M9:10，与临沂洗砚池晋墓盘口壶 M1 东:30 形制相同。江苏吴县狮子山四号西晋墓墓葬时代为西晋中晚期；南京西岗西晋墓时代为西晋泰始到咸宁年间（265~280 年）；南京江宁上湖西晋墓时代为西晋；安徽含山县道士观西晋墓 M2 时代为西晋元康年间（291~299 年）；南京安德门西晋墓 M4 时代为西晋时期；江苏句容西晋元康四年墓出土有"元康四年"纪年砖，"元康"为西晋惠帝司马衷的年号，元康四年即公元 294 年。

青瓷钵 M2:15 与临沂洗砚池晋墓青瓷钵 M1 西:49 形制相同；青瓷钵 M7:13、M8:16，与南京江宁上湖西晋墓⑧ 罐 M1:4 形制相同；青瓷钵 M8:17，与南京西岗西晋墓的青瓷碗、临沂洗砚池晋墓青瓷钵 M1 东:96 形制相同。

青瓷鸡首壶 M3:15、M7:8，与南京板桥新凹子西晋纪年墓青瓷鸡首盘口壶 M8:6 形制相同。

青瓷鸡首罐 M2:16，与临沂洗砚池晋墓青瓷鸡首壶 M1:50 鸡首、鸡尾形制及肩部纹饰相同。

青瓷罐 M3:18，与南京江宁上湖西晋墓罐 M2:8、南京西岗西晋墓出土罐形制相同；青瓷罐 M7:21，与南京江宁上湖西晋墓四系罐 M1:15、M2:9 形制相同。

---

① 焦作市文物工作队：《河南焦作山阳北路西晋墓发掘简报》，《文物》2011 年第 9 期。
② 吴县文物管理委员会：《江苏吴县狮子山四号西晋墓》，《考古》1983 年第 8 期。
③ 南波：《南京西岗西晋墓》，《文物》1976 年第 3 期。
④ 南京市博物馆、南京市江宁区博物馆：《南京江宁上湖孙吴、西晋墓》，《文物》2007 年第 1 期。
⑤ 含山县文物局：《安徽含山县道士观西晋墓地发掘简报》，《江汉考古》2014 年第 6 期。
⑥ 南京市博物馆：《南京雨花台区四座西晋墓》，《东南文化》1989 年第 2 期。
⑦ 南波：《江苏句容西晋元康四年墓》，《考古》1976 年第 6 期。
⑧ 南京市博物馆、南京市江宁区博物馆：《南京江宁上湖孙吴、西晋墓》，《文物》2007 年第 1 期。

青瓷盆 M7:31，与南京江宁上湖西晋墓洗 M2:21 形制相同。

青瓷钵 M3:37，与临沂洗砚池晋墓钵 M1 西:28 形制相同；青瓷钵 M4:2，与临沂洗砚池晋墓钵 M2:13 形制相同；青瓷钵 M4:14，与南京江宁上湖西晋墓钵 M1:5 形制相同；青瓷钵 M5:1，与临沂洗砚池晋墓钵 M1 西:49 形制相同。

青瓷虎子 M7:16，与南京板桥新凹子西晋纪年墓青瓷虎子 M8:26 器形相近。

五、出土釉陶器、陶器及炭精器分析

酱釉小罐 M4:35，与临沂洗砚池晋墓酱釉小罐 M1 西:72 形制相同；酱釉小罐 M8:6，与临沂洗砚池晋墓酱釉小罐 M1 西棺内:15 形制相同；酱釉小罐 M9:26，与临沂洗砚池晋墓酱釉小罐 M1 东:56 形制相近。

陶幡座 M1 二次墓道填土:3、4、5、6、7，与山东邹城西晋刘宝墓帷帐座 M1:61 形制相同。

陶榼盘 M2:12，与河南洛阳市关林路南西晋墓[①] 陶榼 C7M3737:18、河南卫辉市大司马村晋墓[②] 多子榼 M21:8、M21:29、M21:42 及山东邹城西晋刘宝墓榼 M1:48 形制相同；陶榼盘 M4:6、M4:7，与河南偃师大冢头西晋墓[③] 榼 M20:26、河南偃师市首阳山西晋帝陵陪葬墓[④] 榼 M5:37 形制相同；陶榼盘 M6:38，与洛阳吉利区西晋墓[⑤] 出土格盘 M2490:7 形制相同。河南洛阳市关林路南西晋墓 C7M3737 时代为西晋中晚期；河南卫辉市大司马村晋墓 M21 时代为西晋中晚期；河南偃师大冢头西晋墓 M20 时代为西晋中晚期；河南偃师市首阳山西晋帝陵陪葬墓 M5 时代为西晋泰始二年（266 年）；洛阳吉利区西晋墓 M2490 时代为西晋中晚期。

陶钵 M2:27，与南京卫岗西晋墓出土碗相近。

陶耳杯 M4:49、M5:31，与河南新安西晋墓 C21M262 耳杯 M262:72 形制相同。

炭精羊 M1:51，与临沂洗砚池晋墓煤精兽 M1 西:21 形制相同。

六、出土随葬品相关问题分析

魏晋时期青瓷器形主要以钵、洗、谷仓罐、扁壶、盘口壶、罐等为主，其肩腹等部位饰有带状纹饰，有联珠纹、斜网格纹、芝麻花纹、水波纹、菱形纹等，有的贴塑有衔环铺首，这类器物主要流行于孙吴、西晋时期，至东晋早期其上装饰普遍简化或不见。这类器物多见于各地及南京地区西晋墓葬，是西晋时期墓葬断代的标准器类与纹饰。

煎药庙墓地中共出土青瓷类随葬品近百件，无论其器形还是纹饰，都与河南、山东、南京等地西晋中晚期墓葬中所出同类器相同或相近，符合西晋时期青瓷器的断代标准。同时，

① 洛阳市文物考古研究院:《河南洛阳市关林路南西晋墓》,《考古》2015 年第 9 期。
② 河南省文物管理局南水北调文物保护办公室、四川大学考古学系:《河南卫辉市大司马村晋墓发掘简报》,《考古》2010 年第 10 期。
③ 偃师市文物旅游局、洛阳市文物考古研究院:《河南偃师大冢头西晋墓发掘简报》,《文物》2016 年第 9 期。
④ 洛阳市第二文物工作队、偃师市文物局:《河南偃师市首阳山西晋帝陵陪葬墓》,《考古》2010 年第 2 期。
⑤ 洛阳市文物工作队:《洛阳吉利区西晋墓发掘简报》,《文物》2010 年第 8 期。

墓葬中出土的数十件金、银质随葬品，如手镯、戒指以及头饰等，多见于西晋中晚期的墓葬之中，与山东临沂洗砚池晋墓所出之同类随葬品相同。故而，煎药庙墓地的墓葬时代约为西晋中晚期。

墓地中出土的随葬品与南京地区、山东地区所出器形较为一致，而与河南地区略有不同。其中，罐、盘口壶等同类器颈、肩分明，之间有明显的折棱，腹浑圆、特别鼓，个别器腹直径远大于底径。而河南地区同类器之颈、肩不分明，颈下半部向外弧出与肩相接，腹虽鼓但器较山东、南京地区同类器略显瘦。

从随葬品组合看，山东邹城刘宝墓出土的随葬品有中原地区晋墓典型器物武士俑、男女侍俑、镇墓兽、牛车、四系罐、扁壶、庖厨明器、家畜模型等，同时也有南方地区常见的青瓷虎子、狮形烛台等瓷器，是北方西晋墓葬的典型代表。河南洛阳地区西晋时期墓葬中多出土陶俑、仓、井、灶、鸡、狗等，少青瓷器，如洛阳吉利区西晋墓[⑤]、孟津大汉冢西晋围沟墓等，这是中原地区西晋墓的代表。在煎药庙墓地出土的随葬品中，出土了大量的青瓷器，且其数量多于釉陶器，未见陶俑，少见庖厨类的模型明器，这与中原和北方地区陶器多、青瓷器少的现象略不同。而此类现象仅见于临沂洗砚池晋墓，也与南京地区西晋墓葬中出土的随葬品情况较为相近，具有南方西晋时期墓葬随葬品组合的特征。

第四节　墓地布局及墓葬排列分析

煎药庙西晋墓地共发现墓葬九座，皆南北向，为带斜坡墓道的前、后室砖室墓，墓道居北。从墓葬的分布、排列情况分析，该墓地应是经过一定规划设计、按照一定的秩序排列的。

1959年，陕西省文物管理委员会发掘了潼关吊桥汉代杨氏家族墓。[①]该墓地共发掘墓葬七座，南北向，东西并排，墓道居南。按发掘日期的先后，分别编号为墓1~7，其次序从东向西为墓2、墓7、墓3、墓5、墓6、墓1和墓4。发掘简报根据各墓随葬器物及墓室形制，推测七墓的年代以最东之墓2为最早，向西依次渐晚，最西的墓4为最晚。简报认为：由七座墓的位置排列和方向、各墓都有砖砌仿木结构的门楼、地面上有明清重修汉太尉杨先生茔记碑、墓5清理出朱书"建宁元年（168年）""杨氏"字样的陶罐等，都足以证明这处墓群为一处东汉时期的杨氏家族墓地。进而说明墓2有可能为杨震的墓葬，杨赐、杨彪都可能埋在这里（墓4可能为杨彪墓），这处墓群的绝对年代可能由东汉顺帝永建元年（126年）至魏文帝黄初六年（225年），上下约一百年时间。此后，王仲殊先生结合古文献及相关出土资料，对杨氏世系成员逐一进行了分析，初步对其墓主进行了判断：七座墓最东面的一座为杨震墓，其他六座为其子孙之墓，按卒年先后排列，分别埋葬着杨牧、杨让、杨统、杨著、杨馥和杨彪，祖孙四代，前后延续百年，是一个很典型的家族茔域。[②]对该墓地墓葬排列顺序虽是推断，

①　陕西省文物管理委员会：《潼关吊桥汉代杨氏墓群发掘简记》，《文物》1961年第1期。
②　王仲殊：《汉潼亭弘农杨氏冢茔考略》，《考古》1963年第1期。

但以下这两种认识其正确性是不容置疑的：其一，在该墓地中从东向西时代依次渐晚；其二，该墓地中祖孙四代同处一排，且长辈居左。

1953 年、1976 年南京博物院对江苏宜兴西晋周氏家族墓地进行了两次发掘。[①] 先后发掘墓葬六座，墓葬东西向，南北排列，甬道居东。墓主为周宾、周舫、周处、周玘、周札、周靖至周勰、周彝共五代，自北向南排列。其中最北一座 M6 辈分最高，为第一代周宾；最南一座 M3 为第四代，辈分较低，其 M5 可能为周玘及子周勰、周彝合葬墓，居北，属第四代、第五代，置于第一代及第二代之间，可能因其官职较高之故。因而，江苏宜兴西晋周氏家族墓地的墓葬排列为：一族五代同处一墓地，且长辈位北居左，晚辈依次南排居右，其中位高权重者可前置。

南京象山王氏家族墓地，从象山西侧山坡至南侧山坡再到东侧山坡一线约 5 万平方米的范围内，分布着四个相对集中的埋葬区域，依次为西北部的 7 号墓、西部的 1~5 号墓、中部的 8~11 号墓和东部的 6 号墓[②]。从出土墓志分析，该墓地共有祖孙三代。从墓葬的分布与排列情况分析，该墓地的墓葬排列为：一、长者居前居中，晚辈居后，同辈成排，即昭穆制度。《周礼·春官·冢人》载："冢人掌公墓之地，辨其兆域而为之图。先王之葬居中，以昭穆为左右。"如据王兴之墓志和王丹虎墓志记载的王彬墓在中间，王兴之墓和王丹虎墓居后，为同排，且王兴之子王闽之则葬于其父墓之后；8 号墓墓主王仚之是 9 号墓墓主王建之的叔父，也应是 10 号墓墓主的长辈，居前。二、继室不能葬入主墓地，如王彬继室夏金虎墓 M6 单独置于墓地东侧即为例证。三、嫡生子女才可埋葬于主墓地，如王兴之、王丹虎墓即于王彬墓之后，而庶出之子王仚之墓 M8 则于主墓地之左另葬。

1975 年冬发掘的河北赞皇东魏李氏兄弟墓葬[③]，共五座，其 M2~M4 为一组，南北向东西排列，而 M1 较为独立，偏北约 15 米。据发掘研究，M2 墓主为李希宗，M5 墓主为李希礼，按族葬的排列规律，则与之并列的 M3、M4 可能为他们的弟兄希仁和李骞，M1 应为他们的长辈即李宪墓的位置。可见该墓地的排列方式为兄弟同排。

无论是汉代还是魏晋时期，家族墓地是古代家族集权思想的体现，墓葬的排列与分布有着一定的规则和秩序。徐苹芳先生对此进行了明确的总结，他认为：在家族茔域之内，父子兄弟墓位的排列方式，大致有以下三种：第一种是父子兄弟一行顺排；第二种是前后左右按长幼辈分排列；第三种是坟院式的茔域，这种形式的茔域流行于中国西北地区。[④]

同时，2006 年为配合南水北调中线工程，在河南卫辉市大司马村发现了三座晋墓。墓葬相互间距离较近，平行分布，明显是人为规划的结果。墓葬形制及随葬品方面的相似性都反映了三墓的年代当相距较近，同时也体现了墓主人间的密切关系，可能为同一家族的墓地。

---

① 罗宗真：《江苏宜兴晋墓发掘报告》，《考古学报》1957 年第 4 期；南京博物院：《江苏宜兴晋墓的第二次发掘》，《考古》1977 年第 2 期。

② 南京市文物保管委员会：《南京人台山东晋兴之夫妇墓发掘报告》，《文物》1965 年第 6 期；《南京象山东晋王丹虎墓和二、四号墓发掘简报》，《文物》1965 年第 10 期；南京市博物馆：《南京象山 5 号、6 号、7 号墓清理简报》，《文物》1972 年第 11 期；南京市博物馆：《南京象山 8 号、9 号、10 号墓发掘简报》，《文物》2000 年第 7 期。

③ 石家庄地区革委会文化局文物发掘组：《河北赞皇东魏李希宗墓》，《考古》1977 年第 6 期。

④ 徐苹芳：《中国秦汉魏晋南北朝时代的陵园与茔域》，《考古》1981 年第 6 期。

其年代大致相当于西晋中晚期。[①] 对于这三座墓葬，虽墓主无法判定，但亦可初步确定为家族墓葬。

由上可见，这些家族墓葬具有共同的特点：墓葬较为集中，方向一致，排列较为规律，有排列一行的、有前后排列的，也有向左或向右呈斜行排列的，很明显是经过了规划设计，具有一定的规律性。

煎药庙墓地发现的九座墓葬分布在约 2000 平方米的范围内，较为集中，皆为带斜坡墓道的前后室砖室墓，墓道居北，形制相近，南北向，东西排列，分两排，南排共五座，呈东南—西北走向斜向排列，北排共四座，东西排列，略向西北偏斜，体现出了很强的规划和设计理念，故而煎药庙墓地也应该是一处典型的西晋时期家族墓地。

墓葬形制的发展与一个时代人们意识理念的发展与演变有密切的关系。汉代人们的意识理念经过发展与浓缩，形成了完整、丰满的汉代葬制与葬俗，三国时期是墓葬制度对"汉制"的吸纳与转化的过渡时期，最后形成了具有时代特色的晋代葬制与葬俗，即所谓之"晋制"。晋制是对汉代以来墓葬制度的继承与发展，汉代、魏、西晋、东晋时期的葬制应该是一脉相承的，变化不会太大。

该墓地中由于没有发现明确的文字、碑刻等相关材料，故对于本墓地墓葬的排列秩序不清楚。在墓葬清理中发现，该墓地夫妻二人合葬墓中男性一般都居左位，符合"以左为上"的尊卑观念。依据前述几处汉魏—东晋时期家族墓地墓葬的排列方式——以左为上、以前为尊，煎药庙墓地中墓葬的排列秩序可能为：南北两排之中北排早于或尊于南排，同排墓葬之中西侧应该早于或尊于东侧。

第五节　墓主身份分析

在本墓地的发掘中，发现了较少的文字材料。其中 M2 中后室出土铜弩机 M2：21，其郭两侧有刻字，字迹非常浅，不可辨；M4 西后室西壁砌砖刻一"女"字；M8 门墙中部一块砌砖刻有"下邳国县建忠里谋显伯仲伯孝伯"；M9 前庭东壁顶部楔形砖向墓道一侧有刻铭"赵君为"三字；M9 前室出土盘口壶 M9：3 底部有墨书，字迹不清。

从 M4 西后室出土器物分析，其葬人应为男性，并非女性，可见此"女"字可能为修墓之人信手而为，或有其他的含义，但对于该墓葬墓主身份的推断没有意义。同时，在 M9 前庭发现了刻铭"赵君为"三字，其刻法随意，且置于砖侧，与 M4 之"女"字意义相同。而 M2 出土铜弩机 M2：21 郭两侧的刻字，或许会对墓主人的身份或时代判定有一定的帮助，如湖北鄂州鄂钢饮料厂一号墓出土鎏金铜弩机之扳机右侧刻"将军孙邻弩一张"七字，但可惜煎药庙墓地 M2 出土铜弩机所刻字迹不清。M9 出土盘口壶 M9：3 的底部墨书，虽通过红外拍照分析，但字形仍不可辨，故该墨书不能为该墓葬墓主的判断提供线索。

---

① 河南省文物管理局南水北调文物保护办公室、四川大学考古学系：《河南卫辉市大司马村晋墓发掘简报》，《考古》2010 年第 10 期。

M8 中发现的"下邳国县建忠里谋显伯仲伯孝伯"刻铭，应该是最有意义的发掘资料。从其表述方式及字面意思，可句读如下：

> 下邳国县，建忠里谋，显伯
> 　　　仲伯　孝伯

史载，公元 280 年（晋武帝太康元年）置下邳国，封司马孚第五子司马晃为下邳王，领七县：下邳、良城、凌（睢宁东）、睢陵、夏丘、取虑、僮。其中下邳为西晋下邳国七县之一，可见刻铭中"县"应为"下邳县"之省写，故而"下邳国县"可理解为"下邳国下邳县"。"里"为古代地方一种行政组织，因时代不同，有二十五家、五十家、七十二家、八十家、一百家、一百一十家为一里等几种说法。《周礼·地官·遂人》："五家为邻，五邻为里。"《礼记·郊特牲》："唯为社事，单出里。"郑玄注："二十五家为里。"《礼记·杂记下》："则里尹主之。"郑玄注："《王度记》曰：百户为里。"《管子·度地》："百家为里。"《后汉书·百官志五》："本注曰：里魁，掌一里百家。"《旧唐书·食货志上》："百户为里，五里为乡。"可见，西晋时期应该也是百户为里，"建忠里"应为西晋时期下邳县众里之一。"谋"一般而言可解释为计谋、谋略、谋划等，古语亦可作为谋士、谋臣、参谋解，应为一职官名。据《中国古代职官词典》[①]，在西晋时期，并无"谋"这一官职，可见该职官"谋"等级应该比较较低，或仅存于西晋下邳国。故"建忠里谋"应为西晋下邳国建忠里的一位谋士或谋臣。至于"显伯仲伯孝伯"，不知作何解，M8 墓主应属于下邳国，且为做官之人。

从出土的文字材料可以判断，煎药庙西晋墓地应该是西晋时期下邳国的一处家族墓地。

在煎药庙墓地中，还出土了一些重要的随葬品。特别是 M1 出土了一些少见的、特别的随葬品，如鹦鹉螺杯 M1：15、16 及铜金铛 M1：35、金五铢 M1：87、贴金饰铁剑 M1：81。

1965 年，南京人台山东晋兴之夫妇墓[②]曾出土一件鹦鹉螺杯，大螺壳外以铜条镶扣，左右铜条又做成耳杯形的双耳状，螺面原饰有朱红条纹，中空，内作水车轮片状，中间贯以细圆孔小管。墓主王兴之家族为东晋时期最大的豪族——琅琊王氏。煎药庙墓地 M1 也出土两件鹦鹉螺杯，可见该墓墓主的身份与地位是不容小视的。

在 M1 的发掘中，在墓主为男性的西后室中出土金五铢 1 件。金五铢，应该为皇帝给予大臣的一种赏赐性财物，不做流通使用，应该是西晋时期墓主身份等级的一种象征与体现。同时出土的贴金饰铁剑装饰华丽，彰显华贵，亦是墓主贵族身份的一种体现。

从墓地中墓葬的排列、墓葬形制与规模、出土随葬品，以及墓葬中发现的少量文字材料分析，煎药庙墓地应该是一处西晋时期下邳国贵族家族墓地。

---

①　张政烺：《中国古代职官大辞典》，河南人民出版社，1990 年。
②　南京市文物保管委员会：《南京人台山东晋兴之夫妇墓发掘报告》，《文物》1965 年第 6 期。

附　表

附表一　第 49 行探孔钻探记录表

探孔编号：2015D049038

地层编号	深度（米）	厚度（米）	土色	土质	致密度	包含物	备注
①							不存
②	0	2.5	黄	黏土	致密	无	黄泛淤积层
③							无
④							无
⑤	2.5	0.2	灰褐	沙土	疏松	草木灰、红烧土颗粒	春秋战国时期文化堆积

探孔编号：2015D049043

地层编号	深度（米）	厚度（米）	土色	土质	致密度	包含物	备注
①							不存
②							不存
③	0	0.2	灰褐	沙土	疏松	红烧土颗粒	春秋战国时期文化堆积
④	0.2	0.3	黄褐	沙土	疏松	草木灰	春秋战国时期文化堆积
⑤	0.5	0.6	灰褐	沙土	疏松	草木灰、红烧土颗粒	春秋战国时期文化堆积
⑥	1.1	0.4	黄褐	沙土	疏松	红烧土颗粒	春秋战国时期文化堆积
⑦							无
⑧	1.5	1.1	深褐	沙土	疏松	夹砂红陶片、草木灰	春秋战国时期文化堆积

探孔编号：2015D049048

地层编号	深度（米）	厚度（米）	土色	土质	致密度	包含物	备注
①							不存
②							不存
③	0	0.2	灰褐	沙土	疏松	红烧土颗粒	春秋战国时期文化堆积
④	0.2	0.2	黄褐	沙土	疏松	草木灰	春秋战国时期文化堆积
⑤	0.4	1	灰褐	沙土	疏松	草木灰、红烧土颗粒	春秋战国时期文化堆积
⑥	1	0.2	黄褐	沙土	疏松	红烧土颗粒	春秋战国时期文化堆积
⑦	1.3	0.4	灰褐	沙土	疏松	红烧土颗粒	春秋战国时期文化堆积
⑧	1.7	0.9	深褐	沙土	疏松	夹砂红陶片、草木灰	春秋战国时期文化堆积

探孔编号：2015D049053

地层编号	深度（米）	厚度（米）	土色	土质	致密度	包含物	备注
①							不存
②							不存
③	0	0.2	灰褐	沙土	疏松	红烧土颗粒	春秋战国时期文化堆积
④	0.2	0.3	黄褐	沙土	疏松	草木灰	春秋战国时期文化堆积
⑤	0.5	0.4	灰褐	沙土	疏松	草木灰、红烧土颗粒	春秋战国时期文化堆积
⑥	0.9	0.3	黄褐	沙土	疏松	红烧土颗粒	春秋战国时期文化堆积
⑦	1.2	0.6	灰褐	沙土	疏松	草木灰、红烧土颗粒	春秋战国时期文化堆积
⑧	1.5	1.1	深褐	沙土	疏松	夹砂红陶片、草木灰	春秋战国时期文化堆积

探孔编号：2015D049058

地层编号	深度（米）	厚度（米）	土色	土质	致密度	包含物	备注
①							不存
②							不存
③	0	0.2	灰褐	沙土	疏松	红烧土颗粒	春秋战国时期文化堆积
④	0.2	0.3	黄褐	沙土	疏松	草木灰	春秋战国时期文化堆积
⑤	0.5	0.6	灰褐	沙土	疏松	草木灰、红烧土颗粒	春秋战国时期文化堆积
⑥	1	0.5	黄褐	沙土	疏松	红烧土颗粒	春秋战国时期文化堆积
⑦	1.5	0.4	灰褐	沙土	疏松	红烧土颗粒	春秋战国时期文化堆积
⑧	1.9	0.7	深褐	沙土	疏松	夹砂红陶片、草木灰	春秋战国时期文化堆积

探孔编号：2015D049063

地层编号	深度（米）	厚度（米）	土色	土质	致密度	包含物	备注
①							不存
②							不存
③	0	0.3	灰褐	沙土	疏松	红烧土颗粒	春秋战国时期文化堆积
④	0.3	0.4	黄褐	沙土	疏松	草木灰	春秋战国时期文化堆积
⑤	0.7	0.7	灰褐	沙土	疏松	草木灰、红烧土颗粒	春秋战国时期文化堆积
⑥	1.4	0.3	黄褐	沙土	疏松	红烧土颗粒	春秋战国时期文化堆积
⑦	1.7	0.3	灰褐	沙土	疏松	草木灰、红烧土颗粒	春秋战国时期文化堆积
⑧	2	0.7	深褐	沙土	疏松	夹砂红陶片、草木灰	春秋战国时期文化堆积

探孔编号：2015D049068

地层编号	深度（米）	厚度（米）	土色	土质	致密度	包含物	备注
①							不存
②							不存
③	0	0.2	灰褐	沙土	疏松	红烧土颗粒	春秋战国时期文化堆积
④	0.2	0.4	黄褐	沙土	疏松	草木灰	春秋战国时期文化堆积
⑤	0.6	0.4	灰褐	沙土	疏松	草木灰、红烧土颗粒	春秋战国时期文化堆积
⑥	1	0.5	黄褐	沙土	疏松	红烧土颗粒	春秋战国时期文化堆积
⑦	1.5	0.6	灰褐	沙土	疏松	红烧土颗粒	春秋战国时期文化堆积
⑧	2.1	0.6	深褐	沙土	疏松	夹砂红陶片、草木灰	春秋战国时期文化堆积

探孔编号：2015D049078

地层编号	深度（米）	厚度（米）	土色	土质	致密度	包含物	备注
①							不存
②							不存
③	0	0.7	灰褐	沙土	疏松	红烧土颗粒	春秋战国时期文化堆积
④	0.7	0.1	黄褐	沙土	疏松	草木灰	春秋战国时期文化堆积
⑤	0.8	0.7	灰褐	沙土	疏松	草木灰、红烧土颗粒	春秋战国时期文化堆积
⑥	1.5	0.6	黄褐	沙土	疏松	红烧土颗粒	春秋战国时期文化堆积
⑦	2.1	0.5	灰褐	沙土	疏松	草木灰、红烧土颗粒	春秋战国时期文化堆积
⑧	2.6	0.2	深褐	沙土	疏松	夹砂红陶片、草木灰	春秋战国时期文化堆积

探孔编号：2015D049083

地层编号	深度（米）	厚度（米）	土色	土质	致密度	包含物	备注
①							不存
②							不存
③	0	0.4	灰褐	沙土	疏松	红烧土颗粒	春秋战国时期文化堆积
④	0.4	0.5	黄褐	沙土	疏松	草木灰	春秋战国时期文化堆积
⑤	0.9	0.3	灰褐	沙土	疏松	草木灰、红烧土颗粒	春秋战国时期文化堆积
⑥	1.2	0.9	黄褐	沙土	疏松	红烧土颗粒	春秋战国时期文化堆积
⑦	2.1	0.5	灰褐	沙土	疏松	红烧土颗粒	春秋战国时期文化堆积
⑧	2.6	0.2	深褐	沙土	疏松	夹砂红陶片、草木灰	春秋战国时期文化堆积

探孔编号：2015D049088

地层编号	深度（米）	厚度（米）	土色	土质	致密度	包含物	备注
①							不存
②							不存
③	0	0.8	灰褐	沙土	疏松	红烧土颗粒	春秋战国时期文化堆积
④	0.8	0.2	黄褐	沙土	疏松	草木灰	春秋战国时期文化堆积
⑤	1	0.2	灰褐	沙土	疏松	草木灰、红烧土颗粒	春秋战国时期文化堆积
⑥	1.2	0.6	黄褐	沙土	疏松	红烧土颗粒	春秋战国时期文化堆积
⑦	1.8	0.7	灰褐	沙土	疏松	草木灰、红烧土颗粒	春秋战国时期文化堆积
⑧	2.5	0.2	深褐	沙土	疏松	夹砂红陶片、草木灰	春秋战国时期文化堆积

探孔编号：2015D049093

地层编号	深度（米）	厚度（米）	土色	土质	致密度	包含物	备注
①	0	0.4	灰褐	沙土	疏松	无	扰土层
②							无
③	0.4	0.3	灰褐	沙土	疏松	红烧土颗粒	春秋战国时期文化堆积
④	0.7	0.3	黄褐	沙土	疏松	草木灰	春秋战国时期文化堆积
⑤	1	0.7	灰褐	沙土	疏松	草木灰、红烧土颗粒	春秋战国时期文化堆积
⑥	1.7	0.3	黄褐	沙土	疏松	红烧土颗粒	春秋战国时期文化堆积
⑦	2	0.7	灰褐	沙土	疏松	红烧土颗粒	春秋战国时期文化堆积

探孔编号：2015D049103

地层编号	深度（米）	厚度（米）	土色	土质	致密度	包含物	备注
①	0	0.3	灰褐	沙土	疏松	无	扰土层
②	0.3	0.5	黄色	黏土	致密	无	黄泛淤积层
③							无
④	0.8	0.1	黄褐	沙土	疏松	草木灰	春秋战国时期文化堆积
⑤	0.9	1.1	灰褐	沙土	疏松	草木灰、红烧土颗粒	春秋战国时期文化堆积
⑥	2	0.3	黄褐	沙土	疏松	红烧土颗粒	春秋战国时期文化堆积
⑦	2.3	0.4	灰褐	沙土	疏松	草木灰、红烧土颗粒	春秋战国时期文化堆积

探孔编号：2015D049108

①	0	0.2	灰褐	沙土	疏松	无	扰土层
②	0.2	1	黄色	黏土	致密	无	黄泛淤土层
③							无
④							无
⑤	1.2	1	灰褐	沙土	疏松	草木灰、红烧土颗粒	春秋战国时期文化堆积
⑥	2.2	0.5	黄褐	沙土	疏松	红烧土颗粒	春秋战国时期文化堆积

探孔编号：2015D049113

地层编号	深度（米）	厚度（米）	土色	土质	致密度	包含物	备注
①	0	0.4	灰褐	沙土	疏松	无	扰土层
②	0.4	1.6	黄色	黏土	致密	无	淤积层
③							无
④							无
⑤	1.2	1	灰褐	沙土	疏松	草木灰、红烧土颗粒	春秋战国时期文化堆积
⑥	2.2	0.5	黄褐	沙土	疏松	红烧土颗粒	春秋战国时期文化堆积

探孔编号：2015D049118

①							不存
②	0	2.8	黄色	黏土	致密	无	黄泛淤土层

附表二 第49行探孔考古勘探地层对照表

行编号：049	地层堆积／深度单位：（米）							
孔号　　　　地层	①	②	③	④	⑤	⑥	⑦	⑧
049038		0~2.5			2.5~2.7			
049043			0~0.2	0.2~0.5	0.5~1.1	1.1~1.5		1.5~2.6
049048			0~0.2	0.2~0.4	0.4~1	1~1.3	1.3~1.7	1.7~2.6
049053			0~0.2	0.2~0.5	0.5~0.9	0.9~1.2	1.2~1.8	1.8~2.6
049058			0~0.2	0.2~0.5	0.5~1.1	1~1.5	1.5~1.9	1.9~2.6
049063			0~0.3	0.3~0.7	0.7~1.4	1.4~1.7	1.7~2	2~2.7
049068			0~0.2	0.2~0.6	0.6~1	1~1.5	1.5~2.1	2.1~2.7
049078			0~0.7	0.7~0.8	0.8~1.5	1.5~2.1	2.1~2.6	2.6~2.8
049083			0~0.4	0.4~0.9	0.9~1.2	1.2~2.1	2.1~2.6	2.6~2.8
049088			0~0.8	0.8~1	1~1.2	1.2~1.8	1.8~2.5	2.5~2.7
049093	0~0.4		0.4~0.7	0.7~1	1~1.7	1.7~2	2~2.7	
049103	0~0.3	0.3~0.8		0.8~0.9	0.9~2	2~2.3	2.3~2.7	
049108	0~0.2	0.2~1.2			1.2~2.2	2.2~2.7		
049113	0~0.4	0.4~2			2~2.2	2.2~2.7		
049118		0~2.8						

附表三　第73列探孔钻探记录表

探孔编号：2015D003073

地层编号	深度（米）	厚度（米）	土色	土质	致密度	包含物	备注
①	0	0.8	灰褐	沙土	疏松	植物根茎	扰土层
②	0.8	1.7	黄色	黏土	致密	无	黄泛淤积层
③							无
④							无
⑤							无
⑥							无
⑦							无
⑧							无
⑨	2.5	0.1	灰褐	沙土	疏松	红烧土颗粒	春秋战国时期文化堆积
⑩	2.6	0.1	深灰	沙土	疏松	草木灰	春秋战国时期文化堆积

探孔编号：2015D008073

地层编号	深度（米）	厚度（米）	土色	土质	致密度	包含物	备注
①	0	0.8	灰褐	沙土	疏松	植物根茎	扰土层
②	0.8	0.6	黄色	黏土	致密	无	黄泛淤积层
③							无
④							无
⑤							无
⑥	1.4	0.4	黄褐	沙土	疏松	红烧土颗粒	春秋战国时期文化堆积
⑦	1.8	0.2	灰褐	沙土	疏松	草木灰烬	春秋战国时期文化堆积
⑧	2	0.35	深褐	沙土	疏松	夹砂红陶片	春秋战国时期文化堆积
⑨	2.35	0.25	灰褐	沙土	疏松	红烧土颗粒	春秋战国时期文化堆积
⑩	2.6	0.1	深灰	沙土	疏松	草木灰	春秋战国时期文化堆积

探孔编号：2015D013073

地层编号	深度（米）	厚度（米）	土色	土质	致密度	包含物	备注
①	0	0.5	灰褐	沙土	疏松	植物根茎	扰土层
②	0.5	0.4	黄色	黏土	致密	无	黄泛淤积层
③							无
④							无
⑤	0.9	0.3	灰褐	沙土	疏松	动物骨骼	春秋战国时期文化堆积
⑥	1.2	0.4	黄褐	沙土	疏松	红烧土颗粒	春秋战国时期文化堆积
⑦	1.6	0.35	灰褐	沙土	疏松	草木灰烬	春秋战国时期文化堆积
⑧	1.95	0.35	深褐	沙土	疏松	夹砂红陶片	春秋战国时期文化堆积
⑨	2.3	0.3	灰褐	沙土	疏松	红烧土颗粒	春秋战国时期文化堆积
⑩	2.6	0.1	深灰	沙土	疏松	草木灰	春秋战国时期文化堆积

探孔编号：2015D018073

地层编号	深度（米）	厚度（米）	土色	土质	致密度	包含物	备注
①	0	0.3	灰褐	沙土	疏松	植物根茎	扰土层
②							无
③							无
④	0.3	0.35	黄褐	沙土	疏松	无	春秋战国时期文化堆积
⑤	0.65	0.35	灰褐	沙土	疏松	蚌壳	春秋战国时期文化堆积
⑥	1	0.6	黄褐	沙土	疏松	草木灰颗粒	春秋战国时期文化堆积
⑦	1.6	0.4	灰褐	沙土	疏松	红烧土颗粒	春秋战国时期文化堆积
⑧	2	0.2	深褐	沙土	疏松	夹砂红陶片	春秋战国时期文化堆积
⑨	2.2	0.3	灰褐	沙土	疏松	红烧土颗粒	春秋战国时期文化堆积
⑩	2.5	0.2	深灰	沙土	疏松	草木灰	春秋战国时期文化堆积

探孔编号：2015D023073

地层编号	深度（米）	厚度（米）	土色	土质	致密度	包含物	备注
①	0	0.3	灰褐	沙土	疏松	植物根茎	扰土层
②							无
③							无
④	0.3	0.3	黄褐	沙土	疏松	无	春秋战国时期文化堆积
⑤	0.6	0.2	灰褐	沙土	疏松	蚌壳	春秋战国时期文化堆积
⑥	0.8	0.5	黄褐	沙土	疏松	草木灰颗粒	春秋战国时期文化堆积
⑦	1.3	0.2	灰褐	沙土	疏松	红烧土颗粒	春秋战国时期文化堆积
⑧	1.5	0.2	深褐	沙土	疏松	草木灰颗粒	春秋战国时期文化堆积
⑨	1.7	0.4	灰褐	沙土	疏松	红烧土颗粒	春秋战国时期文化堆积
⑩	2.1	0.6	深灰	沙土	疏松	草木灰	春秋战国时期文化堆积

探孔编号：2015D028073

地层编号	深度（米）	厚度（米）	土色	土质	致密度	包含物	备注
①	0	0.2	灰褐	沙土	疏松	植物根茎	扰土层
②							无
③							无
④	0.2	0.1	黄褐	沙土	疏松	红烧土颗粒	春秋战国时期文化堆积
⑤	0.3	0.3	灰褐	沙土	疏松	蚌壳	春秋战国时期文化堆积
⑥	0.6	0.3	黄褐	沙土	疏松	草木灰颗粒	春秋战国时期文化堆积
⑦	0.9	0.25	灰褐	沙土	疏松	红烧土颗粒	春秋战国时期文化堆积
⑧	1.15	0.35	深褐	沙土	疏松	草木灰颗粒	春秋战国时期文化堆积
⑨	1.5	0.5	灰褐	沙土	疏松	红烧土颗粒	春秋战国时期文化堆积
⑩	2	0.5	深灰	沙土	疏松	草木灰	春秋战国时期文化堆积

探孔编号：2015D033073

地层编号	深度（米）	厚度（米）	土色	土质	致密度	包含物	备注
①	0	0.25	灰褐	沙土	疏松	植物根茎	扰土层
②							无
③							无
④	0.25	0.25	黄褐	沙土	疏松	夹砂红陶片	春秋战国时期文化堆积
⑤	0.5	0.2	灰褐	沙土	疏松	蚌壳	春秋战国时期文化堆积
⑥	0.7	0.2	黄褐	沙土	疏松	草木灰颗粒	春秋战国时期文化堆积
⑦	0.9	0.15	灰褐	沙土	疏松	红烧土颗粒	春秋战国时期文化堆积
⑧	1.05	0.45	深褐	沙土	疏松	草木灰颗粒	春秋战国时期文化堆积
⑨	1.5	0.5	灰褐	沙土	疏松	红烧土颗粒	春秋战国时期文化堆积
⑩	2	0.4	深灰	沙土	疏松	草木灰	春秋战国时期文化堆积

探孔编号：2015D038073

地层编号	深度（米）	厚度（米）	土色	土质	致密度	包含物	备注
①							不存
②							不存
③							不存
④	0	0.6	黄褐	沙土	疏松	草木灰颗粒	春秋战国时期文化堆积
⑤	0.6	0.3	灰褐	沙土	疏松	蚌壳	春秋战国时期文化堆积
⑥	0.9	0.2	黄褐	沙土	疏松	红烧土颗粒	春秋战国时期文化堆积
⑦	1.1	0.25	灰褐	沙土	疏松	红烧土颗粒	春秋战国时期文化堆积
⑧	1.35	0.45	深褐	沙土	疏松	草木灰颗粒	春秋战国时期文化堆积
⑨	1.8	0.4	灰褐	沙土	疏松	草木灰颗粒	春秋战国时期文化堆积
⑩	2.2	0.5	深灰	沙土	疏松	动物骨骼	春秋战国时期文化堆积

探孔编号：2015D043073

地层编号	深度（米）	厚度（米）	土色	土质	致密度	包含物	备注
①							不存
②							不存
③							不存
④	0	0.7	黄褐	沙土	疏松	草木灰颗粒	春秋战国时期文化堆积
⑤	0.7	0.3	灰褐	沙土	疏松	蚌壳	春秋战国时期文化堆积
⑥	1	0.35	黄褐	沙土	疏松	草木灰颗粒	春秋战国时期文化堆积
⑦	1.35	0.25	灰褐	沙土	疏松	红烧土颗粒	春秋战国时期文化堆积
⑧	1.6	0.4	深褐	沙土	疏松	草木灰颗粒	春秋战国时期文化堆积
⑨	2	0.1	灰褐	沙土	疏松	红烧土颗粒	春秋战国时期文化堆积
⑩	2.1	0.6	深灰	沙土	疏松	草木灰	春秋战国时期文化堆积

探孔编号：2015D048073

地层编号	深度（米）	厚度（米）	土色	土质	致密度	包含物	备注
①							不存
②							不存
③							不存
④	0	0.7	黄褐	沙土	疏松	草木灰颗粒	春秋战国时期文化堆积
⑤	0.7	0.3	灰褐	沙土	疏松	蚌壳	春秋战国时期文化堆积
⑥	1	0.35	黄褐	沙土	疏松	草木灰颗粒	春秋战国时期文化堆积
⑦	1.35	0.4	灰褐	沙土	疏松	红烧土颗粒	春秋战国时期文化堆积
⑧	1.75	0.45	深褐	沙土	疏松	草木灰颗粒	春秋战国时期文化堆积
⑨							无
⑩	2.2	0.5	深灰	沙土	疏松	红烧土颗粒	春秋战国时期文化堆积

探孔编号：2015D053073

地层编号	深度（米）	厚度（米）	土色	土质	致密度	包含物	备注
①							不存
②							不存
③	0	0.1	灰色	沙土	疏松	夹砂红陶片	春秋战国时期文化堆积
④	0.1	0.6	黄褐	沙土	疏松	蚌壳	春秋战国时期文化堆积
⑤	0.7	0.3	灰褐	沙土	疏松	动物骨骼	春秋战国时期文化堆积
⑥	1	0.6	黄褐	沙土	疏松	草木灰颗粒	春秋战国时期文化堆积
⑦	1.6	0.35	灰褐	沙土	疏松	红烧土颗粒	春秋战国时期文化堆积
⑧	1.95	0.35	深褐	沙土	疏松	草木灰颗粒	春秋战国时期文化堆积
⑨							无
⑩	2.3	0.4	深灰	沙土	疏松	草木灰	春秋战国时期文化堆积

探孔编号：2015D058073

地层编号	深度（米）	厚度（米）	土色	土质	致密度	包含物	备注
①							不存
②							不存
③	0	0.3	灰色	沙土	疏松	红烧土颗粒	春秋战国时期文化堆积
④	0.3	0.4	黄褐	沙土	疏松	草木灰颗粒	春秋战国时期文化堆积
⑤	0.7	0.55	灰褐	沙土	疏松	蚌壳	春秋战国时期文化堆积
⑥	1.25	0.35	黄褐	沙土	疏松	草木灰颗粒	春秋战国时期文化堆积
⑦	1.6	0.5	灰褐	沙土	疏松	红烧土颗粒	春秋战国时期文化堆积
⑧	2.1	0.2	深褐	沙土	疏松	草木灰颗粒	春秋战国时期文化堆积
⑨							无
⑩	2.3	0.3	深灰	沙土	疏松	草木灰	春秋战国时期文化堆积

探孔编号：2015D068073

地层编号	深度（米）	厚度（米）	土色	土质	致密度	包含物	备注
①							不存
②							不存
③	0	0.5	灰色	沙土	疏松	动物骨骼	春秋战国时期文化堆积
④	0.5	0.4	黄褐	沙土	疏松	草木灰颗粒	春秋战国时期文化堆积
⑤	0.9	0.6	灰褐	沙土	疏松	蚌壳	春秋战国时期文化堆积
⑥	1.5	0.6	黄褐	沙土	疏松	草木灰颗粒	春秋战国时期文化堆积
⑦	2.1	0.2	灰褐	沙土	疏松	红烧土颗粒	春秋战国时期文化堆积
⑧							无
⑨							无
⑩	2.3	0.4	深灰	沙土	疏松	草木灰	春秋战国时期文化堆积

探孔编号：2015D073073

地层编号	深度（米）	厚度（米）	土色	土质	致密度	包含物	备注
①							不存
②							不存
③	0	0.5	灰色	沙土	疏松	蚌壳	春秋战国时期文化堆积
④	0.5	0.5	黄褐	沙土	疏松	草木灰颗粒	春秋战国时期文化堆积
⑤	1	0.5	灰褐	沙土	疏松	蚌壳	春秋战国时期文化堆积
⑥	1.5	0.8	黄褐	沙土	疏松	草木灰颗粒	春秋战国时期文化堆积
⑦	2.3	0.2	灰褐	沙土	疏松	红烧土颗粒	春秋战国时期文化堆积
⑧							无
⑨							无
⑩	2.5	0.3	深灰	沙土	疏松	动物骨骼	春秋战国时期文化堆积

探孔编号：2015D078073

地层编号	深度（米）	厚度（米）	土色	土质	致密度	包含物	备注
①							不存
②							不存
③	0	0.6	灰色	沙土	疏松	草木灰颗粒	春秋战国时期文化堆积
④	0.6	0.4	黄褐	沙土	疏松	草木灰颗粒	春秋战国时期文化堆积
⑤	1	0.4	灰褐	沙土	疏松	蚌壳	春秋战国时期文化堆积
⑥	1.4	0.8	黄褐	沙土	疏松	动物骨骼	春秋战国时期文化堆积
⑦	2.2	0.3	灰褐	沙土	疏松	红烧土颗粒	春秋战国时期文化堆积
⑧							无
⑨							无
⑩	2.5	0.3	深灰	沙土	疏松	草木灰	春秋战国时期文化堆积

探孔编号：2015D088073

地层编号	深度（米）	厚度（米）	土色	土质	致密度	包含物	备注
①							不存
②							不存
③	0	0.5	灰色	沙土	疏松	蚌壳	春秋战国时期文化堆积
④	0.5	0.3	黄褐	沙土	疏松	草木灰颗粒	春秋战国时期文化堆积
⑤	0.8	0.4	灰褐	沙土	疏松	蚌壳	春秋战国时期文化堆积
⑥	1.2	0.7	黄褐	沙土	疏松	草木灰颗粒	春秋战国时期文化堆积
⑦	2.1	0.8	灰褐	沙土	疏松	红烧土颗粒	春秋战国时期文化堆积
⑧							无
⑨							无
⑩							无

探孔编号：2015D093073

地层编号	深度（米）	厚度（米）	土色	土质	致密度	包含物	备注
①							不存
②							不存
③	0	0.4	灰色	沙土	疏松	动物骨骼	春秋战国时期文化堆积
④	0.4	0.3	黄褐	沙土	疏松	草木灰颗粒	春秋战国时期文化堆积
⑤	0.7	0.6	灰褐	沙土	疏松	蚌壳	春秋战国时期文化堆积
⑥	1.3	1	黄褐	沙土	疏松	草木灰颗粒	春秋战国时期文化堆积
⑦	2.3	0.4	灰褐	沙土	疏松	红烧土颗粒	春秋战国时期文化堆积
⑧							无
⑨							无
⑩							无

探孔编号：2015D098073

地层编号	深度（米）	厚度（米）	土色	土质	致密度	包含物	备注
①							不存
②							不存
③	0	0.4	灰色	沙土	疏松	蚌壳	春秋战国时期文化堆积
④	0.4	0.3	黄褐	沙土	疏松	草木灰颗粒	春秋战国时期文化堆积
⑤	0.7	0.4	灰褐	沙土	疏松	红烧土颗粒	春秋战国时期文化堆积
⑥	1.1	1.4	黄褐	沙土	疏松	草木灰颗粒	春秋战国时期文化堆积
⑦	2.5	0.2	灰褐	沙土	疏松	红烧土颗粒	春秋战国时期文化堆积
⑧							无
⑨							无
⑩	2.7	0.1	深灰	沙土	疏松	草木灰	春秋战国时期文化堆积

探孔编号：2015D103073

地层编号	深度（米）	厚度（米）	土色	土质	致密度	包含物	备注
①							不存
②	0	0.6	黄色	黏土	致密	无	黄泛淤积层
③							无
④							无
⑤	0.6	0.1	灰褐	沙土	疏松	蚌壳	春秋战国时期文化堆积
⑥	0.7	0.7	黄褐	沙土	疏松	草木灰颗粒	春秋战国时期文化堆积
⑦	1.4	0.8	灰褐	沙土	疏松	红烧土颗粒	春秋战国时期文化堆积
⑧							无
⑨							无
⑩	2.2	0.5	深灰	沙土	疏松	草木灰	春秋战国时期文化堆积

探孔编号：2015D108073

地层编号	深度（米）	厚度（米）	土色	土质	致密度	包含物	备注
①							不存
②	0	0.9	黄色	黏土	致密	无	黄泛淤积层
③							无
④							无
⑤							无
⑥							无
⑦	0.9	1.3	灰褐	沙土	疏松	红烧土颗粒	春秋战国时期文化堆积
⑧							无
⑨							无
⑩	2.2	0.5	深灰	沙土	疏松	草木灰	春秋战国时期文化堆积

探孔编号：2015D113073

地层编号	深度（米）	厚度（米）	土色	土质	致密度	包含物	备注
①							不存
②	0	1.5	黄色	黏土	致密	无	黄泛淤积层
③							无
④							无
⑤							无
⑥							无
⑦	1.5	0.7	灰褐	沙土	疏松	红烧土颗粒	春秋战国时期文化堆积
⑧							无
⑨							无
⑩	2.2	0.5	深灰	沙土	疏松	草木灰	春秋战国时期文化堆积

探孔编号：2015D118073

地层编号	深度（米）	厚度（米）	土色	土质	致密度	包含物	备注
①							不存
②	0	2.7	黄色	黏土	致密	无	黄泛淤积层
③							无
④							无
⑤							无
⑥							无
⑦							无
⑧							无
⑨							无
⑩							无

附表四　第 73 列探孔考古勘探地层对照表

列编号：073	地层堆积／深度单位：（米）									
孔号＼地层	①	②	③	④	⑤	⑥	⑦	⑧	⑨	⑩
003073	0~0.8	0.8~2.5							2.5~2.6	2.6~2.7
008073	0~0.8	0.8~1.4				1.4~1.8	1.8~2	2~2.35	2.35~2.6	2.6~2.7
013073	0~0.5	0.5~0.9			0.9~1.2	1.2~1.6	1.6~1.95	1.95~2.3	2.3~2.6	2.6~2.7
018073	0~0.3			0.3~0.65	0.65~1	1~1.6	1.6~2	2~2.2	2.2~2.5	2.5~2.7
023073	0~0.3			0.3~0.6	0.6~0.8	0.8~1.3	1.3~1.5	1.5~1.7	1.7~2.1	2.1~2.7
028073	0~0.2			0.2~0.3	0.3~0.6	0.6~0.9	0.9~1.15	1.15~1.5	1.5~2	2~2.5
033073	0~0.25			0.25~0.5	0.5~0.7	0.7~0.9	0.9~1.05	1.05~1.5	1.5~2	2~2.4
038073				0~0.6	0.6~0.9	0.9~1.1	1.1~1.35	1.35~1.8	1.8~2.2	2.2~2.7
043073				0~0.7	0.7~1	1~1.35	1.35~1.6	1.6~2	2~2.1	2.1~2.7
048073				0~0.7	0.7~1	1~1.35	1.3~1.75	1.75~2.2		2.2~2.7
053073			0~0.1	0.1~0.7	0.7~1	1~1.6	1.6~1.95	1.9~2.3		2.3~2.7
058073			0~0.3	0.3~0.7	0.7~1.25	1.25~1.6	1.6~2.1	2.1~2.3		2.3~2.6
068073			0~0.5	0.5~0.9	0.9~1.5	1.5~2.1	2.1~2.3			2.3~2.7
073073			0~0.5	0.5~1	1~1.5	1.5~2.3	2.3~2.5			2.5~2.8
078073			0~0.6	0.6~1	1~1.4	1.4~2.2	2.2~2.5			2.5~2.8
088073			0~0.5	0.5~0.8	0.8~1.2	1.2~2.1	2.1~2.9			
093073			0~0.4	0.4~0.7	0.7~1.3	1.3~2.3	2.3~2.7			
098073			0~0.4	0.4~0.7	0.7~1.1	1.1~2.5	2.5~2.7			2.7~2.8
103073		0~0.6			0.6~0.7	0.7~1.4	1.4~2.2			2.2~2.7
108073		0~0.9					0.9~2.2			2.2~2.7
113073		0~1.5					1.5~2.2			2.2~2.7
118073		0~2.7								

附表五 第 49 行、第 73 列探孔地层对照表

①	灰褐	沙土	①	①	扰土层
②	黄色	黏土	②	②	黄泛淤积层
③	灰褐	沙土	③	③	春秋战国时期文化堆积
④	黄褐	沙土	④	④	春秋战国时期文化堆积
⑤	灰褐	沙土	⑤	⑤	春秋战国时期文化堆积
⑥	黄褐	沙土	⑥	⑥	春秋战国时期文化堆积
⑦	灰褐	沙土	⑦	⑦	春秋战国时期文化堆积
⑧	深褐	沙土	⑧	⑧	春秋战国时期文化堆积
⑨	灰褐	沙土		⑨	春秋战国时期文化堆积
⑩	深灰	沙土		⑩	春秋战国时期文化堆积

附表六　水井登记表

编号	位置	层位关系	形状结构	填土	尺寸（米）	出土遗物	时代
J1	T0607中部	开口层位不清，暴露于发掘地表，打破第⑦层春秋战国时期文化层堆积	平面圆形，土圹砖砌结构	井内填土据土质土色及包含物可分两层：第①层灰褐色沙土，距发掘地表深0.7米，土质较疏松，稍黏；第②层黑褐色沙土，距发掘地表0.7米以下，土质疏松，较黏	土圹直径3.6米，深度不清；井口内径1.55、外径1.7米，深度不清	第①层包含青砖块、灰陶片、白瓷片、动物骨骼残块等，采集标本有陶盆口沿、白瓷碗共3件；第②层包含灰陶片、板瓦、筒瓦、白瓷片、黄釉瓷片、青瓷碗底等，采集白瓷碗、青瓷碗、陶扑满、陶豆、陶盆、陶罐、瓦当等共16件	宋代
J2	T0708东南角	开口层位不清。东部被H115打破，打破下层春秋战国时期文化层堆积	该井由两部分组成，发掘平面可见外层土圹及井体内圹，局部可见井圈，未发掘。外层土圹平面近圆形；内圹位于外圹中间，平面圆形	外层土圹填土黄褐色夯土，土质较硬；内圹填土灰褐色沙土，土质较硬	井外圹南北5.20、东西4.88米，内圹南北2.80、东西2.36米，深度不清	外层土圹填土未见包含物；内圹填土包含物有陶井圈、板瓦残片，井圈为夹砂灰陶，厚5厘米	汉代
J3	T0805东北部和T0905西北部	西半部开口高度不清，东侧开口于厚1.40米的第③层黄色淤泥层下，东北角被H188、H189打破，西北角被H156、H157、H158打破，西南角被H159打破，且打破下层春秋战国时期文化层堆积	竖穴土圹结构	上半部土圹填土灰褐色，土质较为疏松；下半部井内填土灰褐色夯土，夹杂黄斑沙土，土质较硬；井内填土灰黑色，土质较黏，含灰量较大	上半部土圹东西残长6.9、南北宽6.5米；下半部井圹直径3.7、井边长1米，深度不清	上半部分填土包含板瓦、筒瓦残片及少量碎石块；下半部井圹包含物仅见绳纹陶鬲腹片；井内未见包含物	春秋战国时期
J4	T0505、T0506、T0605、T0606	开口层位不清。被H52、H53、H54、H60、H61、H63、H64、H65、H68、H69、H70、H71、H72、H73、H74、H75、H78、H90、H94、H96、H97、G1打破，且打破下层春秋战国时期文化层堆积	竖穴土圹结构。由外圹、内圹和井体三部分组成，发掘平面可见内、外圹。外圹平面圆形，竖穴土坑直壁；内圹平面形状不规则；井体开口为向下距发掘平面0.4米处，平面正方形，井内壁附着一层很薄的黑灰状物，应为木板腐朽残留	外圹填土黄褐色夯土，较致密；内圹填土灰褐色夯土，夹杂灰绿斑点土，较致密；井体填土灰褐色沙土，较疏松	外圹直径12.4、内圹直径5.9、井体边长1米，深度不清	外圹填土无包含物；内圹填土包含少量绳纹灰陶片、红烧土颗粒和木炭颗粒，出土陶豆1件；井内填土包含少量绳纹灰陶片、木炭颗粒、骨渣等	春秋战国时期

附表七　灰坑登记表

编号	位置	层位关系	形状结构	填土	尺寸（米）	出土遗物	时代
H1	T0507 西北部	H1→⑦	平面近长方形，平底，弧壁，壁面无明显修整痕迹	填土为褐色沙土，土质致密	南北长1.7，东西宽1.14，深0.28米	白瓷片2片，酱黄釉碗1件	唐末
H2	T0507 中部	H2→⑦	平面近圆形，平底，弧壁，壁面无明显修整痕迹	填土为浅褐色沙土，土质致密	南北1.77，东西1.62，深0.35米	少量夹砂灰陶、红陶和泥质红陶片，灰陶多，可辨器形有陶高口沿、高腹片、高足、罐腹片，罐底，盆口沿等，纹饰有绳纹、附加堆纹、戳印纹等	春秋 战国
H3	T0507 中西部	H2、D4→H3→⑦	平面近椭圆形，弧壁，底不平，壁面无明显修整痕迹	填土为浅褐色沙土，土质疏松	东西1.72，南北1.15，深0.18米	少量夹砂红陶、灰陶片、可辨器形有陶两口沿、高腹片、高足、瓶腹片，罐腹片、罐底，纹饰有绳纹、弦纹，附加堆纹、菱形纹、方格纹，戳印纹，罐口沿、罐腹片、高足共7件	春秋 战国
H4	T0507 中北部	H2→H4→⑦	平面椭圆形，弧壁，圆平，壁面无明显修整痕迹	填土为灰褐色沙土，土质致密	东西2.5，南北1.26，深0.27米	少量夹砂灰陶，夹砂红陶、泥质灰陶，灰陶多，可辨器形有陶两高口沿、高腹片、罐腹片，罐口沿等，纹饰有绳纹，附加堆纹。采集标本有陶两高口沿、甑腹片、高腹片共3件	春秋 战国
H5	T0507 中北部	H4→H5→⑦	平面呈圆形，斜壁，底不平，壁面无明显修整痕迹	填土为深褐色沙土，土质致密	东西1.62，南北1.5，约0.42米	少量夹砂灰陶，夹砂红陶、泥质红陶片，可辨器形有陶两口沿、罐口沿、钵口沿、板瓦等，纹饰有绳纹、弦纹、菱形纹、叶脉纹、板瓦内表有布纹。采集标本有陶两口沿、高腹片、盆口沿共10件	春秋 战国
H6	T0507 中东部	H5→H6→⑦	平面近圆形，平底，弧壁，壁面无明显修整痕迹	填土为褐色沙土，土质致密	南北1.73，东西1.57，深0.12米	少量夹砂红陶，夹砂灰陶，泥质灰陶片	春秋 战国
H7	T0507 中部	H2、H4→H7→⑦	平面椭圆形，弧壁，近平底，壁面无明显修整痕迹	填土为浅褐色沙土，土质致密	东西1.05，南北0.65，深0.14米	仅采集陶盆口沿标本1件	春秋 战国
H8	T0507 中北部	H2、H3、H7→H8→⑦	平面椭圆形，弧壁，斜底，壁面无明显修整痕迹	填土为黄褐色沙土，土质致密	东西2.7，南北1.3，深0.28米	少量夹砂灰，红陶片，可辨器形有陶两高口沿、高足、罐口沿、钵口沿、罐高口沿、高足及板瓦等，纹饰仅有绳纹。采集标本有板瓦及陶两高口沿、高足共3件	春秋 战国

续附表七

编号	位置	层位关系	形状结构	填土	尺寸（米）	出土遗物	时代
H9	T0506 西北部	H9→⑦	平面近椭圆形，弧壁，圜底，壁面无明显修整痕迹	填土为灰褐色沙土，土质疏松	南北0.8、东西0.6、深0.2米	少量夹砂灰、红陶片	春秋战国
H10	T0507 南部	H10→⑦	平面近椭圆形，弧壁，近平底，壁面无明显修整痕迹	填土为褐色沙土，土质致密	南北2.28、东西1.6、深0.2米	少量夹砂灰陶、泥质灰陶及夹砂红陶片，可辨器形有陶高领口沿、高腹片、高足、盆口沿、罐腹片等，纹饰有绳纹、附加堆纹。采集标本共4件	春秋战国
H11	T0506 中东部	H11→⑦	平面半月形，弧壁，平底，壁面无明显修整痕迹	填土为灰褐色沙土，土质疏松	南北2.26、东西1.26、深0.35米	少量夹砂、泥质灰陶及夹砂红陶片，灰陶多，可辨器形有陶高领口沿、高腹片、罐口沿、罐腹片、瓿腹片，纹饰有截指印纹、绳纹、弦纹、附加堆纹、水波纹。采集标本有板瓦及陶瓿腹片、高足，井圈等共7件	汉代
H12	T0506 西北部	H12→⑦	平面不规则圆形，弧壁，底不平，壁面无明显修整痕迹	填土据土质、土色可分3层：第①层为灰色沙土，土质疏松；第②层为浅灰褐色沙土，土质疏松；第③层为灰褐色沙土，土质疏松	南北1.96、东西1.2、深0.42米	第①层出土少量灰陶片、青花瓷片，可辨器形有青花瓷碗及陶盆口沿、滴水等，共采集标本3件；第②层出土少量灰陶片、青花瓷片，及夹砂和泥质红陶、灰陶片，可辨器形有陶高领口沿、高足、罐腹片、罐底、盆口沿、板瓦及青花瓷盏、青瓷碗、韩瓶等，纹饰有绳纹、水波纹、斜绳纹、布纹，高足；第③层出土青花瓷片、高足、青瓷碗、板瓦及青花瓷盏，另有铜耳钉1件。采集标本5件	明清
H13	T0609 西南部	H13→⑦	平面不规则，弧壁，圜底，壁面无明显修整痕迹	填土为褐色沙土，土质较疏松	东西长1.76、南北宽1.16、深0.19米	少量夹砂红陶、泥质红陶，夹砂灰陶、泥质灰陶片，灰陶多，可辨器形有陶盆口沿、罐口沿、罐底，纹饰有弦纹、板瓦等，菱形暗纹、菱形暗纹，纹饰有弦纹，附加堆纹、绳纹，另有白瓷数片	唐宋
H14	T0509 东北部和 T0609 西北部	H14→⑦	平面不规则，弧壁，圜底，壁面无明显修整痕迹	填土为灰褐色沙土，土质较疏松	南北长1.36、东西宽1.2、深0.2米	少量夹砂红陶、泥质红陶，夹砂灰陶、泥质灰陶片，可辨识器形有陶罐口沿、罐底，板瓦等，纹饰有绳纹、弦纹	汉代
H15	T0610 西南部	H15→⑦	平面不规则，弧壁，斜底，壁面无明显修整痕迹	填土为灰褐色沙土，土质较疏松	东西长2.7、南北宽1.12、深0.26米	少量夹砂红陶、泥质红陶，夹砂灰陶、泥质灰陶片，可辨器形有陶盆口沿、高足、井圈、板瓦等，另有少量蚌壳，纹饰有绳纹、附加堆纹、水波纹、菱形纹。采集标本3件	唐宋

续附表七

编号	位置	层位关系	形状结构	填土	尺寸（米）	出土遗物	时代
H16	T0611 中南部	H16→⑦	平面近椭圆形，弧壁，斜底，西高东低，壁面无明显修整痕迹	填土为灰褐色沙土，土质较疏松	东西5.4、南北1.52、深0.26米	少量夹砂红陶、泥质红陶、夹砂灰陶、泥质灰陶片、灰陶多，可辨器形有陶两足、缸口沿、罐口沿、盆口沿等，纹饰有绳纹、弦纹、菱形暗纹、井圈及青花瓷盘、青花瓷碗、青花瓷杯、另有紫砂壶盖1件。采集标本共20件。	明清
H17	T0511 东南部	H17→⑦	平面近长方形，弧壁，斜底，壁面无明显修整痕迹	填土为灰褐色沙土，土质较疏松	南北长2.04、东西宽1.18、深0.6米	少量夹砂红陶、泥质红陶、夹砂灰陶、泥质灰陶片，灰陶多，可辨器形有陶两足、盆口沿、罐口沿、罐底等，纹饰有绳纹、弦纹、附加堆纹、菱形纹，另有铜钱"顺治通宝"1枚。采集标本共6件。	明清
H18	T0510 中东部	H18→⑦	平面近长方形，四壁不规则，平底，壁面无明显修整痕迹	填土为深褐色沙土，土质较疏松	南北长4.1、东西宽1.1、深约0.98米	少量夹砂红陶、泥质红陶、夹砂灰陶、泥质灰陶片，灰陶多，可辨器形有陶盆底、高足、罐底、瓶腹片等，纹饰有绳纹、弦纹、布纹、附加堆纹。采集标本有陶罐底、筒瓦、板瓦、板瓦、印纹硬陶片共4件。	汉代
H19	T0510 东北部	H18→ H19→⑦	平面近圆形，弧壁，圈底，壁面无明显修整痕迹	填土为深褐色沙土，土质较疏松	南北1.58、东西1.5、深0.2米	少量夹砂红陶、泥质灰陶片，可辨器形有陶两足、高足、罐口沿等，纹饰仅有绳纹	春秋战国
H20	T0510 中南部	H20→⑦	平面形状不规则，弧壁，斜底，壁面无明显修整痕迹	填土为深褐色沙土，土质较疏松	东西长4.1、南北宽2.65、深0.67米	少量夹砂红陶、泥质红陶、夹砂灰陶、泥质灰陶片、灰陶多，可辨器形有陶两腹片、高足、缸底、罐口沿、钵口沿、井圈、板瓦等，纹饰有绳纹、弦纹、附加堆纹、盆口沿、罐口沿等。采集标本仅有陶罐底、筒瓦、板瓦、高足共3件。	汉代
H21	T0510 中南部	H21→⑦	平面近梯形，弧壁，圈底，壁面无明显修整痕迹	填土为深褐色沙土，土质较疏松	东西长1.36、南北0.66、深0.2米	少量夹砂红陶、泥质红陶、夹砂灰陶、泥质灰陶片、灰陶多，可辨器形有陶豆柄、罐系、井圈、纹瓦等，纹饰有绳纹、菱形暗纹、附加堆纹、罐口沿、罐底、高足共2件。	西晋
H22	T0510 东南部	H21→ H22→⑦	平面近长方形，尖弧壁，平底，壁面无明显修整痕迹	填土为深褐色沙土，土质较疏松	南北长1.14、东西宽0.89、深0.32米	少量夹砂红陶、泥质红陶、夹砂灰陶、泥质灰陶片，灰陶多，可辨器形有陶两口沿、罐口沿、筒瓦、板瓦等，纹饰有绳纹、弦纹	汉代
H23	T0509 东北部	H23→⑦	平面近长方形，弧壁，底不平，壁面无明显修整痕迹	填土为深褐色沙土，夹杂红色胶泥，较疏松	东西长1.7、南北宽1.2、深1.26米	少量夹砂红陶、泥质灰陶、夹砂灰陶、泥质灰陶盆口沿、盆底、罐口沿、罐足、纺轮、带把罐、井圈、板瓦、筒瓦及青花瓷碗、方格纹硬陶片以及印纹硬陶和青花瓷片，可辨器形有陶两腹片、高腹片、高足、附加堆纹、弦纹、菱形暗纹、斜线暗纹，另有鹿角、铜顶针各1件。采集标本共9件。	明清

续附表七

编号	位置	层位关系	形状结构	填土	尺寸（米）	出土遗物	时代
H24	T0509 中北部	H24→⑦	平面椭圆形，弧壁，圆底，壁面无明显修整痕迹	填土为灰褐色沙土，土质较流松	南北1.24、东西0.8、深0.21米	少量夹砂红陶、泥质红陶、泥质灰陶、夹砂灰陶，缸口沿，罐口沿，井圈，板瓦等，纹饰有绳纹、弦纹、菱形暗纹	西晋
H25	T0509 中北部	H25→⑦	平面近椭圆形，弧壁，圆底，壁面无明显修整痕迹	填土为灰褐色沙土，土质较流松	南北1.1、东西1.1、深约0.48米	少量泥质红陶、夹砂灰陶片，灰陶多，可辨器形有陶罐口沿，盆口沿，高足，井圈，板瓦，筒瓦等，纹饰有绳纹、弦纹、菱形纹、附加堆纹	汉代
H26	T0509 东北部	H24→；H26→⑦	平面近椭圆形，弧壁，圆底，壁面无明显修整痕迹	填土为灰褐色沙土，土质较流松	东西1.6、南北1.2、深0.26米	少量夹砂灰陶残片，可辨器形有陶罐腹片，纺轮，筒瓦，板瓦等，纹饰有绳纹、附加堆纹，另有鹿角1件	汉代
H27	T0509 中部	H27→⑦	平面近椭圆形，弧壁，圆底，壁面无明显修整痕迹	填土为灰褐色沙土，土质较流松	南北1.9、东西1.5、深0.4米	少量灰陶片	汉代
H28	T0509 西北部	H28→⑦	平面近圆形，弧壁，斜底，壁面无明显修整痕迹	填土为灰褐色沙土，夹杂少量黄斑土，土质较致密	南北1.48、东西1.4、深0.28米	少量夹砂红陶、灰陶片，灰陶多，可辨器形有陶两口沿，高足，罐口沿等，纹饰有绳纹、附加堆纹、戳印纹	春秋战国
H29	T0409 东北部和 T0509 西北部	H29→⑦	平面椭圆形，弧壁，近平底，壁面无明显修整痕迹	填土为灰褐色沙土，土质较流松	东西2.22、南北1.54、深0.22米	少量夹砂红陶、灰陶片，可辨器形有陶两口沿，高足，罐口沿等，纹饰有绳纹、附加堆纹，板瓦内表有菱形纹	汉代
H30	T0409 中东部	H29→；H30→⑦	平面近圆形，弧壁，近平底，壁面无明显修整痕迹	填土为灰褐色沙土，土质较流松	南北0.6、东西0.6、深约0.3米	少量夹砂灰陶片，可辨器形有陶罐腹片，纹饰有绳纹、附加堆纹、弦纹	春秋战国
H31	T0409 中东部	H30→；H31→⑦	平面不规则，弧壁，圆底，壁面无明显修整痕迹	填土为灰褐色沙土，土质较流松	南北长2.2、东西宽0.96、深约0.32米	少量夹砂灰陶片，可辨器形有陶盆口沿，纹饰有绳纹、弦纹	春秋战国
H32	T0509 中西部	H32→⑦	平面不规则，底不平，壁面无明显修整痕迹	填土为灰褐色沙土，土质较流松	南北长1.04、东西0.92、深约0.22米	少量夹砂灰陶、红陶片，灰陶多，可辨器形有陶罐口沿，盆口沿，井圈，板瓦，筒瓦等，纹饰有绳纹、弦纹、菱形纹，罐底、菱形暗纹	西晋
H33	T0408 东南部	H33→⑦	平面近圆形，弧壁，圆底，壁面无明显修整痕迹	填土为灰褐色沙土，土质较流松	南北0.72、东西0.73、深0.49米	少量灰陶片，青花瓷片等	明清
H34	TG1 中东部	②→；H34→③	平面椭圆形，弧壁，平底，壁面无明显修整痕迹	填土为灰褐色黏土，土质较流松	东西1.1、南北0.92、深1.1米	少量夹砂灰陶、红陶多，灰陶多，可辨器形有陶高两口沿，罐底，板瓦、筒瓦等，纹饰有绳纹、弦纹、菱形纹、菱形暗纹，另有少量青花瓷片	明清

续附表七

编号	位置	层位关系	形状结构	填土	尺寸（米）	出土遗物	时代
H35	TG1中东部	②→H35→③	平面不规则，弧壁，底不平，壁面无明显修整痕迹	填土为灰褐色沙土，土质较疏松	南北长1.02，东西宽0.8，深0.06米	少量泥质陶片、青花瓷片	明清
H36	TG1中东部	②→H36→③	平面近半月形，弧壁，圆底，壁面无明显修整痕迹	填土为灰褐色沙土，土质较疏松	东西2.4，南北1.49，深约0.7米	少量夹砂灰陶、红陶片和釉陶瓷片，灰陶多，可辨器形有陶罐口沿、罐系、盆口沿、板瓦及酱釉缸口沿，黑釉碗等，纹饰有绳纹、弦纹。采集黑釉碗1件	明清
H37	TG1东南部	②→H37→③	平面不规则，弧壁，圆底，壁面无明显修整痕迹	填土为灰褐色沙土，土质较疏松	南北长1.16，东西宽0.94，深0.15米	少量陶、瓷器碎片。采集标本陶盆、青花瓷碗各1件	明清
H38	TO409中南部	H38→⑦	平面近椭圆形，弧壁，圆底，壁面无明显修整痕迹	填土为灰褐色沙土，土质较疏松	东西3.8，南北0.84，深0.44米	少量夹砂灰陶、红陶及泥质灰陶片，灰陶多，可辨器形有陶碗、罐系、罐底、板瓦等，纹饰有绳纹、水波纹、菱形暗纹。采集陶碗1件	西晋
H39	TO409西南部	H38→ H39→⑦	平面近椭圆形，弧壁，圆底，壁面无明显修整痕迹	填土为灰褐色沙土，土质较疏松	东西2.84，南北1.46，深0.4米	少量夹砂灰陶，灰陶多，可辨器形有陶高足、罐口沿、罐腹片、罐系、弦纹，另有铜簪1件、纹饰有菱形暗纹，陶罐高口沿、绳纹。采集标本有铜簪、陶碗各1件	西晋
H41	TO408东北部	H41→⑦	平面不规则，弧壁，圆底，壁面无明显修整痕迹	填土为灰褐色沙土，土质较疏松	南北长1.24，东西宽0.77，深0.08米	少量夹砂灰陶片，灰陶多，可辨器形有陶罐底、板瓦等，纹饰仅有绳纹	汉代
H42	TO408东北部	H42→⑦	平面近椭圆形，弧壁，圆底，壁面无明显修整痕迹	填土为灰褐色沙土，土质较疏松	南北1.3，东西0.66，深0.1米	少量夹砂灰陶，可辨器形仅有罐腹片，纹饰有绳纹。另有附加堆纹，天下颌骨1块	春秋战国
H43	TO408东北部	H43→⑦	平面近圆形，弧壁，近平底，壁面无明显修整痕迹	填土为灰褐色沙土，土质较疏松	南北1.66，东西1.68，深0.22米	少量夹砂灰陶，红陶片，可辨器形有陶高足、罐腹片，纹饰有绳纹、弦纹，附加堆纹，另有蚌壳1枚	春秋战国
H44	TO408中东部	H44→⑦	平面不规则，近平，壁面无明显修整痕迹	填土为灰褐色沙土，夹杂少量黄斑土，土质较疏松	南北1.86，东西1.75，深0.22米	少量夹砂灰陶，可辨器形有陶罐口沿、高腹片、高足、瓿腹片、罐底等，纹饰有绳纹、弦纹，附加堆纹、戳印纹	春秋战国
H45	TO408中北部	H45→⑦	平面不规则，弧壁，圆底，壁面无明显修整痕迹	填土为灰褐色沙土，土质较疏松	东西长1.12，南北宽0.7，深0.16米	夹砂灰陶、红陶片，灰陶多，可辨器形有陶罐口沿、罐腹片、盆口沿、井圈、板瓦等，纹饰有绳纹，附加堆纹	汉代
H46	TO408西北部	H46→⑦	平面近圆形，斜壁，圆底，壁面无明显修整痕迹	填土为灰褐色沙土，土质较疏松	南北1.5，东西1.06，深0.22米	少量夹砂灰陶，红陶及泥质灰陶片，灰陶多，可辨器形有陶盆口沿、罐底、筒瓦等，纹饰有绳纹、弦纹	汉代
H47	TO408西北部	H46→ H47→⑦	平面近圆形，弧壁，圆底，壁面无明显修整痕迹	填土为灰褐色沙土，土质较疏松	南北1.3，东西1.24，深0.54米	少量夹砂灰陶，红陶片，灰陶多，可辨器形有陶高口沿、罐口沿及板瓦、纹饰有绳纹、弦纹，另有鹿角1件	汉代

续附表七

编号	位置	层位关系	形状结构	填土	尺寸（米）	出土遗物	时代
H48	T0508中西部	H48→⑦	平面近圆形、孤壁、底略平，壁面无明显修整痕迹	填土为浅灰褐色沙土，土质疏松	南北1.98、东西1.98、深0.2米	少量夹砂灰陶、红陶片，可辨器形有陶高足、盆口沿、罐腹片、纹饰仅有绳纹，另有蚌壳2枚	春秋战国
H49	T0508东北部	H49→⑦	平面近圆形、孤壁、平底，壁面无明显修整痕迹	填土为黄褐色沙土，土质较致密	南北1.8、东西1.6、深0.89米	少量夹砂灰陶，可辨器形有陶盆口沿、离足等，纹饰有绳纹，另有骨器1件	春秋战国
H50	TG1东北部	②→ H50→③	平面近长方形、直壁、平底，壁面无明显修整痕迹	填土为灰褐色沙土，土质较疏松	南北长1.3、东西宽0.58、深0.5米	少量夹砂灰陶和泥质灰陶、红陶片，灰陶多，可辨器形有陶盆口沿、盆底、高足、板瓦、筒瓦等，纹饰有绳纹、布纹、菱形暗纹，另有少量青花瓷片。采集钱币、骨簪、盆口沿各1件	明清
H51	T0506西北部	H12→ H51→⑦	平面近方形、孤壁、圆底，壁面无明显修整痕迹	填土为灰褐色沙土，土质较疏松	东西长1.06、南北宽0.7、深0.38米	少量夹砂、泥质灰陶片，可辨器形有罐口沿、罐腹片、盆底、板瓦等，纹饰有附加堆纹	汉代
H52	T0506中东部	H52→⑦	平面尖圆形、孤壁、圆底，壁面无明显修整痕迹	填土为浅灰色沙土，土质较致密	南北0.45、东西0.3、深0.11米	无	汉代
H53	T0506中东部	H53→⑦	平面尖圆形、孤壁、圆底，壁面无明显修整痕迹	填土为浅灰色沙土，土质较致密	南北1、东西0.58、深0.1米	无	汉代
H54	T0506中东部	H54→⑦	平面呈椭圆形、孤壁、圆底，壁面无明显修整痕迹	填土为灰褐色沙土，土质较疏松	东西1.85、南北1.05、深0.43米	少量夹砂灰陶、红陶片，可辨器形有陶高两口沿、豆盘、罐腹片、板瓦等，纹饰有绳纹、弦纹、菱形纹、戳印纹，另有少量蚌壳	汉代
H55	T0406东北部	H55→⑦	平面近圆形、孤壁、近平底，壁面无明显修整痕迹	填土为灰褐色沙土，土质疏松	东西0.65、南北0.6、深0.17米	少量灰陶片	汉代
H56	T0406中南部	H56→⑦	平面椭圆形、孤壁、近平底，壁面无明显修整痕迹	填土为灰褐色沙土，土质疏松	南北1.02、东西0.7、深0.2米	少量夹砂灰陶、红陶片，灰陶多，可辨器形有陶两足、罐腹片等，纹饰仅有绳纹	春秋战国
H57	T0406东北部	H57→⑦	平面近长方形、孤壁、圆底，壁面无明显修整痕迹	填土为黄褐色沙土，土质较疏松	东西长1.7、南北宽0.86、深0.6米	少量陶片、白瓷片，可辨器形有陶碗，皆素面	唐末
H58	T0405东北部	H58→⑦	平面近长方形、孤壁、圆底，壁面无明显修整痕迹	填土为灰褐色沙土，土质疏松	南北长1.12、东西宽0.65、深0.82米	少量夹砂红陶、泥质红陶、夹砂灰陶、泥质灰陶，灰陶多，可辨器形有陶盆口沿、罐口沿、盆底、罐底、板瓦、筒瓦等，纹饰有绳纹、弦纹	汉代
H59	T0405东北部	H57、H58→ H59→⑦	平面近长方形、孤壁、圆底，壁面无明显修整痕迹	填土为灰褐色沙土，土质疏松	南北长2.2、东西宽0.6、深0.92米	少量夹砂灰陶、红陶片，可辨器形有陶盆口沿、盆底、罐底、板瓦、筒瓦等，纹饰仅有绳纹	汉代

续附表七

编号	位置	层位关系	形状结构	填土	尺寸（米）	出土遗物	时代
H60	T0505北部	H60→⑦	平面近长方形，弧壁，圆底，壁面无明显修整痕迹	填土为灰褐色沙土，土质较疏松	东西长2.06，南北宽0.8，深1.34米	少量夹砂灰陶、红陶片等，可辨器形有陶盆口沿、罐底、豆盘、豆柄、筒瓦、板瓦等，纹饰有绳纹、弦纹。采集标本陶纺轮2件	汉代
H61	T0505中北部	H61→⑦	平面近梯形，弧壁，圆底，壁面无明显修整痕迹	填土为灰褐色沙土，土质较疏松	南北长1.94，东西宽1.48，深0.46米	少量砂灰陶、红陶片及青花瓷片，可辨器形有陶盆口沿、高足、罐口沿、罐底、筒瓦、板瓦等，纹饰有绳纹、弦纹，附加堆纹、菱形暗纹	明清
H62	T0505中西部	H62→⑦	平面近长方形，弧壁，圆底，壁面无明显修整痕迹	填土为灰褐色沙土，土质较疏松	东西长2.2，南北宽1.3，深0.56米	少量夹砂灰陶、红陶片，可辨器形有陶盆口沿、罐系、筒瓦、板瓦等，纹饰有绳纹、弦纹、篮纹，附加堆纹。另有陶滴水1件	明清
H63	T0505中西部	H61，H62→ H63→⑦	平面近长方形，弧壁，北半部坑壁向内折收，圆底，壁面无明显修整痕迹	填土为灰褐色沙土，土质较疏松	南北长1.56，东西宽0.98，深0.96米	少量夹砂灰陶、红陶及泥质红陶片，可辨器形有陶盆口沿、盆底、罐口沿、高足、筒瓦、板瓦等，纹饰有篮纹、绳纹、布纹、弦纹，另有陶门枢1件。采集标本共5件	明清
H64	T0506东南部	H64→⑦	平面近椭圆形，弧壁，圆底，壁面无明显修整痕迹	填土为灰褐色沙土，土质较疏松	南北1.2，东西0.66，深0.36米	少量夹砂、泥质灰陶片，可辨器形有陶罐底、板瓦等，纹饰有绳纹、弦纹、菱形暗纹	西晋
H65	T0505北部	H65→⑦	平面近长方形，弧壁，圆底，壁面无明显修整痕迹	填土为深褐色沙土，土质较疏松	南北长4.01，东西宽1.16，深0.26米	少量夹砂灰陶、红陶片及青花瓷片，可辨器形有陶盆口沿、盆底、罐口沿、罐系等，纹饰有绳纹、弦纹、菱形暗纹	明清
H66	T0407东南部	H66→⑦	平面近长方形，弧壁，圆底，壁面无明显修整痕迹	填土为灰褐色沙土，土质较疏松	南北长2.72，东西宽1.04，深0.56米	少量夹砂灰陶、红陶片，可辨器形有陶口沿、高足、罐口沿、罐底等，纹饰仅有绳纹	春秋战国
H67	T0507东部	H67→⑦	平面近圆形，弧壁，斜圆底，壁面无明显修整痕迹	填土为黄褐色沙土，土质较致密	东西长1.5，南北1.35，深0.18米	少量夹砂灰陶、红陶片，可辨器形有陶盆口沿、高足、罐口沿、罐底等，纹饰仅有绳纹	春秋战国
H68	T0505东北部	H68→⑦	平面近圆形，弧壁，圆底，壁面无明显修整痕迹	填土为灰褐色沙土，土质较疏松	东西长1.72，南北1.48，深0.66米	少量夹砂红陶、泥质灰陶、夹砂灰陶，可辨器形有陶盆口沿、腰沿盆、高足、罐口沿、板瓦、滴水等，纹饰有绳纹、弦纹，附加堆纹，另有铜顶针1件及少量蚌壳。采集标本共2件	明清
H69	T0505东北部	H69→⑦	平面近长方形，弧壁，圆底，壁面无明显修整痕迹	填土为灰褐色沙土，土质较疏松	东西长2.26，南北宽1.36，深0.39米	少量夹砂、泥质红陶片，可辨器形有陶盆口沿、盆底、缸口沿、井圈等，纹饰有绳纹、菱形暗纹	西晋
H70	T0505东北部	H69→ H70→⑦	平面近椭圆形，弧壁，圆底，壁面无明显修整痕迹	填土为黑灰色沙土，土质较疏松	东西长1.2，南北0.95，深0.46米	少量夹砂、泥质灰陶片，可辨器形有陶盆口沿、盆底等，纹饰有绳纹、弦纹、菱形暗纹	西晋

续附表七

编号	位置	层位关系	形状结构	填土	尺寸（米）	出土遗物	时代
H71	T0605 西北部	H69→H71→⑦	平面呈圆角长方形，弧壁，斜底，壁面无明显修整痕迹	填土为灰色沙土，土质疏松	南北长1.62、东西宽1.32、深0.55米	少量夹砂灰陶、红陶片及泥质红陶片，可辨器形有陶盆口沿、盆底、罐口沿、罐系、罐底等，纹饰有绳纹、水波纹、篮底纹、菱形暗纹。采集标本仅有陶盆口沿1件	西晋
H72	T0606 中南部	H72→⑦	平面椭圆形，弧壁，圈底，壁面无明显修整痕迹	填土为灰色沙土，土质疏松	南北2.3、东西1.95、深0.5米	少量夹砂灰陶、红陶片，灰陶多，可辨器形有陶盆口沿、盆底、缸口沿、高足、板瓦、筒瓦等，纹饰有绳纹、菱形暗纹	西晋
H73	T0606 中南部	H72→H73→⑦	平面近长方形，弧壁，圈底，壁面无明显修整痕迹	填土为灰色沙土，土质疏松	东西长3.12、南北1.06、深0.54米	少量夹砂红陶、泥质红陶、泥质灰陶，可辨器形有陶盆口沿、高足、板瓦等，纹饰有绳纹、水波纹、菱形暗纹	西晋
H74	T0505 东北部	H68→H74→⑦	平面近长方形，斜壁，弧壁，壁面无明显修整痕迹	填土为灰褐色沙土，土质疏松	南北长2.93、东西宽1.1、深0.5米	少量夹砂红陶、泥质红陶、夹砂灰陶，可辨器形有陶盆口沿、盆底、罐口沿、筒瓦、板瓦等，纹饰有绳纹、弦纹、戳印纹、菱形暗纹。另有蚌壳1枚、采集标本有陶拍和陶纺轮、陀螺各1件	西晋
H75	T0506 中南部	H74→H75→⑦	平面近长方形，弧壁，圈底，壁面无明显修整痕迹	填土为灰褐色沙土，土质较致密	南北长2.06、东西宽0.96、深0.6米	少量夹砂红陶、泥质灰陶，可辨器形有陶盆口沿、罐口沿、高足等，纹饰有绳纹、弦纹	汉代
H76	T0606 西北部	H76→⑦	平面近圆形，弧壁，底较平，壁面无明显修整痕迹	填土为灰黄色沙土，土质致密	南北2.3、东西2.22、深0.24米	少量夹砂灰陶、泥质红陶，夹砂灰陶多，可辨器形有釜口沿、盆口沿、盆底、罐底等，纹饰有绳纹、弦纹、釜口沿。采集标本有陶拍和釜口沿	春秋战国
H77	T0606 北部	H77→⑦	平面近椭圆形，平底，直壁，壁面无明显修整痕迹	填土为灰褐色沙土，土质较致密	东西1.42、南北1.16、深0.12米	少量夹砂灰陶片，可辨器形有陶缸口腹片，纹饰有附加堆纹、绳纹	汉代
H78	T0606 中北部	H78→⑦	平面近椭圆形，弧壁，圈底，壁面无明显修整痕迹	填土为灰色沙土，土质较疏松	东西1.72、南北1.26、深0.14米	少量夹砂灰陶、红陶及泥质红陶片，灰陶多，可辨器形有陶罐口沿、高足、板瓦、筒瓦等，纹饰有绳纹、弦纹、布纹等，另有马下颌骨1块	汉代
H79	T0606 中北部	H79→⑦	平面圆形，直壁，平底，壁面无明显修整痕迹	填土为灰色沙土，土质疏松	直径0.7、深0.16米	无	汉代
H80	T0606 中东部	H80→⑦	平面不规则，直壁，圈底，壁面无明显修整痕迹	填土为灰色沙土，土质疏松	南北长2.1、东西宽1.96、深0.15米	少量夹砂灰陶、红陶片及泥质红陶片，灰陶多，可辨器形有陶瓮口沿、高足、板瓦、筒瓦等，纹饰有绳纹、弦纹	汉代
H81	T0606 中东部	H80→H81→⑦	平面近圆形，直壁，平底，壁面无明显修整痕迹	填土为灰褐色沙土，土质较致密	直径2、深0.5米	少量夹砂灰陶、红陶片，灰陶多，可辨器形有陶盆底、高足、井圈等，纹饰有绳纹、弦纹、附加堆纹	汉代

续附表七

编号	位置	层位关系	形状结构	填土	尺寸（米）	出土遗物	时代
H82	TG1东南部	④→H82→⑤	平面不规则，弧壁，圆底，壁面无明显修整痕迹	填土为灰褐色沙土，土质较疏松	南北长1.4，东西宽1.4，深0.4米	少量灰陶片，皆素面	明清
H83	TG1东部	⑤、H82→H83→⑥	平面半椭圆形，弧壁，圆底，壁面无明显修整痕迹	填土为灰褐色沙土，土质较疏松	东西0.84，南北0.7，深0.66米	少量夹砂灰陶，可辨器形有陶罐口沿、板瓦、筒瓦等，纹饰有绳纹、弦纹	唐末
H84	TG1中东部	⑤、G2→H84→⑥	平面半圆形，弧壁，圆底，壁面无明显修整痕迹	填土为灰褐色沙土，土质较疏松	南北1.08，东西0.9，深0.36米	少量夹砂灰、红陶片	唐末
H85	TG1中东部	⑤→H85→⑥	平面呈半圆形，弧壁，圆底，壁面无明显修整痕迹	填土为灰褐色沙土，土质较疏松	南北1.54，东西0.4，深0.15米	少量夹砂灰陶片，皆素面	唐末
H86	TG1中东部	⑤→H86→⑥	平面形状不规则，直壁，平底，壁面无明显修整痕迹	填土为灰褐色沙土，土质较疏松	南北1，东西0.96，深0.15米	少量夹砂灰陶，红陶片，可辨器形有陶罐两口沿、高腹片等，纹饰有绳纹、弦纹，另有数片白瓷片，青瓷片	唐末
H87	TG1中东部	⑤→H87→⑥	平面近圆形，直壁，平底，壁面无明显修整痕迹	填土为灰褐色沙土，土质较疏松	南北1.05，东西1，深0.45米	少量夹砂灰陶，红陶片和黄釉瓷片，板瓦等，纹饰有绳纹、弦纹，菱形纹	唐末
H88	TG1东部	⑤、H87→H88→⑥	平面形状不规则，直壁，平底，壁面无明显修整痕迹	填土为灰褐色沙土，土质较疏松	南北0.85，东西0.7，深0.45米	少量夹砂灰陶，红陶片，可辨器形有陶两足、罐底、筒瓦、板瓦等，采集标本板瓦1件	唐末
H89	T0605中部	H89→⑦	平面近方形，弧壁，圆底，壁面无明显修整痕迹	填土为灰色沙土，土质较疏松	边长1.15，深0.15米	少量夹砂灰陶，红陶片，可辨器形有陶两足、筒瓦、板瓦等，纹饰有绳纹、弦纹，附加堆纹	汉代
H90	T0605中部	H89→⑦	平面近长方形，弧壁，圆底，壁面无明显修整痕迹	填土为浅黄色沙土，土质较致密	东西长2.6，南北0.98，深1.05米	少量夹砂灰陶，红陶片，可辨器形有陶高口沿、盆口沿、筒瓦等，纹饰有绳纹、弦纹，菱形纹，附加堆纹	汉代
H91	T0605中东部	H91→⑦	平面近长方形，直壁，近平底，壁面无明显修整痕迹	填土为灰色沙土，土质较疏松	南北长1.4，东西宽1，深0.4米	少量夹砂灰陶，红陶片，灰陶多，可辨器形有陶高口沿、高足、罐底、井圈、板瓦等，纹饰有绳纹、弦纹	汉代
H92	T0605东北部	H92→⑦	平面近椭圆形，弧壁，圆底，壁面无明显修整痕迹	填土为灰色沙土，土质较疏松	东西3.56，南北1.5，深0.38米	少量夹砂灰陶，红陶片及青花瓷片，灰陶多，可辨器形有陶罐口沿、盆口沿，纹饰有绳纹、弦纹，菱形纹	明清
H93	T0705西北部	H93→⑦	平面近椭圆形，弧壁，圆底，壁面无明显修整痕迹	填土为灰色沙土，夹杂少量黄斑土，土质较疏松	东西1.66，南北1.3，深0.38米	少量夹砂红陶，泥质红陶，夹砂灰陶，泥质灰陶片及青花瓷片，灰陶多，可辨器形有陶盆口沿、盆底、筒瓦及青花瓷碗等，纹饰暗有绳纹、弦纹，布纹。采集标本1件	明清

续附表七

编号	位置	层位关系	形状结构	填土	尺寸（米）	出土遗物	时代
H94	T0605东北部	H92、H93→⑦、H94→⑦	平面呈近长方形、弧壁、圜底，壁面无明显修整痕迹	填土为灰黄色沙土，土质较流松	东西长6.36、南北宽1.1、深0.76米	少量夹砂红陶、泥质红陶，夹砂灰陶、泥质灰陶片，有陶盆口沿、缸口沿、罐系，盆口沿、瓮口沿、门板、井圈、板瓦等，纹饰有绳纹、回纹，附加堆纹，另有鹿形、席纹印纹硬陶片1件。采集标本4件	明清
H95	T0605东北部	H92→⑦、H95→⑦	平面不规则、弧壁、斜底，壁面无明显修整痕迹	填土为灰黄色沙土，土质较流松	东西长2.46、南北宽0.4、深0.24米	少量夹砂灰陶，红陶多，可辨器形有陶高足、井圈、筒瓦等，纹饰有绳纹、弦纹	汉代
H96	T0605北部	H94→⑦、H96→⑦	平面圆角长方形、弧壁、圜底，壁面无明显修整痕迹	填土为灰色沙土，土质较流松	东西长1.46、南北宽1.05、深0.3米	少量夹砂灰陶，红陶片，可辨器形有陶高足、盆口沿、罐腹片、井圈、板瓦等，纹饰有绳纹、菱形纹、弦纹、水波纹。采集板瓦、陶高足各1件	汉代
H97	T0606东南部	H73、H96→⑦、H97→⑦	平面圆形、直壁、平底，壁面无明显修整痕迹	填土为黄褐色沙土，土质较流松	直径2.28、深0.25米	少量夹砂灰陶，红陶片	汉代
H98	T0705西北部	H93、H94→⑦、H98→⑦	平面圆角长方形、弧壁、圜底，壁面无明显修整痕迹	填土为灰色沙土，夹杂少量黄斑土、土质较流松	东西长2.1、南北宽0.8、深0.28米	少量夹砂灰陶，红陶片，可辨器形有陶罐底、板瓦、筒瓦等，纹饰有绳纹、弦纹、菱形纹、布纹	汉代
H99	T0610中部	H99→⑦	平面呈不规则长条形、弧壁、圜底，壁面无明显修整痕迹	填土为黄褐色黏土，土质较致密	南北长2.86、东西宽0.94、深0.4米	少量夹砂灰陶，红陶片，可辨器形有陶高足、板瓦等，纹饰有绳纹、弦纹	汉代
H100	T0607中南部	H100→⑦	平面呈圆形、弧壁、圜底，壁面无明显修整痕迹	填土为灰黄色沙土，土质较流松	南北1.72、东西1.64、深0.18米	少量夹砂灰陶，红陶片，灰陶多，可辨器形有陶高足、盆口沿等，纹饰仅有绳纹	春秋战国
H101	T0607中南部	H100→、H101→⑦	平面呈圆形、弧壁、近平底，壁面无明显修整痕迹	填土为灰褐色沙土，土质较流松	东西长1.6、南北1.48、深0.28米	少量夹砂灰陶，红陶及泥质灰陶片，灰陶多，可辨器形有陶高两口沿、高足，纹饰仅有绳纹	春秋战国
H102	T0607中南部	M3、H100→、H102→⑦	平面圆形、弧壁、斜底，壁面无明显修整痕迹	填土为黄褐色沙土，土质较致密	直径1.9、深0.4米	少量夹砂灰陶，红陶及泥质灰陶片，灰陶多，可辨器形有陶高两口沿、高足、高腹片等，纹饰仅有绳纹	春秋战国
H103	T0610中南部	H103→⑦	平面长条形、弧壁、斜底，壁面无明显修整痕迹	填土为黄褐色沙土，土质较致密	南北长2.9、东西宽0.8、深0.39米	少量夹砂灰陶，红陶片，灰陶多，可辨器形有陶盆口沿、罐口沿、罐腹片、罐底、高足、井圈、板瓦、筒瓦等，纹饰有绳纹、弦纹、菱形暗纹	西晋

续附表七

编号	位置	层位关系	形状结构	填土	尺寸（米）	出土遗物	时代
H104	T0710 中北部	H104→⑦	平面近圆形，弧壁，圆底，壁面无明显修整痕迹	填土为深褐色沙土，土质较致密	南北1.2、东西1.1、深0.76米	无	汉代
H105	T0710 东北部	H105→⑦	平面不规则，弧壁，圆底，壁面无明显修整痕迹	填土为黄褐色黏土，土质较致密	东西长1.9、南北宽1.14、深0.24米	无	汉代
H106	T0709 中南部	H106→⑦	平面近椭圆形，弧壁，圆底，壁面无明显修整痕迹	填土为灰褐色黏土，土质较致密	南北1.6、东西0.92、深0.2米	少量夹砂灰陶，红陶片，灰陶多，可辨器形有陶高足、罐口沿、盆底、井圈等，纹饰有绳纹、菱形暗纹、布纹	西晋
H107	T0710 中部	H107→⑦	平面不规则条形，弧壁，圆底，壁面无明显修整痕迹	填土为灰褐色沙土，土质较疏松	南北长2.87、东西宽1、深0.67米	少量夹砂灰陶，红陶片，灰陶多，可辨器形有陶高足、盆口沿、高足、盆底、菱形纹、菱形暗纹、筒瓦、板瓦等，纹饰有绳纹、弦纹、附加堆纹	西晋
H108	T0710 中东部	H108→⑦	平面椭圆形，弧壁，圆底，壁面无明显修整痕迹	填土为黄褐色沙土，土质较致密	东西0.7、南北0.45、深0.12米	无	汉代
H109	T0710 中部	H108→ H109→⑦	平面近椭圆形，弧壁，圆底，壁面无明显修整痕迹	填土为灰褐色沙土，土质较致密	南北1.55、东西0.96、深0.16米	少量夹砂灰陶，红陶片，灰陶多，可辨器形有陶罐腹片、井圈、盆底、板瓦、筒瓦等，纹饰有绳纹、弦纹	汉代
H110	T0710 中东部	H110→⑦	平面近圆形，弧壁，圆底，壁面无明显修整痕迹	填土为灰褐色沙土，土质较疏松	南北1.68、东西1.64、深0.4米	少量夹砂灰陶，红陶片，灰陶多，可辨器形有陶罐腹片、盆口沿、高足、井圈、筒瓦、板瓦等，纹饰有绳纹、弦纹、方格纹、附加堆纹。另有蚌壳1件	汉代
H111	T0709 中北部	H111→⑦	平面半圆形，弧壁，底平，壁面无明显修整痕迹	填土为灰褐色沙土，土质较疏松	东西长2.4、南北宽1.5、深0.3米	少量夹砂灰陶，红陶，泥质红陶片，灰陶多，可辨器形有陶罐底、井圈、板瓦、筒瓦等，纹饰有绳纹、弦纹、菱形纹、布纹	汉代
H112	T0709 东北部	H112→⑦	平面近椭圆形，弧壁，圆底，壁面无明显修整痕迹	填土为深褐色沙土，土质较致密	南北2.28、东西0.76、深0.26米	少量夹砂灰陶，红陶和泥质灰陶片以及青花瓷片，灰陶多，可辨器形有陶高足、盆口沿、盆底、斜线暗纹、菱形暗纹、板瓦及青花瓷碗等，纹饰有绳纹。采集标本青花瓷碗1件	明清
H113	T0709 中东部	H113→⑦	平面近椭圆形，弧壁，底不平，壁面无明显修整痕迹	填土为黄褐色沙土，土质较致密	南北3.6、东西1.06、深0.3米	少量夹砂灰陶，红陶和泥质红陶片以及青花瓷片，灰陶多，可辨器形有陶高足、盆口沿、缸口沿、罐口沿、板瓦、筒瓦及青花瓷碗等，纹饰有绳纹、弦纹、菱形暗纹。采集标本1件	明清
H114	T0708 东北部	H114→⑦	平面长圆形，弧壁，圆底，壁面无明显修整痕迹	填土为黄褐色沙土，土质较致密	东西2.33、南北0.7、深0.23米	少量夹砂灰陶，红陶片及青花瓷片，灰陶多，可辨器形有陶高口沿、盆口沿、罐口沿及青花瓷碗等，纹饰有绳纹、菱形暗纹。采集标本青花瓷碗1件	明清

续附表七

编号	位置	层位关系	形状结构	填土	尺寸（米）	出土遗物	时代
H115	T0708东南部	H115→⑦	平面近圆形，弧壁，圆底，壁面无明显修整痕迹	填土为褐色沙土，土质较致密	南北1.95、东西1.6、深0.4米	少量夹砂灰陶、红陶片，灰陶多，可辨器形有陶盆口沿、罐腹片、罐系、高腹片、井圈等，纹饰有绳纹、弦纹、附加堆纹、菱形纹、菱形暗纹、斜线暗纹。采集标本仅有陶纺轮1件	西晋
H116	T0707东南部	H116→⑦	平面椭圆形，弧壁，圆底，壁面无明显修整痕迹	填土为灰褐色沙土，土质软较松	南北0.84、东西0.6、深0.18米	少量夹砂灰陶、红陶片，可辨器形有陶罐腹片、板瓦等，纹饰有绳纹、菱形暗纹、波浪暗纹	西晋
H117	T0707东南部	H116→，H117→⑦	平面近长方形，弧壁，圆底，壁面无明显修整痕迹	填土为灰褐色沙土，土质软较松	南北长3、东西宽2.15、深0.4米	少量夹砂灰陶、红陶片，灰陶多，可辨器形有陶罐两高口沿、高足、盆口沿、罐口沿、罐系、筒瓦、板瓦等，纹饰有绳纹、弦纹、布纹、菱形暗纹。采集标本有陶纺轮、饼、扣、罐各1件	西晋
H118	T0707东南部	H116，H117→，H118→⑦	平面椭圆形，弧壁，底不平，壁面无明显修整痕迹	填土为灰褐色沙土，土质软较松	南北2.2、东西1.02、深0.34米	少量夹砂灰陶、红陶片，灰陶多，可辨器形有陶罐口沿、罐底、瓮口沿、盆口沿、盆底及酱釉碗、筒瓦等，纹饰有绳纹、弦纹、附加堆纹、斜线暗纹。采集有陶纺轮、盆口沿及花砖、酱釉碗等共5件	西晋
H119	T0707中东部	H116，H117，H118→，H119→⑦	平面半圆形，弧壁，圆底，壁面无明显修整痕迹	填土为灰褐色沙土，土质软较松	南北2.16、东西1.48、深0.72米	少量夹砂灰陶、红陶片，灰陶多，可辨器形有陶盆口沿、罐口沿、罐系、罐底、高足等，纹饰有绳纹、弦纹、菱形暗纹、附加堆纹，另有铜构件1件	西晋
H120	T0706中东部	H120→⑦	平面近方形，弧壁，圆底，壁面无明显修整痕迹	填土为灰褐色沙土，土质软较松	东西长0.67、南北宽0.6、深0.12米	少量夹砂灰陶、红陶片，灰陶多，可辨器形有陶罐高足、罐口沿、罐腹片、井圈、筒瓦、板瓦等，纹饰有绳纹、弦纹、菱形纹、斜线暗纹	西晋
H121	T0706中西部	H121→⑦	平面圆角长方、圆角底，壁面无明显修整痕迹	填土为深褐色沙土，土质软较松	东西长1.3、南北宽1.04、深0.37米	少量夹砂灰陶、红陶片，灰陶多，可辨器形有陶盆口沿、盆底、缸口沿、罐底、青花瓷盘等，纹饰有绳纹、弦纹、方格纹	汉代
H122	T0706中部	H122→⑦	平面近长方形，弧壁，圆底，壁面无明显修整痕迹	填土为灰褐色沙土，土质软较松	南北长3.4、东西宽2.14、深1.8米	少量夹砂灰陶、红陶片及青瓷片，青花瓷多，可辨器形有陶罐高两口沿、高足、豆柄、盆口沿、支钉、筒瓦、板瓦及青花罐口沿、青花瓷盘等，纹饰有绳纹、弦纹、菱形暗纹、附加堆纹，另有铜镤、蚌壳、鹿角各1件。采集标本7件	明清
H123	T0706中东部	H122→，H123→⑦	平面近椭圆形，弧壁，圆底，壁面无明显修整痕迹	填土为灰褐色沙土，土质软较松	南北2.4、东西0.8、深0.52米	少量夹砂灰陶及泥质红陶片，灰陶多，可辨器形有陶罐口沿、罐系、罐腹片、罐底、高足、花砖等，纹饰有绳纹、弦纹、菱形暗纹，另有"崇祯通宝"2枚。采集标本3件	明清

续附表七

编号	位置	层位关系	形状结构	填土	尺寸（米）	出土遗物	时代
H124	T0706 东南部	H124→⑦	平面近长方形，弧壁，圆底，壁面无明显修整痕迹	填土为灰褐色沙土，土质较疏松	南北长2.4、东西宽0.7、深0.5米	少量夹砂灰陶，夹砂红陶，泥质红陶片以及青瓷片、青花瓷片，黑釉瓷片，可辨器形有陶盆盆口沿，盆底，高足，板瓦，纺轮及黑釉瓷碗、青瓷碗等，纹饰有绳纹，弦纹，布纹，篮纹。采集标本6件	明清
H125	T0706 东南部	H125→⑦	平面近椭圆形，弧壁，底较平，壁面无明显修整痕迹	填土为灰褐色沙土，土质较疏松	东西1.4、南北0.92、深0.1米	少量夹砂灰陶，红陶及泥质红陶片，灰陶多，可辨器形有陶盆盆口沿，罐底，板瓦，筒瓦等，纹饰有绳纹，弦纹，斜线暗纹。采集标本陶盆口沿1件	西晋
H126	T0706 东南部	H126→⑦	平面近椭圆形，弧壁，圆底，壁面无明显修整痕迹	填土为灰褐色沙土，土质较疏松	东西1.5、南北1、深0.2米	少量夹砂灰陶，红陶片及青花瓷片，可辨器形有陶罐罐口沿、井圈，筒瓦等，纹饰有绳纹，弦纹，菱形纹	明清
H127	T0706 东南部	H126→ H127→⑦	平面近椭圆形，弧壁，圆底，壁面无明显修整痕迹	填土为褐色沙土，土质较疏松	东西1.55、南北1.3、深0.36米	少量夹砂灰陶，泥质红陶片以及青瓷片，青花瓷片，灰陶多，可辨器形有陶罐高足，瓷底，罐底，青花瓷碗等，纹饰有绳纹，弦纹，井圈，菱形纹。采集标本3件	明清
H128	T0706 东南部	H126→ H128→⑦	平面长条形，直壁，斜底，壁面无明显修整痕迹	填土为灰褐色沙土，土质较疏松	东西长1.5、南北宽0.36、深0.26米	少量夹砂灰陶，红陶及泥质红陶片，灰陶多，可辨器形有陶高口沿，足，罐口沿等，纹饰有绳纹，弦纹，附加堆纹，菱形纹，另有米格纹印纹硬陶1片	西晋
H129	T0705 中北部	H129→⑦	平面近圆形，弧壁，圆底，壁面无明显修整痕迹	填土为灰褐色沙土，土质较疏松	东西长1.18、南北0.96、深0.25米	少量夹砂灰陶，红陶片，可辨器形有陶罐口沿，板瓦，筒瓦等，纹饰有绳纹，弦纹	汉代
H130	T0705 东北部	H130→⑦	平面近椭圆形，弧壁，圆底，壁面无明显修整痕迹	填土为灰色沙土，土质较致密	东西1.94、南北0.7、深0.14米	少量夹砂灰陶，红陶片，可辨器形有陶盆盆口沿，盆底，高足，板瓦等，纹饰有绳纹，弦纹，斜线暗纹	西晋
H131	T0705 东北部	H131→⑦	平面圆角长方形，弧壁，圆底，壁面无明显修整痕迹	填土为灰褐色沙土，土质较致密	南北长1.3、东西宽0.6、深0.1米	少量夹砂红陶片及泥质灰陶片，灰陶多，陶罐腹片等，纹饰有绳纹，弦纹，菱形纹	西晋
H132	T0705 中北部	H132→⑦	平面不规则圆形，弧壁，圆底，壁面无明显修整痕迹	填土为灰褐色沙土，土质较致密	南北3.12、东西2.24、深0.38米	少量夹砂红陶，泥质灰陶片，可辨器形有陶罐口沿，盆底，罐系，瓦当等，纹饰有绳纹，菱形暗纹，瓦当。采集瓦当1件	西晋
H133	T0705 中北部	H132→ H133→⑦	平面近长方形，弧壁，圆底，壁面无明显修整痕迹	填土为灰褐色沙土，土质较致密	南北长0.5、东西宽0.75、深0.14米	少量夹砂灰陶，红陶片，可辨器形有板瓦，筒瓦等，纹饰有绳纹，弦纹	汉代

续附表七

编号	位置	层位关系	形状结构	填土	尺寸（米）	出土遗物	时代
H134	T0705东北部	H132→⑦ H134→⑦	平面近椭圆形，弧壁，圆底，壁面无明显修整痕迹	填土为灰褐色沙土，土质较疏松	东西1.86、南北1.2、深0.86米	少量夹砂灰陶，红陶及泥质红陶片，可辨器形有陶盆口沿、高足、豆盘、井圈、板瓦、筒瓦等，纹饰有绳纹、弦纹、菱形纹	汉代
H135	T0705东南部	H135→⑦	平面近长方形，直壁，斜底，壁面无明显修整痕迹	填土为灰褐色沙土，土质较疏松	南北长3.66、东西宽2.14、深0.36米	少量夹砂灰陶，红陶片，可辨器形有陶罐口沿、罐系、罐底、盆口沿、高足、井圈、板瓦、筒瓦等，纹饰有绳纹、弦纹、篮纹、菱形纹	汉代
H136	T0705东南部	H135→⑦ H136→⑦	平面近椭圆形，弧壁，圆底，壁面无明显修整痕迹	填土为灰褐色沙土，土质较疏松	南北2.4、东西1、深0.98米	少量夹砂红陶、泥质灰陶、夹砂灰陶、泥质红陶片，灰陶多，可辨器形有陶罐口沿、罐腹片、罐底、盆口沿、高足、井圈、板瓦、筒瓦等，纹饰有绳纹、弦纹、布纹。采集标本陶两足、板瓦各1件	汉代
H137	T0705中东部	H137→⑦	平面近椭圆形，弧壁，圆底，壁面无明显修整痕迹	填土为灰褐色沙土，土质较致密	南北1.4、东西0.64、深0.41米	少量夹砂灰陶、红陶片，可辨器形有陶罐底、板瓦等，纹饰有绳纹、弦纹	汉代
H138	T0705东南部	H136→⑦ H138→⑦	平面呈半圆形，弧壁，近平底，壁面无明显修整痕迹	填土为灰褐色沙土，土质较疏松	南北1.76、东西0.65、深0.7米	少量夹砂灰陶、红陶片，可辨器形有陶罐口沿、罐腹片、罐底、板瓦等，纹饰有绳纹、弦纹	汉代
H139	T0704东北部	H139→⑦	平面圆角长方形，弧壁，圆底，壁面无明显修整痕迹	填土为褐色沙土，土质较致密	南北长1.7、东西宽0.82、深0.22米	少量夹砂灰陶片，可辨器形有陶板瓦、筒瓦等，纹饰有绳纹、布纹	汉代
H140	T0804中东部	H140→⑦	平面近椭圆形，弧壁，圆底，壁面无明显修整痕迹	填土为灰褐色沙土，土质较疏松	南北1.84、东西1.72、深0.32米	少量夹砂灰陶、红陶片，可辨器形有陶盆口沿、盆底、罐系、板瓦等，纹饰有绳纹、弦纹、菱形纹	汉代
H141	T0804中东部	H140→⑦ H141→⑦	平面刀形，弧壁，底不平，壁面无明显修整痕迹	填土为灰褐色沙土，土质较疏松	东西长3.44、南北宽1.26、深0.16米	少量夹砂灰陶、红陶片，可辨器形有陶盆口沿、罐系等，纹饰仅有绳纹	汉代
H142	T0804中部	H142→⑦	平面近椭圆形，弧壁，圆底，壁面无明显修整痕迹	填土为灰褐色沙土，土质较致密	南北1.9、东西1.62、深0.4米	少量夹砂灰陶、红陶及泥质灰陶片，灰陶多，可辨器形有陶盆高足、盆口沿、罐口沿、罐系、钵口沿、板瓦、筒瓦等，纹饰有绳纹、弦纹、篮纹、菱形暗纹	西晋
H143	T0804西北部	H143→⑦	平面近椭圆形，弧壁，圆底，壁面无明显修整痕迹	填土为黄褐色沙土，土质较致密	南北1.58、东西1、深0.32米	少量夹砂灰陶、红陶片，可辨器形有陶罐腹片、板瓦、筒瓦等，纹饰有绳纹、弦纹、菱形纹	汉代
H144	T0805西南部	H144→⑦	平面椭圆形，弧壁，圆底，壁面无明显修整痕迹	填土为褐色沙土，土质较致密	东西1.04、南北0.74、深0.2米	少量夹砂灰陶、红陶片，可辨器形有陶盆口沿、盆底等，纹饰仅有绳纹	汉代

续附表七

编号	位置	层位关系	形状结构	填土	尺寸（米）	出土遗物	时代
H145	T0805中西部	H145→⑦	平面椭圆形，弧壁，圜底，壁面无明显修整痕迹	填土为灰褐色沙土，土质较疏松	南北2.26、东西0.7，深0.26米	少量夹砂灰陶、夹砂红陶。泥质灰陶片及白瓷片、黄釉瓷片以及黑釉瓷片、可辨器形有陶罐口沿、盆口沿、筒瓦、板瓦及酱釉、黄釉碗等，纹饰有绳纹、弦纹、菱形暗纹。采集有酱釉碗、黄釉碗各1件	唐末
H146	T0805中西部	H146→⑦	平面近圆形，弧壁，圜底，壁面无明显修整痕迹	填土为褐色沙土，质较致密	东西1.2、南北1.1，深0.26米	少量夹砂灰陶片，可辨器形有陶罐口沿、罐底，纹饰有绳纹、弦纹、菱形暗纹，另有方格纹印纹硬陶1片	西晋
H147	T0805西北部	H147→⑦	平面近长方形，弧壁，圜底，壁面无明显修整痕迹	填土为褐色沙土，质较致密	东西长2.25、南北宽1.35，深0.7米	少量夹砂灰陶、红陶片及青花瓷片，可辨器形有陶盆口沿、盆腹片、罐口沿、罐底、青花瓷钵，纹饰有绳纹、弦纹、篮纹、斜线暗纹。采集标本5件	明清
H148	TG1扩方东北部	H148→⑦	平面呈半圆形，弧壁，圜底，壁面无明显修整痕迹	填土为灰褐色沙土，土质较疏松	南北1.24、东西0.8，深0.64米	少量夹砂灰陶片，可辨器形有陶罐底、高足、板瓦、筒瓦等，纹饰有绳纹、弦纹	明清
H149	T0805中西部	H149→⑦	平面近椭圆形，弧壁，圜底，壁面无明显修整痕迹	填土为褐色沙土，质较致密	南北1.4、东西0.82，深0.4米	少量夹砂灰陶、红陶片，可辨器形有陶盆口沿、罐底、筒瓦、板瓦等，纹饰有绳纹、菱形暗纹	西晋
H150	T0805中西部	H145→H150→⑦	平面近梯形，弧壁，圜底，壁面无明显修整痕迹	填土为褐色沙土，质较致密	南北残长1.4、东西宽0.93，深0.14米	少量夹砂灰陶、白瓷片，可辨器形有陶器罄，纹饰有刻划纹。采集标本陶器罄1件	唐末
H151	T0806西南部	H151→⑦	平面近椭圆形，弧壁，圜底，壁面无明显修整痕迹	填土为褐色沙土，质较致密	南北2.8、东西1，深0.25米	少量夹砂灰陶、红陶片及青花瓷片，灰陶多，可辨器形有陶盆口沿、罐腹片、筒瓦、板瓦等，纹饰有绳纹、篮纹、菱形暗纹	明清
H152	T0806中南部	H151→H152→⑦	平面椭圆形，弧壁，圜底，壁面无明显修整痕迹	填土为褐色沙土，质较致密	南北1.7、东西1.08，深0.1米	少量夹砂灰陶、红陶片及青花瓷片，灰陶多，可辨器形有陶罐底、板瓦、筒瓦等，纹饰有绳纹、篮纹、菱形暗纹	明清
H153	T0806中部	H152→H153→⑦	平面椭圆形，弧壁，平底，壁面无明显修整痕迹	填土为灰褐色沙土，土质较疏松	南北2.16、东西1.06，深0.3米	少量夹砂灰陶、红陶片及青花瓷片，灰陶多，可辨器形有陶盆底、缸腹片、豆盘、高足、筒瓦、板瓦等，纹饰有绳纹、弦纹、方格暗纹	明清
H154	T0806中南部	H151、H152→H154→⑦	平面不规则，弧壁，圜底，壁面无明显修整痕迹	填土为黑褐色沙土，土质较疏松	东西长3.9、南北宽2.86，深0.38米	少量夹砂灰陶、泥质灰陶片以及青瓷碗、青花瓷片，灰陶多，可辨器形有陶高足、盆口沿、罐口沿、筒瓦及青瓷碗等，纹饰有绳纹、弦纹、菱形暗纹。采集标本3件	明清

续附表七

编号	位置	层位关系	形状结构	填土	尺寸（米）	出土遗物	时代
H155	T0805中北部	H145、H147、H150、H151、H154→H155→⑦	平面不规则，弧壁，圈底，壁面无明显修整痕迹	填土为浅褐色沙土，土质较致密	南北长5.2，东西宽0.8，深0.25米	无	西晋
H156	T0805中北部	H154→H156→⑦	平面近长方形，弧壁，圈底，壁面无明显修整痕迹	填土为黑褐色沙土，土质较疏松	东西长2.74，南北宽0.82，深0.26米	少量夹砂灰陶，红陶片，灰陶多，可辨器形有陶盆口沿、盆底、罐底、瓦当、板瓦等，纹饰有绳纹、弦纹、篮纹	汉代
H157	T0805东北部	H157→⑦	平面近椭圆形，弧壁，圈底，壁面无明显修整痕迹	填土为灰褐色沙土，土质较疏松	南北2.86，东西1.18，深0.7米	少量夹砂灰陶，红陶片，灰陶多，可辨器形有陶盆口沿、罐口沿、筒瓦等，纹饰有绳纹、篮纹、条状暗纹、布纹	西晋
H158	T0805东北部	H157→H158→⑦	平面近椭圆形，弧壁，底不平，壁面无明显修整痕迹	填土为黄褐色黏土，土质较致密	南北7.2，东西1.15，深0.53米	少量夹砂灰陶，红陶片，灰陶多，可辨器形有陶盆口沿、豆盘、罐系、筒瓦、板瓦等，纹饰仅有绳纹	西晋
H159	T0805中南部	H159→⑦	平面近椭圆形，弧壁，圈底，壁面无明显修整痕迹	填土为黄褐色沙土，土质较致密	东西1.9，南北1.04，深0.8米	无	汉代
H160	T0705中南部	G3→H160→⑦	平面近圆形，弧壁，圈底，壁面无明显修整痕迹	填土为深褐色沙土，土质较致密	南北1.82，东西1.5，深0.48米	少量夹砂灰陶，红陶片，可辨器形有陶盆口沿、豆盘、罐系、筒瓦、板瓦等，纹饰有绳纹、弦纹、菱形纹。采集灰陶片1件	汉代
H161	T0806中东部	H161→⑦	平面近椭圆形，弧壁，圈底，壁面无明显修整痕迹	填土为褐色沙土，质较疏松	南北1，东西0.7，深0.25米	少量夹砂灰陶，红陶片，可辨器形有陶罐口沿、盆口沿等，纹饰有绳纹、菱形暗纹	西晋
H162	T0806中部	H162→⑦	平面近方形，弧壁，圈底，壁面无明显修整痕迹	填土为褐色沙土，质较疏松	东西长1.6，南北宽0.7，深0.62米	少量夹砂灰陶，红陶片，可辨器形有陶盆口沿、罐底、板瓦等，纹饰有绳纹、弦纹、菱形纹	西晋
H163	T0806中部	H163→⑦	平面近长方形，斜壁，圈底，壁面无明显修整痕迹	填土为灰褐色沙土，质较疏松	东西长1.3，南北宽1.16，深0.4米	少量夹砂灰陶，红陶片，可辨器形有陶盆口沿、罐底、板瓦、筒瓦等，纹饰仅有绳纹	西晋
H164	T0806中北部	H164→⑦	平面圆角三角形，弧壁，圈底，壁面无明显修整痕迹	填土为褐色沙土，土质较致密	东西长1.02，南北宽0.9，深0.1米	少量夹砂灰陶，红陶片，可辨器形有陶盆底、罐口沿、罐系、斜线暗纹	西晋
H165	T0807东南部	H165→⑦	平面圆角三角形，近平底，弧壁，壁面无明显修整痕迹	填土为灰褐色沙土，土质较疏松	东西1.2，南北1.3，深0.48米	少量夹砂灰陶，红陶及泥质灰陶，可辨器形有陶罐口沿、罐底、盆口沿、高足、纺轮、网坠、滴水等，纹饰有绳纹、弦纹、篮纹、菱形暗纹，另有铜镞1件。采集标本4件	明清

续附表七

编号	位置	层位关系	形状结构	填土	尺寸（米）	出土遗物	时代
H166	T0807东南部	H165→⑦　H166→⑦	平面长圆形，弧壁，圆底，壁面无明显修整痕迹	填土为褐色沙土，土质较疏松	东西长3.34，南北宽1.2，深0.42米	少量夹砂灰陶，红陶片及青花瓷片，灰陶多，可辨器形有陶罐口沿、罐系、罐底、高足、井圈、筒瓦及青花瓷碗等，纹饰有绳纹、弦纹、方格暗纹。采集标本2件	明清
H167	T0807中东部	H167→⑦	平面近长方形，弧壁，圆底，壁面无明显修整痕迹	填土为褐色沙土，土质较疏松	东西长2.52，南北宽1.94，深0.62米	少量夹砂灰陶，红陶片及青花瓷片，可辨器形有陶盆口沿、缸口沿、罐口沿、筒瓦、板瓦及青花瓷碗等，纹饰有绳纹、弦纹、布纹、篮纹、附加堆纹、斜方格圆圈纹、菱形暗纹，另有印纹硬陶1片、残骨器、铜钉、铜构件各1件。共采集标本5件	明清
H169	T0808中南部	H169→⑦	平面圆角方形，弧壁，斜直底，壁面无明显修整痕迹	填土为灰褐色沙土，土质较致密	东西宽1.47，南北宽0.9，深0.18米	少量夹砂灰陶，红陶片，可辨器形有陶罐口沿、高足、板瓦等，纹饰仅有绳纹	汉代
H170	T0808中南部	G4、H169→、H170→⑦	平面尖圆形，弧壁，圆底，壁面无明显修整痕迹	填土为深褐色沙土，土质较致密	南北2.3，东西1.4，深0.1米	无	汉代
H171	T0808东北部	H171→⑦	平面圆角长方形，弧壁，西半部内收，壁面无明显修整痕迹	填土为红褐色黏土，土质较致密	东西长5.72，南北宽2，深1.7米	少量夹砂灰陶，青花瓷片，可辨器形有陶盆口沿、盆底、板瓦、筒瓦及青花瓷碗等，纹饰有绳纹、弦纹、菱形暗纹。采集标本2件	明清
H172	T0807东北部	G4→、H172→⑦	平面椭圆形，弧壁，圆底，壁面无明显修整痕迹	填土为褐色沙土，土质较致密	南北1.88，东西1.5，深0.08米	包含物较少，泥质灰陶较多，可辨器形有陶纺轮、回纹砖各1件	汉代
H173	T0809东南部	H173→⑦	平面圆角长方形，弧壁，圆形底，壁面无明显修整痕迹	填土为深褐色沙土，土质较疏松	东西长5.2，南北宽1.56，深0.46米	少量夹砂灰陶，红陶及泥质红陶片，灰陶多，可辨器形有陶盆口沿、豆柄、盆腹片、高足、井圈、板瓦、筒瓦等，纹饰有绳纹、弦纹、菱形纹、截印纹、斜线暗纹、圈形暗纹。采集陶盆口沿、盆底各1件	西晋
H174	T0809东南部	H174→⑦	平面椭圆形，弧壁，圆底，壁面无明显修整痕迹	填土为深褐色沙土，土质较疏松	东西2.1，南北1.4，深0.16米	少量夹砂灰陶，泥质灰陶，红陶片，可辨器形有陶盆口沿、缸口沿、高足、豆盘、井圈、筒瓦、板瓦等，纹饰有绳纹、弦纹、菱形纹	西晋
H175	T0809中南部	H175→⑦	平面圆角长方形，弧壁，圆底，壁面无明显修整痕迹	填土为浅褐色沙土，夹杂少量黄斑土，土质较疏松	南北2，东西1.4，深0.56米	少量夹砂灰陶，红陶片，灰陶多，可辨器形有陶盆口沿、盆底、罐底、高足、板瓦、筒瓦等，纹饰有绳纹、弦纹、附加堆纹	西晋
H176	T0809中西部	H176→⑦	平面呈近长方形，弧壁，圆形底，壁面无明显修整痕迹	填土为褐色沙土，土质较疏松	东西长1.8，南北宽1.34，深0.95米	少量夹砂灰陶，红陶片，可辨器形有陶高足、缸底、罐口沿、缸口沿、豆盘、筒瓦、板瓦及鹿角等，纹饰有弦纹、斜线暗纹、菱形暗纹。另有疏璃管、针状铜器各1件	明清

续附表七

编号	位置	层位关系	形状结构	填土	尺寸（米）	出土遗物	时代
H177	T0809 中北部	H177→⑦	平面椭圆形、弧壁、圆底，壁面无明显修整痕迹	填土为灰褐色土，土质较疏松	东西1、南北0.58、深0.13米	少量夹砂灰陶、红陶片，可辨器形有板瓦、筒瓦等，纹饰有绳纹、弦纹、菱形暗纹，另有铜钱1枚	西晋
H178	T0809 西北部	H177→H178→⑦	平面椭圆形、弧壁、圆底，壁面无明显修整痕迹	填土为灰褐色沙土，土质较致密	东西1.7、南北0.94、深0.18米	少量夹砂灰陶、红陶片，可辨器形有陶罐底、盆口沿、板瓦、筒瓦等，纹饰有绳纹、弦纹、菱形纹、戳印纹、菱形暗纹	西晋
H179	T0809 西北部	H179→⑦	平面长条形、弧壁、圆底，壁面无明显修整痕迹	填土为红褐色黏土，土质较致密	东西长3.06、南北宽1.04、深0.72米	无	西晋
H180	T0809 东北部	H180→⑦	平面呈近方形、弧壁、底中部略拔，壁面无明显修整痕迹	填土为灰褐色沙土，土质较疏松	南北长1.66、东西宽1.36、深0.16米	少量夹砂灰陶、红陶片，可辨器形有陶盆口沿、盆底、高足、井圈、板瓦、筒瓦等，纹饰有绳纹、弦纹、附加堆纹、斜线暗纹、菱形暗纹，另有大下颌骨1件	西晋
H181	T0909 西南部	H181→⑦	平面近椭圆形、弧壁、圆底，壁面无明显修整痕迹	填土为红褐色黏土，土质较致密	南北2.16、东西1.66、深0.44米	无	西晋
H182	T0909 西南部	H182→⑦	平面不规则、弧壁、圆底，壁面无明显修整痕迹	据土质、土色可分2层：第①层红褐色黏土层，土质致密；第②层，灰褐色沙土层，土质较疏松	东西长4.8、南北宽1.62、深0.7米	第①层出土少量夹灰陶片，可辨器形有陶罐底、盆底、板瓦等，纹饰有绳纹、弦纹；第②层出土青花瓷片、白瓷碗各1件	明清
H183	T0809 东北部	H180→H183→⑦	平面长条形、弧壁、底部起伏不平，壁面无明显修整痕迹	填土为浅灰褐色黏土，土质致密	南北长2.8、东西宽0.54、深0.34米	少量夹砂灰陶、红陶片，可辨器形有陶口沿、盆底、板瓦、筒瓦等，纹饰仅有绳纹	汉代
H184	T0809 东北部	H184→⑦	平面椭圆形、弧壁、圆底，壁面无明显修整痕迹	填土为灰褐色沙土，土质较疏松	东西0.57、南北0.41、深0.08米	无	汉代
H185	T0810 东南部	H185→⑦	平面近方形、弧壁、圆底，壁面无明显修整痕迹	填土为灰褐色沙土，土质较疏松	南北长1.6、东西宽1.4、深0.64米	少量夹砂灰陶、红陶及泥质灰陶片，灰陶多，可辨器形有陶高足、豆柄、缸口沿、盆口沿、板瓦、筒瓦等，纹饰有绳纹、弦纹、菱形纹	汉代
H186	T0810 西南部	H186→⑦	平面椭圆形、弧壁、圆底，壁面无明显修整痕迹	填土为暗红色黏土，土质较致密	南北1.68、东西1.19、深0.5米	少量夹砂灰陶、红陶及泥质灰陶片，灰陶多，可辨器形有陶豆柄、盆底、高足、板瓦等，纹饰有绳纹、弦纹、斜线暗纹	西晋

续附表七

编号	位置	层位关系	形状结构	填土	尺寸（米）	出土遗物	时代
H187	T0810西南部	H187→⑦	平面圆角方形，开口北南底，弧壁，圆底，壁面无明显修整痕迹	填土为暗红色黏土，土质较致密	南北长1.6，东西宽1.5，深0.8米	少量夹砂灰陶、红陶片，可辨器形有陶盆口沿、高足、罐底、板瓦等，纹饰有绳纹、弦纹	汉代
H188	T0905中北部	H188→⑦	平面椭圆形，弧壁，圆底，壁面无明显修整痕迹	填土为灰褐色沙土，土质较疏松	南北2.53，东西1.96，深1.16米	少量夹砂红陶、泥质灰陶片及青花瓷片，可辨器形有陶罐底、盆口沿、盆底、筒瓦等，纹饰有绳纹、弦纹	明清
H189	T0905中部	H188→H189→⑦	平面近方形，弧壁，圆底，壁面无明显修整痕迹	填土为灰褐色沙土，土质较疏松	南北长4.2，东西宽3.48，深1.26米	少量夹砂红陶、泥质红陶、夹砂灰陶、泥质灰陶片，灰陶多，可辨器形有陶盆口沿、盆底、罐腹片、罐底、高足、板瓦、筒瓦等，纹饰有绳纹、弦纹、篮纹、布纹、菱形暗纹、斜线暗纹，另有青花瓷碗、青花瓷碗。采集标本4件	明清

附表八　灰沟登记表

编号	位置	层位关系	方向	形状结构	填土	尺寸（米）	出土遗物	时代
G1	T0605 西北角并延伸至 T0606 西南角	G1→⑦	20°	平面呈不规则条形，弧壁，底部较平，壁面无修整痕迹	填土为灰色，土质疏松，包含大量木炭颗粒及草木灰	南北长 7.82、东西宽 1、深 0.88 米	大量青花瓷残片、兽骨等，完整器有陶纺轮、琉璃簪各 1 件。采集标本有陶纺轮、罐口沿、滴水及琉璃簪共 5 件	明清
G2	TG1 中部并延伸至东西两壁	④→G2→⑤	90°	平面呈不规则条形，弧壁，底不平，壁面无修整痕迹	填土为灰褐色，土质疏松	东西长 2.8、南北宽 1.34、深 0.92 米	少量青花瓷残片及夹砂灰陶、红陶片等，可辨器形有陶盆口沿、罐底、板瓦、筒瓦等。采集陶盆 1 件	明清
G3	T0806 南部，并延伸至 T0805 西北角与 T0705 中东部	H153、H161→G3→⑦	90°	平面呈不规则条形，弧壁，平底，壁面无修整痕迹	填土为黄褐色，土质较致密	长 16.7、宽 1.2 米、深 0.45 米	少量夹砂灰陶、红陶、瓦片等。器形有陶鬲口沿、筒瓦、板瓦等，纹饰有绳纹、弦纹、菱形暗纹	西晋
G4	T0807 东北部，并延伸至 T0907 西北角与 T0808 中南部	H169→G4→⑦	120°	平面呈条形，弧壁，平底，壁面无修整痕迹	填土为灰褐色，土质较致密	东西长 5.2、南北宽 0.62、深 0.18 米	填土包含筒瓦、板瓦等	汉代

附表九　柱洞登记表

编号	位置	层位关系	方向	形状结构	填土	尺寸（米）	出土遗物	时代
D1	T0408东南部	D1→⑦	90°	平面呈近圆形，直壁，圜底，壁面无明显修整痕迹	填土为灰褐色沙土，土质疏松	直径 0.36、深 0.18 米	夹砂红陶 1 片、夹砂灰陶 2 片	不清
D2	T0408东南部	D2→⑦	90°	平面呈近圆形，直壁，圜底，壁面无明显修整痕迹	填土为灰褐色沙土，土质疏松	直径约 0.21、深 0.1 米	夹砂红陶 1 片	不清
D3	T0408东南部	D3→⑦	90°	平面呈椭圆形，直壁，圜底，壁面无明显修整痕迹	填土为灰褐色沙土，土质疏松	南北 0.3、东西 0.26、深 0.18 米	夹砂红、灰陶各 1 片	不清
D4	T0507西南部	D4→⑦	40°	平面呈椭圆形，弧壁，底较平，壁面无明显修整痕迹	填土为褐色细沙土，土质较疏松	南北 0.4、东西 0.3、深 0.39 米	无	不清
D5	T0506西南部	D5→⑦	0°	平面呈椭圆形，中有柱芯，弧壁，壁面无明显修整痕迹	填土分 2 层：第①层填土为灰褐色沙土，土质较致密；第②层填土为黄褐色沙土，夹杂少量黑斑土，较致密	东西 0.54、南北 0.45、深 0.21 米	无	不清
D6	T0610东北部	D6→⑦	0°	平面呈近圆形，直壁，平底，壁面无明显修整痕迹	填土为黄褐色沙土，土质较致密	南北 0.5、东西 0.46、深 0.16 米	夹砂红陶 1 片	不清

附表一〇　墓葬登记表

墓葬编号	墓道									甬道						前室		
	三次墓道			二次墓道			一次墓道			东甬道			西甬道					
	长	宽	深	长	宽	深	长	宽	深	进深	宽	高	进深	宽	高	进深	宽	高
2015PJM1				11.12	1.60~3.10	2.54	10.44		2.38	1.16	0.80	1.36	1.16	0.80	1.36	1.32	2.36	1.98
				铜钱、砺石、陶幡座、陶碗、陶罐、陶盆、陶三足盘、陶夋、陶甑底、陶鬲足、印纹硬陶片共17件						蛋壳器、桃叶形铜片、漆器等共4件			铜镶斗、陶球、石灰构件共6件			残铜器、铜片、带柄铜匜、铜带钩、铁镜及镜架、鹦鹉螺杯共8件		
2016PJM2				7.04	2.98~3.2	2.40	3.36	0.8	2.40							1.40	3.54	1.84
				陶鬲足1件												铜三叉形器、环首铁刀、铁构件、铁剪刀、铁灯、青瓷灯、青瓷盆、青瓷钵、石黛板、石研磨器、陶罐、陶槅盘、骨簪共15件		
2016PJM3				8.56	1.34~1.52	2.66	5.40	0.48~1.20	2.60							1.32	3.71	1.60~1.88
				陶盆口沿、瓦当、筒瓦共3件			陶支座1件									铜熏、铜帐角、铜泡钉、青瓷钵、青瓷罐、青瓷盘口壶、青瓷鸡首壶、酱釉四系瓷罐、石黛板、漆槅盘、骨簪共17件		
2016PJM4				5.70	1.51~2.32	2.24	5.84	0.66~0.88	2.24							1.22	2.08	1.62
																青瓷钵、青瓷谷仓罐、青瓷辟邪、青瓷盘口壶、青瓷罐、石黛板、陶槅盘、陶灯、管状骨器共13件		
2016PJM5	10.24	1.12~2.01	2.4	10.3	残1~1.2	2.2	8.7	2.3~2.8	2.32							1.11	3.48	1.80
				铜镞、陶罐口沿共2件			铁斧、残铁器共2件									青瓷钵、酱釉罐、双鱼形石器盖、陶罐、陶钵、铁棺钉共11件		

耳室						后室								
东耳室			西耳室			东后室			中后室			西后室		
进深	宽	高	进深	宽	高	进深	宽	高	进深	宽	高	进深	宽	高
0.96	0.7	1.04				3.23	0.83	1.32				3.28	0.80	1.32
铜熏、铜镳斗、铜盆、铜熨斗、铜洗共5件						金手镯、银簪、银钗、银铃铛、银手镯、铜泡钉、铜扣耳杯、残铜器、铜金铛、铜勺、铜盆、铜钱、铁环、铁剪刀、铁镜、青瓷器盖、青瓷盘口壶、漆器、炭晶羊共90件						金戒指、金币、银簪、银戒指、铜泥箭、钱币、铁环、铁剑、铁刀、铁镜、铁棺钉、铜扣贝耳杯、玻璃碗、珍珠、蚌壳、铅币、象牙罐、石黛板共84件		
						3.08	0.82	1.0	3.12	0.82	1.05	3.12	0.80	1.04
						青瓷鸡首罐、青瓷双系盘口壶、酱釉四系盘口罐共5件			铜弩机、铜带钩、铁镜、棺钉共22件			银钗、银戒指、铜镜、铜头饰、铁棺钉、陶盘、陶钵共31件		
						3.00	1.60	1.18				3.74	1.26	1.40
						铁镜、铁棺钉、青瓷双系罐、青瓷盘口壶共23件						金手镯、金戒指、银钗、银簪、银戒指、铜洗、铁镜、铁棺钉、青瓷钵、酱釉罐、石灰器共35件		
0.40	0.46	0.52				3.14	0.78	1.13				2.84	0.70	0.95
						金饰、银手镯、银簪、银钗、铜金铛、铜弩机、铜头饰、铜饰、铁镜、铁镜架、铁棺钉、青瓷钵、青瓷盘口壶、酱釉罐、玉珠、云母饰片共86件						银耳勺、铜洗、铜带钩、铜泡钉、铁镜、铁棺钉、青瓷钵、青瓷罐、青釉双系罐、酱釉罐、石黛板、陶钵、陶罐、陶盆、陶耳杯、陶盘、陶樽、陶勺、陶灶、陶仓、陶猪圈、珍珠、席片共60件		
0.74	0.74	0.82				3.46	0.74	1.06	3.44	0.74	1.08	3.40	0.74	1.08
青瓷盆、青瓷盘口壶、陶盘共5件						金戒指、银戒指、铜钱、铜洗、铁棺钉、青瓷钵、青瓷盘口壶、陶勺、陶耳杯共39件			银钗、银簪、银耳勺、铜勺、铁剪刀、铁镜、环首铁刀、铁棺钉共29件			铜灯盏、铜泡钉、铁镜、铁棺钉、青瓷盘口壶、青瓷罐、石黛板、陶盘共33件		

续附表一〇

墓葬编号	墓道									甬道						前室		
	三次墓道			二次墓道			一次墓道			东甬道			西甬道					
	长	宽	深	长	宽	深	长	宽	深	进深	宽	高	进深	宽	高	进深	宽	高
2015PJM6							9.56	1.90	2.54	进深：1.20	宽：0.84	高：1.36				1.88	1.90	2.32
																铜灯盏、铜洗、铁构件、青瓷钵、青瓷盘、青瓷盘口壶、陶榻盘、骨簪、漆器共19件		
2015PJM7				5.62	1.90~2.70	2.02	4.10	1.36~1.40								1.42	3.70	1.84
																铜鐎斗、铜魁、铜熨斗、铜洗、铜三叉形器、铜泡钉、铁构件、铁镜、青瓷钵、青瓷灯、青瓷辟邪、青瓷罐、青瓷鸡首壶、青瓷盘口壶、青瓷虎子、石黛板共28件		
2016PJM8							7	1.56~2.3	2.57	进深：1.00	宽：0.74	高：1.00				1.45	1.45	1.96
	铜钱2件															铜三叉形器、铜弩机、铁刀、铁环、青瓷钵、酱釉罐、酱釉蟾形水注、酱釉四系罐、石黛板、陶钵、骨簪共18件		
2016PJM9				9.66	1.28~3.4	2.46	5.2	1.08~1.34	2.07							1.59	3.10	2.10
				青瓷盘口壶、酱釉蟾形水注、陶钵、陶罐、石黛板、漆榻盘共6件												铜灯、铜洗、铜虎子、铜钱、青瓷钵、青瓷盆、青瓷盘口壶、酱釉罐共13件		

注：表中长度单位皆为米

耳室						后室								
东耳室			西耳室			东后室			中后室			西后室		
进深	宽	高	进深	宽	高	进深	宽	高	进深	宽	高	进深	宽	高
0.80	0.54	1.02	0.8	0.54	1.02	进深（长）：3.10			宽：1.64			高：1.43		
青瓷钵、青瓷扁壶、陶钵、陶灯共4件			铁构件、青瓷盘、青瓷钵、酱黑釉罐、酱褐釉罐、石黛板、陶钵、陶盘、陶罐、陶酒凫共26件			银钗、银手镯、银铃铛、铜弩机、铜虎子、铜柿蒂形纽、铜铺首衔环、铁镊子、铁镜、铁棺钉、铅珠、青瓷盏、酱釉罐、漆器、筒状骨器共97件								
						3.60	0.88	0.90~1.00	3.56	0.92	0.90~1.00	3.62	0.92	0.88~0.98
						铜泡钉、青瓷盘口壶共4件			铁镜、棺钉共19件			铜手镯、铜镜、铜灯盏、铜弩机构件、铜铺首衔环、铜泡钉、条形铜饰、铜钱、铁剪刀、青瓷盆、陶勺、骨簪共44件		
0.60	0.48	0.57~0.76				进深（长）：2.92			宽：1.49			高：1.28		
酱釉四系罐、陶罐共2件						铜镜、铜钱、酱釉四系罐、铁棺钉共32件								
0.68	0.57	0.66				2.96	0.96	1.24				2.96	0.96	1.24
青瓷盘口壶1件						银钗、银簪、银戒指、银手镯、铜钱、铁剪刀、铁镜、铁棺钉、青瓷罐、酱釉罐、珍珠、石黛板、石灰构件共57件						铜弩机、铁镊子、铁镜、铁剪刀、铁戈、铁棺钉、青瓷盘口壶、酱釉罐共37件		

后　记

近日，邳州煎药庙西晋墓地考古报告初稿已完成，看着一箱箱的考古资料袋、一张张线图、一份份记录……当时的发掘与工作场景历历在目，如同一张张幻灯片在脑际滑过，有苦有乐，有喜有悲，值得回味！

对于该墓地的发掘、报告的完成，心中满满的都是感动！该墓地是在农田改造工程中发现的，此后的发掘得到了江苏省文物局、南京博物院、邳州市博物馆等相关单位的大力支持，南京博物院将此发掘项目补列为当年的院重点工作，并给予了人员与经费支持，以保证该考古项目的顺利进行。该墓地发掘资料的整理和研究入选了 2019 年国家社科基金一般项目（项目编号：19BKG018）。在报告编撰之中，曾得到了南京大学张学锋教授、北京大学韦正教授的悉心指导。在该墓地考古勘探、发掘及考古资料整理、报告编写的整个过程中，队友刘乃良、吕真理、潘明月、刘传明等同志夜以继日地工作，协助我发表了数篇考古简报并顺利完成了考古报告。在此一并感谢！

报告初稿的编写，第三章第一、二节由张雪菲负责，第三章第三、四节由张宏伟负责，第三章余节由程卫负责，第四章第六节由马根伟负责，余皆由马永强、孙爱芹负责。初稿完成后，由马永强、孙爱芹统一修改、定稿，并由徐勇、潘明月、吕真理协助校对。报告中线图、照片、拓片等皆由潘明月、吕真理、刘传明完成。英文摘要由南开大学历史学院考古学与博物馆学系王音老师翻译。

对于魏晋时期考古，笔者初次涉及，虽已研读相关考古报告、研究性文章近千篇，但仍力有未逮，故本报告的编写是以客观地说明发掘情况、介绍单位遗迹与遗物为主旨。为给学者的研究提供较完备的基础资料，详述了墓地所在遗址的发掘情况。

是为后记，以表感谢之意，亦言编撰之要。

马永强

2020 年 6 月

Abstract

The Western Jin Dynasty cemetery of Jianyaomiao is located at Jianyaomiao of Chentan Village, Xinhe Town, Pizhou City, discovered when borrowing soil during the farmland restoration project. From July 2015 to September 2016, Nanjing Museum, Xuzhou Museum and Pizhou Municipal Museum jointly conducted an excavation at the site.

A total of 9 tombs are found in the cemetery, the direction of which are all north-south, and they are relatively well preserved and complete in shape. The outside of the brick chambers is wrapped with lime, while the inside is painted with lime. According to the different roof shapes of the front chamber, the tombs can be divided into two types: the domed-roof and the vaulted-roof ones. There are 3 domed-roof tombs which are M1, M6 and M8. M1 is a double-rear-chambered tomb, while M6 and M8 are single-rear-chambered. There are 6 vaulted-roof tombs which are M2, M3, M4, M5, M7 and M9. Among them, M2, M4 and M9 are parallel-double-rear-chambered tombs, while M3, M5 and M7 are three-rear-chambered ones. Hundreds of burial objects made of gold, silver, bronze, iron, pottery, porcelain, stone, lacquer, conch, shellfish, glass and charcoal are unearthed.

The tombs are distributed in two rows north and south, with the characteristic of the family cemetery. It is a family cemetery with obvious planning. All of the tombs are of brick structure, and most of them have two rear chambers in parallel or three chambers, showing the characteristic of brick-chambered tombs since the Eastern Han Dynasty. Among the unearthed burial objects, the shapes of celadon ewers with the plate-shaped mouth, chicken-spout ewers, bowls and pots own the typical characteristics of the celadon in the Western Jin Dynasty. Burial objects such as the nautilus cup, the glass bowl, the shellfish ear cup, as well as the gilded bronze eardrop, indicate that the tomb owners of the cemetery were of relatively high status, which means that this is a noble cemetery. A rectangular brick is found in the middle part of the gate wall of M8, with the inscription "*Xia Pi Guo Xian Jian Zhong Li Mou Xian Bo Zhong Bo Xiao Bo*", showing that the owners of the cemetery belonged to Xiapi State. According to the analysis of the arrangement of tombs, the shape of tombs and the shape of unearthed burial objects, the cemetery of Jianyaomiao is a senior noble family cemetery of Xiapi State in the Western Jin Dynasty.

Black painted wooden-structure decoration is found in the front chambers of some tombs, providing new materials for the study of tomb shapes in the Western Jin Dynasty. There are also some stone reliefs unearthed in the tombs, and most of them are used for door lintels, pillars and door-sealing, which should be the reuse of Han Dynasty stone reliefs. The discovery of burial objects such as the nautilus ear cup, the shellfish ear cup and the glass bowl reflects the maritime trade and cultural exchanges between the East and the West in the Western Jin Dynasty. The unearthed southern celadon and northern glazed pottery reflect the cultural communication and integration between northern and southern China. These materials are of great significance to the study of funeral and burial system as well as the history of Xiapi State in the Western Jin Dynasty.

1. "煎庙"地名石碑正面

2. "煎庙"地名石碑背面

彩版一　煎药庙地名石碑

1. 土台近景

2. 墓葬暴露情况

彩版二　墓葬所在土台及其暴露情况

1. 勘探工作现场

2. 探孔土样

彩版三　对墓葬所在区域进行重点勘探情况

彩版四　布方后航拍（右为北）

彩版五　发掘后航拍（右为北）

1. 土台上半部剖面

2. TG1北壁剖面

彩版六　土台上半部及TG1北壁剖面

（放大）

1. 铜簪（TG1②：1）

2. 青花瓷碗（TG1②：4）

3. 青花瓷碗（TG1②：5）

彩版七　TG1②出土遗物

1.青花瓷碗（TG1②：7）

2.青花瓷碗（TG1②：8）

3.青花瓷盘（TG1②：6）

彩版八　TG1②出土遗物

1.青花瓷盘（TG1②：9）

4.酱釉瓷盏（TG1②：12）

2.青花瓷盘（TG1②：10）

5.陶纺轮（TG1②：2）

6.陶饼（TG1②：14）

3.青花瓷盘（TG1②：11）

7.花砖（TG1②：3）

8.陶器盖（TG1②：13）

彩版九　TG1②出土遗物

1. 青花瓷碗（TG1③：2）

4. 韩瓶（TG1③：12）

2. 白瓷碗（TG1③：7）

3. 酱釉碗（TG1③：6）

5. 瓦当（TG1③：4）

6. 陶盆（TG1③：1）

彩版一〇　TG1③出土遗物

1. 青瓷碗（TG1③：3）

2. 青瓷碗（TG1③：5）

3. 青瓷碗（TG1③：8）

4. 青瓷碗（TG1③：9）

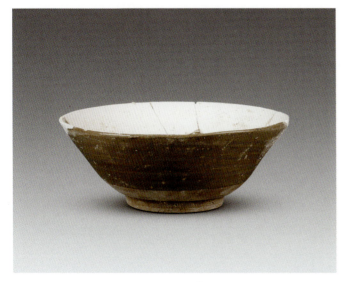

5. 青瓷碗（TG1③：10）

6. 青瓷碗（TG1③：11）

彩版一一　TG1③出土遗物

1. 铜镞（TG1④：4）

2. 铜镞（TG1④：5）

3. 青花瓷杯（TG1④：2）

4. 骨簪（TG1④：7）

5. 印纹硬陶片（TG1④：11）

6. 陶饼（TG1④：1）

7. 陶纺轮（TG1④：6）

8. 陶纺轮（TG1④：8）

9. 陶纺轮（TG1④：9）

10. 陶纺轮（TG1④：10）

11. 封泥（TG1④：3）

彩版一二　TG1④出土遗物

1. 陶罐（TG1⑤：1）

2. 陶罐（TG1⑤：3）

3. 筒瓦（TG1⑤：4）

5. 陶鬲足（TG1⑥：1）

4. 筒瓦（TG1⑤：5）

彩版一三　TG1⑤及TG1⑥出土遗物

1. J3航拍（左为北）

2. J3西壁工具痕迹

彩版一四　春秋战国时期J3

1. 铜镞（J3∶9）

2. 青瓷碗（J3∶2）

3. 陶罐（J3∶1）

4. 石砚（J3∶4）

6. 陶豆柄（J3∶5）

5. 陶豆（J3∶3）

7. 陶豆盘（J3∶6）

彩版一五　J3出土遗物

1. J4发掘后航拍
（上为北）

2. 陶豆（J4：1）

3. 陶拍（H5：1）

4. 骨器（H49：1）

5. 陶拍（H76：1）

彩版一六　春秋战国时期J4及J4、H5、H49、H76出土遗物

1. J2发掘前航拍（下为北）

2. G4发掘后（下为北）

彩版一七　汉代J2与G4

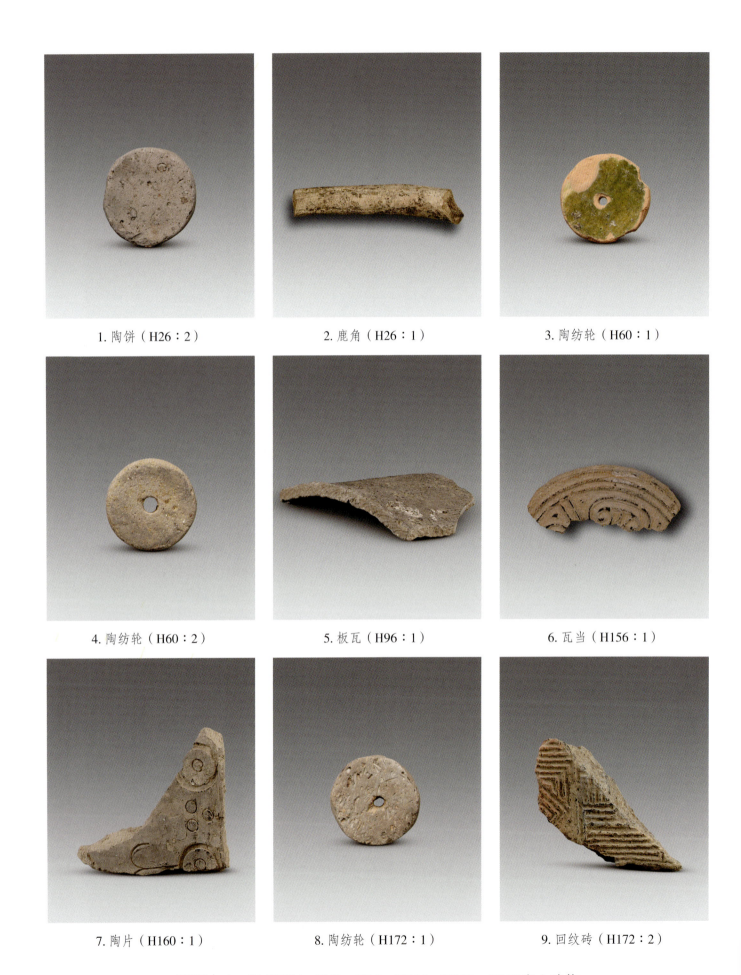

1. 陶饼（H26：2）　　　2. 鹿角（H26：1）　　　3. 陶纺轮（H60：1）

4. 陶纺轮（H60：2）　　　5. 板瓦（H96：1）　　　6. 瓦当（H156：1）

7. 陶片（H160：1）　　　8. 陶纺轮（H172：1）　　　9. 回纹砖（H172：2）

彩版一八　汉代H26、H60、H96、H156、H160、H172出土遗物

1. 陶碗（H38：1）

2. 铜簪（H39：1）

3. 陶碗（H39：2）

4. 陶纺轮（H74：1）

5. 陶陀螺（H74：2）

6. 陶纺轮（H115：1）

彩版一九　西晋时期H38、H39、H74、H115出土遗物

1. 陶罐（H117：4）

2. 陶饼（H117：2）

3. 陶拍（H117：3）

4. 陶纺轮（H117：1）

5. 陶纺轮（H118：1）

6. 陶纺轮（H118：3）

7. 花砖（H118：2）

8.酱釉碗（H118：4）

彩版二〇　西晋时期H117、H118出土遗物

1. 残铜件（H119：1）

2. 花砖（H119：2）

3. 瓦当（H132：1）

4. 花砖（H173：1）

5. 陶盆（H173：3）

6. 板瓦（H175：1）

彩版二一　西晋时期H119、H132、H173、H175出土遗物

1. J1发掘后航拍（上为北）

2. 白瓷碗（J1①：1）

3. 白瓷碗（J1②：1）

4. 白瓷碗（J1②：2）

5. 白瓷碗（J1②：3）

彩版二二　唐宋时期J1及其出土遗物

1. 白瓷碗（J1②：4）

2. 白瓷碗（J1②：5）

3. 白瓷碗（J1②：7）

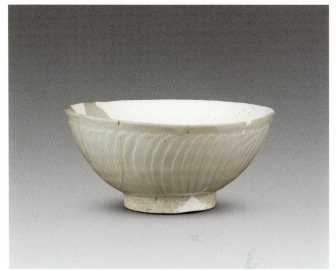

4. 白瓷碗（J1②：9）

5. 青瓷碗（J1②：8）

彩版二三　J1出土遗物

1. 陶盆（J1②：12）

2. 陶豆（J1②：10）

3. 陶扑满（J1②：6）

4. 瓦当（J1②：11）

5. 筒瓦（J1②：16）

彩版二四　J1出土遗物

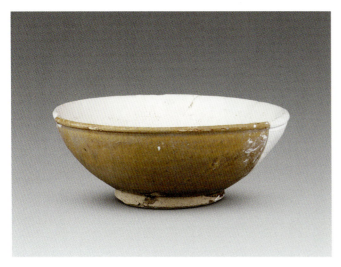

1. 酱黄釉碗（H1：1）

2. 陶碗（H57：1）

3. 筒瓦（H88：1）

4. 黄釉碗（H145：1）

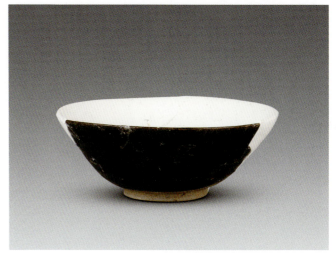

5. 酱釉碗（H145：2）

彩版二五　唐宋时期H1、H57、H88、H145出土遗物

1. 陶纺轮（G1∶1）

2. 陶纺轮（G1∶2）

3. 陶滴水（G1∶3）

4. 琉璃簪（G1∶5）

5. 陶盆（G2∶1）

彩版二六　明清时期G1与G2出土遗物

2. 陶滴水（H12①：3）

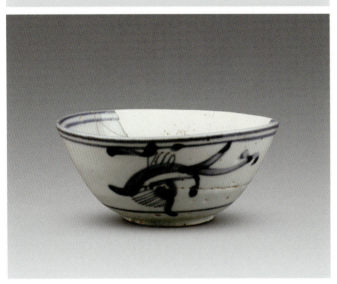

1. 青花瓷碗（H12①：1）

3. 青瓷碗（H12②：1）

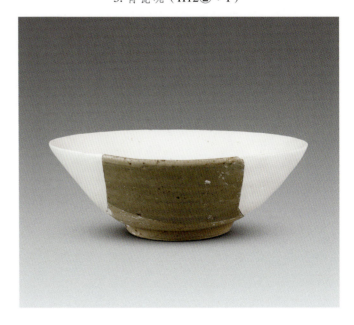

4. 青瓷碗（H12②：2）

1. 铜耳钉（H12③：4）

2. 青花瓷盘（H12③：1）

3. 韩瓶（H12③：3）

4. 青瓷碗（H12③：2）

5. 陶盆（H12③：5）

彩版二八　明清时期H12出土遗物

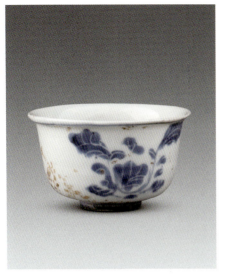

1. 青花瓷杯（H16：1）

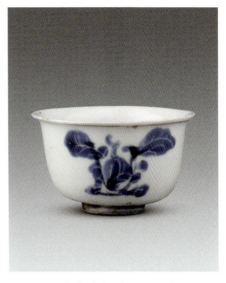

2. 青花瓷杯（H16：2）

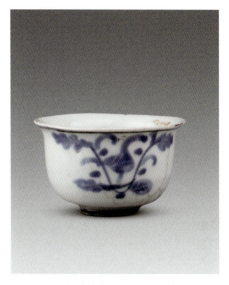

3. 青花瓷杯（H16：3）

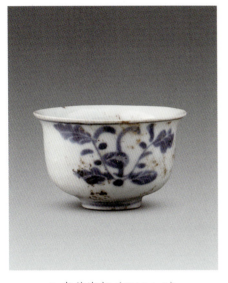

4. 青花瓷杯（H16：4）

5. 青花瓷杯（H16：5）

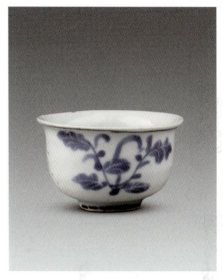

6. 青花瓷杯（H16：6）

7. 青花瓷杯（H16：7）

8. 青花瓷杯（H16：8）

9. 紫砂壶盖（H16：18）

彩版二九　明清时期H16出土遗物

1. 青花瓷碗（H16：9）

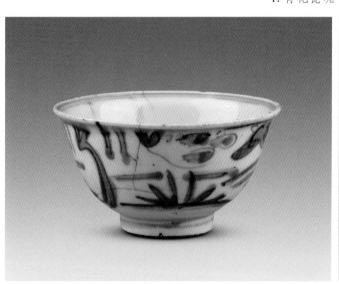

2. 青花瓷碗（H16：10）

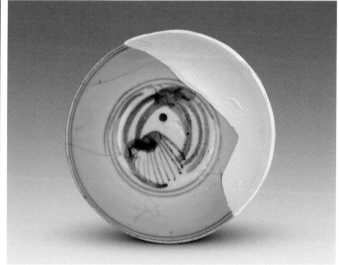

3. 青花瓷碗（H16：19）

彩版三〇　明清时期H16出土遗物

1. 青花瓷盘（H16：11）　　　　　　　　2. 青花瓷盘（H16：12）

3. 青花瓷盘（H16：13）　　　　　　　　4. 青花瓷盘（H16：14）

彩版三一　明清时期H16出土遗物

1. 青花瓷盘（H16：15）

2. 青花瓷盘（H16：16）

3. 青花瓷盘（H16：17）

彩版三二　明清时期H16出土遗物

1. 铜钱（H17：3）

2. 陶盆（H17：1）

3. 陶盆（H17：2）

4. 陶盆（H17：4）

彩版三三　明清时期H17出土遗物

1. 铜顶针（H23：5）

2. 陶纺轮（H23：4）

3. 鹿角（H23：1）

4. 青花瓷碗（H23：2）

5. 青花瓷杯（H23：3）

彩版三四　明清时期H23出土遗物

1. 黑釉碗（H36：1）

2. 陶盆（H37：1）

3. 骨簪（H50：2）

4. 陶滴水（H62：1）

5. 陶门枢（H63：1）

6. 陶门枢（H63：5）

彩版三五　明清时期H36、H37、H50、H62、H63出土遗物

3. 陶盆（H65：3）

1. 青花瓷碗（H65：1）

4. 陶豆柄（H65：5）

2. 青花瓷碗（H65：2）

5. 筒瓦（H65：4）

彩版三六　明清时期H65出土遗物

1. 陶滴水（H68：2）

2. 陶纺轮（H92：1）

3. 青花瓷碗（H93：1）

4. 陶门枢（H94：1）

5. 回纹砖（H94：2）

6. 陶鸱吻（H94：3）

7. 陶滴水（H94：4）

彩版三七　明清时期H68、H92、H93、H94出土遗物

2.青瓷碗（H113：1）

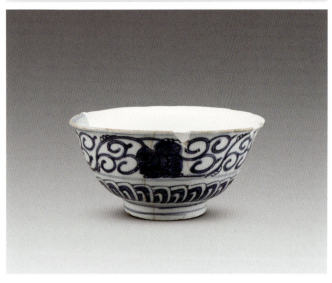

1.青花瓷碗（H112：1）

3.青花瓷盘（H114：1）

彩版三八　明清时期H112、H113、H114出土遗物

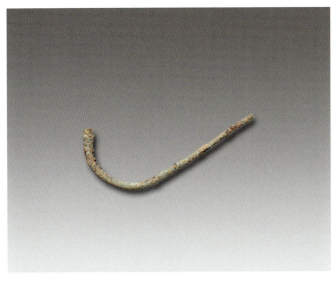

1. 铜簪（H122：3）

2. 花砖（H123：1）

3. 青花瓷盘（H122：1）

4. 青瓷碗（H122：2）

5. 青瓷碗（H122：4）

6. 青瓷碗（H122：5）

彩版三九　明清时期H122、H123出土遗物

1. 青花瓷碗（H124：4）

2. 青瓷碗（H124：3）

3. 酱釉碗（H124：1）

4. 酱釉碗（H124：5）

5. 陶纺轮（H124：2）

6. 花砖（H124：6）

彩版四〇　明清时期H124出土遗物

1. 青花瓷碗（H127：2）

2. 青花瓷碗（H127：3）

3. 青瓷碗（H127：1）

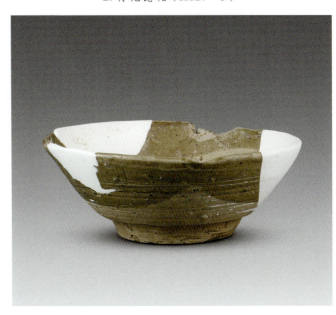

1. 青花瓷碗（H147：3）

2. 青花瓷碗（H147：5）

5. 青花瓷碗（H154：2）

3. 陶盆（H147：1）

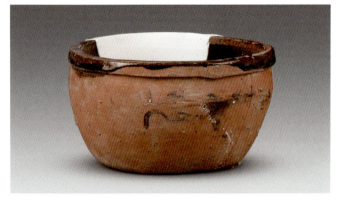

6. 青瓷碗（H154：1）

4. 紫砂钵（H147：4）

7. 陶盆口沿（H154：3）

彩版四二　明清时期H147、H154出土遗物

1. 铜簪（H165：1）

2. 陶滴水（H165：2）

3. 青花瓷盘（H166：1）

4. 铜簪（H167：2）

5. 骨器（H167：1）

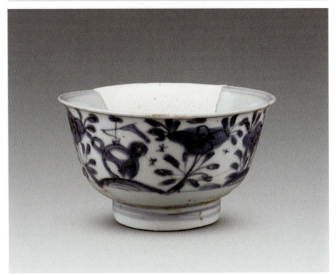

6. 青花瓷杯（H167：3）

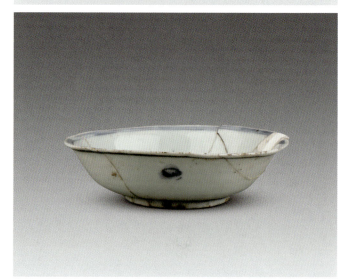

1. 青花瓷碗（H189：4）　　　　　　　　　2. 青花瓷盘（H189：2）

3. 青花瓷盘（H189：3）　　　　　　　　　4. 青瓷碗（H189：1）

彩版四八　明清时期H189出土遗物

1. D1发掘前

2. D1发掘后

3. D2发掘前

4. D2发掘后

5. D5发掘前

6. D5发掘后

彩版四九　柱洞D1、D2、D5发掘前后

彩版五〇　墓葬发掘前航拍（下为北）

彩版五一　墓葬发掘后航拍（右为北）

一次墓道

二次墓道

彩版五二　　M1发掘后航拍（右为北）

1. M1二次墓道填土中陶幡座出土情形

2. M1封门正视

彩版五三　M1二次墓道填土中陶幡座出土情形及M1封门

1. M1前室东壁影作

2. M1前室南壁影作

彩版五四　M1前室影作

1. M1前室东半部清理后

2. M1东耳室清理后

3. M1东耳室外部清理后

彩版五五　　M1前室东半部及东耳室清理后

1. M1东后室门楣画像石

2. M1西后室门楣画像石

彩版五六　M1后室门楣画像石

1. M1东后室清理前　　　　　　2. M1西后室清理前　　　　　　3. M1西后室出土骨架

4. M1后室东侧双叠涩顶砖筑结构

彩版五七　　M1后室清理前及后室东侧双叠涩顶砖筑结构

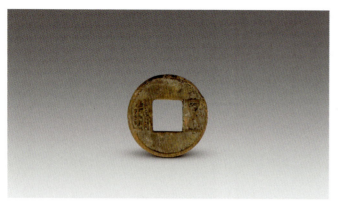

1. 铜钱（M1二次墓道填土：1）

4. 陶幡座（M1二次墓道填土：4）

2. 砺石（M1二次墓道填土：2）

5. 陶幡座（M1二次墓道填土：5）

3. 陶幡座（M1二次墓道填土：3）

6. 陶幡座（M1二次墓道填土：6）

7. 陶幡座（M1二次墓道填土：7）

彩版五八　M1二次墓道填土出土遗物

1. 陶碗（M1二次墓道填土：8）

2. 陶碗（M1二次墓道填土：9）

3. 陶盉（M1二次墓道填土：13）

4. 陶甑底（M1二次墓道填土：15）

5. 陶鬲足（M1二次墓道填土：16）

彩版五九　M1二次墓道填土出土遗物

1. 铜鐎斗（M1：6）

2. 陶球（M1：5）

3. 石灰构件（M1：7）

4. 石灰构件（M1：8）

5. 石灰构件（M1：9）

6. 石灰构件（M1：10）

彩版六二　M1西甬道出土遗物

1. 铜片（M1：13）

2. 铜带钩（M1：18）

3. 铁镜（M1：14-1）

4. 带柄铜匜（M1：17）

彩版六三　M1前室出土遗物

1. 鹦鹉螺杯（M1：15）

2. 鹦鹉螺杯（M1：16）

彩版六四　M1前室出土遗物

1. 铜熏（M1：19）

3. 铜熨斗（M1：22）

2. 铜鐎斗（M1：20）

4. 铜盆（M1：21）

5. 铜洗（M1：23）

彩版六五　M1东耳室出土遗物

1. 金手镯（M1：56、57）

4. 银铃铛（M1：52）

5. 银铃铛（M1：53）

6. 银铃铛（M1：59）

7. 铜泡钉（M1：26-1、26-2）

2. 银簪（M1：36）

8. 银手镯（M1：54、55）

3. 银簪（M1：37-50）

9. 铜扣耳杯（M1：30）

彩版六六　M1东后室出土遗物

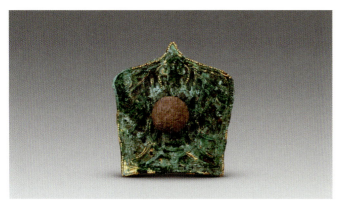

1. 金铛（M1∶35）

5. 铁剪刀（M1∶25）

2. 铜钱（M1∶58）

6. 铁剪刀（M1∶29）

3. 铜勺（M1∶61）

4. 铁环（M1∶24）

7. 铁镜（M1∶28）

彩版六七　M1东后室出土遗物

1. 铁环（M1∶63）

2. 铁剑（M1∶81）

3. 铁镜（M1∶85）　　　　　　　　　　　　　4. 铁剑贴饰（M1∶81）

5. 铁刀（M1∶82）

彩版七〇　　M1西后室出土遗物

1. 铜扣贝耳杯（M1：69、70）

2. 玻璃碗（M1：79）

彩版七一　M1西后室出土遗物

1. M2墓道清理后

2. M2二次墓道清理后

3. M2封门正视

彩版七四　M2墓道及封门

1. M2东封门内视

4. M2中封门内层手抹痕

2. M2东封门内侧手抹痕

3. M2中封门

5. M2西封门内视

彩版七五　M2封门

1. M2前后室券顶

2. M2前室西壁外侧

彩版七六　M2券顶及前室西壁外侧

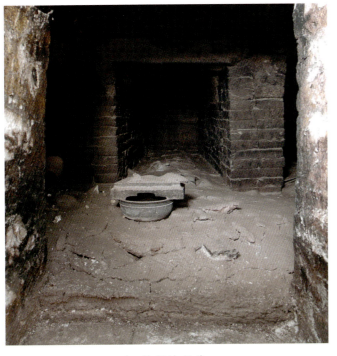

1. 前室清理前

2. 前室清理后

3. 东后室清理前

4. 东后室清理后

彩版七七　M2前室及东后室清理前后

1. 中后室清理前

2. 中后室清理后

3. 西后室清理前

4. 西后室清理后

5. 陶鬲足（M2二次墓道填土：1）

彩版七八　M2中后室、西后室清理前后及二次墓道填土出土遗物

1. 铜三叉形器（M2：5）

2. 环首铁刀（M2：4）

3. 铁构件（M2：6）

4. 铁剪刀（M2：7）

5. 铁灯（M2：11）

6. 骨簪（M2：10）

彩版七九　M2前室出土遗物

1.青瓷灯（M2：1）

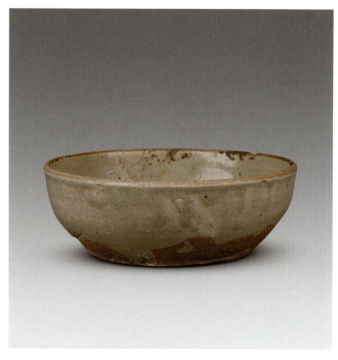

2.青瓷钵（M2：15）

3.青瓷盆（M2：13）

彩版八〇　M2前室出土遗物

1. 陶罐（M2：2）

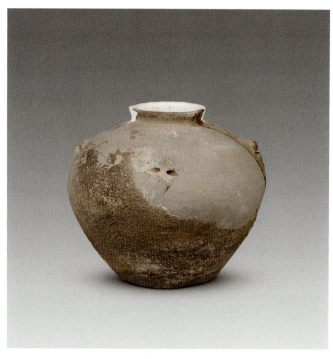

2. 陶罐（M2：3）

3. 陶槅盘（M2：12）

4. 石研磨器（M2：9）

5. 石黛板（M2：8）

6. 石黛板（M2：14）

彩版八一　M2前室出土遗物

一次墓道

二次墓道

M2

M3

彩版八六　M3清理后航拍（左为北）

1. M3一次墓道清理后

2. M3一次墓道清理后

3. M3东墓门封门正视

彩版八七　M3一次墓道清理后及东墓门封门

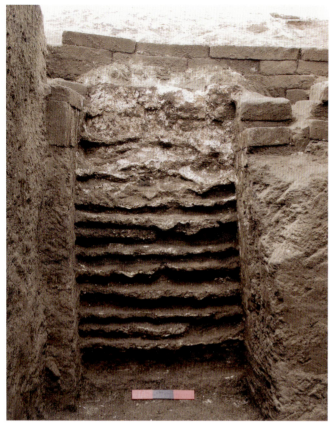 

1. M3西墓门二次封门正视　　　　　　　　　　2. M3西墓门一次封门正视

3. M3前室券顶

彩版八八　M3西墓门封门及前室券顶

1. M3前室清理前

2. M3前室清理后

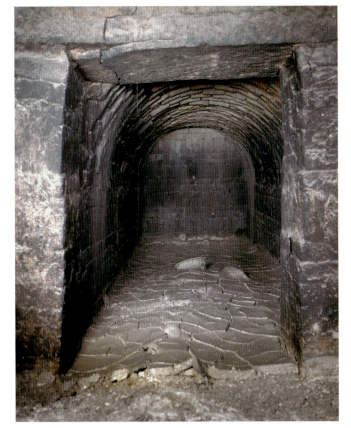

3. M3西后室清理前

4. M3西后室清理后

彩版八九　M3前室及西后室清理前后

1. M3后室券顶

2. M3东后室清理前

3. M3东后室清理后

彩版九〇　M3后室券顶及东后室清理前后

1. 陶盆口沿（M3二次墓道填土：1）

2. 瓦当（M3二次墓道填土：2）

3. 筒瓦（M3二次墓道填土：3）

4. 陶支座（M3一次墓道填土：1）

5. 铜镞（M3墓室一次填土：1）

彩版九一　M3墓道及墓室填土出土遗物

1. 铜熏（M3：2）

2. 铜帐角（M3：3～6）

3. 铜泡钉（M3：9、10）

4. 骨簪（M3：7）

5. 石黛板（M3：8）

6. 石黛板（M3：17）

彩版九二　M3前室出土遗物

1. 青瓷钵（M3：11）

2. 青瓷罐（M3：14）

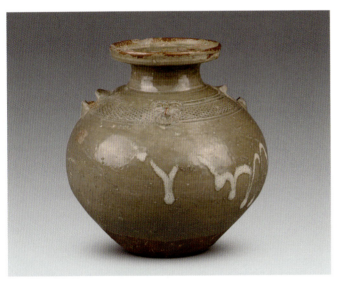

3. 青瓷盘口壶（M3：13）

4. 青瓷盘口壶（M3：16）

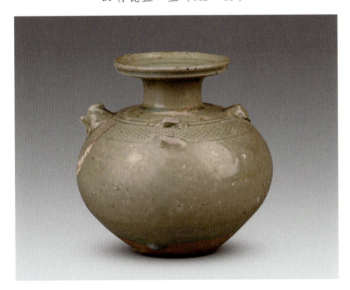

5. 青瓷鸡首壶（M3：15）

6. 酱釉罐（M3：12）

彩版九三　M3前室出土遗物

1. 铜洗（M3：24）

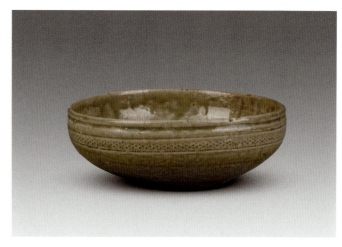

2. 青瓷钵（M3：37）

3. 酱釉罐（M3：22）

4. 石灰器（M3：31）

1. M4二次开挖范围发掘后航拍（左为北）

2. M4发掘后航拍（左为北）

彩版九七　M4发掘后

2. M4二次墓道西壁

1. M4墓道清理后

3. M4二次墓道底部白灰痕迹

彩版九八　M4墓道

1. M4封门正视

2. M4东墓门二次封门

3. M4东墓门一次封门

彩版九九　M4封门

1. M4券顶

2. M4西后室西外侧扒砖

彩版一〇〇　M4券顶及西后室西外侧扒砖

1. M4前室东半部清理前

2. M4前室西半部清理前

3. M4前室西半部清理后

4. M4东耳室清理后

1. M4东后室门楣画像石

2. M4西后室门楣画像石

3. M4西后室刻字砖

彩版一○二　M4东西后室门楣石及西后室刻字砖

1. M4后室清理后

2. M4东后室清理前

3. M4东后室清理后

彩版一〇三　M4后室清理前后

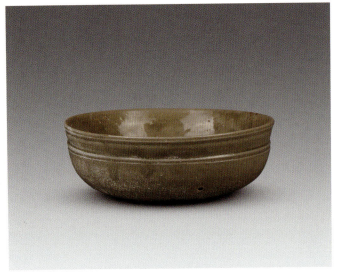

1.青瓷钵（M4：14）

2.酱釉罐（M4：35）

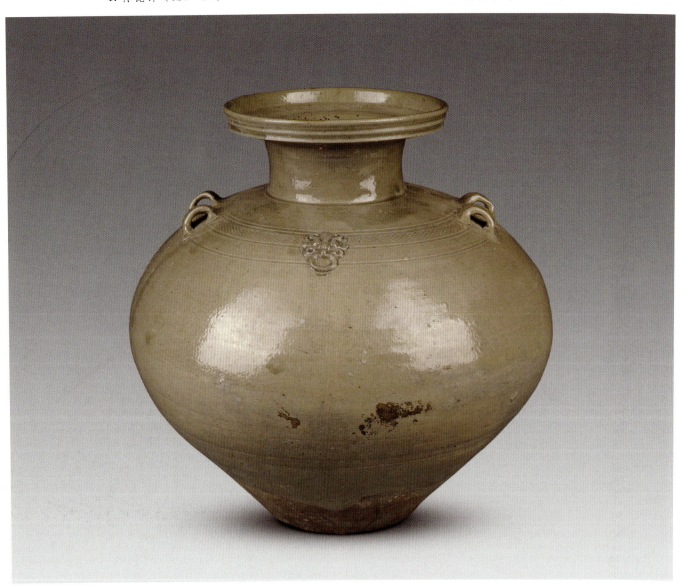

3.青瓷盘口壶（M4：22）

彩版一一二　M4东后室出土遗物

1. 银耳勺（M4：64）

2. 铜洗（M4：42）

3. 铜带钩（M4：58）

5. 铁镜（M4：63）

4. 铜泡钉（M4：66-1~3）

6. 珍珠（M4：65）

彩版一一三　M4西后室出土遗物

1.青瓷钵（M4：44）

2.青瓷钵（M4：59）

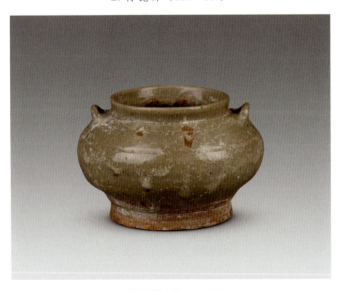

3.青瓷罐（M4：51）

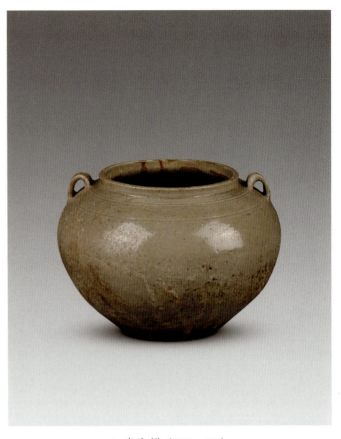

4.青瓷罐（M4：61）

5.酱釉罐（M4：43）

彩版一一四　M4西后室出土遗物

1. 陶钵（M4：45）

2. 陶钵（M4：46）

3. 陶钵（M4：57）

4. 陶罐（M4：53）

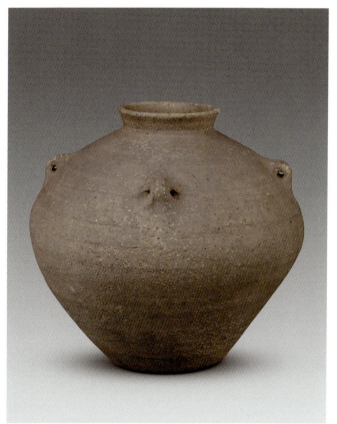

5. 陶罐（M4：60）

彩版一一五　M4西后室出土遗物

1. 陶盆（M4：50）

2. 陶耳杯（M4：49）

3. 陶盘（M4：48）

4. 陶樽（M4：40）

5. 陶勺（M4：47）

彩版一一六　M4西后室出土遗物

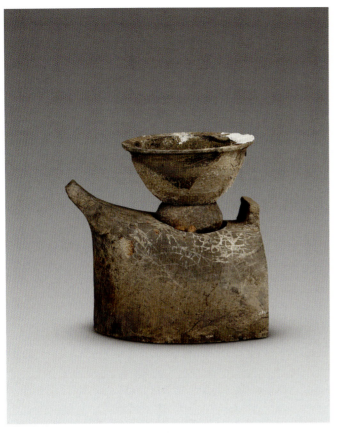

1. 陶灶（M4：41）

2. 陶仓（M4：54）

3. 陶猪圈（M4：52、56）

4. 石黛板（M4：55）

彩版一一七　M4西后室出土遗物

三次墓道

二次墓道　　　　一次墓道

1. M5发掘后航拍（左为北）

2. M5二次封门正视

彩版一一八　　M5发掘后全景及二次封门近景

1. M5墓道发掘完航拍（右为北）

2. M5三次墓道清理后

3. M5一次墓道清理后

1. M5东墓门三次封门正视

3. M5东墓门一次封门正视

2. M5东墓门二次封门正视

4. M5西墓门正视

5. M5西墓门封门正视

彩版一二〇　M5封门

1. M5券顶

2. M5东耳室清理前

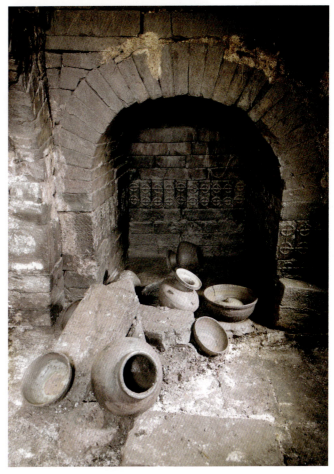

3. M5东耳室清理后

彩版一二一　M5墓室券顶及东耳室清理前后

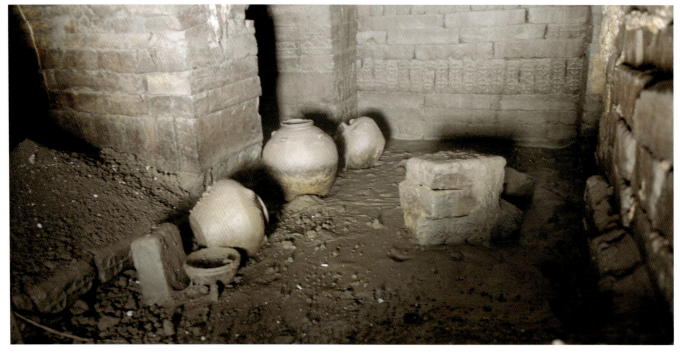

1. M5前室清理前局部

2. M5前室清理后局部

3. 铁斧（M5二次墓道填土：1）

4. 铜镞（M5一次墓道填土：2）

5. 陶罐口沿（M5一次墓道填土：1）

彩版一二二　M5前室清理前后及墓道填土出土遗物

1. M5后室门

2. M5东后室清理前

3. M5东后室清理后

彩版一二三　M5后室门及东后室清理前后

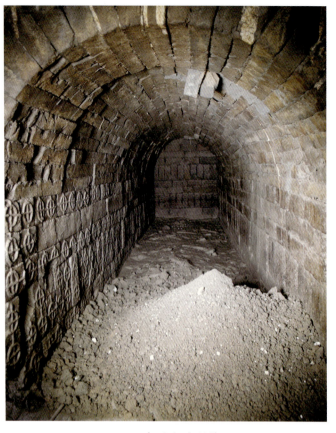

1. M5中后室清理前

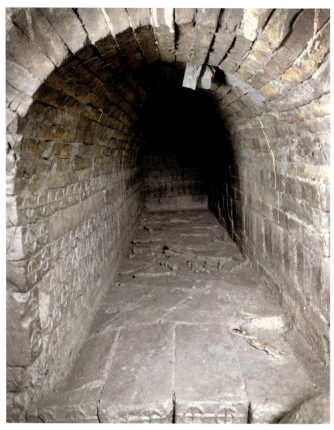

2. M5中后室清理后

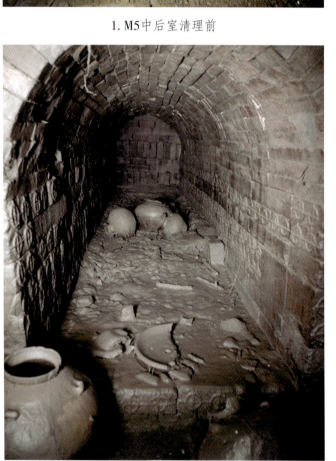

3. M5西后室清理前

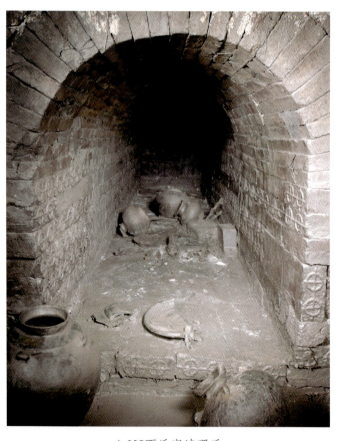

4. M5西后室清理后

彩版一二四　M5中、西后室清理前后

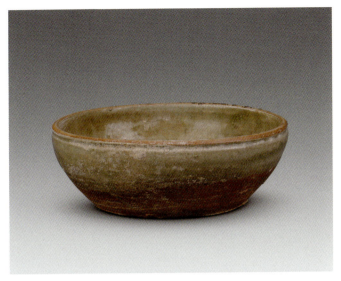

1. 青瓷钵（M5：1）

2. 青瓷钵（M5：2）

3. 青瓷钵（M5：4）

4. 酱釉罐（M5：8）

5. 酱釉罐（M5：9）

彩版一二五　M5前室出土遗物

1. 金戒指（M5：27） 2. 银戒指（M5：24） 3. 铜钱（M5：17）

4. 铜钱（M5：18） 5. 铜钱（M5：19） 6. 铜钱（M5：20）

7. 铜钱（M5：21） 8. 铜钱（M5：26） 9. 铜钱（M5：29）

10. 铜钱（M5：33） 11. 铜钱（M5：35） 12. 铜钱（M5：36）

彩版一二八　M5东后室出土遗物

1. 铜洗（M5：38）

3. 陶耳杯（M5：31）

2. 铁棺钉（M5：58）

4. 陶耳杯（M5：32）

5. 陶勺（M5：30）

彩版一二九　M5东后室出土遗物

1. 青瓷钵（M5：23）

2. 青瓷钵（M5：25）

3. 青瓷钵（M5：28）

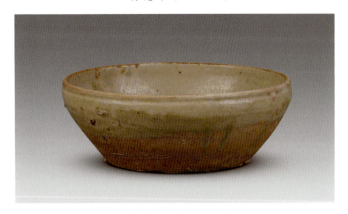

4. 青瓷钵（M5：34）

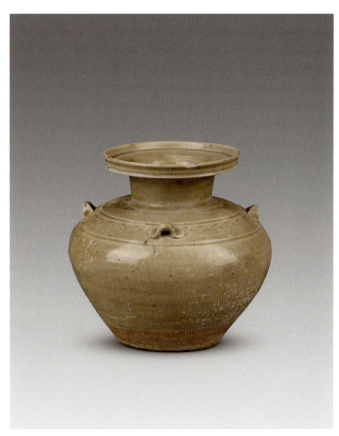

5. 青瓷盘口壶（M5：22）

6. 青瓷盘口壶（M5：37）

彩版一三〇　M5东后室出土遗物

1. 银钗（M5：43）、银耳勺（M5：44）

2. 银钗（M5：45~47）、银簪（M5：48）

3. 铜勺（M5：40）

4. 铁剪刀（M5：39）

5. 铁镜（M5：41）

6. 环首铁刀（M5：42）

7. 铁棺钉（M5：59）

彩版一三一　M5中后室出土遗物

1. M6发掘后（右为北）

2. M6门墙

彩版一三四　M6发掘后及门墙

1. M6二次封门

2. M6一次封门

3. M6墓门外壁锯齿状装饰

4. M6前室影作

彩版一三五　M6墓门及前室外影作

1. M6前室清理前

2. M6前室清理后

3. M6后室南壁

4. M6后室清理前

5. M6后室清理后

彩版一三六　M6前后室清理前后及后室南壁

1. M6东耳室清理前

3. M6西耳室清理前

2. M6东耳室清理后

4. M6西耳室清理后

彩版一三七　M6东西耳室清理前后

1. 铜镞（M6后室填土：1）

2. 铜器残片（M6后室填土：2）

4. 铜灯盏（M6：35）

3. 铜灯盏（M6：5）

5. 铁构件（M6：36）

彩版一三八　M6后室填土及前室出土遗物

1. 青瓷钵（M6：1）　　　　　　　　　2. 青瓷钵（M6：2）

3. 青瓷钵（M6：3）　　　　　　　　　4. 青瓷钵（M6：30）

5. 青瓷钵（M6：31）　　　　　　　　　6. 青瓷钵（M6：32）

7. 青瓷钵（M6：40）　　　　　　　　　8. 青瓷钵（M6：47）

彩版一三九　　M6前室出土遗物

1. 青瓷盘（M6：33）

2. 青瓷盘（M6：41）

3. 青瓷盘（M6：42）

4. 骨簪（M6：4）

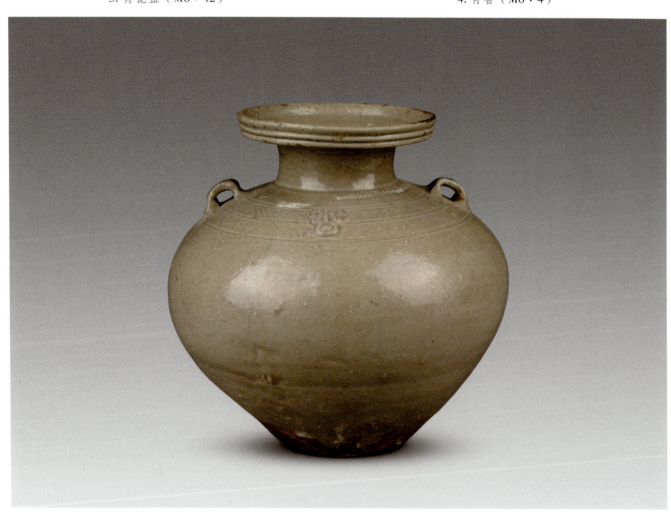

5. 青瓷盘口壶（M6：34）

1. 陶榀（M6：37）

4. 青瓷扁壶（M6：45）

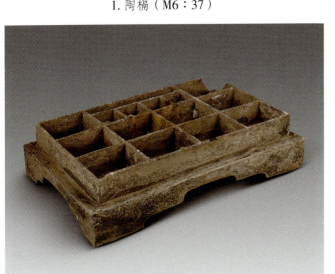

2. 陶榀（M6：38）

5. 陶钵（M6：44）

3. 青瓷钵（M6：43）

6. 陶灯（M6：46）

彩版一四一　M6前室及东耳室出土遗物

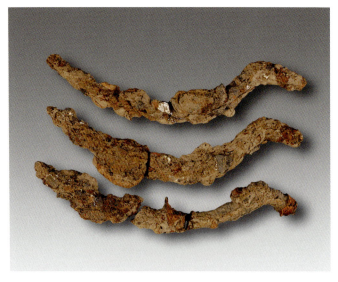

1. 铁构件（M6：12）

2. 青瓷盘（M6：6）

3. 青瓷钵（M6：14）

4. 青瓷钵（M6：15）

5. 酱釉罐（M6：7）

6. 酱褐釉罐（M6：10）

彩版一四二　M6西耳室出土遗物

1. 陶钵（M6：8）

2. 陶钵（M6：13）

3. 陶钵（M6：17）

4. 陶钵（M6：18）

5. 陶钵（M6：20）

6. 陶酒凫（M6：16）

彩版一四三　　M6西耳室出土遗物

1. 陶盘（M6：19）

2. 陶盘（M6：21）

3. 陶盘（M6：22）

4. 陶盘（M6：23）

5. 陶盘（M6：24）

6. 石黛板（M6：11）

彩版一四四　M6西耳室出土遗物

1. 陶罐（M6：9）

2. 陶罐（M6：25）

3. 陶罐（M6：26）

4. 陶罐（M6：27）

5. 陶罐（M6：28）

6. 陶罐（M6：29）

彩版一四五　　M6西耳室出土遗物

1. 银钗（M6：57）

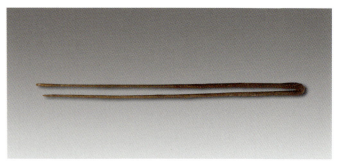

2. 银钗（M6：58）

3. 银钗（M6：59）

4. 铁镊子（M6：54）

5. 银手镯（M6：61~64）

6. 银铃铛（M6：65）

7. 铅珠（M6：60）

8. 铁镜（M6：55）

9. 铁镜（M6：67）

彩版一四六　M6后室出土遗物

1. 铜弩机（M6∶56）

2. 铜弩机（M6∶68）

3. 铜虎子（M6∶70）

4. 铜柿蒂形纽（M6∶71）

5. 铜铺首衔环（M6∶72）

6. 筒状骨器（M6∶49）

1. 青瓷盏（M6：50）

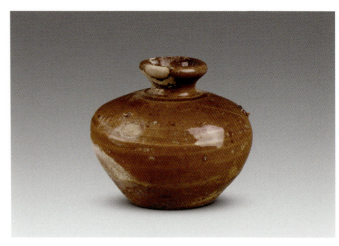

2. 酱釉罐（M6：51）

3. 酱釉罐（M6：52）

4. 酱釉罐（M6：53）

5. 酱釉罐（M6：66）

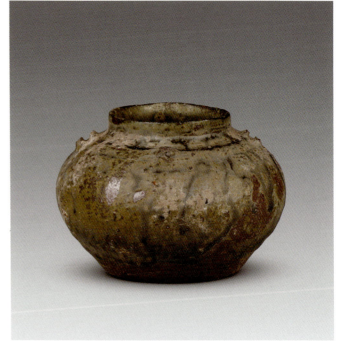

6. 酱釉罐（M6：69）

1. M7后室清理后（东—西）（右为北）

2. M7二次墓道清理后航拍（东—西）（右为北）

彩版一四九　M7后室及二次墓道清理后航拍

1. M7二次墓道脚窝

2. M7西墓门一次封门

3. M7二次墓道清理后封门

彩版一五〇　M7墓道脚窝及封门

1. M7前室清理前

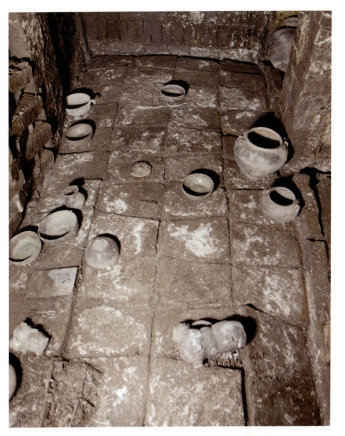

2. M7前室清理后

3. M7东后室清理前

4. M7东后室清理后

彩版一五一 M7前室及东后室清理前后

1. M7中后室清理前

3. M7西后室清理前

2. M7中后室清理后

4. M7西后室清理后

彩版一五二　M7中、西后室清理前后

1. 铜鐎斗（M7：4）

2. 铜魁（M7：24）

3. 铜熨斗（M7：5）

5. 铜三叉形器（M7：11）

6. 铜泡钉（M7：22）

4. 铜洗（M7：7）

8. 铁镜（M7：18）

7. 铁构件（M7：9）

彩版一五三　M7前室出土遗物

1. 青瓷钵（M7：1）

5. 青瓷钵（M7：19）

2. 青瓷钵（M7：13）

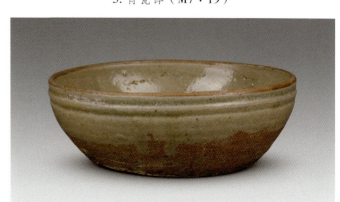

6. 青瓷钵（M7：23）

3. 青瓷钵（M7：14）

4. 青瓷钵（M7：15）

7. 青瓷钵（M7：25）

彩版一五四　M7前室出土遗物

1. 青瓷罐（M7∶3）

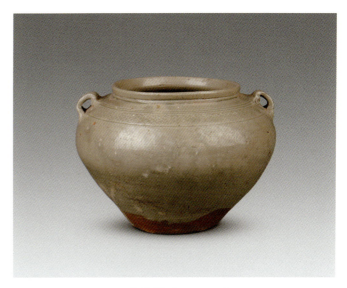

2. 青瓷罐（M7∶20）

3. 青瓷罐（M7∶21）

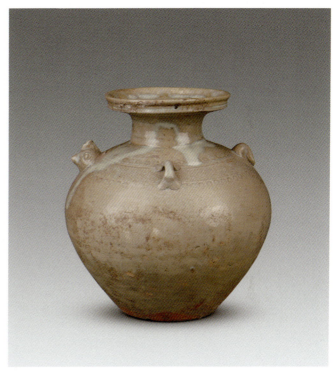

4. 青瓷鸡首壶（M7∶8）

1.青瓷盘口壶（M7：17）

2.青瓷灯（M7：2）

3.石黛板（M7：6）

4.石黛板（M7：12）

1. 青瓷虎子（M7：16）

2. 青瓷辟邪（M7：10）

彩版一五七　M7前室出土遗物

1. 铜泡钉（M7：27-29）

2. 铁镜（M7：30）

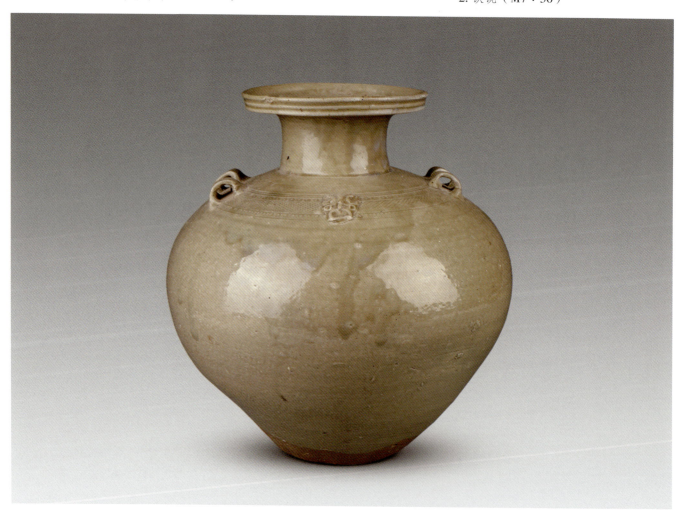

3. 青瓷盘口壶（M7：26）

彩版一五八　M7东后室及中后室出土遗物

1. 铜手镯（M7：45、46）

3. 铜镜（M7：32）

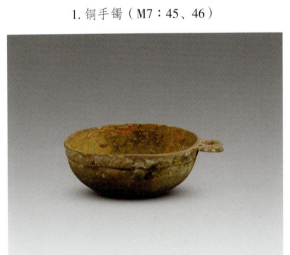

2. 铜灯盏（M7：33）

5. 铜弩机构件（M7：34）

6. 条形铜饰（M7：44）

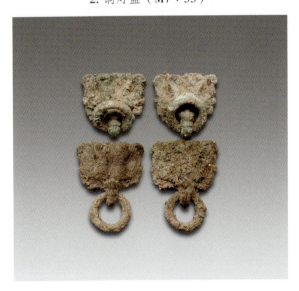

4. 铜铺首衔环（M7：36）

7. 骨簪（M7：47）

彩版一五九　M7西后室出土遗物

1. 铜泡钉（M7：38～43）

2. 铁剪刀（M7：35）

3. 陶勺（M7：48）

4. 铜钱（M7：37）

5. 青瓷盆（M7：31）

彩版一六〇　M7西后室出土遗物

1. M8发掘后航拍
（右为北）

2016PJM8

2. M8发掘后

彩版一六一　M8发掘后全景

1. M8门墙

2. M8门墙刻铭砖

3. M8二次封门

4. M8一次封门

彩版一六二　　M8门墙及封门

1. M8前室券顶

2. M8前室清理前

3. M8前室清理后

4. M8东耳室清理前

5. M8东耳室清理后

彩版一六三　　M8前室券顶及前室、东耳室清理前后

1. M8后室南壁封墙

2. M8后室清理前

3. M8后室清理后

4. 印纹硬陶罐腹片（M8后室填土：1）

彩版一六四　M8后室南壁封墙清理前后及后室填土出土遗物

1. 铜三叉形器（M8：4）

2. 铜弩机（M8：13）

3. 铁刀（M8：9）

4. 铁环（M8：14）

5. 石黛板（M8：5）

6. 骨簪（M8：3）

1. 青瓷钵（M8：1）

2. 青瓷钵（M8：12）

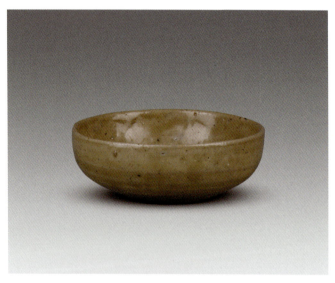

3. 青瓷钵（M8：15）

4. 青瓷钵（M8：16）

5. 青瓷钵（M8：17）

6. 陶钵（M8：2）

彩版一六六　M8前室出土遗物

1. 酱釉罐（M8：6）

2. 酱釉罐（M8：7）

3. 酱釉罐（M8：10）

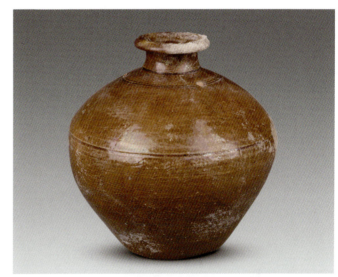

4. 酱釉罐（M8：18）

5. 酱釉四系罐（M8：11）

6. 酱釉蟾蜍形水注（M8：8）

彩版一六七　M8前室出土遗物

1. 酱釉四系罐（M8：19）

2. 陶罐（M8：20）

彩版一六八　M8东耳室出土遗物

1. 铜镜（M8：22）

2. 铜钱（M8：23）

3. 铜钱（M8：24）

4. 铁棺钉（M8：26）

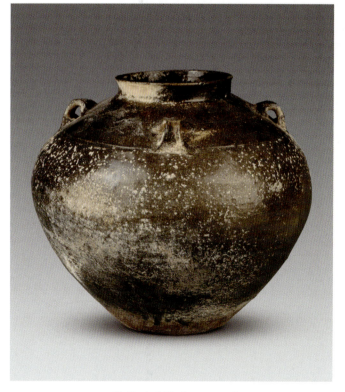

5. 酱釉四系罐（M8：21）

6. 酱釉四系罐（M8：25）

彩版一六九　M8后室出土遗物

1. M9墓道清理后全景航拍（左为北）

二次墓道

一次墓道

2016PJM9

2. M9墓道发掘后

彩版一七〇　M9墓道清理后全景及墓道

1. M9刻铭砖

4. M9前室清理前

2. M9东墓门二次封门

3. M9东墓门一次封门

5. M9前室清理后

彩版一七一　M9刻铭砖、东墓门封门及前室清理前后

1. M9东耳室清理前

2. M9东耳室清理后

3. M9后室门两侧立柱

彩版一七二　　M9东耳室清理前后及后室门两侧立柱

1. M9东后室清理前

2. M9东后室清理后

3. M9西后室清理前

4. M9西后室清理后

彩版一七三　M9东西后室清理前后

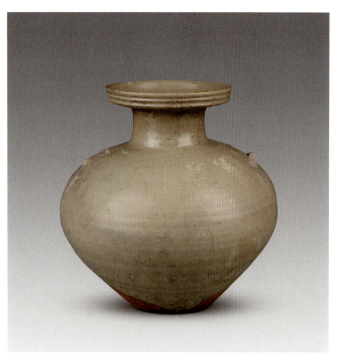

1. 青瓷盘口壶（M9二次墓道填土：2）

2. 酱釉蟾蜍形水注（M9二次墓道填土：5）

3. 石黛板（M9二次墓道填土：4）

4. 漆槅盘（M9二次墓道填土：6）

5. 陶钵（M9二次墓道填土：1）

6. 陶罐（M9二次墓道填土：3）

彩版一七四　M9墓道填土出土遗物

1. 铜灯（M9：2）

2. 铜钱（M9：20）

3. 铜虎子（M9：12）

4. 铜洗（M9：5）

1. 青瓷钵（M9：6）

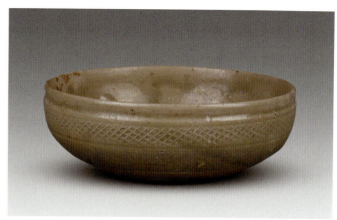

2. 青瓷钵（M9：7）

3. 青瓷钵（M9：9）

4. 青瓷钵（M9：11）

5. 青瓷盆（M9：4）

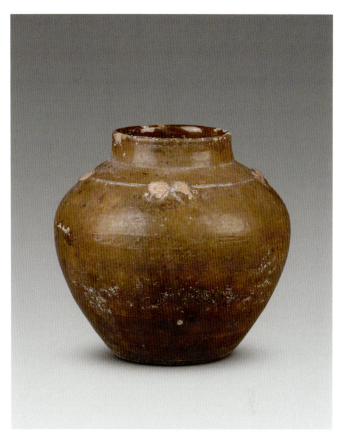

3. 酱釉罐（M9：8）

1. 青瓷盘口壶（M9：3）

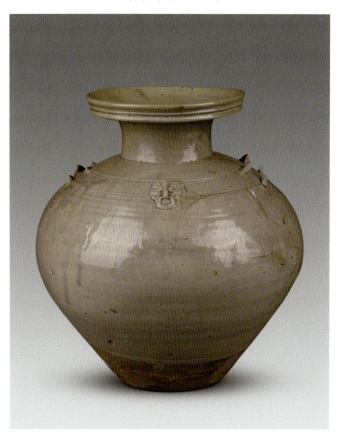

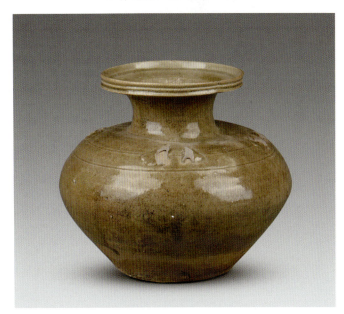

2. 青瓷盘口壶（M9：10）

4. 青瓷盘口壶（M9：13）

彩版一七七　M9前室出土遗物

青瓷盘口壶（M9：1）

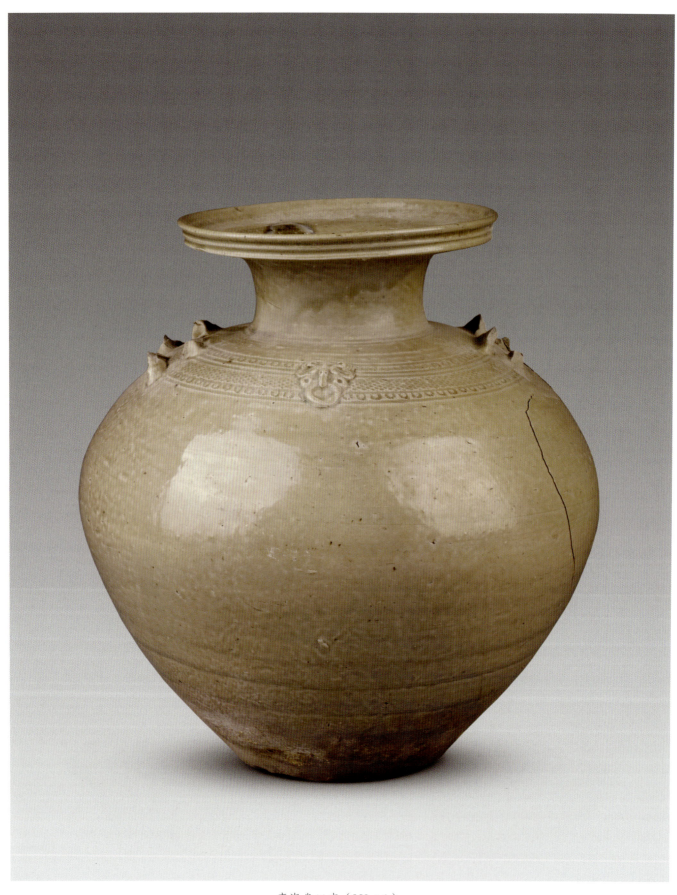

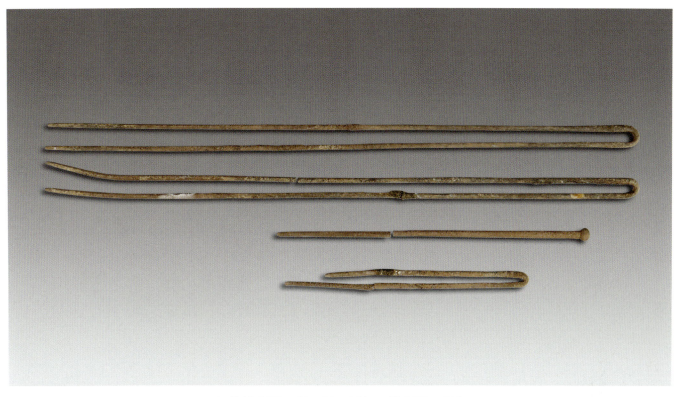

1. 银钗（M9：21、22、24）、簪（M9：23）

2. 银戒指（M9：28、29）

4. 银手镯（M9：30、31）

3. 银戒指（M9：32）

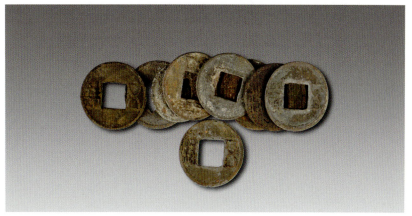

5. 铜钱（M9：18）

彩版一七九　M9东后室出土遗物

1. 铁剪刀（M9：14）

2. 铁棺钉（M9：40）

3. 铁镜（M9：25）

4. 青瓷罐（M9：27）

5. 酱釉罐（M9：26）

6. 珍珠（M9：19）

7. 石灰构件（M9：15、16）

8. 石黛板（M9：17）

彩版一八〇　M9东后室出土遗物

铜弩机（M9：37）

1. 铁镜（M9：35）

2. 铁镊子（M9：34）

3. 铁剪刀（M9：36）

4. 铁戈（M9：38）

5. 铁棺钉（M9：41）

彩版一八二　　M9西后室出土遗物

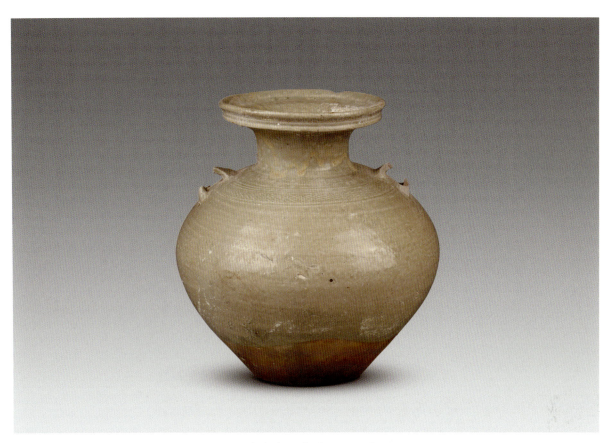

1. 青瓷盘口壶（M9：39）

2. 酱釉罐（M9：33）

彩版一八三　M9西后室出土遗物